광고 신시대

인터넷×광고의 멋진 관계

나남
nanam

나남신서 · 1521

광고
신시대

인터넷 × 광고의 멋진 관계

2010년 12월 27일 발행
2010년 12월 27일 1쇄

지은이_ 덴츠 광고신시대 프로젝트 팀
옮긴이_ 휘닉스커뮤니케이션즈
발행자_ 趙相浩
발행처_ (주) 나남
주소_ 경기도 파주시 교하읍
출판도시 518-4
전화_ 031-955-4600(代)
팩스_ 031-955-4555
등록_ 제 1-71호(79. 5. 12)
홈페이지_ www.nanam.net
전자우편_ post@nanam.net

ISBN 978-89-300-8521-2
ISBN 978-89-300-8001-9(세트)
책값은 뒤표지에 있습니다.

* 이 책에 포함된 사진, 도표, 데이터 등은 원칙적으로 일본판 출판 시점(2009년 6월)의 것입니다.

광고 신시대

인터넷×광고의 멋진 관계

덴츠 광고신시대 프로젝트 팀 지음
휘닉스커뮤니케이션즈 옮김

나남
nanam

Koukokusinnzidai
by
Dentsu Inc.

네 번째 휘닉스컴 신서 발간에 부쳐

우리나라에서 인터넷이 본격적으로 사용된 지는 불과 10년이 조금 넘었을 뿐이다. 이런 짧은 역사에도 불구하고 오늘날 인터넷 유저 수는 3,500만 명에 달하며, 우리 생활에서 떼려야 뗄 수 없는 존재가 되었다. 사람들이 인터넷이란 공간으로 몰려들면서 기업들의 커뮤니케이션 양상 또한 변화했다. 기업들은 비싼 비용이 소요됐던 TV 중심의 대중매체 커뮤니케이션에서 상대적으로 비용이 저렴하고 원하는 타깃에게 도달률이 높은 인터넷을 통한 커뮤니케이션으로 눈을 돌리기 시작한 것이다. 많은 기업에서 너도나도 앞다투어 인터넷광고를 시작하였고 2009년 기준 우리나라 총 인터넷광고비는 1조 3천 억 원 규모로 이는 전체 광고시장 7조 9천 억 원 중 16.4%에 달하는 수치이다. 또한 5년 전 대비 약 169%의 성장세를 보이며 인터넷을 활용한 커뮤니케이션은 더욱 뜨거워질 전망이다.* 최근에는 우리나라에서도 스마트폰이 본격적으로 사용되면서 트위터와 같은 SNS를 활용한 커뮤니케이션까지 그 영역을 확장하고 있다. 인터넷이란 공간은 기업들의 새로운 커뮤니케이션 채널로 무궁무진한 가능성이 있음에는 틀림없어 보인다.

* 한국 인터넷 마케팅 협회 자료(2009.12)

그러나 이 책에서는 이런 인터넷광고의 폭발적 증가 속에서 커뮤니케이션 목적에 맞지 않는 무분별한 인터넷광고의 남용, 효과분석상의 오류, 단순히 유행, 트렌드만을 쫓는다던지 아니면 오히려 아직 그 효과를 의심하고 무시하는 것 등 인터넷 커뮤니케이션을 둘러싼 많은 이슈들에 대해 다시 한 번 되돌아보게 하고 있다. 인터넷광고가 전통적 매스미디어 광고와 따로 떨어져 그것 하나만으로 완전히 독립적이거나 특별한 것이 아니며 전체적인 광고목적에서 적절한 활용이 중요하다는 것이다.

2009년 휘닉스커뮤니케이션즈에서 발간한 《크로스위치》에서도 소비자들의 마음을 움직이게 하는 시나리오 설계를 통한 온라인과 오프라인을 서로 넘나드는 도선설계의 성공적 사례들을 제시한 바 있다. 커뮤니케이션 목적을 달성하기 위해 소비자들을 움직이게 하는 도선 상에서 인터넷은 꼭 필요한 단계에, 최적의 매체를 활용해서, 창의적 크리에이티브로 전달될 때 커뮤니케이션 2.0시대의 성공적 캠페인을 집행할 수 있다는 것이다.

이번에 발간한 《광고신시대》는 커뮤니케이션 2.0시대에 인터넷 광고를 어떻게 활용해야 되는지에 대해 세계 No.1 광고대행사인 일본 덴츠(電通)의 전문가 6인이 공저한 책으로 다양한 관점에서의 인터넷광고에 대한 견해를 밝히고 있다. 이 책에 제시된 각종 데이터들은 일본의 상황에 근거한 것으로 우리나라와는 차이가 있을 수 있으나, 일본 기업들의 각종 사례들은 우리나라 기업들에게도 좋은 벤치마킹 사례가 될 것이라 생각된다.

휘닉스커뮤니케이션즈는 그동안 《콘텍스트 브랜딩》, 《뛰는 스포츠, 나는 마케팅》, 《크로스위치》와 같은 당 시대의 커뮤니케이션 상 주요한 이슈 및 선진적 개념들을 제시했다. 《광고신시대》는 그 네 번째 책으로서 급변하고 있는 인터넷광고 환경의 변화, 신기술의 진화에 따른 뉴미디어들의 등장, 그리고 이런 변화를 누구보다도 빠르게 수용하고 있는 소비자들에 대해 끊임없이 고찰하여 기업의 마케팅 담당자들에게 최적의 솔루션을 제공하고자 하는 휘닉스커뮤니케이션즈의 노력의 산물이다.

부디 이 책이 인터넷광고에 대한 시각을 바로잡고 앞으로 인터넷과 광고의 멋진 관계를 만들어 갈 독자들에게 좋은 지침이 되기를 바란다.

㈜휘닉스커뮤니케이션즈

머리말

인터넷광고를 특별하게 여기는 시대는 지났습니다. 인터넷과 휴대폰은 이미 사회에 널리 보급되어 커뮤니케이션 방법에 큰 변화를 주었으며 이제 우리 생활과 비스니스에서 없어서는 안 될 존재가 되었습니다.

인터넷광고도 발전하고 확대되면서 광고전략에서 빠질 수 없는 기법이 되었습니다. 대부분의 웹사이트와 모바일 사이트를 무료로 이용할 수 있는 것은 거의 인터넷광고 덕분입니다. 즉, 생활에서도 비즈니스에서도 이미 인터넷광고는 하나의 일상이 되었습니다.

인터넷광고를 잘 모르겠다거나 아직은 시기상조인 미래의 기법이라며 회피하는 것도, 반대로 첨단화된 정보기술이 가져다줄 인터넷광고의 장밋빛 미래만을 그리는 것도, 결국 인터넷광고를 특별히 여긴다는 점에서는 둘 다 시대에 뒤떨어진 발상입니다.

현재 인터넷광고에 대한 대부분의 제안들은 주로 배너광고를 통한 자사 사이트로의 접속을 유도하거나 인터넷을 통한 상품판매나 상품정보 제공 등을 목적으로 한 광고기법에 대해 설명합니다. 그러나 인터넷광고가 일상화된 최근에는 인터넷광고를 통해 관심을 갖게 된 상품이나 서비스가 편의점이나 슈퍼마켓 등 오프라인에서도 많이 팔리게 되는 것과 같이, 굳이 배너를 클릭하는 것에만 국한되지 않는 보다 넓은 의미에서의 인터넷광고의 효과에 대해서도 널리 인정하는 시대가 되었습니다.

이처럼 인터넷과 인터넷광고가 일상화된 새로운 시대이니만큼 인터넷광고와 기존 광고의 멋진 관계를 다시 조명해 볼 필요가 있습니다.

인터넷광고는 다른 광고 커뮤니케이션 도구와 마찬가지로 광고목표를 달성하기 위해 필요에 따라 사용하는 수단 그 이상도 이하도 아닙니다. 인터넷광고 그 자체가 목적이 되어서는 안 됩니다. 또한 인터넷상에서의 소비자 행동과 반응만을 보고 광고효과를 평가할 수도 없습니다. 전체적인 광고전략을 수립하는 가운데 인터넷과 휴대폰 활용이 어떻게 광고의 목표달성에 기여하는가에 대한 관점을 기반으로 하여, 인터넷광고를 '특별' 하게 생각하지 않고

'효과'적으로 활용하기 위해서는 어떤 발상을 하면 되는가 하는 것이 바로 이 책의 기본 주제입니다.

이 책은 광고의 양방향성 덕분에 가능해진 새로운 매체, 서비스, 단말기, 도구, 개념을 잘 활용하는 발상법에 대해 현장 담당자들 본인의 경험을 토대로 제안한 것입니다. 또한 인터넷광고와 신기술에 지나치게 의존한 나머지 자칫 빠지기 쉬운 함정과 실수에 대해서도 소개하면서 인터넷이 마냥 밝은 미래를 열어 줄 것이라는 낙관론에 대해 다음과 같은 문제를 제기합니다.

- 그 인터넷광고의 목적은 배너 클릭 횟수증가를 위한 것인가, 상품의 판매신장을 위한 것인가?
- 인터넷을 충분히 그리고 효과적으로 활용하기는커녕 맥을 잘못 짚고 있는 것은 아닌가?
- 당장의 효율과 유행만을 좇은 나머지, 중요한 고객과 광고의 목적을 잊어버린 건 아닌가?
- 또는 반대로 '인터넷광고는 어렵다, 시기상조다'라며 도전을 꺼려서 기회를 잃고 있는 것은 아닌가?

인터넷의 등장과 발전을 통해 광고계는 크게 변하고 있습니다. 그러나 지금 광고비즈니스에 필요한 것은 양방향 광고영역에 대한 최신지식과 기술보다는 광고전략 전체를 내다보고 필요에 따라 기존 매체와 새로운 매체, 기존 기법과 새로운 기법을 자유자재로 활용할 줄 아는 정보활용능력과 통찰력, 그리고 판단력입니다.

불역유행(不易流行)이란 말이 있습니다. 시대를 앞서 나가는 최신의 광고발상이 있는가 하면, 어느 시대든 늘 진리이자 기본이 되는 광고의 철학도 존재합니다.

온고지신(溫故知新)이란 말이 있습니다. 새롭게 등장하는 광고개념과 기술을 잘 활용하기 위해서는 오랫동안 이어져 온 광고역사와 선인들의 지혜로부터 겸허히 배우려는 자세가 필요합니다.

'꾸준함이 힘이다'라는 말도 있습니다. 물론 광고는 순발력을 발휘하여 빅 아이디어를 내거나 대대적인 캠페인을 전개하는 것도 중요합니다. 그러나 그에 못지않게 광고효과를 극대화하기 위해서는 기본에 충실하면서 꾸준하고 면밀하게 광고전략에 대한 판단과 실천을 해야 합니다. 또한 항상 흔들림 없이

고객과 커뮤니케이션하려는 의지가 중요합니다. 광고활동을 전개할 때 이런 꾸준한 자세와 노력이 없다면 소비자들과의 지속적인 신뢰 및 유대관계를 유지할 수 없고 제품의 지속적 매출 창출도 어렵습니다.

이 책에서는 100여 년 동안 광고 비즈니스의 실천과 경험의 역사가 있는 덴츠(電通)의 현장 담당자들이 광고사의 큰 변화들을 되짚어보면서 평소 어떤 발상과 시행착오를 거쳐 인터넷광고라는 새로운 광고영역에 도전해 왔는지 살펴보겠습니다. 그리고 새롭게 변화된 환경에서 소비자와 광고주 사이에서 더 확고한 커뮤니케이션을 구축하기 위해 어떤 아이디어를 탄생시키고 있는지 등에 대해 광고 비즈니스의 본질적 입장에 서서 이야기할 것입니다.

거듭된 논의를 통해 이 책 전체의 기본메시지는 일관되게 통일했으나 각 분야별 주안점과 무게 중심, 표현방식 등은 여섯 명의 필자 각각의 개성을 중시했습니다. 오히려 각 파트에서 필자의 개성이 드러난 부분이야말로 이론 및 반론을 포함해서 독자들의 발상을 자극하는 촉진제 역할을 해줄 것이라 기대합니다.

인터넷광고 분야는 지금도 발전하고 있는 영역인 만큼 '이러이러하다'는 식으로 단정짓거나 평범하고 일반적인 개괄에 그치지 않고 고찰과 논의의 기폭제가 되도록 직설적인 문제제기를 했습니다.

먼저 제1부에서는 기존 광고와 인터넷광고의 관계를 여러 각도로 조명했습니다. 인터넷광고에 대한 이해와 접근방식에 따라 시장에서 희비가 교차하는 모습, 그리고 기존의 광고영역과 인터넷광고 영역이 서로 영향을 미치면서 변화하는 모습을 통해 인터넷광고가 결코 독립된 분야가 아니라 다양한 광고영역과 역사를 공유하는 서로 연결된 새로운 세계임을 제시합니다.

이어서 제2부에서는 인터넷이 소비자의 매체접촉방식과 정보의 수신, 발신 및 광고주의 마케팅활동에 어떤 변화를 일으켰는지를 살펴보겠습니다. 필연적으로 광고대행사도 그 기능과 역할이 변하고 있으며, 광고 비즈니스의 기본발상부터 조직론에 이르기까지 폭넓은 영역에 걸쳐 영향을 미치고 있습니다.

제3부에서는 인터넷광고가 미디어로서 지닌 의미를 그 발전사(發展史)에 따라 서술하겠습니다. 인터넷광고의 종류를 단순히 나열해서 소개하기보다는 역사적으로 다양한 광고개념과 기법이 발전해 온 흐름을 이해하게 되면 인터넷광고 영역 전체에 대한 인식이 더욱 명확해질 것입니다.

한편, 제4부에서는 광고주가 직접 웹사이트를 통해 소비자들과 대화가 가능해진 상황이 지닌 의의와 이에 따른 우리가 가져야 할 마음가짐을 여러 사례를 통해 소개합니다. '소비자와 직접 커뮤니케이션할 수 있는 수단이 생겼다'는 것과 '이를 효과적으로 활용해서 진정한 커뮤니케이션을 실현하는 것'은 별개의 문제이기 때문입니다.

그리고 제5부에서는 실전적 광고 플래닝의 핵심과 비결을 전수하겠습니다. 사람들을 배너광고에서 광고주 사이트로, 그리고 최종적으로 실제 구매로 유도하기 위해서는 단지 인터넷광고에만 국한되지 않은 광범위한 아이디어와 발상이 필요합니다.

이 책의 총괄인 제6부에서는 인터넷이 우리 사회와 생활에 더욱 깊숙이 침투한 오늘날 광고 커뮤니케이션과 광고 비즈니스의 미래상으로 시야를 넓혀, 독자를 비롯해 광고와 관련된 일을 하는 우리가 무엇을 해야 할지, 어떻게 변신해야 할지를 제시하면서 마무리하겠습니다.

참고로 이 책에서는 인터넷에서 이루어지는 마케팅 커뮤니케이션 활동 전반에 대해 '인터넷광고'라 칭하며 이는 PC를 통해 접하는 것과 휴대폰을 통해 접하는 것 모두를 의미합니다. 굳이 접촉단말기를 구분해야 할 경우에는 각각 PC를 통한 인터넷광고, 모바일 광고mobile ad 등으로 표현하겠습니다. 이 외에도 일반적으로 인터랙티브 광고interactive ad, 웹 광고web ad라는 용어로도 쓰이지만 이들 역시 포커스가 양방향성과 월드와이드웹world wide web이라는 차이가 있을 뿐 이들 역시 인터넷광고라는 점에서 개념적으로 동일합니다.

이 책을 통해 '인터넷×광고'가 열어갈 새로운 시대를 내다보면서 불역유행(不易流行)과 온고지신(溫故知新)의 정신에 따라 진정으로 지속 가능한 비즈니스는 역사관이 뒷받침되어야 하며, 현실적이며 일상적인 활동 속에 진실이 깃든다는 생각이 전해지길 바랍니다.

2009년 6월
저자 일동

광고 신시대

인터넷×광고의 멋진 관계

차 례

제4부 이와타 마사키[岩田正樹]

소비자와 소통하는 웹사이트

제5부 스기우라 도모히코[杉浦友彦]

실험에서 실전으로 – 인터넷광고 플래닝의 기본 관점

제6부 오노 유조[小野裕三]

광고의 미래상 – 정고(精告)와 공고(共告)

제 1 부

기존 광고와 인터넷광고의 깊은 관계

▸ 우에무라 유지 植村祐嗣

인터넷광고는 기존의 전통적 광고에서 분리, 독립되어 진화한 것이 아니다. 이들의 관계는 흔히 말하는 기존 광고의 발상과 기법을 부정하는 식의 대립구도도, 대중광고에서 인터넷광고로 대체되는 대체관계도 아니다. 인터넷광고의 발전은 오랜 세월에 걸친 광고 비즈니스사에서 해결하기 어려웠던 문제들에 대한 해결방안을 찾기 위한 노력, 그리고 급격한 정보기술의 진보가 가져다준 가능성 사이에서 점차 실현된 것이다.

인터넷광고의 가치는 모든 광고분야와 얽혀있어 광고주의 커뮤니케이션활동의 거점이 되기도 하고, 광고 플래닝에 긴장감을 주는 자극제 역할도 하고, 전체적인 광고효과를 증폭시키는 지렛대 역할도 한다는 데 있다. 기존 광고와 인터넷광고의 깊은 관계를 제대로 이해하지 못하면 진정한 현대의 광고 비즈니스를 전개할 수 없다. 이 깊은 관계를 미처 생각하지 못해 발생하는 비극과 희극에 대해 살펴보겠다.

1-1

인터넷광고를 둘러싼 비극과 희극

세상에 등장한 지 십여 년, 인터넷광고는 극적인 진화를 거듭하면서 꾸준히 우리들의 일상생활과 비즈니스 세계에 깊숙이 침투하고 있다. 그러나 냉정하게 생각하면 인터넷광고는 폭넓은 광고활동 중 하나의 분야이자 수단에 불과하며, 광고목적에 따라 활용하는 것이기 때문에 만약 전략적 의도에 부합하지 않는다면 굳이 이용할 필요가 없다. 그런데 다들 지나치게 인터넷광고를 의식한 나머지 여러 가지 우를 범함으로써 다양한 비극과 희극이 벌어지고 있다.

수단의 목적화라는 우(愚)

"웹의 시대가 왔으니 인터넷광고를 중심으로 캠페인을 전개하자", "경쟁사가 웹사이트를 강화했으니 우리도 그렇게 해야겠다", "시대에 뒤떨어지지 않도록 TV CF에서 '자세한 내용은 웹에서 확인하세요' 라는 식으로 하자" 등 결론이 뻔한 안이한 발상은 절대로 피해야 한다.

광고상품과 타깃, 무엇보다도 광고목적을 생각할 때 인터넷광고나 웹사이트를 통한 캠페인 전개가 전혀 어울리지 않는 경우도 있다. 무엇을 위해 인터넷광고를 하려는지, 무엇을 위해 사이트를 개설하려는지 충분히 생각하지 않으면 리치미디어 광고*를 노출시키는 것 자체가 목적이 되어버리거나, 완성도는 훌륭하지만 아무도 쳐다보지 않는 사이트에 시간과 돈을 허비하는 꼴이 된다. 또 TV CF에서 좋은 인상을 심어 주었으나 웹으로 유도한 순간 좋았던 인상을 바로 깨지게 만들어 본말이 전도되는 경우도 있다.

클릭 수를 늘리거나 페이지뷰*를 늘리는 것이 과연 궁극적인 광고의 목적인가? 클릭 수만 늘리기보다, 클릭하는 사람은 적더라도 배너노출효과를 극대화해서 실제로 광고상품이 많이 팔리는 것이 더 중요하지 않을까? 클릭률* 상승을 중시한 나머지 지나치게 타깃을 좁혀서 잠재고객 확대와 비즈니스 기회를 잃고 있는 것은 아닐까?

수단의 목적화는 광고표현에서도 주의해야 할 점이다.

광고표현에서 중요한 점은 인지도 상승이나 흥미유발 등 광고목적을 달성하기 위한 가장 적절한 표현방법과 기술이 무엇인지를 선택하는 것이며, 목적에 부합한다면 표현기술이 구식이든 신식이든 상관없다.

광고주의 예산배분, 매체선정, 광고표현, 효과평가, 또는 인터넷매체사의 광고상품 설계와 세일즈포인트 구축, 그리고 무엇보다 광고대행사의 플래닝과 제안 등 모든 경우에 수단이 목적이 되어 버리는 일이 종종 있으므로 항상 주의하고 명심해야 한다.

* **리치미디어 광고** (rich media advertising)
다양한 기술로 배너광고 표현을 풍성하고 다채롭게 연출하는 게재방법 (→p.67).

* **페이지뷰** (PV : Page View)
웹사이트의 접속 수를 나타내는 단위 중 하나. 브라우저 한 페이지에서 HTML 파일이 열람되면 1pv로 카운트된다.

* **클릭률**(CTR : Click Through Rate)
인터넷광고 노출횟수 대비 클릭수.

인터넷광고를 맹신하는 우(愚), 꺼리고 거부하는 우(愚)

전체적인 광고전략을 구상한 후 인터넷광고의 활용법에 대해 생각한다는 너무나도 당연한 발상을 좀처럼 하지 못하는 이유는 광고 담당자가 지나치게 인터넷광고를 중시하기 때문일 수도 있고, 반대로 인터넷광고에 대한 기초지식이 없고 발상이 어렵다라는 이유로 아예 기피하거나 배제해서 올바른 판단을 하려 하지 않기 때문일 수도 있다.

인터넷광고 담당자들은 대부분 그 분야의 전문가라서 자칫하면 타깃고객의 실제 매체접촉 상황과는 다른 미디어접촉 스타일을 선택하는 경우가 있다. 자신이 TV를 거의 보지 않고 PC만 이용한다고 해서 일반 소비자들도 그럴 것이라고 생각해서는 안 된다.

인터넷광고의 직접적인 효과에만 전념한 나머지, 클릭으로 발생되는 인터넷광고 효율만 추구하고 브랜드 인지도나 관심도 제고에 대한 효과는 간과하는 등 직접적인 결과나 효과가 드러나지 않는 부분을 무시한 탓에 큰 기회를 상실하는 경우도 많다.

한편, 인터넷광고는 시기상조라는 판단이 객관적인 리서치와 통찰을 통해 내린 결론이라면 이론의 여지가 없지만, 그 속내가 '어려워서 잘 모르겠다, 접해 본 적이 없어서' 라는 이유 때문이라면 고객과의 올바른 컨택 포인트* 전략을 세울 수가 없다.

물론 광고 책임자나 담당자라고 해서 인터넷광고의 각종 최신지식까지 모두 알고 있을 필요는 없다. 다만 광고활동에서 타깃 소비자가 일상생활에서 '어떤 식으로 PC와 휴대폰을 이용하고 있는가' 라는 점은 제대로 인식하고 있어야 한다.

물론 고객 중에는 양방향적 컨택 포인트가 전혀 없는 사람도 있고, 웹 의존도가 높은 사람도 있다. 이런 전체적 그림을 그린 후에 심벌타깃symbol target으로 삼을 소비자들과 어떻게 커뮤니케이션을 도모할 것인가를 디자인하고 양방향 매체의 활용 정도를 상대화시켜 생각하는 발상이 필요하다.

또한 인터넷광고 매체사는 유저들의 인터넷매체 이외의 미디어 접촉상황에 대한 객관적 데이터를 제대로 파악해야 한다. 인터넷광고 매체사 관계자들이야말로 인터넷 절대론자가 많아서 나무만 보고 숲 전체를 못 본 채 제안하는 경우가 많기 때문이다.

* 컨택 포인트 (Contact Point)TM 소비자가 일상생활 속에서 광고브랜드에 접할 가능성이 있는 다양한 접점.

인터넷광고 단독활용의 우(愚)

인터넷광고는 아직 성장가능성이 큰 광고분야로 '인터넷광고 전문대행사' 들이 꾸준히 성장하고 있고, 종합광고대행사에서도 인터넷광고 전담부서가 생겼다.

그러나 소비자는 일상생활 속에서 웹을 통해서만 상품정보와 광고를 접하는 것이 아니다. 웹 공간에서만 쇼핑몰을 운영하면서 상품과 서비스를 판매하는 광고주라면 몰라도 대부분의 광고전략에서는 인터넷광고와 오프라인광고를 연계해서 잘 활용해야 하는데, 이것이 그리 쉽지만은 않다.

인터넷광고의 단독활용이란 구체적으로는

- 인터넷광고만 크리에이티브(광고표현)가 다르다
- 인터넷매체와 기타 매체의 광고게재 스케줄이 통합되지 않았다
- 인터넷광고에 대한 고정적 예산이 배분되어 있다

- 광고부문 내부적으로 인터넷과 기타 매체를 담당하는 부서간 연계가 원활하지 않다

등을 꼽을 수 있다. 즉, 커뮤니케이션 설계가 통합되지 않은 것이다.

TV에서 CF를 다량 노출시킨 직후에 같은 크리에이티브의 배너광고를 노출시키면 그만큼 이목을 집중시킬 수 있고 클릭 수가 크게 올라가는 건 지극히 당연한 일이다.

반대로 대중광고에서 관심을 끌고 검색엔진을 통해 웹사이트로 유도했지만 소비자의 관심과 전혀 다른 정보가 랜딩페이지*에 올라와 있다면 순식간에 흥미가 식어 버릴 수 있다.

* 랜딩페이지(landing page) 광고나 검색결과를 클릭해서 다다르는 웹페이지. 유저의 방문목적에 맞는 내용을 적절하게 선정해서 표시하는 것이 바람직하다.

물론 인터넷광고는 단독으로 활용해도 가치가 있지만, 소비자의 전반적인 컨택 포인트에 걸쳐 광고메시지를 소구하고 싶다면 다양한 광고전략 중 하나의 수단으로 인터넷광고를 효과적으로 활용해야 한다.

최신기술과 유행에 빠져버리는 우(愚)

광고영역뿐만 아니라 인터넷과 IT 영역은 늘 새로운 기술과 서비스, 참신한 개념과 용어가 등장해서 관련 미디어에 활력을 준다. 반면, 비즈니스의 시작은 거창했지만 그 후의 사업전개가 순조롭지 못해 조용히 도태되고 마는 경우도 무척 많다. 이처럼 활발한 다산다사(多産多死)가 인터넷광고 발전의 원동력이 되는 측면도 있다.

특히, 광고 비즈니스에서 새로운 유행 여부를 판가름하고 활용할 때 가장 중요한 점은 기술적 우수성이나 참신함이 아니라,

- 일반 유저들한테 수용되고 대중에게 널리 보급될 것인가?
- 보급되었다 하더라도 한 번에 끝나는 것이 아니라 지속성 있는 사업이 될 것인가?
- 광고전략 수단으로써 과연 쓸 만한 것인가?

라는 점이다.

기술의 우수성과 대중성은 별개의 문제다. VHS방식과 베타방식의 VCR 표준경쟁의 사례를 굳이 들지 않아도 더 많은 소비자에게 선택받은 것이 곧 스탠더드가 되며 다소의 기술적 성능 차이는 크게 중요하지 않다.

기술적으로 진부하고 낡은 것이라도 유저 인터페이스user interface가 뛰어나고 누구나 손쉽게 이용할 수 있으며 더 많은 사람들의 니즈에 맞는 가치

와 쾌적함을 제공할 수 있는지 여부, 그리고 집객력이 높은 사이트와 인터넷 서비스 공급자internet service provider가 그 기술을 채택해줄지 여부가 성공의 열쇠를 쥐고 있다.

예를 들어 종이매체에서 모바일로 유도하는 기법은 계속해서 새로운 기술이 개발되고 있지만 여전히 지난 세기의 QR코드*가 주류이다. 이는 아직 카메라 화소수가 낮았던 시절의 유물인데 현재 대부분의 휴대폰에 읽기기능이 탑재된 점과 많은 사람들이 QR코드를 본 순간 '이건 휴대폰으로 찍는 QR코드'라는 사실을 알고 있다는 점이 큰 장점이다.

아무리 QR코드보다 뛰어난 기술과 스마트한 양식이 등장해도 QR코드의 높은 인지도와 기능의 보급 정도는 따라갈 수 없다.

그럼, 기능의 보급도와 인지도가 새로운 비즈니스를 창출하는가? 휴대폰 동영상 스트리밍 비즈니스처럼 아직 이를 증명하지 못한 사례가 많다.

휴대폰에서 동영상을 보는 건 기술적으로도, 기능의 보급도를 보더라도, '패킷 정액제'*라는 요금체계를 보더라도 누구나 쉽게 접근할 수 있으며 콘텐츠도 다양해졌기 때문에 이제는 이용이 확산되기를 기다릴 뿐이다. 그러나 아직 일상생활 속에서 '휴대폰으로 동영상을 본다'는 습관과 환경이 뿌리 내리지 못하고 있다.

광고 비즈니스에서 중요한 것은 최신기술이나 해외의 선진사례가 아니다. 기능의 보급은 필요조건이긴 하지만 절대조건은 아니며 유저들이 얼마나 널리 일상생활에서 이용해줄 것인가 하는 이용의 보급도가 가장 중요하다.

그리고 이 이용의 보급도를 위해서는 대중들이 좋아할 만한 엔터테인먼트 요소와 사용상의 편리함을 반드시 갖추고 있어야 한다. 아무리 참신하고 특별한 기술이 있더라도 이를 얼마나 재미있고 편하게 사용할 수 있는지에 대한 발상과 구체적인 이미지가 없다면, 단순히 새로운 기술 그 자체만으로는 기능이 확산되지 않는다.

예를 들어 휴대폰의 화상인식 기술은 '가오체키'*서비스가 구현한 유명 연예인 누구와 몇% 정도 닮았는지를 측정해주는 엔터테인먼트 요소를 갖춘 순간 폭발적으로 보급되었다. 유저의 마음을 사로잡는 엔터테인먼트 요소만 있다면 화상인식 정밀도가 다소 떨어져도 문제되지 않는다.

한편, 단기간에 대중에게 보급된 기술과 서비스라 할지라도 자꾸 접속해서 이용하고 싶어지도록 만들지 않으면 기껏 유인한 수백만 명의 유저를

*QR코드(quick response code) 사이트주소 입력이 귀찮은 휴대폰에서 간편하게 모바일사이트로 유도하는 툴.

*패킷(packet) 정액제 휴대폰의 기본적인 요금부과방식 중 하나로 인터넷 접속시간과 데이터양에 상관없이 월간정액제로 이용가능한 시스템.

*가오체키(顔ちぇき) 얼굴화상 인식기술을 이용한 휴대폰 엔터테인먼트 서비스명. 휴대폰에서 가오체키 사이트에 접속하여 얼굴사진을 전송하면 유명인 데이터베이스에서 가장 닮은 사람 3명을 판정해준다. –역주

고정고객으로 확보하지 못한 채 붐이 식어 버리고 만다.

광고주에게는 붐이 일어나면 속전속결로 광고를 전개하고 상황에 따라서는 바로 빠지는 순발력이 요구된다. '대중에게 널리 보급되었다'는 것이 곧 '지속적으로 보급된다'는 뜻은 아니기 때문이다. 어느 정도 보급된 다음에 광고에 활용하겠다는 판단도 옳지만, 유행을 잘 타서 빨리 치고 나오는 판단력도 중요하다.

또한 인터넷 비즈니스의 세계에서는 실제로는 아직 널리 보급되지 않았어도 이슈가 이보다 먼저 급속도로 확산되는 경우가 종종 있다. 이런 경우 실제 비즈니스 가능성이나 보급 전망은 제쳐두고 일단 활용함으로써 언론에서 선진적이고 판단력이 빠른 기업이란 PR효과를 노리는 능수능란함도 필요하다.

신기술을 활용한 비즈니스 주체로서는 초기부터 도와주고 지원해준 광고주를 우선적으로 우대해주고 싶은 마음이 생기는 건 인지상정이다. 그런 만큼 광고주는 새로운 트렌드를 찾아 선행투자 및 입도선매하는 것도 중요하다. 그러나 안타깝게도 그 타율은 매우 낮다. 따라서 새로운 서비스가 궤도에 올랐을 때 달리는 말에 재빨리 올라타는 현실적이면서도 순발력 있는 판단도 요구된다. 신기술 개발 주체들이 '초기부터 도움을 준 광고주에게만 제공하겠다'라고 거절하는 경우는 없을 테니까 말이다.

한편, 새로운 개념과 기술이 수용되고 널리 보급되어 양방향 세계의 스탠더드로 채택되었다 하더라도 광고미디어 및 광고툴로 효과적으로 활용될지 여부는 두고봐야 한다.

예를 들어 WOM과 BUZZ* 등 이전부터 인터넷에서 급속도로 전개되어 온 입소문 개념과 블로그*, SNS* 등 커뮤니티공간을 제공하는 서비스는 틀림없이 인터넷의 새로운 조류로 뿌리내렸지만 이들은 광고 비즈니스에서는 여전히 PV의 현금화* 정도로 이용될 뿐이며 아직 그 이상으로 응용되지 못하고 있다.

물론 누구나 손쉽게 정보의 수신, 발신이 가능한 시대에, 입소문과 커뮤니티 사이트를 통한 의견이나 정보 공유가 광고활동에 미치는 영향은 중요하다. 하지만 이는 억지로 발생시킬 수 없는 것이며 크리에이티브 아이디어와 커뮤니케이션 디자인이 절묘하게 광고목적과 맞아 떨어졌을 때 자연발생적으로 일어나는 것이다.

이렇듯 이미 인터넷광고 업계에 정착된 CGM과 UGC*이지만 광고전략

***WOM(Word of Mouth)과 BUZZ**
주로 인터넷에서 확산되는 입소문. BUZZ는 벌레 날개 소리에 비유.

***블로그(blog)**
web과 log의 합성어. 사이트의 전문지식이 없어도 간단히 개설과 갱신이 가능한 일기장타입 웹사이트의 총칭(→p.145).

***SNS(social networking service)**
참여자가 서로 친구를 초대해서 확산되는 커뮤니티 사이트. 원래 초대 방식 회원제였으나 최근에는 오픈화가 진행되고 있다(→p.149).

***PV의 현금화**
포털사이트, CGM 등 장르를 불문하고 매체사가 획득한 PV(page view)를 광고세일즈로 연결시킴으로써 매출을 실현하는 것.

***CGM(Consumer Generated Media)과 UGC(User Generated Content)**
사람들이 서로 커뮤니케이션하고, 글을 올리고, 댓글을 다는 것이 중심인 웹사이트의 총칭.

에서 이들을 어떻게 활용할지에 대해서는 아직 시행착오를 겪는 중이다.

양방향 시대이든 아니든, 구전효과는 기업의 커뮤니케이션 활동을 통해 소비자들 사이에서 자연적으로 발생하는 것이며 물론, 이를 유발시키기 위한 여러 기법과 노하우는 있지만 처음부터 소비자를 '컨트롤할 수 있다' 혹은 '컨트롤하겠다' 는 교만함은 버려야 한다.

1-2

역사의 흐름, 영역의 연결

인터넷광고의 겉모습만 보고 기술의 참신함에 놀라 본연의 광고목적을 망각하는 일을 방지하기 위해서는 광고역사의 흐름을 알고 광고의 여러 영역을 통찰하는 시야를 갖는 것이 필요하다. 인터넷광고는 광고역사와 어떤 관계에 있는가?

광고사(史) 속의 인터넷광고

인터넷광고의 등장은 라디오광고와 TV광고 등장 이래 광고업계에 최대의 변화를 가져온 것은 틀림없다. 라디오와 TV의 탄생은 음성과 동영상 등을 통해 직접 대중들의 감정에 호소할 수 있는 광고기법을 전개할 수 있게 됐다는 점에서 참신했다. 또한 신문과 잡지와 같은 유료매체와는 달리, 수신기만 구입하면 무료로 접할 수 있는 무료 광고매체를 대규모로 보급시켰다는 점에서도 가히 혁신적이었다.

그러나 콘텐츠와 광고 크리에이티브를 절묘하게 접목시켜서 리치*를 극대화시키는 매스미디어 광고의 역할이라는 점에서는 인쇄매체 광고사를 계승한 것이며, 시시각각 시청각적으로 호소하는 정보제공이라는 표현 측면에서는 대중예능의 흐름을 답습하고 있다.

* 리치(reach)
광고 도달률.
대중매체의 특징은 리치의 크기에 있다.

활자매체에서 전파매체로 이어지는 역사적 의의에 대해서는 더 이상 기술하지 않겠다. 다만 60년 전의 민간방송 탄생 때와 마찬가지로 인터넷광고의 등장으로 광고역사의 도약이 또 다시 되풀이되고 있다는 점을 지적하고 싶다.

인터넷광고의 최대의 특징은 양방향성에 있다. 소비자는 수동적으로 광고에 접하지만 동시에 자신이 원하면 언제든지 능동적으로 광고정보를 찾을 수 있기 때문에 광고주 입장에서 볼 때 잠재고객을 파악할 수 있고 고객들의 반응과 행동을 즉시 파악할 수 있다는 장점이 있다. 그리고 매체사는 광고주와 소비자의 중개(매칭)의 자동화 및 효율화를 통해 광고 인벤토리* 를 효과적으로 활용할 수 있게 되었고, (사이트상의 행동에 한정되지만) 광고효과의 수치를 바로 한눈에 확인할 수 있게 되었다.

*광고 인벤토리(inventory)
웹사이트상의 인터넷광고 게재 공간. – 역주

그런데 광고의 양방향성이란 측면을 보면 이전에도 매스미디어 광고에서 전화와 엽서를 통한 상품자료 요청과 구매촉진기법이 활발하게 전개되었다. 유저의 반응률에 따라 광고게재 미디어와 비용대비 효과를 판단하는 점에서 인터넷광고 비즈니스의 선배격이라 할 수 있다.

또한 인터넷매체의 기사지면에 노출하는 배너광고는 인쇄매체에서 발전된 것이며, 동영상 광고는 TV광고의 노출게재 방법을 응용 발전시킨 것이다. 또 배너광고와 동영상 광고를 통해 연결되는 광고주 웹사이트는 소비자의 상품자료 요청에 따라 발송 배포했던 팸플릿과 카탈로그의 맥을 이어가고 있다.

마치 최신 정보기술로 인해 탄생한 새로운 광고기법이라고 착각하기 쉬운 검색연동형 광고(→p.72)도 소비자가 관심사항을 검색하려는 타이밍에 관련 광고를 내보내는 형태인 전화번호부 광고에서 발전된 형태라 할 수 있다.

원하는 타깃을 향해 정확하게 광고메시지를 발신하는 방법도 매스미디어의 게재 플래닝 기법이 인터넷광고의 각종 타깃팅기술(→p.77) 설계에 응용되었다.

광고주의 광고목적에 따라 여러 광고매체를 통해 효율적으로 광고를 게재하는 TV 네트워크 등의 기법도 더욱 유연하게 애드 네트워크ad network(→p.80)라는 형태로 인터넷광고 세계에서 적극적으로 채택되며 리치 확대와 타깃광고에 활용되고 있다.

이토록 인터넷광고의 다양한 신기술과 새로운 서비스가 계속 등장하지만 광고산업의 갈등과 실천의 역사는 지금도 계속되고 있다. 물론 정보기술의 발전으로 이전보다 훨씬 간단하고 저렴하게 광고목표를 달성할 수 있게 되었으나, 광고발상의 근본 자체는 크게 변하지 않았다. 즉, 인터넷광고를 더욱 효과적으로 활용하기 위해서는 인터넷광고 특유의 기법과 용어를 이해하는 것 못지않게 광고영역 전반에 대한 역사적 관점에서의 이해도 필요하다.

인터넷광고가 역사의 흐름을 타면서 광고의 발전가능성을 확대시키는 것은 그만큼 인터넷광고가 기존의 다양한 광고영역과 연결되었다는 뜻이며 서로 밀접한 관계에 있다는 뜻이다. 기존 광고의 여러 분야도 인터넷의 일상화로 많은 영향을 받았으며, 기존 광고 및 새로운 광고영역은 대립구도도 대체수단도 아니라 서로 상호관계를 증진시키면서 광고 전반을 발전시키는 것이다.

그럼 구체적으로 인터넷의 등장은 광고의 다양한 분야에 어떠한 변화를 초래했을까?

마케팅 & 크리에이티브

마케팅이란 광고주가 고객과 소비자 및 모든 이해관계자들을 대상으로 실시하는 경영활동 전반을 가리키는 매우 폭넓은 개념이다. 기업이 고객과 시장의 목소리를 듣고 이에 따라 정확한 상품개발과 홍보 · 판매활동을 전개할 수 있는 것은 프로덕트 아웃*도 마켓 인*도 아니라, 올바른 양방향 커뮤니케이션이 실현될 때만 가능하다.

이러한 마케팅 활동에 인터넷이 끼친 영향은 실로 크다.

우선 시장조사 영역에서는 인터넷을 통한 조사가 크게 확대되면서 기존의 전화나 우편발송을 통한 방법보다 신속하고 저렴하게 조사할 수 있게 되었다. 다만 시간이 지남에 따라 평준화되고 있긴 하지만 여전히 인터넷의 모집단은 일반 소비자들에 비해 편향된 부분이 있어, 응답 시의 컨택 포인트를 고려한다면 어느 정도 응답결과가 치우칠 수밖에 없다는 점을 유의해야 한다. 특히, 같은 양방향 수단이라도 설문조사 내용에 따라 PC를 통한 응답과 휴대폰(모바일 사이트)을 통한 응답이 크게 다를 수 있다는 점을 간과하기 쉽다.

또한 광고효과와 효율을 바로 전수(全數) 측정할 수 있다는 점도 인터넷광고의 큰 장점이다. 그러나 어디까지나 측정하기 쉬운 일부 광고효과만 측정된다는 점을 잊어서는 안 된다. 인터넷광고를 보고 나서 한참 후에 웹사이트를 방문(post impression이라 함)하거나 웹사이트를 방문하지 않은 채 전

*** 프로덕트 아웃(product-out)** 소비자 수요보다 제조사의 사정과 의지를 중시해서 시장에 상품을 출시하는 것. 자칫하면 소비자들한테 외면당할 수 있다.

*** 마켓 인(market-in)** 제조사 의지나 의사보다 소비자 수요를 중시해서 시장에 상품을 출시하는 것. 자칫하면 독창성도 없고 경쟁력도 없는 상품이 될 수 있다.

자상거래(EC: e-Commerce) 사이트나 매장에서 제품을 구매하는 것 등은 측정 수치에 포함되지 않는다.

스피릿 런 테스트sprit run test라는 복수광고 효과를 측정비교해서 피드백하는 기법도 인터넷광고에서는 매우 간단하지만 여기서 파악할 수 있는 것은 어디까지나 '사람들이 어느 광고를 가장 많이 클릭했는지' 일 뿐이고 '어느 광고가 광고메시지를 가장 잘 전달했는지' 가 아니라는 점을 잊어서는 안 된다.

다만 조사도구로서의 인터넷 기능을 최대한 활용하기 위해서는 단순히 측정값이 보여수는 작각의 늪에 빠지지 않는 것과 측정의 한계를 인식하는 등의 현장 테크닉도 중요하다. 하지만 그보다도 상품개발이든 광고전략이든 광고주 스스로가 제대로 된 과제의식과 가설 및 대안을 갖고 그 조사결과에 숨은 소비자의 잠재의식과 본능을 파악하여 이에 부응하는 적절한 기업활동과 광고를 전개하는 것이 더욱 중요하다. 이는 시대가 아무리 변해도 결코 변하지 않는 절대불변의 법칙이다.

시장조사 등 협의의 마케팅뿐만 아니라, 광고주가 자체 개설한 사이트라든지 메일을 통해 고객들과 신속, 효율, 직접적으로 의사소통이 가능해졌다는 점은 인터넷이 가져다준 편리한 부분임에 틀림없다. 그러나 이와 동시에 이런 편리함은 소비자와의 진지한 소통을 경시하게 만들어 예상치 못한 문제를 야기할 수도 있는 양날의 칼이기도 하다. 커뮤니케이션 수단은 변했지만 어느 시대든 중요한 것은 고객을 향한 광고주의 진지한 자세와 일관된 커뮤니케이션 노력일 것이다.

또한 자사 홈페이지나 인터넷광고가 간단하고 빠른 커뮤니케이션 수단이기는 하나 인터넷을 통한 표현 수단만으로는 소비자에게 전달할 수 없는 미묘한 뉘앙스나 표현이 있다는 한계점을 항상 염두에 두어야 한다. 이는 광고 크리에이티브 부분에서도 마찬가지다.

양방향성이란 측면에서 인터넷이 크리에이티브 영역에 가장 큰 영향을 미친 것은 어쩌면 '도선(導線)에 대한 의식' 의 중요성일지도 모른다. 원래 크리에이티브란 소비자의 마음을 사로잡을 광고메시지를 정확하게 전달해서 소비자를 매료하는 역할을 하는데, 양방향미디어가 등장하면서 훨씬 더 소비자의 마음을 끄는 법, 기다리다가 다가가는 법, 나아가서는 소비자 반응에 따라 다양한 광고 크리에이티브를 활용하는 기능까지 요구된다.

물론 인터넷이 시대를 변화시켰다고는 하지만 기존 방식의 광고를 통한 일방적 메시지 전달의 의미나 역할이 약화된 것은 아니다. 강력한 푸시push형 메시지와 함께 인터넷광고를 거점삼아 다양한 컨택 포인트상에서 전개하는 커뮤니케이션의 도선 설계 또한 함께 중요해졌다는 의미로 해석하는 것이 옳다. 이런 메시지 내용과 커뮤니케이션 구조가 상승효과를 낳아 광고 메시지의 전달력을 더욱 강화시키는 것이다.

즉, 인터넷의 탄생으로 광고 크리에이티브 영역은 이전보다 더욱 마케팅 및 광고매체 영역과의 연계가 중요해졌다.

검색연동형 광고가 보급되면서 광고 크리에이티브의 의미가 퇴색됐다는 주장도 있지만 실은 그렇지 않다. 검색결과 화면에 뜬 여러 개의 검색결과 광고 중에서 사람들이 어느 것을 클릭할지는 광고노출 순서대로가 아니라 광고가 만들어 낸 브랜드 파워, 그리고 짧은 카피 등의 절묘한 크리에이티브 표현을 어떻게 살리는지에 달려있다. 인터넷광고 역시 널리 알리고 선택받기 위해서는 결국 크리에이티브의 힘이 반드시 필요하다.

정보기술 또는 컨택 포인트와 미디어 뉴트럴* 등 인터넷시대의 새로운 광고개념을 통해 광고상품과 소비자의 정확한 매칭은 고도화되었지만 결국 마지막에 소비자의 마음을 움직이는 것은 크리에이티브의 힘이다.

* **미디어뉴트럴** (media neutral) 처음부터 사용할 광고매체를 정해 놓지 않고 광고 커뮤니케이션 목적과 설계에 맞춰 가장 적절한 광고매체 플랜을 세우는 방법.

인터넷으로 인해 탄생된 새로운 광고표현에 대해서는 많은 사례들과 함께 제4부에서 소개하겠다.

매체요금과 광고효과

광고미디어의 요금 결정방법에서 혁신적인 것은 대표적으로 검색연동형 광고에서 주로 이용되는 입찰제가 있다. 입찰이란 개념 자체는 예전부터 있었지만 IT기술을 통한 자동화 덕분에 쉽고 효율적으로 운영할 수 있게 된 점은 가히 혁신적이라 할 만하다.

관심을 갖고 행동을 일으킨 소비자에게 핀포인트pin point에서 광고를 보여주는 기법 중에는 앞서 이야기한 전화번호부 광고가 있는데, 꽃집 전화번호를 찾으면 해당 페이지에 주변 꽃집광고가 실린 식이다. 여기에 입찰방식에 의한 가격결정 시스템이 도입되었다. 이는 주로 '기본요금표'와 '수급차로 인한 시세'로 광고료가 결정되었던 과거에 비해 경쟁기업간의 직접적 흥정이라든지 비용대비 효과에 대한 보다 객관적 판단을 가능케 했다.

* **클릭당 과금** (CPC: Cost Per Click) 인터넷광고 요금의 기본개념.

한편, 클릭당 과금*으로 광고요금을 책정하는 방법과 어필리에이트affiliate라 불리는 성과보수형 광고는 인터넷광고만의 전매특허가 아니다. 매스미디어 광고 중에서도 예를 들어 통신판매(홈쇼핑), CF 등은 시청률 같은 매체접촉지표 등과는 전혀 무관하며, 순수하게 광고게재를 통해 상품이 직접 얼마나 팔렸는지, 문의와 상품정보 요청이 몇 건 있었는지에 따라 객관적으로 적정요금이 정해진다.

성과보수형 광고의 개념도 예전부터 있었다. 다만 제시된 조건으로 광고주와 광고회사, 그리고 광고매체간 어느 정도까지 요금협상이 가능할지가 문제인데 그런 점은 인터넷광고도 마찬가지이다.

그리고 직접적인 광고효과를 기준으로 광고요금을 판단하는 거래방식은 양방향성 여부와는 상관없이 '바로 반응이 없어도 광고효과를 통해 나중에 구매할 수도 있고', '인지도 및 선호도 향상에 기여한 광고가치를 금전적으로 어떻게 판단할 것인가' 하는 과제를 항상 안고 있다.

특정 전문사이트를 통해서만 소개된 내구성 가전제품 중에서 "클릭해서 광고주 사이트를 방문한 사람보다 실제로 여러 경로를 통해 구매한 사람이 몇 배나 더 많았다"는 사례도 있는데, 이렇게 되면 기존의 AIDMA형* 대중광고와 마찬가지로 광고노출이 실제로 얼마만큼 구매에 영향을 미쳤는지를 조사하기가 어려워진다.

*AIDMA
1920년대에 개발된 대표적 광고효과 모델. Attention(인지/주목한다)→Interest(흥미를 갖는다)→Desire(갖고 싶어진다)→Memory(기억한다)→Action(구매한다).

구매 당사자에게 물어보아도 과연 무엇이 구매결정에 이르게 했는지 모르는 경우가 더 많기 때문에 사이트 외에서도 광고상품 구매가 가능한 경우에는 정확한 광고효과를 측정하기란 어렵다.

영역의 크로스오버와 통합

인터넷이 광고의 경계선을 허물었다. 과연 어디까지가 광고이고 어디까지가 판촉이며 유통인지 구분하기가 어렵다. 인터넷광고 예산이 광고비인지, 판매촉진비인지, 유통비인지, 또 담당부서는 어딘지, 이런 경계들을 모호하게 만들었다.

또한 광고매체와 광고툴, 광고서비스의 경계와 용어도 구분이 무척 어렵다. 과거에는 광고주와 소비자를 이어주는 매개체는 대부분 '광고매체' 였는데 인터넷이 등장함에 따라 단순히 '매체' 라는 개념만으로는 설명할 수 없는 다양한 일들이 벌어지고 있다. 인터넷을 통해 미리 PC나 휴대폰에 다운로드한 다음 인터넷 접속없이 그대로 사용하는 어플리케이션application이나 위젯widget(→p.119) 등을 활용하는 기법은 광고툴이라 하고, 휴대폰 결제 기능에 통신서비스를 연동시켜서 특정 매체를 경유하지 않고도 얻을 수 있는 쿠폰 및 기타 관련광고들은 광고서비스로 분류하면 될는지 모르겠다.

과거의 마케팅, 크리에이티브, 미디어 등 광고영역의 분류 자체도 인터넷의 등장으로 무너졌다.

게다가 사실 디지털이라는 분류는 광고의 발상과는 전혀 관계가 없다. 디지털이란 어디까지나 정보처리기법일 뿐이며 광고목적 달성을 위해 활용할 최적의 기법이 디지털인지 아닌지는 그 다음에 생각할 문제이다.

디지털에 너무 집착하지 말고 디지털 기술이든 아날로그 기술이든 '더 간결한 방법으로 더 많은 소비자에게 광고메시지를 전달하고, 더 많은 소비자가 광고목적에 반응하도록 하기 위해서 어떻게 해야 하는가'라는 과제 해결을 최우선해서 판단하고 선택해야 한다.

IMCintegrated marketing communication, 커뮤니케이션 디자인communication design, 미디어 뉴트럴media neutral, 컨택 포인트 마케팅contact point marketing, 홀리스틱 커뮤니케이션holistic communication, 솔루션 프로듀스solution produce 등 새롭고 다양한 용어와 개념이 속속 등장하는 광고업계이지만 전체적 흐름은 소비자 및 소비자의 니즈, 라이프스타일에 맞추면서 광고주의 커뮤니케이션 과제에 따라 광고의 여러 영역을 잘 통합해서 최상의 광고플랜을 제안하고 실천하는 방향으로 가고 있다.

정보기술의 발전이 이런 흐름을 가속화시키면서 광고분야의 분류가 더 무의미해졌다. 저마다의 영역을 올바르게 이해하고 확실하게 대응하기 위해서는 분류도 중요하지만 실전단계에서 다양한 광고영역을 어떻게 잘 아우를 것인가 하는 관점이 필요하다.

그럼 인터넷광고 등장으로 가장 큰 영향을 받은 대중매체광고에 대해 살펴보겠다.

▶ 1-3

인터넷시대의 대중매체

인터넷과 휴대폰이 보급되면서 신문, 잡지, 라디오, TV 등 기존 대중매체에 접촉하는 시간이 줄어들자 매체예산 비중이 '대중매체에서 인터넷광고로 기울었다'고들 한다.

그러나 매체접촉 시간 자체를 두고 볼 때 대중매체 접촉시간이 감소했다기보다는 외부에서의 옥외 매체, PC, 휴대폰을 통한 인터넷 접촉이 대중매체인 TV 등의 접촉과 동시에 일어나는 시간이 늘어난 것으로, 결국 대중매체 접촉시간이 감소한 것이 아닌 인터넷매체 접촉분만큼의 매체접촉 시간이 증가했다고 볼 수 있다. 그리고 이미 대부분의 사람들이 인터넷매체인 PC에 일상적으로 접촉하고 있기 때문에, 현재 수준 이상으로 인터넷매체가 대중매체에 대한 접촉시간을 뺏는다는 것은 생각하기 어렵다.

이렇듯 대중매체와 인터넷매체 접촉의 '양적' 밸런스와 비중이 균형을 잡아가는 시대이니만큼 광고 관계자들이 숙고해야 할 점은 오히려 각 광고매체에 대한 접촉의 '질적' 변화다.

구체적으로는 다음과 같다.

- 대중매체 기능과 특징이 변했다
- 인터넷매체에 대한 사람들의 접근방식도 변했다
- 대중매체와 인터넷매체의 구분 없이 접촉한다

'양적 변화의 시대'가 '질적 변화의 시대'로 이행되었으며 대중매체와 인터넷매체가 서로의 광고영역을 초월하며 그 기능이 확대되었다.

신문 · 잡지

인터넷매체는 글과 정지화면을 중심으로 유저가 원하는 타이밍에 콘텐츠를 접할 수 있다는 점에서 신문과 잡지 등의 종이매체와 매우 유사하며, 유저가 보는 콘텐츠 사이에 광고를 게재하는 형태도 비슷하다.

유저가 자신이 원하는 타이밍과 속도로 관심사항에 대해 상세하고 논리적인 정보를 접할 수 있다는 점에서는 미디어적 측면에서나 광고적 측면 모두에서 종이매체와 인터넷매체는 같은 분류에 속한다.

양자의 차이를 저널리즘적 관점에서 논한다면 종이매체는 독자적인 취재능력과 편집력이 강점이고, 인터넷매체는 속보성이 강점이지만 광고비즈니스적 측면에서는 어느 쪽이 결과적으로 양(발행부수) 또는 페이지뷰를 더 많이 확보할 수 있는지가 관건이다.

석간신문은 당일 낮까지의 정보만 게재되므로 속보성 측면에서는 취약하지만 종이매체의 일람성(一覽性)과 저장성을 잘 활용한 편집 및 지면구성으로 독자들의 니즈를 파악하고 부수를 유지 · 확대시킬 수 있다면 광고매체로서의 가치는 계속 존속된다.

그러나 종이매체가 인터넷매체보다 결정적으로 뒤떨어지는 부분은 역시 검색성이다. 인터넷을 이용하면 자신이 원하는 정보와 기사를 손쉽게 찾아서 비교해 볼 수 있다. 신문과 잡지는 내가 구독하지 않는, 혹은 갖고 있지 않는 매체에서 정보를 찾으려면 많은 수고가 든다. 다행히 지난 신문과 과월호 잡지를 갖고 있다 하더라도 해당 정보가 어디에 있는지를 찾으려면 한참 걸린다.

게다가 겨우 과거의 신문과 잡지를 찾는 데 성공했다 해도 거기에 실린 그 당시 광고는 더 이상 새로운 가치를 창출하지 못하며 그 컨택 포인트에 최신광고를 게재하는 것도 불가능하다. '맞아, 예전에 이런 광고도 있었지' 하는 광고물의 보존기록으로 남아있을 뿐이다.

TV광고에서 '자세한 내용은 신문 및 잡지를 보세요' 라고 이야기할 경우 마침 주변에 있는 종이매체를 통해 원하는 해당 광고를 타이밍 좋게 찾으면 다행이지만 그렇지 않을 경우 그 광고를 찾기 위해 매우 고생하기도 한다. 그렇지만 '자세한 내용은 인터넷에서 확인하세요' 라고 한다면 URL* 을 직접 입력하는 시대에서부터 지금의 검색시대에 이르기까지 간단하게 관심 있는 광고의 상세정보를 접할 수 있다.

* URL(Uniform Resource Locator) web사이트 주소.

이와 같이 'TV를 통해 관심과 인지도를 제고시킨 후 상세정보를 제공한다' 는 측면에서 종이매체의 역할이 급격히 저하되었다. 물론 종이매체를 통해서 인지와 관심, 상세정보를 동시에 알리는 광고전략일 경우에는 여전히 발행부수만큼의 효과가 있다.

그런데 검색성의 과제는 또 다른 시각으로 접근할 수 있다. 당연하지만 '검색' 에는 기술과 아카이브archive 두 가지 모두 필수요소이다. '야후! 재팬

Yahoo! JAPAN'과 '구글Google'의 최대 무기는 검색엔진 기술과 인터넷상의 집객력이며, 정보 아카이브라는 측면에서는 수십 년의 정보축적을 자랑하는 신문과 잡지를 이겨낼 수 없다.

저작권 권리처리 및 정보 재정리를 잘 해서 이런 아카이브를 인터넷매체 및 정보기술 등과 잘 접목시켜 광고미디어로 활용할 방법은 없는지 생각해 볼 만한 과제이다.

물론 과거의 아카이브뿐만 아니라 최신뉴스의 정보원으로서 신문사와 잡지사의 기능과 가치는 여전히 절대적이다. 기존의 축적된 정보와 현재정보를 종이매체라는 형식에 집착하지 않고 어떻게 다양한 경로를 통해 선동적이면서도 새로운 방법으로 소비자에게 정리하여 제시할 것인지를 고민해야 한다. 이와 동시에 광고매체로서의 본질적인 작업인 광고전송*도 기존의 방식보다 진보된 방식으로 수행할 수 있도록 해야 한다.

＊광고전송
인터넷광고의 경우 광고표현이 기사내용과는 다른 서버에서 전송되는 경우가 많아 광고를 게재하는 것을 전송이라 함.

종이매체 중 잡지매체는 시각적 효과로는 도저히 인터넷매체를 따라갈 수 없고 원래 즉시성을 추구하는 미디어도 아니다. 그리고 역시 정보의 검색성이란 측면에서 본다면 정보수집이 주요 구독목적인 잡지의 경우 판매부수가 크게 줄었다. 왜냐하면 영화와 콘서트 등 이벤트정보를 비롯해 맛집정보, TV프로그램 정보 등은 인터넷을 통해 찾는 편이 원하는 정보를 손쉽고 빠르게 얻을 수 있기 때문이다. 따라서 다양한 정보 제공이 최대의 장점이었던 잡지는 가치의 전환이 요구되고 있다.

한편, 잡지매체의 진정한 가치는 세그먼트*된 독자적 콘셉트를 구축한 매체가 많다는 데 있다. 다양한 정보를 바탕으로 다수의 유저와 PV 확보를 우선시하는 포털사이트와는 대조되는 개념이다.

＊세그먼트 (segment)
광고의 소구대상(타깃)을 몇 가지 그룹으로 분류, 세분화하는 것.

특정 관심분야에 대한 독특한 콘셉트를 구축한 잡지는 인터넷매체와의 크로스오버에서 큰 가능성이 있다. 콘셉트와 독자층이 세분화된 각 매체 특성에 맞는 콘텐츠와 광고를 연계할 수 있으며, 이에 따라 광고가치도 상승시킬 수 있기 때문이다. 이처럼 대체적으로 인터넷 영역 진출이 한발 늦은 출판업계지만 뒤처진 상황을 극복하기 위한 노력을 가속화하고 있다.

특별한 콘셉트를 가진 잡지의 독자코너 같은 커뮤니티는 인터넷 공간과 친화성이 높다. 세그먼트 매체인 잡지의 특수성과 '다수 대 다수'라는 커뮤니케이션 공간인 인터넷매체에 해당분야의 광고 정보를 적절하게 접목시킬 수 있다면 전형적인 크로스미디어* 광고전략이 가능할 것이다.

＊크로스미디어 (cross media)
소비자와 광고매체에 대한 깊은 이해를 토대로 복수의 컨택 포인트를 복합적으로 접목시켜 커뮤니케이션 도선을 구축하는 것. IMC(통합된 마케팅 커뮤니케이션) 개념 중 특히 미디어에 착안한 플래닝 기법. 단순히 리치 확대를 위해 게재매체를 혼합하고 조화시키는 미디어믹스와는 대비되는 개념.

사람들이 잡지미디어에 접촉하는 방식을 보면, 본인이 관심 있는 잡지

콘텐츠와 관련된 광고정보에 대해서는 강한 흥미를 느끼고 관심을 갖는다는 특성이 있다. 특정 상품에 관심이 많은 마니아층이나 상품정보에 대해 민감한 얼리어답터early adopter들이 즐겨보는 잡지에서 광고캠페인을 적절히 전개하여 웹구매로 유도한다는 도선설계도 매력적이다.

한편, 인터넷에서는 검색엔진이 너무나도 잘 발달되어 있어 한눈 팔 겨를도 없이 곧바로 관심정보에 도달하게 되는데, 이렇게 되면 자기가 몰랐던 분야의 정보나 잠재적인 관심사항들과 우연히 마주칠 기회가 별로 없다는 단점이 있다. 자기가 잘 아는 분야의 주제나 정보, 블로그와 커뮤니티 사이트 공간에서만 지내다 보니 점점 시야가 좁아지는 것이다.

이럴 때일수록 본래 종이매체가 가진 기사와 정보 일람성에 따른 우연한 만남의 가치는 크다. 평소 관심이 없었던, 뜻하지 않던 정보와 광고에 이끌리는 것은 과도한 타깃팅과 세그먼트에 대한 반대명제로서의 의미도 크다. 지나치게 세분화된 광고 타깃설정은 고객확보 효율은 올려줄지 몰라도 현재고객들로 하여금 금세 질려 버리게 만들고, 잠재고객을 발굴하지도 못하게 되어 시장과 잠재수요가 줄어든다는 단점이 있다.

종이매체에만 한정된 얘기는 아니지만 정보 및 가치관 공유와 어젠다 설정agenda setting 기능 등도 매스미디어의 중요한 역할이다. 광고의 경우도 매스미디어에 널리 게재되면서 타깃 외 사람들에게도 광고상품에 대한 인지도가 확산되고, 공통인식의 임계점*을 넘어서면서 단숨에 화젯거리가 되기도 한다.

* 임계점 (critical mass) 일정선을 넘어서면 급격히 매출과 수익성이 증대되는 양.

이는 인터넷도 현실세계도 마찬가지다. 일정 수 이상의 사람들이 공통체험을 해야지만 '아, 그거 말이야' 하면서 분위기가 고조되는 법이다. 직장인들과 고령자들 사이에서는 '그 신문광고 말이지' 하면서 화젯거리가 될 수는 있지만 신문을 구독하지 않는 사람들 사이에서 이를 기대하기란 어렵다. 신문과 인터넷매체를 모두 활용해서 화제를 환기시키는 설계를 함으로써 세대와 타깃을 넘어선 리치확보와 임계점을 달성할 수 있을 것이다.

유료 광고매체라는 점

사실 인터넷매체가 종이매체에 미친 결정적인 영향은 앞서 말한 매체 특성과는 다른 데 있다. 이를 무시하고서는 인터넷시대의 신문과 잡지의 가능성에 대해 논할 수 없는데, 그것은 신문과 잡지가 유료매체라는 난점을 안고

그림 1-1 : 유료매체 ⇔ 무료매체

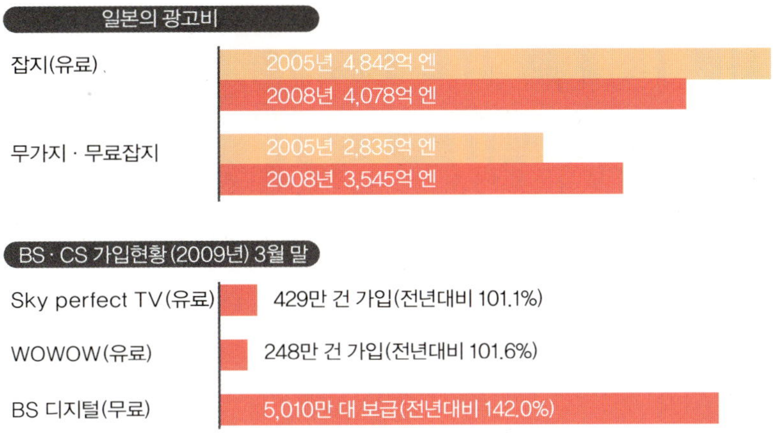

있다는 점이다.

물론 사람들은 매달 인터넷 이용료와 휴대폰 이용료를 지불한다. 그러나 이것들을 기존의 전화요금처럼 생활하는 데 기본적으로 필요한 기본인프라 이용료로 인식한다.

ADSL, 광회선 등을 통해 상시 접속이 가능하고, 모바일의 패킷 정액제가 보급되면서 인터넷매체를 통한 정보는 무료라는 인식이 확산되었다.

즉, 신문과 잡지의 경우에는 '인터넷 서비스업체와 이동통신 사업자에게 통신료를 내고 나면 신문과 잡지에 쓸 돈이 없다' 는 주장과 '인터넷과 휴대폰에서는 정보를 공짜로 얻을 수 있는데 왜 굳이 돈을 내서 신문과 잡지를 사야 하는가' 라는 주장에 두 번 죽게 된다.

덴츠가 집계한 '일본의 광고비' 를 보아도 점차 감소하는 잡지광고비에 비해 최근 새롭게 집계대상으로 포함된 무가지 및 무료잡지의 광고비 성장은 눈부셔서 어쩌면 역전될지도 모른다.

방송매체도 무료 지상파TV가 거의 모든 가정에 보급되고 무료 광고방송인 민방 BS디지털TV가 급속도로 보급되는 반면, 유료방송계약자는 보합세 또는 미미한 증가세만을 보이고 있는 것도 이런 이유에서이다. 물론 유료매체의 계약건수와 무료 방송수신기의 보급대수를 단순 비교할 수는 없지만 적어도 서로의 최대 리치의 차이는 확연하다. 인터넷시대란 유료미디어의 수난시대이기도 하다.

한편, 신문을 읽지 않는 이유로는 '손이 더러워져서' 라는 선입견 때문에, 잡지를 멀리하는 이유는 '무거워서' 라는 의견들이 정성적 조사를 통해 나왔다. 하지만 PC를 통한 인터넷접속이 중심이었던 시절에는 신문과 잡지의 휴대성이란 장점은 여전히 매력적이었다.

그러나 휴대폰에서 열람 가능한 모바일 사이트가 나날이 증가 · 발전하고, 유료과금형에서 무료광고형으로 바뀌는 추세를 보이자 신문과 잡지를 대신해 휴대폰이 외부이동 중에는 물론 집에서 쉬는 시간(TV를 보면서, 자기 전 침대에서, 심지어는 방수가능한 휴대폰이 등장함에 따라 욕실 안에서도)에도 중요한 정보수집 미디어로 자리매김되었다.

그러나 휴대성이 대세가 되면서 모든 정보수집 매체의 중심이 휴대폰으로 기울고 있지만 전술한 〈R25〉, 〈핫페이퍼〉 등의 무료잡지나 무가지의 인기를 보아도 알 수 있듯이 꼭 그렇지만은 않다. 이들 무료잡지, 무가지와 웹의 크로스미디어 전개도 활발하다.

결국 키워드는 '무료매체' 라고 할 수 있다. 이전에는 유료로 구입했던 아르바이트 잡지와 구직정보지가 무료 모바일 사이트의 성장과 함께 무료 형태로도 이용되고 양자가 함께 공존하는 상황을 보면 소비자들이 거부감을 느끼는 것은 종이매체라서가 아니라 유료매체이기 때문인 것 같다.

글 중심의 블로그와 커뮤니티 사이트, 휴대폰 소설의 인기를 볼 때 신문과 잡지 부수가 감소하는 탓을 활자기피 현상으로만 돌릴 수는 없다. 미디어의 무료화 흐름을 같이 탈 것인지, 유료미디어에 걸맞은 가치를 제공할 것인지를 결정해야 한다. 물론 둘 중의 하나만이 정답이라는 뜻은 아니다. 그러나 원래 종이매체가 가진 미디어 특성과는 전혀 무관한 유료 · 무료라는 평가기준이 종이매체 발행부수와 광고가치에 영향을 준다면, 정보의 신뢰성과 속보성, 일본인의 활자기피 현상뿐만 아니라 이러한 점도 직시하고 검토해야 할 것이다.

TV · 라디오

TV와 라디오 등의 전파매체는 광고미디어 측면에서 볼 때 수동형, 즉, 다른 일을 하면서 수신하는 경우가 많은 점에서 인터넷매체와는 대조적이다. 마우스와 키보드, 숫자 키를 사용해서 능동적으로 정보를 찾아가는 인터넷매체의 경우 유저들은 원하지도 않는데 강제적으로 광고를 봐야 할 때 거부감을 느낄 수 있다. 반면, TV나 라디오의 경우엔 수동형 매체이기 때문에 큰

텐츠 중간중간에 광고메시지가 나와도 허용하게 된다. 왜냐하면 뚜렷한 목적 없이 미디어에 접촉하고 있을 때는 광고에도 관대해져서 '광고도 한번 봐 볼까' 하는 마음이 들기 때문이다. 그런 의미에서 TV와 라디오, 그리고 휴대폰은 위대한 심심풀이 미디어라는 공통점이 있다. 특히 TV와 휴대폰은 동시에 이용하는 더블 스크린double screen 성격이 커 상호 상승효과가 크다. TV CF에서 검색을 유도할 때는 PC사이트 못지않게 모바일 사이트를 제대로 구축해 놓아야 한다.

TV매체와 인터넷매체의 상승효과로 인터넷시대에 더욱 두드러지는 특징은 '공유체험' 이다. 예전에 직장이나 학교에서 전날 밤 본 TV 프로그램이나 CF가 화제가 된 것처럼 블로그와 SNS, 게시판 등 인터넷 공간에서, 또는 메일을 주고받을 때도 화젯거리로서의 TV 프로그램과 CF의 가치와 의의는 여전히 크다. 아무리 인터넷매체 접촉시간이 늘어났다 해도 인터넷매체의 콘텐츠나 광고표현이 공통의 화젯거리가 되는 일은 그리 많지 않다.

같은 수동형매체라도 TV에 비해 라디오는 귀로만 듣는 매체이므로 주로 시각적 효과가 높은 PC 및 휴대폰과의 궁합이 더 좋다. 원래 가정과 직장에서 늘 라디오를 듣는 미국에서는 이미 온라인 라디오 청취인구가 5,400만 명에 달하며 광고시장규모도 2007년 시점에서 5억 달러 규모까지 성장했다. 일본에서도 PC를 이용하면서 인터넷을 통해 라디오를 즐기는 라이프스타일을 실현하기 위해 다양한 시도가 추진되고 있다.

휴대매체인 라디오는 특히 차량탑재가 가능하다는 점에서 절대적 가치를 지닌다. 이제는 운전할 때처럼 시선과 양손이 자유롭지 못한 환경에서의 휴대폰과의 연동도 모색되고 있다.

이 책에서 다루는 인터넷매체는 아니지만 아이팟으로 대표되는 디지털 음악재생 툴을 통해 원하는 음악을 편집하고 재생하는 흐름과, 재미있는 이야기와 함께 새로운 정보와 음악과의 우연한 만남을 이끌어 주는 라디오 매체를 온라인화해서 재확대시키는 흐름은 서로 잘 녹아들 것으로 기대된다.

라디오는 음악감상과는 별개의 또 다른 기능이 있는데, 라디오 진행자 중심의 제한적 커뮤니티가 형성되면서 엽서와 전화 등을 통한 '양방향' 커뮤니케이션이 가능하다는 점이다. 요즘 유행하는 '유명인 블로그' 등도 이런 형태이다. 글과 사진 중심의 '교환일기' 등과 같은 유명인 블로그와 음성미디어만의 특징이라 할 수 있는 라디오의 개인적이며 제한적 공간성 그리고 시간의 공유를 통한 '심리적 거리 단축' 이란 두 가지를 양립시키고 연

column 1

도지 게이스케 [田路圭輔]
주식회사 인터랙티브 프로그램 가이드 대표이사 사장

TV와 인터넷의 미래를 창조하는 전자 프로그램 가이드 (EPG : e-Program Guide)

TV는 미디어로서 여전히 큰 영향력을 지니며 이를 대체할 만한 존재는 아직 등장하지 않았다. 급속도로 보급된 인터넷도 TV의 도달력과 화제 환기력에는 훨씬 못 미친다. 시청자는 TV 프로그램과 CF를 화제 삼아 대화를 나누고 제품을 사고 인터넷을 검색한다. 대부분의 광고주는 대체 불가능한 TV의 영향력을 충분히 알고 있기 때문에 기존 방식과 마찬가지로 TV 미디어를 중심으로 한 커뮤니케이션을 통해 소비자가 자사상품과 서비스를 선택하도록 노력한다. 그러나 인터넷의 발달로 서로 정보를 보내고 양방향으로 정보를 주고받는 정보 민주화 시대의 TV는 미디어가치를 극대화하기에는 '무언가' 부족하다. 그 부족함이 인터랙티비티interactivity(양방향성)라면, 미래를 향한 열쇠는 EPG에 있다고 생각한다.

전자 프로그램 가이드(EPG)의 등장

1990년대 후반에 일본에 등장한 EPG는 현재 TV의 표준기능이 되었으며 이제껏 TV에 탑재된 어떤 부가기능보다 널리 이용되고 있다(2008년 6월 실시한 자체 조사에 따르면 당사 EPG 〈G가이드〉의 하루 평균 이용률은 67.1%, 하루 평균 이용횟수는 2.05회, 회당 평균 접촉시간은 83.5초이다).

일본에서 EPG가 처음 주목받은 것은 하드디스크(HDD) 레코더의 활용법이다. HDD 레코더는 프로그램을 수백 시간 동안 녹화할 수 있고 동시녹화재생과 랜덤접속 등 비디오에 없는 편리함을 시청자에게 제공한 혁신적인 제품이다. 그 핵심기능이 바로 EPG를 활용한 '간단녹화예약'과 '재생리스트'이다. EPG를 탑재한 HDD 리코더로 시청자들은 기존에 맛볼 수 없었던 완전히 새로운 TV 체험을 할 수 있게 되었다.

EPG 연장선상에 TV 미디어의 미래가 있다

TV는 영상을 홀로 또는 여럿이서 편안하게 시청하면서 때론 감동하고, 때론 흥분하고, 깨닫고, 공감하게 하는 특별한 힘을 지닌 마법상자다. 그리고 그 중심에는 여러 방송국에서 송출하는 다양하면서도 리모컨 조작으로 손쉽게 바꿔 볼 수 있는 다채로운 동영상 콘텐츠들이 있다. 그런만큼 가벼운 마음으로 켜 놓고 딴 짓을 하거나 뒹굴면서 보기도 한다. PC나 휴대폰을 이용할 때와는 접하는 태도도 마인드도 전혀 다르다.

현재 PC와 모바일에 이은 IPTV란 새로운 시장을 둘러싸고 많은 이해관계자들이 다양한 방법으로 시장 진출을 모색 중이다. 물론 TV매체 특성상 PC, 휴대폰 등 다른 매체와 동시에 함께 접하는 더블 스크린이라는 시청태도가 존재하기 때문에 IPTV가 양방향 커뮤니케이션의 중심이 될 가능성에 대해 부정하지는 않겠다. 하지만 결코 쉽지는 않을 것이다.

필자는 IPTV뿐만 아니라 EPG를 통해 TV와 인터넷이 매끄럽게 연계되는 미래를 그려본다. TV화면에서든 PC · 모바일 사이트에서든 EPG야말로 TV문화의 맥락에서 볼 때 TV와 인터넷의 가교역할을 할 수 있는 몇 안 되는 서비스이기 때문이다. EPG가 생활에 침투되고 정착될 때쯤이면 TV미디어를 중심으로 한 새로운 양방향 커뮤니케이션의 형태가 구축될 것이다.

TV와 인터넷은 서로 잡아먹는 관계가 아니라 서로의 가치를 제고시키는 관계이며 EPG는 TV와 인터넷 미디어의 가치를 동시에 상승시킬 수 있다.

PROFILE
도지 게이스케 / 1991년 오사카대학 졸업. 덴츠 입사. 주로 SP영역과 신사업개발 업무에 종사했으며 1999년 미국 젬스타사와 덴츠의 합작으로 주식회사 인터랙티브 프로그램 가이드를 설립, 이사로 취임. 2005년 10월부터 대표이사 사장.

계할 수 있다. 이 공간에 어떻게 자연스럽게 광고를 침투시킬 것인지가 과제이다.

또한 온라인 라디오의 중요한 특성 중 하나로 유저의 사이트 체류시간이 길다는 점을 들 수 있다. 굳이 데이터를 인용하지 않아도 라디오를 즐겨 듣는다면 당연한 현상이기 때문에 단순히 방문자 수와 클릭률과는 다른 광고가치를 실현할 수 있다.

이와 같이 라디오방송국 입장에서는 인터넷매체를 라디오 프로그램 및 해당 프로그램 커뮤니티와 어떻게 연계시킬 것인지, 인터넷매체사는 라디오매체가 갖는 구심력과 장시간의 체류시간을 자사매체의 가치제고에 어떻게 활용할 것인지, 광고주는 어떻게 하면 라디오만의 컨택 포인트와 커뮤니티 공간을 인터넷과 잘 접목시키면서 광고메시지를 심도 있게 전달할 수 있을지, 마지막으로 광고회사는 라디오와 인터넷매체의 시청각적 크로스미디어를 어떻게 제안하고 실현할 수 있을지를 고민해야 하며 이에 따라 미래의 명암이 갈릴 것이다.

1-4

AIDMA의 부활

인터넷매체는 양방향성이란 장점 때문에 양방향매체라 일컬어지기도 하는데 엄밀하게 따지면 '대중매체=대중적 기능을 가진 매체', '양방향매체=양방향적 기능을 가진 매체'로 단순히 양분화할 수는 없다.

특히, 현재는 두 매체 모두 대중적 역할과 양방향적 역할을 함께 갖고 있어 굳이 말하자면 '대중매체=대중적 기능이 뛰어난 매체', '양방향매체=양방향적 기능이 뛰어난 매체'라 표현할 수 있을 것이다.

앞에서는 인터넷매체의 영향으로 변화하고 있는 대중매체에 대해 살펴보았는데 여기서는 반대로 대중매체의 영향을 받기 시작한 인터넷매체에 대해 생각해 보겠다.

인터넷시대의 AIDMA

인터넷 초창기에는 인터넷광고가 가진 양방향성과 PC 헤비 유저를 중심으로 한 세그먼트성이 기존매체와 차별화되는 장점으로 주목받으면서 광고 비즈니스가 시작됐다. 하지만 인터넷과 휴대폰이 이 정도로 보급되고 일상적으로 사용되면서 더 이상 '양방향매체의 대중매체적 기능가치' 에 대해서도 무시하지 못하게 되었다. 이미 많은 포털사이트와 모바일 사이트는 '대중매체' 라 불리는 잡지와 라디오 프로그램, 때로는 신문과 TV 프로그램보다 더 큰 리치를 확보했다.

이렇게 되면 인터넷광고와 모바일광고도 직접적인 반응(인터넷광고로 말하자면 클릭, 신문광고로 말하자면 상품 정보 요청)만을 추구하는 것이 아니라 대중매체와 마찬가지로 광고를 통한 인지와 관심의 제고 효과를 크게 기대할 수 있다.

특히, 편의점이나 슈퍼에서 판매되는 생필품 등은 웹사이트를 통해서가 아니라 AIDMA 모델에 인터넷광고를 어떻게 접목시킬 것인가 하는 관점이 필요하다. 편의점에서의 구매 타이밍에 접촉 가능한 미디어는 PC와 모바일이며, 젊은 세대들에게 신작영화 개봉을 빨리 알리기 위해서는 금요일 석간지가 아니라 모바일광고가 더욱 효과적이다. 만약 클릭하지 않더라도 소구대상에게 광고메시지를 전달하는 효과는 충분히 있다.

신상품을 인터넷매체를 통해 인지시킬 경우 사이트에서 광고효과를 판단할 수 없기 때문에 클릭률보다는 리치의 규모나 게재매체의 브랜드와 신뢰성, 콘셉트가 중시된다. 즉, 대중매체 선정방법과 같은 개념이다.

인터넷매체를 대중매체로 활용하기 위해서는 광고주보다도 인터넷매체

그림 1-2 : 광고매체의 대중적 기능과 양방향기능

	매스리치	세그먼트성	양방향 기능
TV	◎	○ 프로그램 선정에 따라	△ 전화 · 엽서
신 문	○	△ 지역×매체	△ 전화 · 엽서
잡 지	△	◎	△ 전화 · 엽서
인터넷 매체	○	◎	◎

인터넷매체의 대중매체적 기능 (매스리치)

리치(도달)가 충분하지 않았을 때의 인터넷매체의 광고가치 (세그먼트성 · 양방향 기능)

사의 발상 전환이 필요하다. 현재 대부분의 인터넷광고 상품은 다이렉트 리스폰스 direct response형을 염두에 두고 있어서 대중형으로는 적절하지 않다.

예를 들어 가장 중요한 리치만 보더라도, 1주간의 유니크 유저*가 수천만 명인 사이트라 해도 1주일 동안 광고상품을 게재했을 때 최대의 유니크 유저는 그 절반 이하일 수도 있다. 클릭률을 중시하는 경우에는 그 효율을 올리면 되지만 폭넓은 리치를 원하는 광고주를 위해서는 그 매체의 최대 리치를 달성하는 것이 경쟁력 있는 광고가치로 이어지는 것은 자명하다. 만약, 클릭률에만 초점을 맞춰 폭넓은 리치를 달성하지 못한다면 발행부수 1천만 부를 자랑하는 신문에서 최대 300만 부에만 광고를 게재하는 것과 마찬가지다.

또한 프리퀀시*도 평균 두세 번만으로는 턱없이 부족하다. '세 번의 광고노출로 인지된다' 는 삼세번 이론은 매체접촉의 잡음이 적었던 시절의 얘기이고, 현재는 어떤 매체든 열 번 정도 노출해야지만 많으면 세 번 정도 주목받고 인지된다.

물론 장편CF와 전면광고 노출 등 프리퀀시는 적지만 효과적인 기법도 있다. 따라서 인터넷광고에도 이러한 발상이 반드시 필요하다. 일반적 배너 사이즈라면 5~10번 정도, 인지율이 높은 표현형태일 경우에는 조금 적어도 무방하다와 같은 조사 데이터에 기반을 둔 이론구축과 광고상품 설계가 시급하다.

대중매체에는 SOVshare of voice라는 개념이 있는데, 경쟁 타사보다 얼마나

그림 1-3 : 인터넷광고의 구분

대중매체로서의 인터넷광고		인터랙티브 매체로서의 인터넷광고
대형광고주	광고주	다이렉트리스폰스(직접반응)형 광고주
리치와 인지와 브랜드 구축	광고목적	사이트로 유도, 사이트에서 구매 및 등록
리치, CPM*, 강렬한 인상	구매기준	CPC*, CPA*
리치, 프리퀀시, SOV	중요한 지표	클릭률, 구매율
리치, 세그먼트, 매체브랜드	매체선정 기준	타깃, 클릭률
정확한 광고효과 파악이 어렵다	숙명적 문제	클릭하지 않은 광고가치를 어떻게 평가할 것인가

* **유니크 유저**(UU: Unique User) 웹사이트의 접속 수를 나타내는 단위 중 하나. 중복을 제외하고 카운트한 특정기간 내의 사이트 방문자 수.

* **프리퀀시**(frequency) 광고의 노출빈도.

* **CPM, CPC, CPA** 인터넷광고의 비용 대비 효과를 나타내는 지표이다. CPM(*cost per mill*)은 노출 1000건 당 비용, CPC(*cost per click*)는 클릭당 과금, CPA(*cost per acquisition/cost per action*)는 상품정보 요청이나, 제품 구입 등과 같은 구체적인 액션당 과금이다.

적은 프리퀀시로 광고효과를 올리는 광고기법

○ mixi 로그인화면 잭 '도요타 bB'

○ MSN wallpaper AD '푸조'

○ au EZ 뉴스 플래시 '데코토모'

많은 메시지를 발신할 수 있을지와 특정매체 내에서 얼마나 많은 출고(出稿)량 비중을 차지할 수 있을지 등의 광고집행량 가치를 상대적으로 생각하는 개념이다. 그리고 같은 광고집행량이라도 오랜 기간에 걸쳐 실시하는 것보다 짧은 기간에 집중해서 하는 편이 기억에 더 남을 수도 있다.

인터넷광고의 '임프레션 보증형' 즉, 총 광고노출횟수를 중시하는 판매방식에는 이러한 SOV나 시간밀도의 발상이 결여되어 있다. 예를 들어 게재기간 1주일 동안에 10개사를 로테이션*할 거라면 게재기간 3일 동안에 5개사를 로테이션하는 편이 임프레션 가치가 상승한다.

또한 기술적으로 가능하다고 해서 로테이션을 너무 많이 해서는 안 된다. 같은 게재면 광고에 15개사 내지 20개사가 로테이션한다면 인지도가 오를 래야 오를 수가 없다. TV로 비유하자면 5분이나 되는 긴 광고시간에 15초짜리 CF를 20개 연속해서 내보내는 꼴이 되므로 인지도가 상승할 수가 없다.

과도한 로테이션도 문제지만 매체사가 자사광고를 너무 많이 게재하는 것도 문제다. 클라이언트의 광고효과가 저하되며, 지나치게 매체사 자사광고가 많으면 광고주한테도, 유저한테도 '광고가 잘 안 붙는 모양이다' 라는 이미지를 주게 되기 때문이다.

자사 사이트의 여러 페이지 및 서비스를 PR하는 것은 PV와 UU 증가로도 이어지고 광고주에게도 이득이 되므로 불가피한 측면이 있긴 하지만 이는 클라이언트의 광고 게재 면이 아닌 다른 공간에서 전개해야 한다.

앞에서 기술한 인터넷광고의 (인지를 중시한) 대중매체적 기능이란 개념은 클릭 등 직접적인 광고효과를 겨냥한 퍼포먼스형 광고에 대치되는 형태

*** 로테이션**(rotation) 대부분의 배너광고는 게재화면이 표시될 때마다 각 광고주의 광고표현이 순환적으로 표시된다. 같은 광고주가 여러 종류의 크리에이티브를 돌릴 수도 있다.

로 디스플레이형 광고, 브랜딩형 광고라 불리는 것으로 이 책의 독창적 발상은 아니다.

그러나 display, impression, attention, branding 등 다양한 용어와 개념이 혼동되어 사용되는 경우가 많아 대중매체가 구축해 온 AIDMA형 광고효과의 이론 및 실천이 인터넷광고에서 제대로 활용되지 못하고 있다.

여기서 다시 한 번 용어의 어감과 개념을 정리해 보고자 한다.

우선 광고표현을 게재하는 것 자체를 노출display이라 하는데 이 표현방법을 거듭 연구하고 노출횟수를 증가시킬수록 점차 유저의 인지 · 주목(*attention*)과 인상(*impression*)이 올라간다.

그리고 이 인지 · 주목과 인상을 관심(*interest*)과 호감(*preference*)으로 이끌기 위해서는 광고상품 자체의 가치, 이를 잘 표현해 줄 수 있는 크리에이티브 그리고 컨택 포인트의 치밀한 설계가 필요하다.

그리고 그 광고상품과 광고 크리에이티브가 유저로 하여금 매력적인 가치를 형성했을 때 소비자와의 관계 형성으로 이어지고, 그리고 마침내 소비자의 마음을 울릴 때 브랜드가치가 형성(*branding*)된다.

이처럼 광고의 노출량은 객관적 수치로 파악할 수 있어도 인지 · 주목 이후의 광고효과는 소비자의 심리와 관련된 부분이므로 객관적으로 파악하기는 어렵다.

예를 들어, 전문사이트의 타이업tie-up 광고의 경우 사람들이 콘텐츠와 함께 광고메시지도 꼼꼼히 읽어 보지만 읽은 사람 모두가 클릭하는 건 아니다.

이것은 잡지매체의 타이업 기획과 같은 인지, 이해, 공감효과를 노린 것이며 이러한 양방향 광고효과는 단순히 사이트 내의 양방향적 행동만을 보고 계측할 수는 없다.

이상과 같은 '인터넷매체의 대중적 가치'와 '인터넷매체의 AIDMA적 활용'이란 개념을 그림으로 정리해 보겠다.

기존의 대중매체에 적용되는 AIDMA적 광고심리의 흐름이 있는 한편, 양방향 시대의 새로운 소비행동모델로서 2004년에 덴츠가 제창한 AISAS(2005년에 상표등록)란 프레임워크가 있다. 인터넷이 보급되면서 소비자가 스스로 정보를 수집하고 발신할 수 있는 환경이 구축된 이후의 소비행동을 파악하는 것인데 Attention(인지/주목한다), Interest(흥미를 갖는다), Search(검색한다), Action(구매한다), Share(정보를 공유한다)로 구성된다(→ p.47).

그림 1-4 : AIDMA, AISAS, 그리고 신시대의 AIDMA

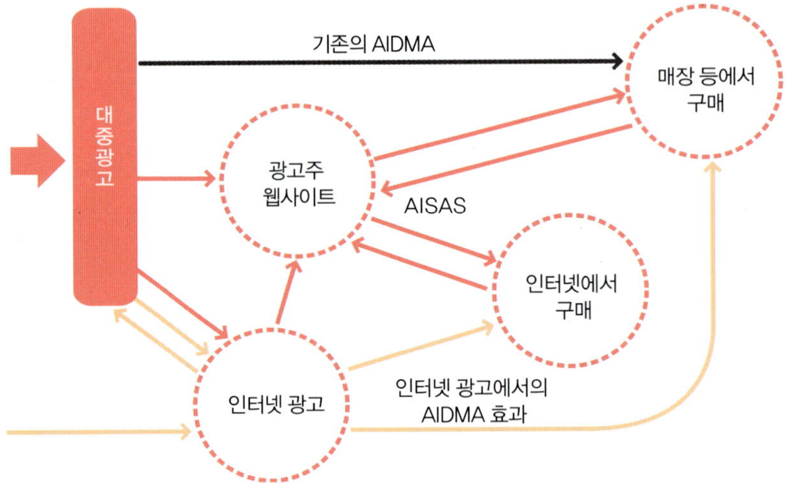

AISAS 모델은 인터넷의 다양한 현상들을 설명할 수 있는데, 여기서 간과해서는 안 될 점은 인터넷매체에도 AIDMA 흐름이 있다는 점이다. 이런 구매행동에는 편의점에서의 생필품 구매와 같은 현실세계일 경우도 있고 '라쿠텐[樂天]'이나 '아마존Amazon' 등의 인터넷 쇼핑몰에서 구매하는 것과 같은 광고주 사이트를 경유하지 않는(즉, 계측하기 어려운) 웹상의 행동도 포함된다.

또한 Attention과 Interest의 실현은 꼭 '대중매체→인터넷'의 순서가 아니라 '인터넷→대중매체'의 순서로도 발생한다. 이처럼 인터넷시대에는 대중매체와 인터넷매체가 상호 영향을 미치면서 광고를 중심으로 AIDMA와 AISAS라는 두 개의 소비행동이 존재한다.

인지매체간 연계

인터넷매체의 리치reach는 충분히 확산됐지만 여전히 인터넷광고만으로 강한 인상을 심어 주기란 어렵다.

강한 인상이란 광고노출량만으로는 달성할 수 없는 강렬한 인상(*impression*)을 뜻한다. 인터넷광고에서도 강렬한 인상을 주기 위한 시도로 모든 유저가 사이트에 접속할 때 반드시 표시되는 잭jack광고 등이 개발 중인데 새로운 시대의 AIDMA는 TV를 위시한 대중매체와 인터넷매체 노출의 상승효과를 통해 강한 인상을 남겨야 한다.

AISAS든 AIDMA든 대중매체와 인터넷매체의 가장 단순한 상승효과는 인지매체 간의 리치의 보완과 프리퀀시의 보강일 것이다.

리치의 보완이란 TV광고를 보지 않은 소비자에게 신문과 인터넷을 통해 도달시키고, 신문을 보지 않은 타깃에게 인터넷광고를 통해 도달시키고, 인터넷매체로는 전할 수 없는 층에게 모바일로 도달시키는 등 꼭 대중매체와 인터넷매체의 조합에 의해서만 가능한 것은 아니다.

이러한 발상을 광고접촉횟수를 기준으로 생각하면 프리퀀시의 보강이 된다. 하나의 매체만으로는 프리퀀시가 부족한 타깃에게 다른 매체를 이용해서 보강하고 더 많은 타깃의 접촉횟수를 평준화시키려는 발상이다.

소비자들이 매일 접하는 광고매체 접촉시간 비율은 상황에 따라 다르지만 총 접촉시간은 그다지 차이가 없다는 것을 전제로 한다면, 접촉매체 총체적으로 볼 때 가급적 많은 광고타깃을 대상으로 광고노출 빈도와 횟수에서 효과적인 프리퀀시를 추구하겠다는 발상이다.

이론상으로는 이렇게 대중매체와 인터넷매체의 리치의 상호보완과 프리퀀시의 보강이 가능하지만 현실적으로는 각 매체 특성에 맞도록 기본에 충실한 다음 크로스미디어 설계를 해야 한다.

아무리 시대가 변해도 효율적이고 효과적으로 대중 브랜드를 구축할 수 있는 광고매체는 역시 TV다. 다만 TV매체는 좀처럼 도달할 수 없는 타깃층이 있다는 점, 잠재고객을 발굴할 수는 있어도 그들을 확실히 고객화하기는 어렵다는 점, 거액의 광고비용이 든다는 점 등의 약점이 있다.

이런 TV광고의 약점은 TV의 라이트 유저는 대부분 PC의 헤비 유저라는 점, 인터넷매체를 활용해 TV에서 발굴한 잠재고객들에게 쐐기를 박고 수요를 일으킬 수 있다는 점, 그리고 TV매체에 대한 거액의 투자리스크를 인터넷매체로서 보완하는 것이 가능하다는 인터넷광고의 특성을 접목시켜 상쇄할 수 있다.

TV를 통해 기본적인 인지와 이미지 구축→리치형 디스플레이광고로 재인식, PUSH→사이트의 반응 데이터를 수집 · 분석, 사이트 밖의 동향까지 포함한 정성적 광고효과를 추정하여 피드백→온라인 및 오프라인에서 액션을 실현하는 식의 성공적 패턴이 광고목표 및 광고전략마다 있을 것이다.

여기서도 역시 중요한 점은 인터넷매체를 특별한 것으로 여기면서 단순히 대중매체와 인터넷매체의 일차원적인 조합만을 생각할 것이 아니라 모든 매체특성과 기능을 각각 정확하게 파악하고 타깃 소비자의 컨택 포인트 에 따라 자유롭게 발상할 수 있어야 한다.

제1장 참고문헌

《덴츠광고사전》, 덴츠광고사전 프로젝트팀, 덴츠, 2008.

《새로운 광고》, 嶋村和惠 감수, 덴츠, 2006.

《홀리스틱 커뮤니케이션》, 秋山隆平 · 杉山恒太郎, 선전회의, 2004.

《통합광고론》, 水野由多加, 미네르바서방, 2004.

제 2 부

인터넷이 일으킨 변화

▸ 히다카 야스시 日高靖

인터넷이 보급되면서 다양한 영역에서 큰 변화가 일어나고 있다. 제2부에서는 이러한 변화를 소비자, 광고주를 중심으로 한 일반기업, 광고대행사 등 세 가지로 분류하여 저마다의 관점에서 각종 조사데이터를 인용하면서 살펴보겠다.

▶ 2-1

소비자의 미디어 접촉 행동은 어떻게 변했는가?

소비자가 인터넷을 접하게 된 것은 'Windows95' 출시에 따라 가정용 PC가 보급되면서부터인데 당시의 인터넷 이용자는 100만 명 정도에 불과했다. 그후 PC 인터넷 이용자가 꾸준히 증가하고 2001년 무렵부터 본격적으로 도입된 ADSL 등의 정액제 광대역통신망(초고속인터넷)이 가정에 확산되면서 인터넷 활용도 다양해지고 인터넷 이용시간도 급격히 늘어났다.

한편, 1999년에 'i 모드'*가 등장하면서 휴대폰을 통한 인터넷 접속도 보편화되어 외부에서도 얼마든지 인터넷 이용이 가능해졌다.

*i 모드(i mode) NTT 도코모의 모바일 인터넷 서비스-역주

2008년 일본 총무성 조사에 따르면 일본의 인터넷 인구는 9,091만 명으로 추산되며, 이용 단말기별로 보면 PC 8,255만 명, 휴대폰 등이 7,506만 명이다. 여기서 주목되는 건 PC와 휴대폰의 병행 이용자가 전체 인터넷 이용

그림 2-1 : 단말기별 인터넷 이용자 수

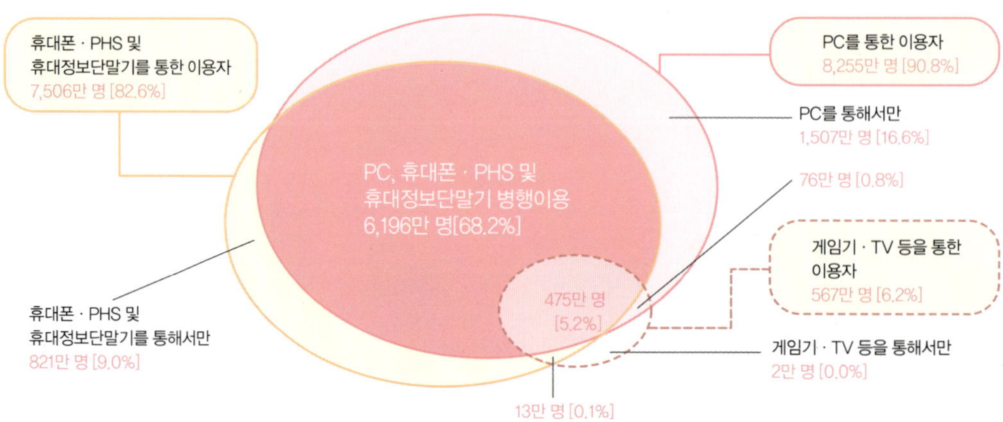

총무성 '2008년 통신이용동향' 조사

그림 2-2 : 가정과 소비자의 인터넷 보급 동향

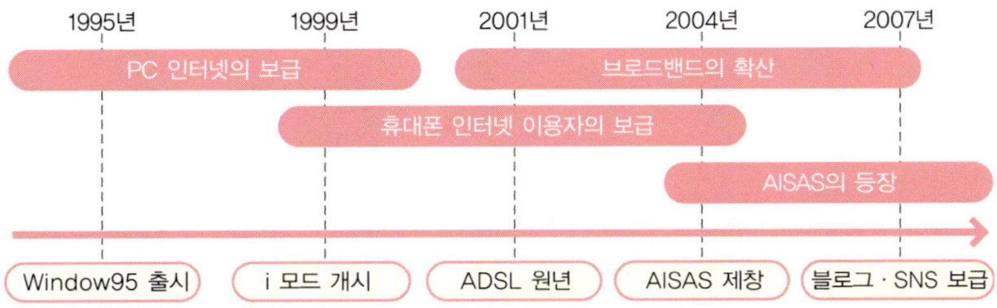

자 중 68.2%(6,196만 명)나 된다는 점인데, 많은 사람들이 이 두 가지를 상황과 장소 등에 맞추어 선택 이용하거나 또는 병행 이용하고 있다는 점이다.

이렇게 인터넷 이용시간이 증가하고 일상생활에 침투되면서 소비자들은 대중매체를 통해 관심을 갖게 된 사항을 인터넷으로 검색하고 블로그와 커뮤니티 사이트를 통해 직접 정보를 발신하고 공유할 수 있게 되었다. 2004년에 덴츠가 제창한 'AISAS'라는 새로운 소비행동모델의 시대가 도래한 것이다.

소비자가 자유자재로 정보를 찾을 수 있는 인터넷 활용의 제1단계부터 시작해서 소비자들끼리 네트워크를 구축하여 정보와 의견, 가치관의 활발한 교류 및 공유가 가능한 제2단계의 양방향으로 진화하면서 인터넷매체를 인터랙티브매체interactive media라고도 부르게 되었다.

그리고 이런 조류를 Web2.0이라 부르기 시작한 것도 2004년 무렵부터이다.

소비자들은 일상생활 속에서 인터넷매체를 어떻게 접하고 있을까? '비디오 리서치' 조사에 따르면 2008년 가정에서 휴대폰을 포함한 인터넷 이용시간은 하루 44분이었으며 2001년의 12분에서 크게 증가했다.

한편, 기타 미디어의 접촉시간은 전반적으로 최근 10년간 인터넷매체에 비해 큰 변화가 없다. 즉, 인터넷매체가 기존 매체들의 접촉시간을 빼앗은 게 아니라 인터넷매체 접촉시간만큼 소비자의 미디어 접촉시간이 전체적으로 증가했다고 볼 수 있다.

이는 TV와 PC 및 휴대폰을 동시에 이용하는 더블 스크린double screen이 일상화된 것 외에도 기존에는 미디어 접촉시간에 포함되지 않았던 1대1 커뮤니케이션이 최근에 커뮤니티 사이트를 통해 활발히 보급되면서 미디어 접촉시간에 포함된 것도 한 몫을 한다.

그림 2-3 : 가정에서의 미디어 접촉시간 동향(1주일 이용 평균, 1일당)

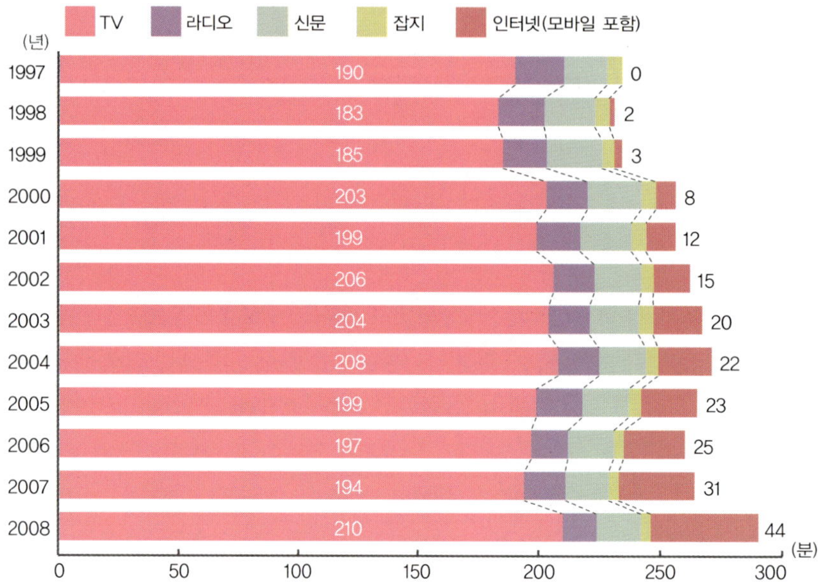

비디오 리서치 'MCR', n = 약 2,000

그림 2-4 : 가정에서의 세대별 미디어 접촉시간 비율(1주일 이용 평균)

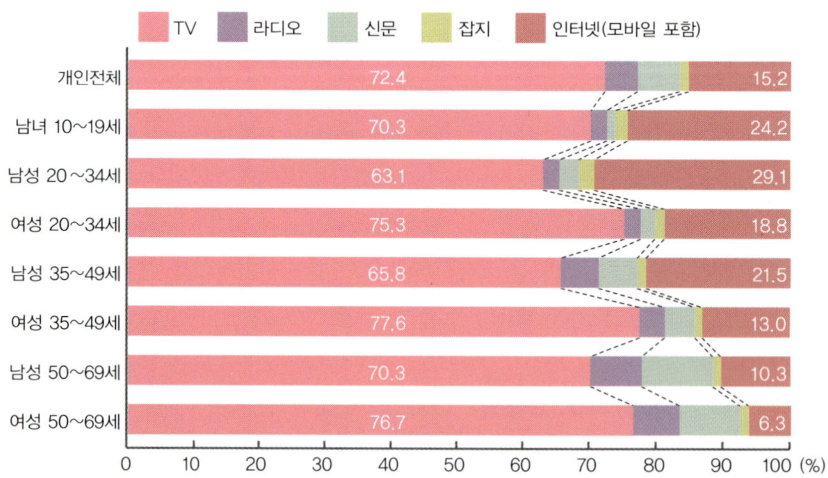

비디오 리서치 'MCR 2008', n = 2,028

가정에서의 미디어 접촉시간 비율을 보면 인터넷매체는 특히 10세~34세의 남녀와 35~49세 남성들의 이용이 비교적 많았으며 전체의 약 20%를 차지했다.

〈그림 2-3〉과 〈그림 2-4〉 모두 가정 내에서의 매체접촉 데이터이므로 소비자의 컨택 포인트 전체를 놓고 보면 여기에 직장, 학교 등 외부에서의 이용시간이 추가되는 점을 유의해야 한다.

단순히 접촉시간이 아니라 그 미디어에 대한 관여도를 파악하기 위해 '가장 중요하게 생각하는 미디어는?' 을 조사한 결과가 〈그림 2-5〉에 나와 있다. 인터넷 이용자만을 대상으로 조사한 결과인데도 TV가 1위이고 인터넷이 2위, 휴대폰이 3위였다. 휴대폰을 가장 중요한 미디어라고 응답한 비율은 개인 전체적으로 보면 16.8%이지만 10대 여성들은 48%, 20대 여성들은 34%로 젊은 여성들에게 매우 높은 평가를 받고 있다는 것이 특징이다.

이와 같이 인터넷이 일상화되고 매체접촉환경이 변한 가운데 광고 커

그림 2-5 : 일상생활에서 가장 중요한 미디어

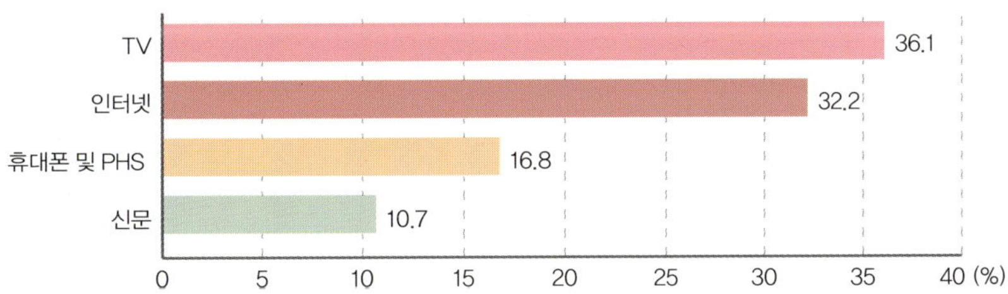

덴츠 '크로스미디어행동조사' 2008년 2월, n = 2,090
* 덴츠 독자적 패널 'd-camp' 중 인터넷 이용자에 한해 조사

그림 2-6 : AIDMA와 AISAS

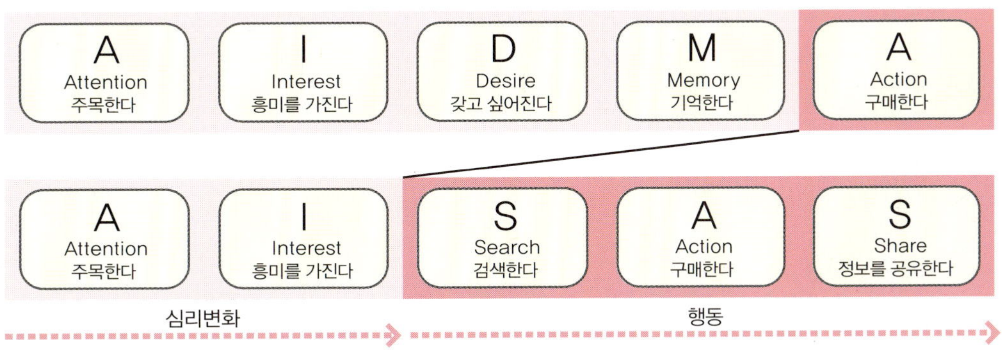

뮤니케이션에서 눈에 띄는 가장 큰 변화는 역시 AISAS형 소비행동 및 광고 효과모델의 등장이다.

앞서 이야기한 더블 스크린 현상은 초기에는 대중매체 등을 통해 관심을 갖게 된 정보를 검색하기 위해서는 직접 URL을 입력해서 웹사이트로 접속해야 했다. 그러나 검색엔진의 기술발달로 누구나 손쉽게 검색할 수 있게 되었고, 블로그와 SNS 등 소비자가 주도하는 웹의 정보발신 미디어가 확산되면서 검색(*Search*)과 정보공유(*Share*)가 소비자의 구매(*Action*)에 큰 영향을 미치게 되었다.

블로그와 커뮤니티 사이트도 〈그림 2-7〉에 나타난 것처럼 10대에서 30대에 이르는 여성과 20대 남성들이 특히 많이 이용한다. 블로그나 SNS 이용은 아직 특정 층만의 행동으로 볼 수도 있지만 소비자 스스로가 정보를 발신하고, 그 정보가 보는 이들에게 광고메시지 이상의 신뢰감을 주면서 전달된다면 소비자의 능동적인 소비행동에 지대한 영향을 미치게 된다.

그림 2-7 : 블로그와 커뮤니티 사이트의 속성별 이용도 (과거 1년간의 PC 이용자 기준)

	블로그 서비스를 이용(열람)	블로그 서비스를 이용(작성)	회원제 커뮤니티 사이트 (mixi 등)를 이용
PC 이용자 전체	11.0	6.0	12.8
남성 합계	9.4	5.0	9.5
남성 19세 이하	8.0	4.8	4.8
남성 20~29세	13.5	8.4	26.2
남성 30~39세	12.5	6.5	10.9
남성 40~49세	9.7	5.1	4.6
남성 50~59세	4.6	1.6	1.4
남성 60세 이상	1.5	0.2	1.5
여성 합계	13.0	7.1	16.7
여성 19세 이하	19.6	12.2	15.7
여성 20~29세	18.2	11.2	37.4
여성 30~39세	14.8	8.3	18.4
여성 40~49세	8.8	3.8	6.6
여성 50~59세	5.7	0.7	2.0
여성 60세 이상	3.6	3.6	—

비디오 리서치 'ACR' 2008년 5월 n=5.394
※각 이용자 중에서 상위 3위 속성에 회색표시

그런데 AISAS는 상품 카테고리에 따라 적용되는 경우와 적용되지 않는 경우가 있다. 액정TV나 승용차처럼 고가상품은 구매할 때 신중하게 검토하기 때문에 정보수집기간이 비교적 길고 A→I→S 단계를 거쳐 Action에 이른다. 특히 Search와 Share의 비율이 높은 것이 특징이다. 또한 각자의 취향이 강한 화장품도 AISAS형 광고상품에 적용된다.

반면, 음료나 헤어케어 제품 등 저가상품들은 Attention과 Interest의 영향을 많이 받는 AIDMA형이며 여전히 대중매체에 대한 광고노출량이 많은 상품 카테고리다. 한편, 조미료처럼 AIDMA 또는 AISAS로 쉽게 분류할 수 없는 상품분야도 있다.

AISAS 중에서 특히 Share율이 높은 것은 영화관에서 관람하는 영화나 휴대폰 단말기 등이 있다. 둘 다 전혀 다른 상품 카테고리지만 자신의 취향에다 남들의 평가나 반응도 신경 쓰면서 소비행동을 결정하게 되는 커뮤니케이션형 소비재라 할 수 있다.

또한, 이 조사의 Share 행동에는 인터넷에서의 정보공유뿐만 아니라 실생활의 입소문과 잡지를 통한 Share도 포함된다. AISAS 모델은 인터넷에만 적용되고 완결되는 것이 아니기 때문에 AISAS에 근거한 광고 플래닝을 할

그림 2-8 : 상품 카테고리별 AISAS 영향도(구매자 기준)

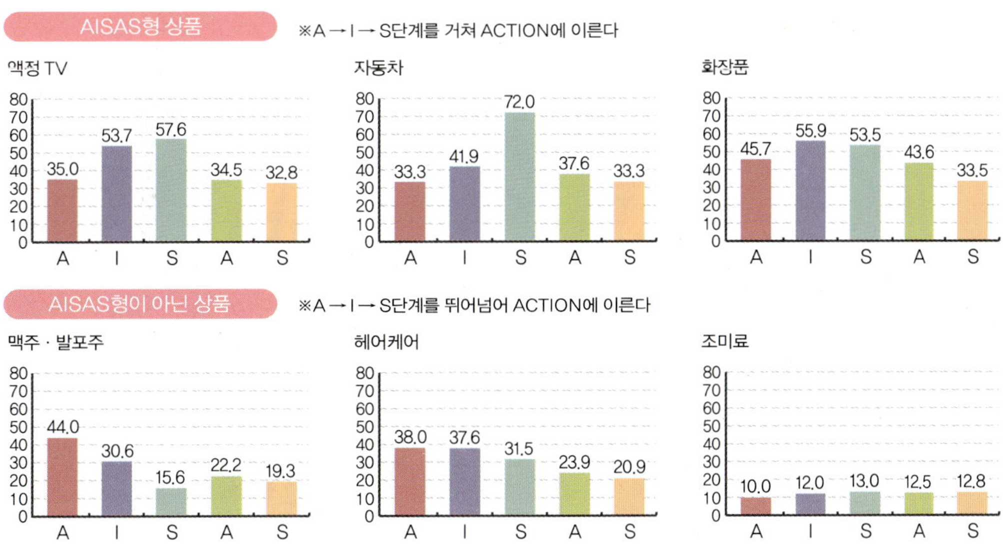

덴츠 d-camp '크로스미디어행동조사' 2008년 2월
※ 수치는 모두 %

그림 2-9 : 상품 카테고리별 share율(구매자 기준)

	share율(정보공유)	기 간
영화관에서 관람하는 영화	50.2%	최근 6개월
휴대폰 · PHS(단말기)	39.4%	최근 1년간
화장품	33.5%	최근 6개월
슬림형 TV	32.8%	최근 1년간
과자 · 디저트	31.6%	최근 6개월

덴츠 '크로스미디어행동조사' 2008년 2월
※인터넷, 잡지 및 전단지, 매장 중에서 일정 기간 안에 share한 사람들의 비율

때도 인터넷에 한정된 발상에 빠지는 일이 없도록 해야 한다.

Share 행동 측면에서는 소비자의 CGMconsumer generated media 이용이 증가함에 따라 CGM을 이용한 광고캠페인이 늘었다. 기업이 발신하는 것이 아니라 제3자(유저)가 본인의 체험을 말하는 것이라서 더 신뢰가 가고 설득력이 있기 때문이다. 그러나 유행에 편승해서 CGM만 활용하면 만사형통이라는 안일한 생각을 품어서는 안 된다. 입소문은 원래 자연발생적인 것이며 상품이나 서비스에 만족한 소비자가 자발적으로 확산시키는 것이다. 기업이 의도적으로 꾸며서 구전효과를 유발할 수는 없다. 최근 몇 년 동안 국내외 광고캠페인 중에서 기업이 의도적으로 꾸민 입소문이 들통 나서 소비자의 신뢰를 잃고 게시판 등에 불만과 클레임이 가득 올라와 결과적으로 브랜드 이미지가 실추된 사건, 이른바 '테러'*당한 경우를 많이 볼 수 있다.

미국의 WOM 마케팅협회*는 입소문을 두 종류로 분류했다. 하나는 자연발생적 입소문(*organic WOM*)이고 또 하나는 증폭된 입소문(*amplified WOM*)이다. 기업이 유발하는 입소문은 후자에 해당되는데 상품이나 서비스에 대해 어필할 기회를 늘리는 등 마케터가 유도하는 패턴이다. 유도한 입소문 때문에 테러를 당하지 않기 위해서는 입소문이 일어날 만한 매력적인 광고 커뮤니케이션과 콘텐츠를 만들고 조작이나 허위사실을 유포하지 않는 것이 중요하다. 단순히 CGM만 활용하면 된다는 생각은 버려야 한다.

＊테러
블로그, SNS 등의 글에 대해 중상모략 등 부정적인 코멘트가 집중적으로 올라오는 것. 한번 당하게 되면 속수무책이며 결국 대부분 블로그 등을 닫을 수 밖에 없음.

＊WOM 마케팅협회
Word of Mouth Marketing Association(약칭 WOMMA). 2004년 출범한 구전마케팅 촉진 및 개선을 위한 구전마케팅 단체이며 약 350개사가 가입.

하노 요시히코 [羽野仁彦]
주식회사 블로그 워처 대표이사 사장

놓치면 아깝다!
CGM에 담긴 목소리는 숨어있는 귀중한 정보원

CGMConsumer Generated Media에는 두 가지 특징이 있다. 첫 번째는 다양한 매체 중에서 CGM만이 유일하게 다른 매체의 영향을 크게 받기 때문에 다른 매체와의 상승효과를 기대할 수 있다는 점이다. 두 번째는 단 한 건의 CGM기사(입소문)라도 그 기사는 소비자의 행동을 바꿀 만한 힘을 가진 정보가 된다는 점이다. 이 두 가지 특징을 사례를 들어 설명하겠다.

CGM이 화젯거리를 낳고 다른 미디어와 연동하면서 붐을 형성

'아침 바나나 다이어트' 사례를 소개하겠다. 2006년 가을부터 대형 SNS 커뮤니티를 통해 소개된 다이어트 방법인데 CGM에서 점차 확산되고 2008년 3월에 책으로 출판되면서 큰 화젯거리가 되었다. 보통 TV와 잡지를 통해 소개되면 반짝 화제가 된 다음 바로 수그러지는 경우가 대부분인데 '아침 바나나 다이어트'는 기반이 되는 이야깃거리가 계속 CGM에 존재하고 있어 TV에 소개된 다음에도 화제는 수그러들지 않고 계속 확산되었다.

이처럼 화제의 기반이 CGM에 있다면 일시적이지 않고 꾸준한 붐을 형성할 수 있다. 앞으로 프로모션 플래닝을 할 때 CGM의 이슈성과 이슈 중심층의 현황을 파악하는 것이 필수불가결할 것이다.

아침 바나나 다이어트의 CGM 기사 정보 추이
(SHOOTI BUZZ REPORT http://sbr.shooti.jp)

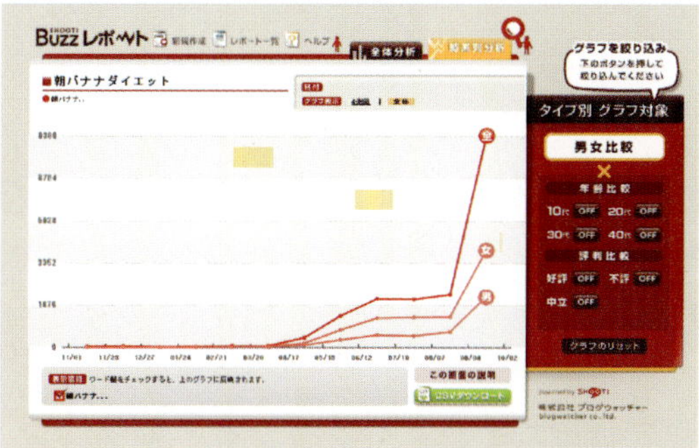

6월에 와이드쇼에서 방영된 후에도 화제가 가라앉지 않아서 9월에 다이어트 특집프로그램 방영 후 폭발적으로 알려졌다. 화제의 중심은 여성이나, 남성 사이에서도 많이 화제가 되었고, 호의적·중립적인 의견이 많다는 것도 CGM을 분석하면 알 수 있다.

단 한 건의 CGM기사라도(입소문) 소비자의 태도변화를 일으킬 만한 힘이 있다

자연적으로 발생된 입소문은 소비자 행동에 큰 영향을 미치는 콘텐츠이다. 해외여행 사이트인 'AB ROAD'는 세계 각국의 관광정보를 게재하는데, 이 사이트에는 편집부가 쓴 기사와 일반 여행자들이 쓴 여행기(CGM)가 함께 게재된다. '블로그 워처' 조사에 따르면 편집부가 쓴 기사만을 올리는 것보다 일반 여행자들이 쓴 여행기도 함께 올리는 편이 투어 예약률이 높았기 때문이다. 특히 아마존강 투어처럼 일반 여행자들이 처음 체험하는 지역일 경우 그 경향이 더욱 두드러졌다. 소비자들의 행동을 일으키고 싶은 기업이 증가하는 가운데 CGM 정보는 앞으로 더욱 중요해질 것이다.

아마존강 주변의 여행정보

PROFILE

하노 요시히코 / 자체 개발한 CGM 해석 엔진 SHOOTI를 활용하여 CGM을 활용한 마케팅 사업을 전개하면서 CGM의 영향력에 대한 연구를 진행. 도쿄대학 정보학환 특임연구원.

2-2

기업의 마케팅 활동은 어떻게 변했는가?

소비자의 미디어접촉 변화에 따라 광고주들도 과거에는 주로 대중매체를 기반으로 일방적으로 전개하던 마케팅활동에 대해 재고하기 시작했다. 소비자와 미디어가 변화한 현재의 여건에서는 기존의 대중매체 중심의 광고만으로는 부족하다는 것을 광고주들도 깨닫고 행동하게 된 것이다.

닛케이[日經]광고연구소의 조사결과를 보면(〈그림 2-10〉) 광고주가 생각하는 최근의 가장 중요한 문제 1위로는 '매스미디어 광고효과의 변화'가 꼽혔으며 크로스미디어, 복수미디어, 컨택 포인트, 블로거, SNS 등 대부분이 인터넷광고 관련사항들이다.

소비자가 기존 광고미디어에 더 이상 접촉하지 않게 된 것이 아니다. 다양한 컨택 포인트에 인터넷매체가 접목되면서 광고주 측도 기존 광고매체와 새로운 광고매체를 대립구도로 보는 것이 아니라, 컨택 포인트의 마케팅 관점에서 서로의 융합을 통한 효과적인 활용법을 모색하고 있는 것이다.

이처럼 아직 과제는 산적해 있지만, 인터넷은 광고활동을 포함한 기업

그림 2-10 : 광고주가 생각하는 '최근의 중요 문제'

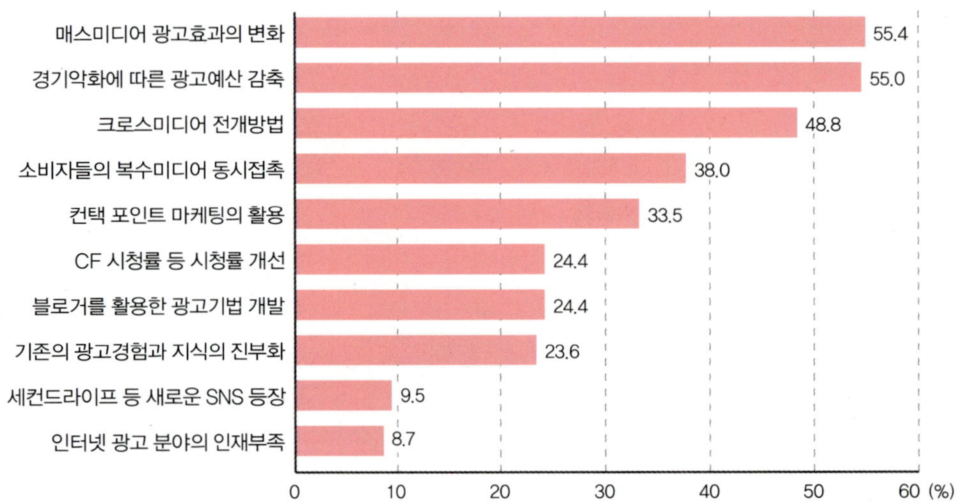

닛케이 광고연구소 '제33회 광고동태조사' 2008년 242개사, 복수응답

* **전자상거래**
(e-commerce)
웹사이트 상의 상품거래. 소비자 대상의 소매점과 자재조달을 목적으로 한 기업간 전자상거래가 있다.

의 마케팅활동 각 분야에 큰 도움을 주고 있다. 예를 들어, 전자상거래* 형태로 새로운 유통채널을 구축할 수 있게 되었고, 고객데이터의 디지털화로 인해 이메일 등을 통해 지속적으로 고객들과 커뮤니케이션할 수 있게 되었다. 또한 마케팅활동을 지원하는 상품의 수주 및 발주관리와 재고관리시스템 등 사내의 IT시스템에도 인터넷관련 기술이 활용된다.

기업의 사장과 임원, 그리고 경영기획부문에서도 인터넷을 중시하는 기업이 늘었다. 일본은 이미 성숙시장이기 때문에 치열한 경쟁 속에서 성공하기 위해서는 상품개발 담당자와 마케팅전략 담당자가 자사상품의 커뮤니케이션 전략을 짜는 것만으로는 매출목표를 달성하기가 쉽지 않다.

즉, 기업의 경영전략과 직결된 사업전략의 성공을 위해서는 인터넷을 활용한 커뮤니케이션 활동이 중요하다.

기업이 커뮤니케이션 활동을 전개할 때의 관련 부서는 담당상품의 마케팅 활동을 추진하는 마케팅부서와 광고예산을 관리하는 광고부서, 그리고 홍보 및 PR활동을 하는 홍보부서 등 세 부서가 중심이 된다.

자사의 웹사이트를 관리하는 웹마스터의 담당부서가 어딘가를 확인한

그림 2-11 : 홈페이지 관련업무의 담당부서

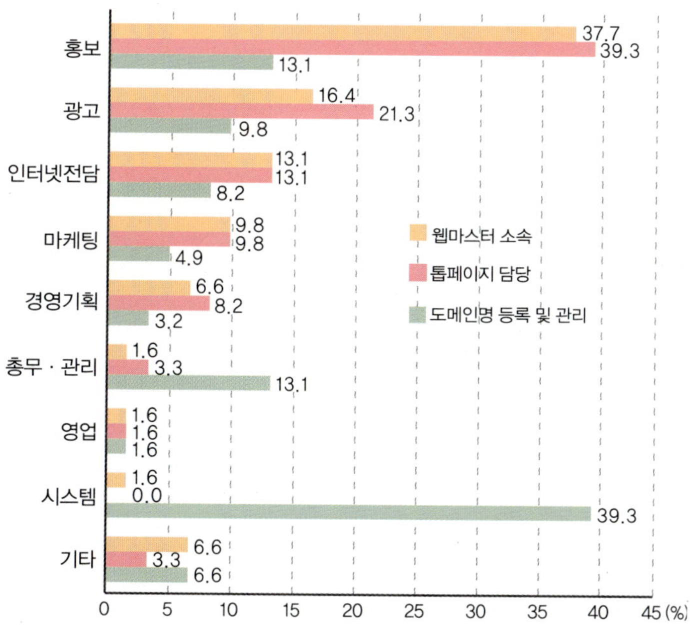

사단법인 일본 어드바타이저즈 협회 웹광고 연구회
'제3회 기업 홈페이지 운영상황 조사' 2007년 6월 61개사 응답

모리타 마사다카[森田正隆]
메이지[明治] 대학 경제학부 준교수

21세기형 미디어 환경 속의 커뮤니케이션 전략

20세기는 매스미디어의 시대였다. 신문이 보급되면서 국민국가가 탄생하였고, 라디오의 등장은 대중사회의 개막을 알렸다. 그리고 20세기 후반의 50년 동안은 TV의 시대였다. TV는 오락의 절대지존이 되었으며 대중마케팅의 도구로 최고 자리에 군림했다. 이 시대에 TV를 광고매체로 120% 활용한 일부 소비재 기업들은 시장에서 국가대표 기업으로 성장하면서 절대적 우위를 차지하게 되었다.

20세기 미디어 환경에서는 일부 대중매체만이 속보성(速報性)과 동보성(同報性)을 가졌기 때문에 이들 매체를 관리하는 것이 커뮤니케이션 전략의 중심과제였다. 매스미디어는 일방향 미디어이므로 광고주는 소비자를 향한 일방적인 정보제공에만 집중하면 됐다. 따라서 광고주와 광고회사 입장에서 볼 때 매체별 수직관리가 가장 적절한 대응방식이었다. 정보 수용자로부터 즉각적이며 직접적인 반응이 돌아오지 않는 일방향 커뮤니케이션의 경우 정보의 발신자가 전체적 프로세스를 완전히 컨트롤할 수 있기 때문에 프로젝트별, 캠페인별로 계획을 세우고 이를 완벽하게 실시하는 것이 최대의 목표였다.

그러나 21세기에 부상한 인터넷을 비롯한 디지털 미디어는 속보성과 동보성뿐 아니라 개별성과 양방향성까지 겸비했다. 매스미디어가 1대다(多)이자 일방향이라면 디지털 미디어의 특징은 다(多)대다(多)이고 양방향이다. 기업들은 이제 직접 소비자와 접촉할 수 있는 미디어를 찾았다. 소비자도 다(多)대다(多) 커뮤니케이션을 할 수 있는 수단을 얻었다. 대중광고와 함께 디지털 미디어를 통해 얻은 정보가 소비자의 태도 형성과 구매의사 결정에 영향을 미친다.

이와 같은 미디어의 환경 변화는 기업활동과 소비자 행동에도 새로운 옵션을 제시하고 구체적인 변화를 가져왔다. 예를 들어, 기업은 웹사이트를 통해 기업을 홍보하고 투자정보를 제공하고 고객대응창구로 삼는 등 다양한 목적으로 활용하며 일부기업은 직접판매(*direct sales*) 채널로 활용하기도 한다. 판매자인 기업 및 매장에서 제공하는 상품정보뿐 아니라 구매자인 소비자의 상품평가와 구전정보를 볼 수 있는 포털사이트의 존재감이 커졌다. 또한 게시판형 커뮤니티와 SNS 등에서는 여러 소비자들이 서로 커뮤니케이션을 도모하면서 구매행동과 소비행동에 상호영향을 끼치는 현상이 눈에 띈다.

그러나 많은 기업은 매스미디어 중심의 광고와 양방향 디지털미디어에서의 다양한 커뮤니케이션을 통합시킨 전략 하에 유기적으로 조합하여 활용하는 수준까지는 다다르지 못했으며, 그뿐 아니라 교통광고나 매장 POP 등 옥외매체의 활용도 각각의 부문에서 개별적으로 행해지고 있다.

그렇다고 성공사례가 없는 건 아니다. 예를 들어 마츠시타[松下] 전기산업(현재 Panasonic)이 새로운 건전지 브랜드 '옥시라이드'를 선보일 때 담당자 한 명이 상품기획부터 광고, 홍보, 판촉 등 여러 기능과 부서를 넘나들면서 캠페인을 전개하여 성공한 사례가 있다. 그는 신상품 발표회의 기획부터 언론에 대한 정보제공, 대중광고와 교통광고의 기획 및 실시, 캠페인 웹사이트의 오픈, 매장에서의 판촉행사 전개 등 모든 업무를 조직의 경계를 넘나들며 진두지휘하였다. 또 대학과의 공동연구를 이벤트화해서 전국의 CATV 방송국에 기획프로를 판매하는 데 성공하여 매체비가 거의 들지 않은 홍보활동까지 전개할 수 있었다.

과거에 기업의 광고부서는 주로 광고대행사의 제안을 기다렸다. 그러나 광고, 홍보, 영업 등 기존의 업무 구분을 넘어 다양한 미디어를 횡단적이고 유기적으로 통합해서 활용하는 새로운 시대의 캠페인은 기존의 수직형 조직체제에서 벗어나지 못한 광고대행사일 경우 대응하기 어렵고 포괄적인 제안을 할 수가 없다. 이 담당자는 스스로를 캠페인 크리에이터campaign creator로 자리매김시켜 사내의 수직적 조직을 넘나들면서 진두지휘했을 뿐만 아니라, 여러 광고·홍보 관련

회사들을 묶어서 그들에게 오히려 제안함으로써 성공적인 캠페인으로 이끌 수 있었다.

급속도로 미디어의 다양화가 진행될 때 과거의 성공체험에 입각한 기존의 분업체제로는 제대로 대응할 수 없다. 따라서 한 시대의 전환기에는 개인의 힘으로 조직의 벽을 뚫고 길을 개척해야 한다. 그러나 뛰어난 인물의 개인능력에만 의지하는 데는 한계가 있다. 환경이 변했다면 조직 또한 분업체제와 기능을 바꾸고 조직력을 동원하여 안정적이고 지속적으로 경쟁에서 승리할 수 있어야 한다.

앞으로 미디어환경의 변화는 더욱 가속화될 것이다. 디지털 미디어는 PC와 휴대폰만이 아니기 때문이다. 인터넷에 연결되는 온갖 단말기가 개별성과 양방향성을 갖춘 디지털 미디어로 변모해 갈 것이다. 즉 '미디어 폭발'의 시대가 온다. 활용 가능한 미디어가 폭발적으로 증가한다는 것은 기업 입장에서 볼 때 관리대상이 되는 커뮤니케이션 툴이 급격히 증가한다는 것을 의미한다. 그리고 이들은 모두 양방향 미디어이기 때문에 커뮤니케이션의 다양성과 불확실성이 일방향 미디어 시대에 비해 훨씬 높아질 것이다. 21세기는 무수한 양방향 미디어의 활용과 기타 미디어와의 접목이 기업의 커뮤니케이션 전략의 성패를 좌우하며 시장에서 승리하는 기업을 가리는 중요한 관건이 될 것이다.

이런 시대가 오면 매체별 수직관리는 더 이상 불가능해지며 사전에 완벽하게 계획을 짜는 것도 어려워진다. 프로젝트형, 캠페인형 커뮤니케이션 전략은 효과가 크게 떨어지므로 양방향 미디어를 추가한 24시간 365일 non-stop 형태의 '시스템 운용형' 커뮤니케이션 전략으로 전환할 수밖에 없다. 매스미디어의 속보성과 동보성, 디지털 미디어의 양방향성과 저렴한 비용 등의 장점을 활용하면서 광고와 홍보, 그리고 신제품 안내와 고객대응 등의 기능을 통합한 일상업무로서 커뮤니케이션 활동을 전개하게 될 것이다.

이때쯤 광고주인 기업에서는 미디어별 수직조직이 없어지고 광고와 홍보의 경계선이 무너져서 커뮤니케이션 매니지먼트 부문으로 통합될지도 모른다. 만일 그렇게 되면 키운디 피트너인 광고회사도 매체별 부문 및 캠페인 단위로 수주하는 것이 아니라 고객의 커뮤니케이션 전략의 입안과 실행 전체에 포괄적으로 관여하는 파트너로 탈바꿈해야 한다. 지구의 기온이 급격히 떨어진 결과 변온동물인 공룡은 멸종하고 항온동물인 포유류 시대가 도래한 것처럼 다시 되돌릴 수 없는 환경적 변화라면 함께 변하고 대응하는 길 밖에는 살아남을 길은 없다.

PROFILE

모리타 마사다카 / 박사(경영학, 게이오[慶應] 대학). 전공은 경영정보시스템, 커뮤니케이션, 정보화시대의 구매행동과 디지털 미디어를 활용한 커뮤니케이션 전략 등에 대해 조사 연구 중.

결과 홍보부서가 가장 많아 40% 가까이를 차지했다. 즉 기업의 인터넷관련 업무는 〈그림 2-12〉처럼 홍보부서에 웹사이트제작 총괄부문을 두고 광고부서에 인터넷매체를 다루는 부문을 두는 형태가 일반적이다.

대중매체와 인터넷을 접목시킨 광고캠페인을 전개할 때 각 부문의 역할은 다음과 같다.

우선 대중광고의 제작물을 다루는 마케팅부서가 브랜드관리 책임자로서 인터넷광고의 게재 및 예산을 결정한다. 광고부서는 그 예산에 따라 어느 미디어에 게재하면 광고효과가 높은지 광고회사에 매체플랜 수립을 의뢰하고 최종결정을 내린다. 홍보부서는 대중광고의 제작물 이미지와 캠페인 내용에 맞는 웹사이트 구축을 위해 광고대행사와 웹제작회사에 제작을 의뢰한다. 이와 같이 기업 내에서 광고캠페인과 관련된 부서는 여러 곳이 있다. 담당자가 많으면 정보공유를 위해 회의를 자주 열게 되고 의사결정이 늦어질 수도 있는데, 기업은 그런 일이 없도록 정기적으로 정보공유를 위한 회의개최와 실무자 차원의 의사소통을 늘리는 등 여러 노력을 기울인다.

이와 같이 광고주 기업의 모든 마케팅 및 커뮤니케이션 활동에서 인터넷으로 대표되는 정보기술은 우리 일상생활에서 없어서는 안 될 존재가 되었으나 그럼에도 불구하고 각 부서로 기능이 분산됨으로써 야기되는 폐해들이 적지 않다. 특히, 소비자의 컨택 포인트를 설정하는 광고 커뮤니케이션 영역에서는 통일된 의사결정과 신속성이 중요하기 때문에 광고주는 조직과 운영방식 등에서 큰 과제에 직면했다.

여기서도 역시 인터넷관련 영역만을 따로 분리하거나 특별 취급하지 않고 기업의 전략 실천 수단으로 인터넷을 통합적으로 활용하는 지혜가 필요하다.

그림 2-12 : 기업의 인터넷 관련업무 실시체제

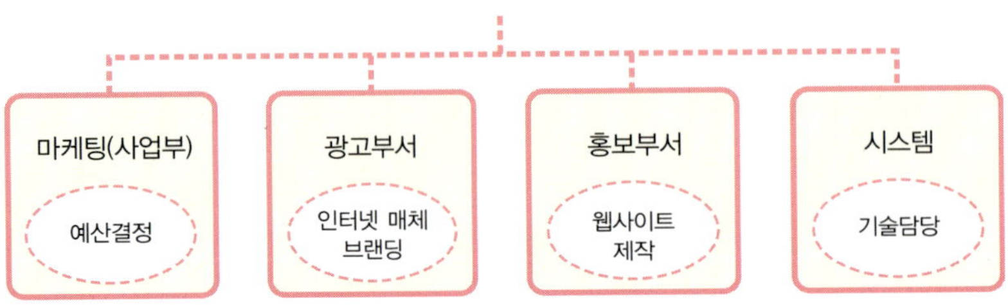

▶ 2-3

광고대행사는 어떻게 변할 것인가?

소비자의 라이프스타일이 바뀌고 기업의 마케팅활동이 변화함에 따라 소비자와 광고주의 매개체 역할을 하는 광고대행사에서도 커뮤니케이션의 설계 방법이 바뀌었다.

특히 종합광고대행사는 소비자의 미디어접촉이 대중매체에서 인터넷광고에 이르기까지 다양해졌기 때문에 더욱 종합적 관점의 커뮤니케이션 전략을 제안해야 한다. 그리고 시대에 맞춰 이를 실시하기 위해 종합광고대행사들은 거의 해마다 조직개편과 사업재편을 한다.

인터넷광고의 업무영역

광고회사의 인터넷광고 업무영역을 정리하자면 크게 두 가지로 나눌 수 있다. 하나는 배너광고와 모바일광고 등 인터넷매체를 개발, 확보, 판매하거나 미디어 플랜을 계획, 실시하는 미디어영역이다. 다른 하나는 기업의 웹사이트를 기획, 제작하거나 확보한 고객정보를 데이터베이스로 축적하여 프로모션에 활용하는 등 CRMcustomer relationship management영역 전반을 수행하는 솔루션 영역이다.

인터넷광고를 소비자의 구매행동 프로세스에 적용할 때 다음과 같은 세 가지 특징이 있다.

1 인지 및 흥미 유발을 촉진시키는 리치의 넓이와 정보의 깊이

인터넷 이용자 수는 이미 기타 미디어에 비교해도 손색이 없을 정도로 많기 때문에 광고를 통해 기업이나 상품을 널리 알릴 수 있다.

리치의 우수성에 대해 기타 매체와 비교해 보면 TV 보급률은 가구당 2대 이상이고 하루 평균 3시간 이상 접하는 최고의 정보 미디어이다. 신문의 경우 최다 구독자를 자랑하는 요미우리[讀賣] 신문의 발행부수는 약 1,000만 부이다. 한편 인터넷에서 가장 접속률이 높은 '야후! 재팬' 은

그림 2-13 : 인터넷광고의 업무영역

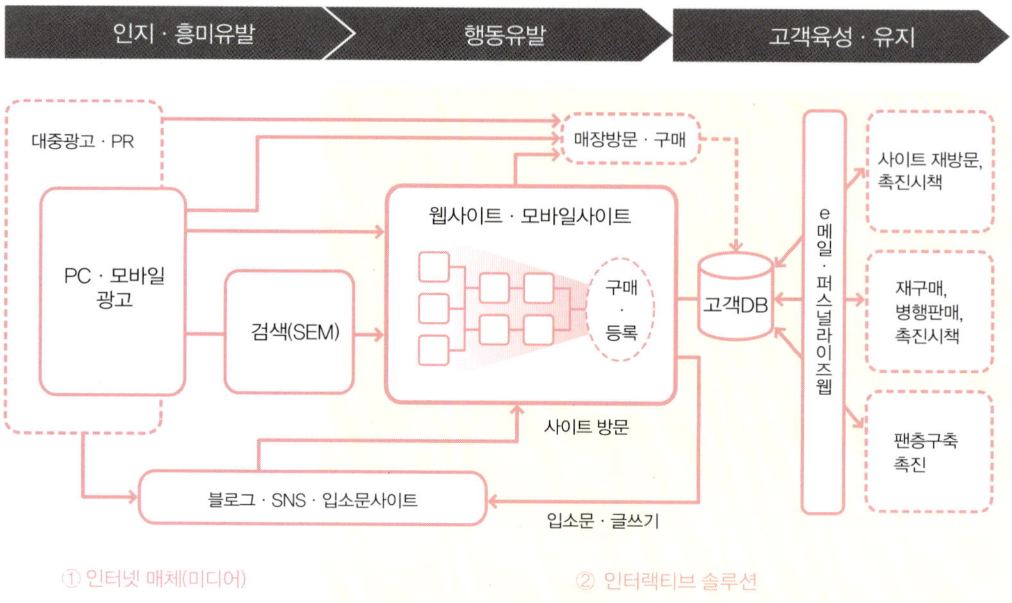

월간 이용자수가 5,000만 명이며 월간 리치(접촉자율)는 인터넷 이용자의 거의 90%에 달한다.

게다가 TV CF는 30초, 신문은 15단처럼 광고에 실을 수 있는 정보에 제한이 따르지만 인터넷광고는 클릭해서 들어간 웹사이트에는 물리적 제한이 없으므로 정보량의 깊이(*richness*)도 동시에 실현할 수 있기 때문에 웹사이트에서 다양한 커뮤니케이션을 시도할 수 있다.

❷ 행동을 유발하는 웹사이트

광고를 클릭해서 들어간 웹사이트에 있는 상품의 상세정보와 브랜드의 철학을 보고 그대로 인터넷상에서 카탈로그를 요청할 수도 있고 구매도 가능하다. 또는 인터넷으로 구매를 못하는 상품이라도 할인쿠폰을 제공하면서 매장을 방문하도록 유도할 수도 있다. 기존에는 주로 엽서로 사은품 응모를 했는데 이제는 거의 인터넷을 통해서만 응모할 수 있는 것처럼 프로모션 활동의 거점 미디어로서도 충분히 활용 가능하다.

❸ 고객 육성 및 유지로 이어지는 양방향 솔루션

정보의 디지털화로 상품 구매자들의 정보를 DB화해서 프로모션에 활용하는 등 CRM을 간단히 전개할 수 있는 것이 양방향의 장점이다. 재구매를 촉진하기 위한 회원제와 할인정보 등을 고객에게 메일로 발신할 수 있으며 수고만 더 들이면 고객 개개인을 위한 맞춤형 정보를 발신할 수도 있다.

대중매체와 인터넷광고를 접목시킨 IMC

다양한 컨택 포인트에서 인터넷매체의 존재감이 커지고 있는 현 상황에 대응하기 위해 대중매체와 인터넷광고를 모두 취급하는 종합광고대행사는 인터넷광고의 조직을 강화함과 동시에 대중매체와 인터넷광고의 효과적인 접목을 위한 통합된 마케팅 커뮤니케이션 기법의 개발에 주력하고 있다.

통합적 마케팅 커뮤니케이션은 타깃에 대한 커뮤니케이션 효과의 극대화를 위해 광고메시지의 표현 콘셉트와 복수의 컨택 포인트를 접목시키고, 소비자의 반응을 예상한 커뮤니케이션 설계를 중시한다. 이 통합적(*integrated*)이란 단어를 때론 크로스미디어로 표현할 때도 있는데 크로스미디어는 컨택 포인트로서의 미디어 조합에 착안한 플래닝 발상이라 할 수 있다.

IMC는 예산과 활용 미디어를 먼저 선정하고 커뮤니케이션 전략을 수립하는 것이 아니라, 타깃 소비자의 생활시간과 상황을 예상하면서 최대한 광고메시지를 전달할 수 있는 컨택 포인트를 취사선택하는 미디어 뉴트럴 관점에서 플래닝을 한다. 이전에는 캠페인을 기획할 때 원하는 커뮤니케이션 방법을 추구하기보다는 미디어의 예산배분이 미리 정해져 있어 TV CF 등 매스미디어를 중심으로 전개하는 경우가 많았다. 그러나 현재는 미디어 뉴트럴 관점에서 가장 핵심이 되는 컨택 포인트를 발견하고 디자인하는 것을 중시한다.

게다가 기존 광고매체의 정형적 활용법뿐 아니라 완전히 새로운 컨택 포인트 개발의 필요성이 부각되고 있다. 최근 사례로는 컵라면 뚜껑 뒷면에 QR코드를 넣어 모바일 사이트로 유도한 '닛싱[日清] 컵라면'과, 대학생을 타깃으로 '컵수프'의 웹사이트를 알리는 미디어로써 시험기간 전에 무료 복사용지 뒷면에 광고를 실은 '나가타니엔'[永谷園] 등이 있다.

이처럼 광고대행사의 업무영역은 단순히 광고 크리에이티브 제작, 미디어 지면 구입 등의 기존 영역뿐 아니라 기업이 발신하고 싶은 모든 메시지의 통합화 및 중장기적 브랜드전략의 일환으로 광고매체뿐 아니라 상품 패키지와 CI*, 매장 디자인 등 소비자가 접하는 컨택 포인트를 염두에 두고 커

*CI (corporate identity)
코퍼레이트 아이덴티티의 약자이며 기업의 개성과 독자성을 의미하는 개념. 여기서는 사명, 로고, 코퍼레이트 컬러 등 비주얼 아이덴티티(VI)의 의미로 인용.

뮤니케이션 설계 전체에 관여하는 커뮤니케이션 디자인을 적극적으로 추진하고 있다.

통합적 마케팅 커뮤니케이션 개념의 토대는 1980년대 미국 노스웨스턴 대학의 돈 슐츠Don E. Schultz 교수 등이 제창한 IMC*의 개념에서 출발하며, 일본에서 확산된 것은 1990년대 초반이다.

*IMC(integrated marketing communication) 통합적 마케팅 커뮤니케이션이라 번역할 수 있음. 브랜드와 고객의 장기적인 관계 구축과 바람직한 구매행동 극대화를 목적으로 다양한 컨택 포인트로 구성되는 기업의 커뮤니케이션 활동을 통합해서 시너지효과를 추구하는 지속적 마케팅 활동.

IMC의 개념 자체는 지금도 여전히 건재하지만 당시와 다른 점이 두 가지 있다. 하나는 인터넷광고의 등장과 보급이며 다른 하나는 광고를 발주하는 기업측 체제와 제작하는 광고회사의 조직체제가 변화한 점이다.

인터넷광고 전개를 위한 효과적 조직체제

기업에게 광고를 수주받는 광고회사의 체제는 영업이 거점이 되어 마케팅, 크리에이티브, 매체, PR 등 조직화되어 있으며, 대부분 오리엔테이션 내용에 따라 각 부문에서 스태프들을 모아 팀을 구성한다.

그리고 인터넷관련 업무에는 인터넷 전담부서 스태프들도 참여한다. 인터넷 전문부서에는 미디어 부문과 웹사이트 제작 및 프로듀서 부문이 함께 있는 경우도 있고 분리된 경우도 있다.

광고주의 조직체제를 보면 대부분 기존 조직에 편입된 형태로 인터넷관련 업무를 수행한다. 기존 업무의 흐름 속에서 인터넷관련 업무를 진행하기 때문에 전체적 업무흐름 등이 원활하다는 장점이 있다. 반면 수직적 조직이라서 정보와 노하우가 분산되는 단점도 있다.

한편, 광고회사는 인터넷광고의 전담조직이 신설되었다는 점이 큰 특징이다(〈그림 2-14〉).

광고대행사도 광고주와 마찬가지로 기존 조직에 인터넷 대응부서를 편입시켜서 업무흐름의 원활화를 도모할 수도 있지만 최신지식과 노하우가 분산되는 단점이 있다. 다만 전담부서에서 인터넷 업무를 담당할 경우 인터넷 업계에 대한 민첩한 대응과 최신정보의 집약 및 분석에는 유리하지만 다른 부서와의 시각의 차이가 생겨 노하우의 수평적 전개가 늦어지는 폐해가 있다.

인터넷 전담부서의 지식집약적이고 신속한 업무추진과는 다른, 인터넷을 특별시 하지 않는 기존 부서의 대응방식을 어떻게 양립시킬 것인지가 종합광고대행사의 중요한 과제이다.

그림 2-14 : 종합광고대행사 인터넷 관련업무 실시체제

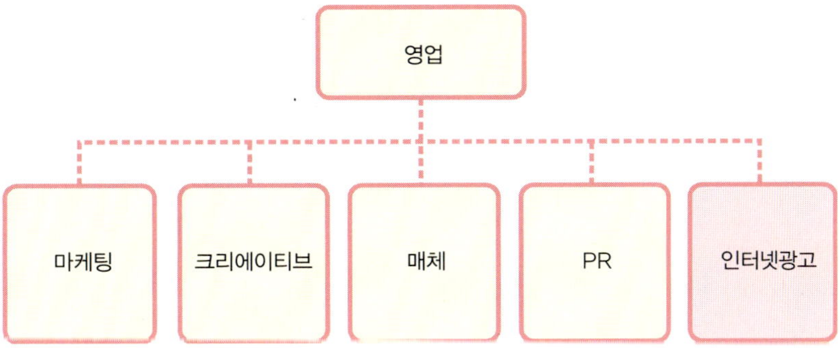

또한 광고주와의 관계를 볼 때 광고주 내부에 인터넷 대응 부서가 분산되어 있으면 광고대행사는 부서들을 망라한 통합적 커뮤니케이션의 제안과 컨설팅을 하기가 어렵다.

지금까지 광고대행사 조직과 체제에 대해 설명했는데, 다음으로는 인터넷광고를 포함한 IMC 전략을 실제로 추진하는 프로젝트팀에 대해 살펴보겠다. 기존의 커뮤니케이션 설계 시의 업무 흐름은 영업이 광고주의 오리엔테이션 내용을 가져오면 마케팅과 크리에이티브 스태프들이 광고 콘셉트와 아이디어를 짜고 표현안이 완성된 단계에서 광고주에게 제안하고 그 표현안으로 승인을 받으면 광고 출고에 관한 업무를 담당매체와 PR부서와 함께 진행하는 방식이었다.

그러나 인터넷 영역이 추가될 경우 기존의 업무 흐름으로는 광고주의 요구를 충족시킬 수 없다. 광고 콘셉트와 아이디어를 짜는 설계단계에서 인터넷을 어떻게 활용할지 고려하지 않으면 전체 캠페인에 잘 녹아들지 않아 결과적으로 단순히 하나의 인터넷광고를 출고하는 형식이 되고 만다. 대중매체에 인터넷광고를 잘 융합시킨 통합된 마케팅 커뮤니케이션과 커뮤니케이션 디자인을 실현하려면 인터넷전문 스태프를 광고주의 오리엔테이션 단계부터 함께 참여시켜야 한다. 그리고 마케팅, 크리에이티브, 매체, PR, 인터랙티브 등 각 전문 스태프들이 한자리에 모여서 각자의 지식과 지혜를 모아 아이디어를 결집시키는 과정이 통합된 마케팅 커뮤니케이션을 설계하는 데 관건이 된다.

이처럼 광고대행사도 광고주도 대중매체와 인터넷을 조합한 통합형 커뮤니케이션 실현을 위한 최적의 조직구성과 운영을 위해 시행착오를 계속

그림 2-15 : IMC 전략을 추진하는 팀체제

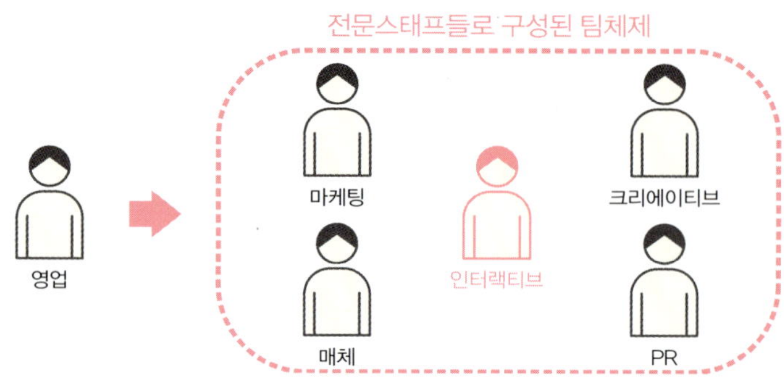

하고 있다.

분명한 것은 현대 소비자들에게 인터넷이 완전히 생활의 일부가 된 이상 광고주는 인터넷광고를 단독 활용하는 것이 아니라 커뮤니케이션 활동 전체에 유기적으로 포함시킬 것을 광고대행사에 요구한다는 점이다.

따라서 광고대행사는 인터넷광고를 단순히 매체출고나 사이트 제작으로 구분해서 제안하는 것이 아니라 광고전략의 전체적 효과를 극대화시키는 '커뮤니케이션 설계 허브'로 인터넷을 인식해야 한다.

제2부 참고문헌

《커뮤니케이션을 디자인하기 위한 책》, 岸勇希, 덴츠, 2008.

《크로스위치》, 덴츠 '크로스미디어개발프로젝트' 팀, 다이아몬드사, 2008.

《차세대 광고 커뮤니케이션》, ADK 인터랙티브, 쇼에이샤, 2007.

《내일의 광고》, 佐藤尙之, 아스키, 2008.

〈월간 전광련〉, 2007년 12월호, "정보과다 시대에 소비자 마음을 사로잡는 AISAS 캠페인 플래닝", 小林憲生, 德永高陽 전일본광고연맹, 2007.

〈애드버타이징〉 제14호 (2006년 9월 25일 발행), "진화하는 IMC", 덴츠, 2006.

제 3 부

인터넷광고 미디어

▸ 신타니 데츠야 新谷哲也

광고미디어로서 인터넷은 어떤 과정을 거쳐 급성장했는가? 어떤 개념과 광고기법 등이 등장했는가? 짧고도 긴 인터넷광고 미디어의 역사를 되짚어본다.

3-1

급성장한 인터넷미디어

현재 인터넷광고비는 6,983억 엔, 이 중에서 제작비를 제외한 미디어비만 보더라도 5,373억 엔 규모로 성장했다.

인터넷 인구가 꾸준히 증가하고, 사람들이 인터넷을 매스미디어와 마찬가지로 정보수집의 수단으로 이용하게 되면서 인터넷광고는 급성장했다. 수많은 인터넷미디어가 등장하고, 광고주의 니즈에 부응할 수 있는 새로운 광고기법과 기술이 개발되었으며, 새로운 광고 커뮤니케이션의 기회가 계속 창출되고 있다.

그림 3-1 : 인터넷광고 매체비 추이

	광고매체비(억 엔)	전년대비(%)
1996년	16	—
1997년	60	375.0%
1998년	114	190.0%
1999년	241	211.4%
2000년	590	244.8%
2001년	735	124.6%
2002년	845	115.0%
2003년	1,183	140.0%
2004년	1,814	153.3%
2005년	2,808	154.8%
2006년	3,630	129.3%
2007년	4,591	126.5%
2008년	5,373	117.0%

덴츠 '일본의 광고비' 2008년

인터넷광고의 탄생

인터넷광고는 먼저 텍스트광고부터 시작하여 바로 배너광고가 등장했다. 당시에는 글자 중심의 사이트가 많았기 때문에, 한눈에 들어오는 배너광고는 순식간에 보급되었다. 그 후 수많은 광고표현이 등장했지만 여전히 신문과 잡지광고의 게재방식과 유사한 이 배너광고가 인터넷미디어 광고의 주류이다. 또한 신문과 잡지 등에서 흔히 볼 수 있는 기사형식 광고(스폰서형 광고)도 인터넷광고 초창기부터 활용되는 광고형태인데, 콘텐츠와의 관련성이 높고, 주목률도 높아 여전히 많이 이용된다.

광고를 게재하는 포털사이트와 뉴스사이트 등이 증가하면서 인터넷광고를 신규집행하는 광고주도 늘었으나, 주로 기존미디어에 광고를 집행하던 광고주는 인터넷광고 초창기에는 인터넷광고를 본격적으로 활용하려 하지 않았다. 그 이유는 세 가지인데, 첫째, '무엇을 기준으로 광고효과라 볼 것인가' 라는 지표가 명확하지 않았기 때문이다. 둘째, '인터넷광고는 웹사이트에서 상품이나 서비스를 판매하는 광고주를 위한 것' 이란 인식 때문이었다. 그리고 마지막 하나는 TV와 신문에 비해 리치reach와 접촉시간이 짧다는 점 때문이다.

텍스트광고

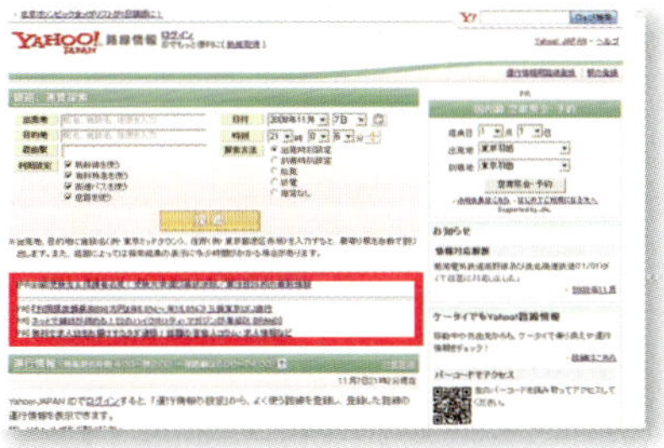

배너광고

스폰서형광고

1997년에 인터넷 인구는 1,155만 명에 불과했다. 또한 당시에는 전화접속이 중심이라 속도는 느리고 요금은 비싸서 사람들의 인터넷미디어 접촉시간이 짧았다. 모든 인터넷 이용자들이 같은 인터넷광고를 보고 클릭했다고 해도 황금시간 대에 방송되는 TV CF와 매일 아침 받아 보는 신문광고의 리치 및 접촉시간에는 비할 바가 아니었다.

인터넷광고 기술의 발전

인터넷광고 업계는 인터넷미디어의 PVpage view가 늘어나면서 그 광고의 인벤토리를 어떻게 효율적으로 활용할 것인가 하는 과제를 안게 되었다. 그 결과 개발된 것이 애드 서버다. 애드 서버란 광고전송, 관리, 보고시스템을 가리키며 같은 광고를 같은 페이지에 여러 번 전송하지 않도록 제어하거나, 광고게재 후의 임프레션(광고 노출횟수)과 클릭 수 등을 파악하고 보고하는 데 이용되었다.

오늘날에 이르기까지 인터넷광고의 기술발전을 통해 많은 광고기법이 개발되어 더욱 고도화된 광고 커뮤니케이션이 가능해졌는데, 이 당시에 많이 사용된 전송기술 중 하나로 프리퀀시 컨트롤frequency control이 있다.

광고의 노출빈도가 일정 수를 넘었을 때 인지도가 오르지만, 노출빈도 수가 지나치게 많아도 비효율적이거나 역효과가 생길 수 있다. 인터넷광고는 때때로 광고가 과도하게 나가는 경우가 있었다. 그리고 광고의 전송 수는 많은데 광고주가 적을 경우에는 동일한 광고를 자주 내보내게 된다. 과도한 노출은 보는 이들을 질리게 만드는데, 프리퀀시 컨트롤을 통해서 이런 문제를 해결할 수 있게 되었다.

예를 들어 같은 광고를 다섯 번 전송했다면, 그 유저한테는 다른 광고를 전송하거나 광고전송을 중단하는 등의 방법으로 제어할 수 있는 기능이다.

기존의 광고미디어에서 시도하려면 너무 일이 복잡해지거나 이론적으로만 가능하고 기술적으로는 불가능했던 것이 정보기술의 발달로 간단하게 실현되었다.

오늘날 대단한 인기를 누리고 있는 행동타깃팅behavior targeting(→p.77)과 행동 리타깃팅behavior retargeting 기술도 이 무렵에 개발되어 광고 상품화되었다. 그러나 그 당시 광고주들은 타깃팅 기능보다는 얼마나 많은 유저에게 리치될 지, 얼마나 많은 클릭 수를 확보할 수 있을 지에만 주목하였고, 타깃팅을 위해 꼭 필요한 데이터 저장비용이 지금보다 훨씬 비쌌기 때문에 제공 가격이 실정에 맞지 않는다는 등의 이유로 보급되지 않았다.

배너광고의 표현을 향상시킨 리치미디어rich media 광고

*플래시(Flash)
Adobe Systems(구 Macromedia)사가 개발한 그래픽, 영상, 음성을 복합해서 콘텐츠를 만드는 소프트웨어 및 이를 통해 제작된 콘텐츠.

1990년 후반에는 플래시*가 개발되어 배너와 콘텐츠의 표현력이 현저히 좋아졌다. 플래시를 이용해서 더욱 인상적인 광고 크리에이티브가 계속 탄생했고, 이 표현력을 최대한 살릴 수 있는 인터넷광고 기술도 계속 개발되어 광고 메뉴화되었다.

이것이 리치rich미디어 광고다. 리치미디어 광고에는 정해진 배너 사이즈 안에서 다채로운 표현이 가능할 뿐 아니라 배너에 마우스를 갖다 대면 광고가 크게 확대되는 마우스오버 확장광고mouse-over expand ad, 화면을 가득 메우며 웹상에 광고가 떠 있는 것처럼 표시되는 플로팅 광고floating ad 등이 있다.

이메일 광고

인터넷이 가능케 한 새로운 커뮤니케이션 기법 중에서 이메일을 잊어서는 안 될 것이다. 인터넷에 올라온 뉴스의 요약본을 매일 전송하는 뉴스 메일과 다양한 인터넷미디어가 발행하는 메일 매거진들이 광고를 게재하기 시작했다. 이것이 바로 이메일 광고다.

이메일광고는 배너광고에 비해 광고단가가 저렴해서 많은 광고주들이 선호했다. 그리고 사이트에서 경품과 사은품 응모를 통해 인터넷 유저의 취미와 취향, 특성데이터를 수집해서 '광고주 기업의 특별혜택정보 등을 보내준다' 는 명목으로 등록한 유저에 맞는 이메일광고를 송신하는 타깃팅 메일이 등장했다. 기존 DMdirect mail에 비해 우편료와 인쇄비도 안 들고 클릭을 통해 소비자의 반응을 즉시, 그리고 적나라하게 알 수 있다는 점이 인기를 끌었다. 그러나 최근에 스팸메일이 증가하면서 메일 매거진 개봉률과 반응률도 떨어져서 그 기세는 약해졌다.

리치미디어 광고: 마우스 오버 확장광고

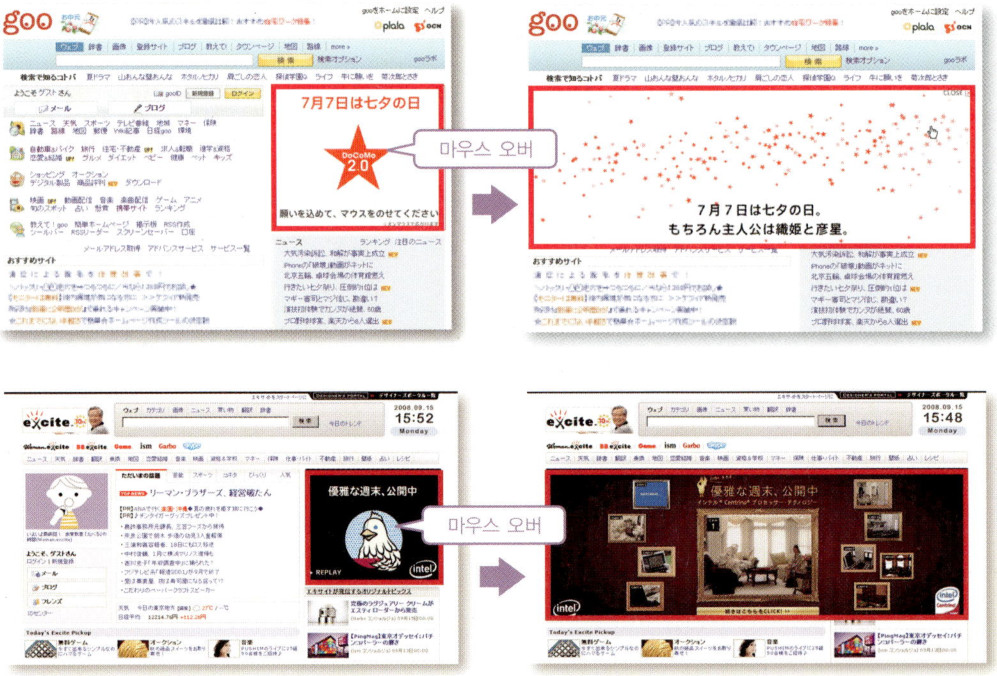

인터넷광고의 거래형태와 효과지표의 다양화

1998년에 인터넷광고 전문 에이전시의 선구자인 사이버 에이전트가 획기적인 광고판매를 시작했다. 기존의 CPMcost per mill과금(노출횟수 단위의 과금)이 아닌, 클릭단위로 광고비가 과금되는 CPCcost per click과금형식인데 이를 '사이버 클릭' 이라는 애드 네트워크에서 채택했다(현재는 존재하지 않는다). 광고 노출 수보다 직접적인 클릭 수를 추구하는 중소기업과 인터넷관련기업 사이에서 이 요금체계가 순식간에 유행하여 사이버 에이전트 성장의 큰 요인이 되었다.

사이버 클릭으로 대표되는 CPC과금형식이 보급되고 CPM과금과 CPC과금이 혼재되면서 인터넷광고의 거래지표도 바뀌었다. TV광고에서는 효과지표로써 시청률을 보지만, 인터넷광고에서는 사이트로의 유인효율인 클릭률과 클릭단가를 중시하게 되었다. 기업 입장에서는 유인 코스트로 광고효과를 평가할 수 있기 때문에 매우 간단명료한 지표이다. 원래 광고효과는 광고노출에 의한 인지효과도 평가해야 하지만 기존 미디어광고와 마찬가지

column ❶

무토 요시히코[武藤芳彦]
야후 주식회사 집행임원
미디어사업 총괄본부장 겸 동 총괄본부 광고본부장

광고미디어로서의 가치를 제고하기 위해
-'야후! 재팬'의 십여 년

'야후! 재팬'은 2008년 현재 하루 14억 PV 이상의 접속 수를 자랑하며 이용자가 5,000만 명에 달하는 일본 최고의 인터넷미디어입니다.

4대 미디어 중 가장 늦게 등장한 TV도 약 60년의 역사가 있는데 인터넷은 탄생된 지 아직 십여 년밖에 안 됩니다. 하지만 그 십여 년은 실로 변화무쌍했습니다. '야후! 재팬'도 여러 혁신적인 변화를 겪고 현재의 모습을 갖추게 되었으며, 앞으로도 크게 변할 가능성이 큽니다.

세 번의 터닝 포인트

'야후! 재팬'이 지금까지 겪은 터닝포인트 중 가장 큰 세 가지를 꼽으라면, 첫째, 2001년 '야후! BB' 개시에 따른 브로드밴드화로 인한 디스플레이 광고의 리치rich화입니다. 이를 통해 인터넷광고에도 크리에이티브가 필수라는 인식이 확산되었습니다.

둘째, 2002년 검색연동형 광고의 도입입니다. 2004년부터는 '오버추어'Overture로 일원화해서 기존의 노출보장형 광고모델과 더불어 클릭과금형 광고모델을 광고사업의 또 다른 주축으로 삼은 결과 기업의 광고비뿐 아니라, 판매촉진비 확보에도 큰 발전이 있었고, 개인사업자까지 광고주로 영입하는 등 광고주의 확대에도 크게 기여했습니다.

셋째, 행동타깃팅의 도입입니다. '야후! 재팬'에는 이 외에도 데모그래픽demographic, 지역, '시간대 지정' 등의 타깃팅 기능이 있는데, 이용자가 '야후! 재팬'에서 어떤 행동을 취했는지를 파악하고, 그 행동이력에 따라 광고를 전송하는 행동타깃팅 광고는 인터넷광고의 성과 향상에 큰 도움이 됩니다. 타깃 상대에게 한정시켜 광고를 노출하는 것은 인터넷만의 강점이며 광고주가 매우 선호하는 방식이기도 합니다.

이런 변화와 혁신을 겪으면서 '야후! 재팬'은 계속 진화했으며 광고미디어로서의 가치를 제고시켰습니다.

매스미디어 광고 미디어로서의 야후! 재팬

2008년 1월에 '야후! 재팬'은 메인페이지를 완전히 리뉴얼했습니다. 이를 계기로 주력광고 상품인 브랜드 패널brand pannel 사이즈가 확대되어 트리플 사이즈가 등장했습니다. 광고 임팩트가 강한데다가 TV CF와 같은 광고를 '야후! 재팬'의 메인페이지에서 전송할 수 있다는 매력도 있어 대형 광고주 외에 많은 분들이 이용해주고 계십니다. 인터넷광고는 치밀한 타깃팅뿐 아니라 매스미디어 광고 미디어로서도 그 가치를 충분히 발휘하고 있습니다.

향후의 '야후! 재팬'

현재 '야후! 재팬'은 소셜미디어social media화, everywhere화, 풍부한 지역 생활정보, 개방(*open*)화 등 네 가지를 중점적으로 추진하고 있습니다. 개방화에 대해서는 'AD 네트워크' 구축에 주력하고 있는데, 이를 통해 광고를 더 널리 도달시킬 기회를 창출하고 광고효과도 더욱 높일 수 있습니다. 또한 everywhere화 추진을 위해서는 우선 모바일광고를 강화하고, '야후! 재팬'만의 특성을 살린 크로스미디어 보급을 지향하며, TV를 비롯하여 여러 디바이스를 추가할 예정입니다. 또한 특정테마에 관심이 있는 이용자에게 효과적인 도달을 가능케 하는 흥미관심 연동형 광고 'interest match' 제공을 시작하는 등 더욱 세심한 광고서비스를 위해 총력을 다하고 있습니다.

과거 10년 동안 크게 발전한 '야후! 재팬'은 향후 10년, 20년 동안에도 끊임없이 큰 혁신을 위해 전진하겠습니다. 그리고 많은 분들에게 유익하고 효과적인 인터넷광고를 제공하기 위해 계속 새로운 도전을 하겠습니다.

PROFILE

무토 요시히코 / 1960년 지바[千葉]현 출생. 조치[上智]대학 문학부 졸업 후 닛산자동차, TOKYU international Agency, Coors Japan을 거쳐 1999년 야후에 입사. 2009년부터 현직.

로 인지효과를 파악하기 위해서는 별도 조사를 해야 하고, 웹사이트상에서 클릭이 중요시 되는 비즈니스를 전개하는 광고주도 많아 인터넷광고 평가에 클릭단가를 채택한 것이다.

어필리에이트 광고

2001년에 인터넷 버블이 붕괴했다. 그전까지 주류였던 신흥 인터넷관련기업들의 실적이 급격히 악화되어 인터넷광고의 중심에 있는 광고주들이 계속해서 광고비를 축소시켰다. 2001년과 2002년 연이어 인터넷광고비 성장률이 크게 감소했다. 그리고 이 무렵 보급된 것이 어필리에이트 광고다.

어필리에이트 광고란 유저가 광고를 통해 사이트에서 상품정보를 요청하거나 구매를 하는 시점에 광고주에게 광고비를 과금하는 성과보수형 요금체계이다. 어필리에이트 광고의 확대요인에는 세 가지가 있다. 첫 번째는 '라쿠텐시장' 등으로 대표되는 인터넷 전자상거래의 성장이고, 두 번째는 광고효과를 측정하는 기술이 확립되고 보급된 점이다. 그리고 마지막 세 번째는 인터넷 버블이 붕괴하면서 인지와 클릭 등의 간접적 효과보다도 전환율* 등 실제 수익에 직결되는 효과를 원하는 광고주의 가치 기준의 변화를 들 수 있다.

어필리에이트 광고를 할 때 광고주는 유저의 행동을 추적하기 위해 자사 사이트에 태그라 불리는 코드를 설치해야 하는데, 이 유저의 행동추적 기술이 CPAcost per action과금에 응용된 것이다. 어필리에이트 광고가 전송되는 사이트는 포털사이트와 뉴스사이트처럼 주요 대형사이트가 아니라 주로 개인 유저를 중심으로 한 사이트가 대부분이어서, 광고를 게재할 페이지의 특정화가 어려워 주로 중소기업과 신흥 인터넷 관련기업들에게 보급되었다. 대형 광고주들 사이에서는 구매단가가 높은 부동산업계 및 고객확보 이후의 라이프타임 밸류*가 높은 금융업계를 중심으로 보급되었다.

광고 커뮤니케이션에서 인터넷광고는 구매의향을 제고시키고 구매자를 고객화시키는 데 매우 유리하다. 광고예산에 따라 고객 획득 단가(*cost-per-acquisition*)의 책정이 가능한 거래형태도 갖게 되었다. 이러한 새로운 거래 형태의 등장과 보급은 인터넷광고 시장을 크게 확대시켰으나, 한편으로는 직접적으로 소비행동으로 이어지지는 않지만 서서히 광고상품의 인지도와 호감도를 제고하는 본래 광고가 갖는 인지 기능이 경시된 측면도 있다.

*** 전환율** (conversion rate) 사이트를 방문한 유저가 실제로 상품정보 요청과 구매 등의 행동을 일으킨 비율. CVR이라고도 한다.

*** 라이프타임 밸류** (LTV : lifetime value) 현재부터 미래까지 고객이 광고주 기업에 가져다 줄 이익(금액) 총량.

TV, 라디오 등의 기존미디어 광고와 같은 여건에서 인지효과를 올리기에는 이 당시만 해도 인터넷광고의 도달력이 작았기 때문에 '클릭 수 증가를 위해서도 인지 효과가 중요하다'는 인식이 확산되기까지는 시간이 더 필요했다.

동영상 광고

2001년 무렵부터 ADSL을 중심으로 한 브로드밴드가 보급되면서 인터넷 유저는 저렴한 가격으로 언제든지 인터넷에 접속할 수 있게 되었고, 사이트 열람시간도 길어졌다. 콘텐츠도 대용량화되고 인터넷도 동영상 콘텐츠를 쾌적하게 볼 수 있는 환경이 구축되면서 동영상 콘텐츠를 보기 전에 15초 내지 30초의 동영상 광고를 보여주는 기법이 시작되었다. 저작권 문제를 해결한 경우라면, TV에서 방영 중인 CF 소재를 그대로 인터넷광고에서 내보내는 것도 기술적으로 가능하고, 동영상 광고 옆에 표시되는 배너를 클릭해서 보여주는 노출방법도 있기 때문에 영상 마지막에 '배너를 클릭해 주세요!'라고 소구하는 별도의 동영상 광고 소재도 제작되었다.

또한 콘텐츠 내용 자체에 광고상품을 이용해서 그 매력을 알리는 쇼트필름*과 인포머셜infomercial도 기획되고 제작되었다.

이와 같이 동영상 콘텐츠와 CF가 중심인 사이트가 등장한 반면, 일반 사이트의 배너광고 안에서 동영상을 표현하려는 기법도 확산되었다. 이제는 동영상 자체에 대한 신선함은 사라진 만큼, 매력 있는 동영상 표현방법이 있어야 하고, 해당 사이트가 광고주 니즈에 적합한 소비자 접점을 확보하고 있어야 해당 광고의 가치도 살아난다.

* 쇼트필름 (short film)
인터넷 등을 통해 전송되는 독자적인 영화적 콘텐츠. 상품과 서비스를 소재로 삼아 광고목적으로 제작되는 경우도 많다.

동영상 광고→동영상 콘텐츠

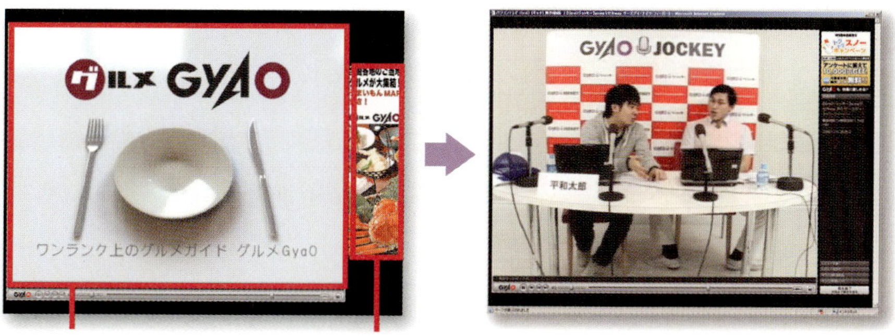

동영상 광고 전송 관련 배너 오리지널 프로그램 시작

3-2

검색연동형 광고

검색연동형 광고의 등장

적절한 광고 타깃을 찾아내고 더욱 효율적으로 잠재고객을 자사 사이트로 유인하려는 니즈가 높아진 인터넷광고 업계의 발전과정에서 간과할 수 없는 것이 검색연동형 광고, 즉 검색엔진마케팅(SEM: *Search Engine Marketing*)의 등장이다. SEM은 검색엔진의 검색결과에서 자사 사이트로 인터넷 유저를 유인하는 기법인데, 구체적으로 말하자면 검색연동형 광고의 경우 검색결과 화면 상부나 우측 등에 광고가 단순한 텍스트로 표시된다. 미국의 '오버추어' 사가 개발한 이 광고기법은 그 후 '구글'도 도입했고, 2002년~2003년에 걸쳐 한국 및 일본시장에도 등장했다.

그 이전에도 검색결과에 배너광고가 노출되는 광고 형태는 존재했으며, 클릭효과가 높아 광고주들이 집행했다. 그런데 리스팅 광고listing ad라고도 불리는 이 비즈니스모델은 이전의 광고집행 형태와는 달리 광고의 노출위치가 입찰액에 따라 결정되는 독특한 방식이기 때문에, 소액으로도 광고집행이 가능하게 되어 광고를 낸 적이 없는 소규모 광고주들 사이에서도 폭발적으로 보급되었다.

현재 일본의 검색연동형 광고를 도입한 주요 회사로는 '구글'과 '오버추어'(현재 '야후! 재팬'의 자회사)가 있는데, '구글'의 검색연동형 광고는 '애드워즈' Ad Words, '오버추어'의 것은 '스폰서드 서치' Sponsored Search다.

이들 광고는 '구글'과 '야후! 재팬'의 검색결과뿐 아니라, 파트너 사이트라 불리는 제휴사이트의 검색결과에도 노출된다. 예를 들어, '오버추어'가 파트너계약을 맺고 있는 뉴스사이트 검색결과에 '오버추어'가 검색연동형 광고를 전송하고, 그 뉴스사이트와 광고수익을 배분한다.

그림 3-2 : 검색연동형 광고의 사례

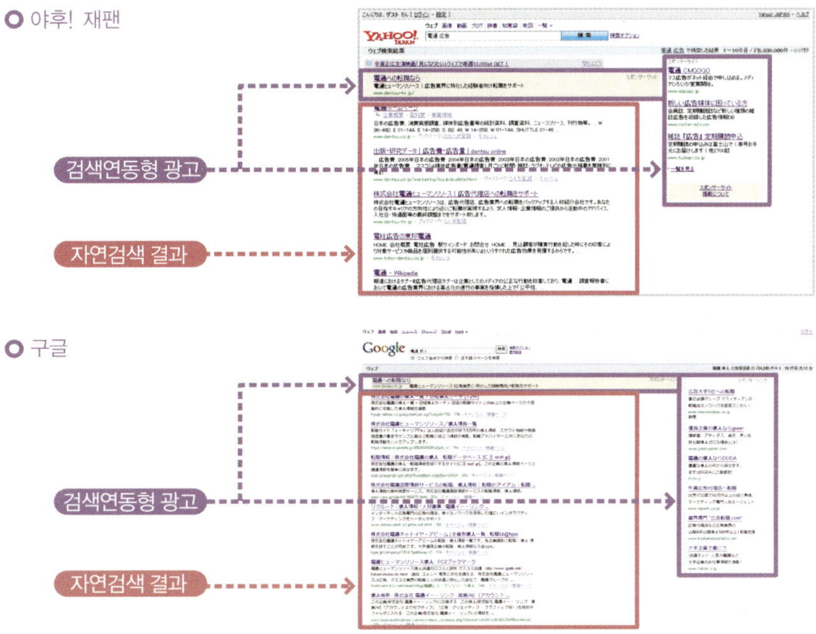

키워드 검색결과 화면에 광고가 게재되므로 키워드 관련정보를 찾는 유저에게 타깃팅이 가능

검색연동형 광고의 특징

광고주 측에서 컨트롤할 수 있는 경우가 많고 편의성이 높다는 점에서 검색연동형 광고는 지금까지 소개한 다른 인터넷광고 시스템과 크게 다르다. 광고주 입장에서 보는 주요 특징은 다음과 같다.

- 광고노출 기반에 의해 광고금액이 책정되는 것이 아니라, 유저가 클릭할 때마다 과금된다
- 광고금액은 경매방식(입찰식)으로 결정된다
- 검색결과에 표시되는 광고로 유저에 맞게 타깃팅되어 매우 높은 클릭률을 기대할 수 있다
- 언제든지 광고를 중단할 수 있다
- 사전에 설정한 예산 내에서 광고를 집행할 수 있다
- 클릭효율과 구매효율에 따라 광고노출 위치를 컨트롤할 수 있다
- 광고원고(타이틀, 설명문)를 언제든지 변경할 수 있다

언뜻 보기에 복잡해 보이지만 대부분의 기존 광고는 정해진 위치(광고지

면)에 정해진 기간 동안 노출되는 광고였기 때문에, 이에 비하면 검색연동형 광고는 광고주 입장에서 볼 때 광고노출의 자유성과 비용대비 효과가 높은 광고라 할 수 있다.

다만, 검색 수가 많은 빅 워드*라 불리는 검색워드는 입찰하는 광고주가 많기 때문에 키워드 입찰금액이 높은 반면, 입찰금액이 낮은 키워드는 검색 수가 적어서(이런 키워드는 스몰 워드*라 함) 생각보다 클릭 수가 많지 않아 하나의 광고플랜에서 많은 키워드를 조합하여 노출하지 않으면 비용대비 효과를 최적화하지 못하는 경우도 있다.

*빅 워드(big word)와 스몰 워드(small word)
'자동차', 'PC' 등 단순 명사이자 넓은 의미의 언어를 빅워드라 하고 '미니밴', '넷북' 처럼 의미가 한정되고 검색 수도 적은 키워드를 스몰 워드라 한다.

또한 광고전략에서 검색연동형 광고란 어디까지나 소비자의 현재 니즈에 대해 핀포인트로 광고를 소구하는 기법임을 잊어서는 안 된다. 현재 니즈를 가진 고객에게만 집중해서 다 보여주게 되면, 잠재고객들로 하여금 새로운 관심을 유발시키기 어렵게 된다.

현재의 니즈를 제대로 파악함과 동시에 항상 잠재니즈의 발굴을 위해 노력하는 것이 광고활동 본래의 목적이라면, 인터넷미디어에서는 배너광고적 기법과 검색연동형 광고가 광고 커뮤니케이션의 쌍두마차라 할 수 있다.

사실 '구글', '오버추어' 모두 검색연동형 광고노출 순위가 입찰금액만으로 결정되는 것은 아니다. 양사 입장에서 보면 광고를 표시하더라도 유저들이 클릭하지 않으면 광고수입으로 이어지지 않으며, 유저 입장에서도 클릭하고 싶은 검색연동형 광고가 상위에 있는 것이 편하다. 따라서 입찰금액뿐 아니라 광고를 통한 링크 사이트로의 클릭률 실적과 검색워드와 광고표현, 링크 사이트 내용의 친화성 등을 종합적으로 판단해서 순위를 정하게 된다. 이 순위결정 방식은 각 사의 기업비밀이다. 이처럼 검색연동형 광고의 질을 유지함으로써 광고주는 더욱 양질의 유저를 유인할 수 있게 되므로 인터넷 유저, 광고주 서로 윈-윈 할 수 있게 된다.

매스미디어 광고에서 검색으로

검색연동형 광고는 유저의 검색행동결과에 표시되는 광고이며, 정보수집을 원하는 유저의 능동적인 컨택 포인트에 광고가 표시되므로 그만큼 효과가 크다. 유저가 검색행동을 일으키는 계기는 TV CF 등을 비롯한 매스미디어 광고의 영향이 크다. AISAS의 중심개념은 바로 이 매스미디어 광고를 통한 인지와 관심을 환기하는 것으로부터 연결되는 인터넷에서의 검색인데, 여

그림 3-3 : 매스미디어 광고에서 검색할 때의 검색행동 사례

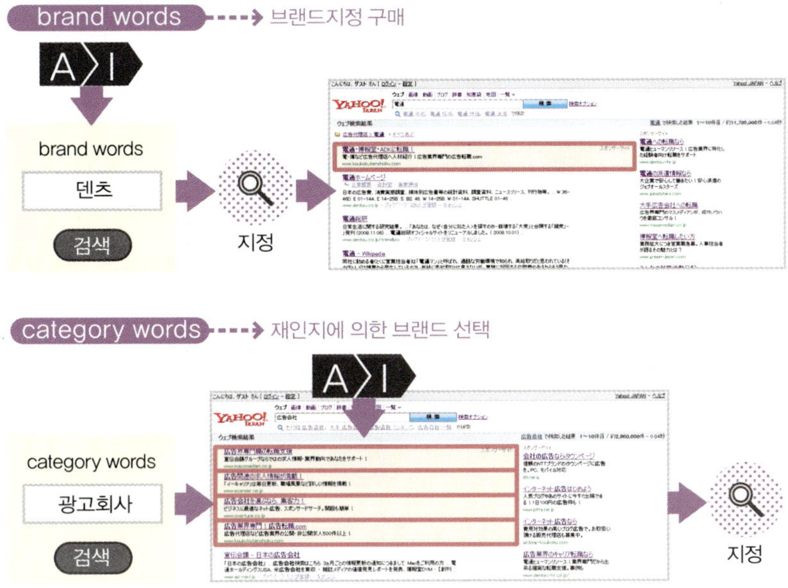

그림 3-4 : 망라(구매)해야 할 검색 키워드

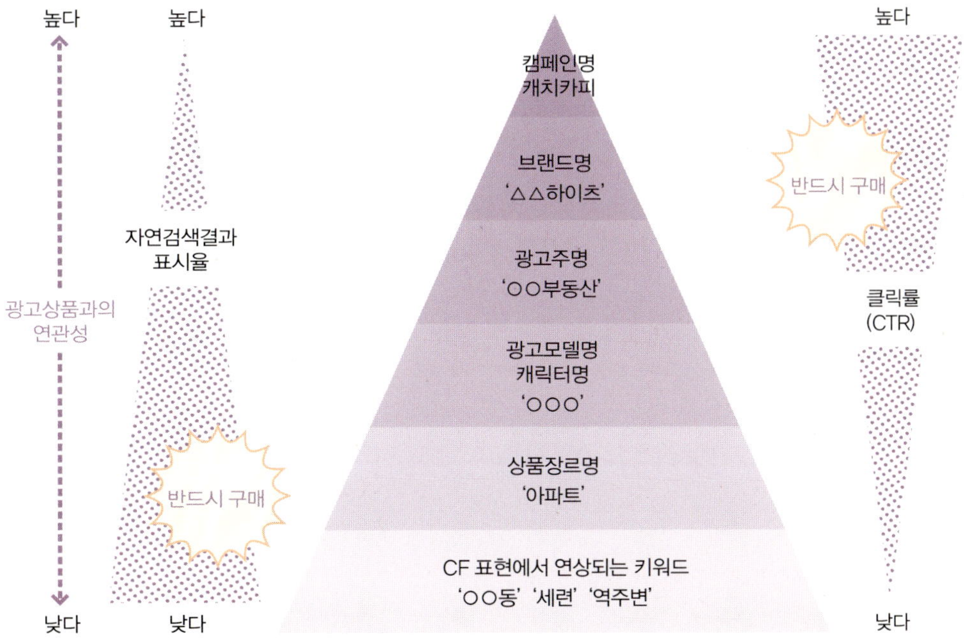

기서는 검색연동형 광고를 특히 크로스미디어형 캠페인에서 어떻게 활용할 것인지 그 요령에 대해 정리해 보겠다.

AISAS 프레임을 이용한 크로스미디어형 캠페인에서 AISAS의 세 번째 S, 즉 Search(검색) 부분은 기업사이트를 비롯해 정보에 접하기 위한 허브 기능이다. TV CF를 비롯한 매스미디어 광고에서 Attention(인지/주목), Interest(흥미)를 거친 후 유저들은 해당 브랜드와 상품정보를 찾기 위해 검색한다. 이때 이 검색을 하는 행동은 이미 브랜드명을 명확히 인지한 경우와 그렇지 않은 경우의 두 가지로 분류할 수 있다.

예를 들어 '덴츠' 라는 광고대행사가 검색을 통해 유저를 사이트로 유도하는 경우를 상상해 보자.

이미 브랜드명이 명확히 인지된 경우에는 브랜드와 직접 관련된, 예를 들어 '덴츠' 라는 키워드를 검색하면 검색연동형 광고뿐 아니라 자연검색결과에도 관련정보가 표시될 확률이 높아 유저를 목적 페이지로 유인하기 쉽다. 한편, 브랜드명이 명확히 인지되지 않았을 경우에는, 예를 들어 '광고대행사' 라는 막연한 카테고리와 일반명칭으로 검색하면 아무래도 자연검색결과에는 브랜드관련 정보가 잘 나오지 않는다. 따라서 검색연동형 광고에 목표하는 검색결과가 표시되도록 '광고대행사' 라는 카테고리와 일반명칭 등의 관련 키워드를 망라해서 설정해 놓을 필요가 있다.

최근에는 크로스미디어형 캠페인에서 매스미디어 광고에 연동된 검색연동형 광고를 진행하는 것이 일반화되었다. 'OO(으)로 검색하세요' 라는 형태로 특정 키워드만으로 광고에서 소구하는 경우가 많은데, 이는 잘못하면 시야를 너무 좁혀 소비자의 다른 니즈를 간과하고 그냥 지나쳐 버리게 되는 경우가 있다. 매스미디어 광고와의 시너지 효과 즉, 캠페인 전체의 효과를 제고하기 위해서는 특정 키워드뿐 아니라 캠페인과 브랜드명, 사명과 CF에 등장하는 광고모델과 캐릭터명, 상품장르 등 다양하고 치밀하게 망라해야 한다(〈그림 3-4〉).

▶ 3-3

깊이의 추구 vs 넓이의 추구

광고타깃에게 더욱 정확하게 광고를 전달하는 해결법으로서 검색연동형 광고를 살펴봤는데, 클릭률로 상징되는 직접적 광고효과를 제고하기 위한 기법은 이 외에도 여러 가지가 있다.

스폰서형 광고와 타이업형 광고는 원래 전통적인 대중매체의 광고방식으로 광고에 관심이 많을 것 같은 타깃을 유인하는 기법이다. 타깃을 좁혀가는 형태로는 사이트에 등록한 유저정보에 따른 타깃팅 방식을 비롯하여, 웹페이지 내용과 키워드를 자동 판별하여 친화성 높은 광고를 전송하는 콘텐츠 매칭contents matching, 사이트 내의 콘텐츠를 자연언어 분석을 통해 게재사이트 문맥에 적합한 광고를 전송하는 콘텍스트 매칭context matching 등과 같은 개념 및 기법이 등장했다.

예를 들어 자동차에 관심이 많은 사람들이 자동차정보 사이트를 찾는 것은 당연하기 때문에 자동차 광고주는 그 사이트에 광고를 게재하고, 나아가서 광고 리치 확대를 위해 자동차와 무관한 사이트에도 콘텐츠연동형 광고를 전송해서 자동차와 관련된 키워드가 포함되는 페이지에 광고를 노출한다.

하지만 타깃을 좁히려 하다 보면 아무래도 잠재고객 볼륨이 작아져서 광고활동이 용두사미가 되어버리는 경우가 있다. 이를 방지하기 위해 타깃에 포커싱하면서 동시에 잠재고객을 어떻게 확대시킬 것인가 하는 고민을 거듭하면서 최근 수년 동안 인터넷광고의 역사가 발전했다. 이를 반영한 가장 최신 타깃팅 기법이 행동타깃팅이다.

행동타깃팅 광고

행동타깃팅 광고는 사이트에 축적된 유저의 과거 행동패턴에 따라 전송된다. 앞의 사례로 말하자면, 자동차 페이지를 자주 방문하는 유저를 자동 판별해서 해당 유저가 다른 페이지를 열람하고 있을 때도 자동차 광고를 노출

그림 3-5 : 행동타깃팅 개념도(야후! 재팬의 경우)

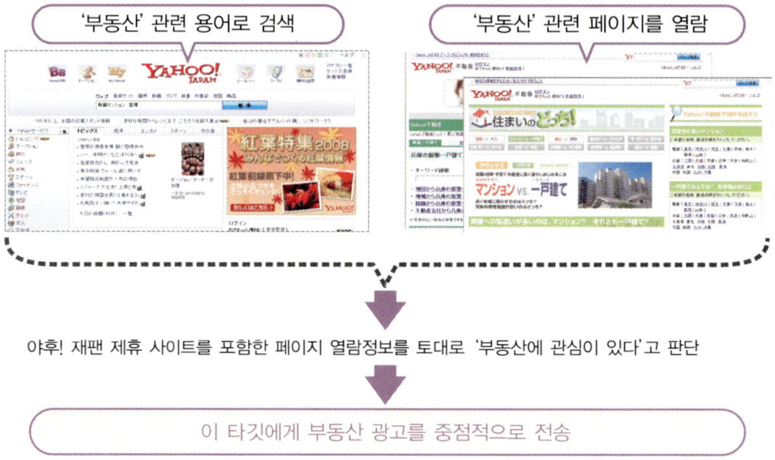

한다. 그 페이지에 자동차에 연관된 언어나 문맥이 있는지는 관계가 없다. 왜냐하면 행동타깃팅 광고는 노출되는 페이지가 아니라 열람하는 유저를 대상으로 타깃팅 광고를 노출하는 기법이기 때문이다.

유저 개개인에게 맞춤형 광고를 전송할 수 있다면 광고주 및 광고미디어 입장에서는 광고의 낭비를 없앨 수 있고, 유저 입장에서는 관심도 없는 불필요한 광고를 보지 않아도 된다.

그러나 이 기법을 너무 자주 사용하면 유저 입장에서는 어느 페이지를 봐도 같은 광고가 쫓아다니는 것 같아 기분이 찜찜하고, 프리퀀시 과잉에 따른 역효과가 있을 수 있기 때문에 신중하게 플래닝해야 한다.

또한 미디어사 입장에서는 충분한 광고 인벤토리가 없으면 광고전송 수가 한정되어 기대한 광고효과 볼륨을 제공하지 못하는 리스크도 있다. 행동타깃팅은 대형 인터넷미디어사 중심으로 광고상품이 개발되었는데, 기타 미디어사들도 기술적으로 대응이 가능해져서 현재는 많은 기업들이 참여하고 있다. 그 결과 최근 들어 이 기법이 널리 인지되면서 주요 광고상품으로 성장했다. 게다가 현재는 행동 리타깃팅 방법도 등장했다.

행동타깃팅 광고: 웹상에서 유저의 열람행동이 쿠키*를 통해 트래킹*되고 그 행동특성이 서버에 저장된다. 주로 어느 콘텐츠에 최근(*recency*), 몇 번 정도(*frequency*), 얼마 동안(*duration*) 방문했는지를 판단하고, 유저의 행

***쿠키(cookie)**
웹사이트 접속상황 등을 식별하기 위해 웹서버를 통해 브라우저에 저장되는 정보. 이러한 정보 취급은 이용자의 행동이력 등 개인정보를 다루기 때문에 자사 사이트에서 쿠키를 이용할 경우에는 이에 대해 명시하는 등의 배려가 필요하다.

***트래킹(tracking)**
웹사이트에서 특정 유저의 사이트 내 행동을 추적하고 분석하는 것.

동특성을 축적해서 정밀하게 광고를 전송한다. 행동 타키팅 광고에는 정해진 방식이 없어 저마다 각자의 방식을 채택했으며, 각 인터넷 미디어사들의 아이디어와 기술에 기반하여 실시하고 있다.

행동 리타깃팅 광고: 이전에 광고주 사이트를 방문한 유저를 쿠키로 트래킹해서 그 유저가 같은 광고전송 네트워크에 있는 다른 사이트를 방문했을 때, 해당 광고주의 광고를 전송해서 사이트 재방문을 유도하는 시스템.

행동타깃팅 광고, 행동 리타깃팅 광고 모두 다음과 같은 특징이 있다.

- 유저 행동(=흥미)에 따라 광고를 노출할 수 있으며, 연령과 성별 등과 같은 등록 데이터에 따른 타깃팅보다 정확도가 높다
- 행동타깃팅 항목은 여러 가지로 설정할 수 있으며, 예상 타깃팅 행동 패턴에 따라 미디어 플래닝이 가능하다
- 유저 행동을 토대로 노출되는 광고이므로, 콘텐츠 타깃팅 광고보다도 더 광범위하게 잠재고객을 유인할 수 있다
- 예산에 맞추어 타깃을 설정할 수 있다

이와 같이 사이트 내의 유저행동에 따른 타깃전송 기법은 일반적인 광고상품에 비해 요금이 높게 책정되어 있지만, 매우 정확하게 타깃팅되므로 대체로 높은 광고효과를 얻을 수 있다.

그럼 실제로 행동타깃팅 광고를 통해 얼마나 효과가 상승했는지 야후! 재팬의 행동타깃팅 광고와 논타깃팅non-targeting 광고를 비교해 보겠다.

배너광고를 통한 클릭률, 클릭해서 이동한 사이트에서의 반응(이벤트 참여 또는 구매실행)률 모두 행동타깃팅 광고가 더 효과가 높다. 특히, 여러 차례 광고에 접하면서 반응을 하는 비율은 논타깃팅 광고에 비해 매우 높다.

인터넷광고에 의한 유저의 태도변화를 보아도 모든 항목에서 행동타깃팅 광고는 논타깃팅 광고보다 광고효과가 높았으며, 특히 이용의향, 구입의향 등 구체적인 행동유발에 대한 효과가 높다. '적절한 타깃을 대상으로 적절한 광고를 전송해서 클릭을 유도하고 행동을 유발한다' 는 기본에 충실한 광고기법이라 할 수 있다.

행동타깃팅 광고를 할 때 무엇보다 중요한 점은 제대로 타깃팅 항목을 정리해서 플래닝하는 것이다. 타깃팅 항목은 각 미디어마다 다르다. 광고주 및 광고대행사는 소구하는 상품과 서비스의 타깃이 어떤 행동(여기서는 웹 행동)을 하고 있는지, 또는 앞으로 어떤 행동을 할 것인지를 충분히 이해하고 예상하여 타깃팅 항목을 좁혀가야 한다. 이러한 점을 게을리해서는 예상

그림 3-6 : 행동타깃팅 광고의 클릭률과 반응률(논타깃팅 광고를 '1'로 볼 경우)

광고접촉횟수	클릭률	리스폰스율
1~3회	2.0	2.2
4~6회	2.08	2.49
7~9회	2.40	2.93
10회~	1.83	4.53

야후! 재팬
'20안건 50카테고리의 리서치 결과'
2005년 10월 ~ 2007년 1월

그림 3-7 : 행동타깃팅 광고에서의 유저 태도(논타깃팅 광고를 '1'로 볼 경우)

브랜드인지	1.18
광고인지	1.09
호감도	1.03
흥미유발	1.14
이용의향	1.23
구매의향	1.28
행 동	1.19

야후! 재팬
'20안건 50카테고리의 리서치 결과'
2005년 10월 ~ 2007년 1월

했던 타깃팅 수준에 도달하지 못한다.

논타깃팅 광고상품에 비해 행동타깃팅 광고상품은 단가가 높게 책정되어 있기 때문에 계획적인 플래닝을 거쳐 여러 차례 실시하면서 적절한 전송 수와 효과를 낼 수 있도록 타깃팅을 잘 해야 한다.

애드 네트워크

인터넷광고의 기술발전을 통해 광고타깃을 선별해서 메시지를 깊이 있게 전달할 수 있게 됐다면, 광고의 또 다른 중요한 역할인 메시지 확산을 통한 규모의 확대도 필요하다. 이러한 니즈에 부응하기 위해 개발된 것이 애드 네트워크이다.

인터넷미디어의 매력 중 하나로 미디어의 다양성을 들 수 있다. 그러나 막상 광고집행을 하려면 광고목적에 가장 잘 맞는 사이트를 선정해야 하는데 여기에는 매우 전문적이고 고도의 지식이 필요하다. 애드 네트워크란 수십, 수백에 달하는 사이트를 묶어서 광고목적에 맞는 미디어 선정을 대행하고, 일괄적으로 광고를 전송해 주는 시스템이다. 행동타깃팅 광고의 경우

지나치게 타깃팅을 좁혀서 볼륨이 작아질 수 있는데, 애드 네트워크를 병용함으로써 이러한 문제를 해결하고 광고전송 규모를 확대할 수 있다.

미디어사 입장에서는 차별화된 특성의 유저를 보유하고 있어 전문적인 광고가치를 가지고 있지만 PV 볼륨이 작기 때문에 광고 세일즈가 어렵다는 문제를, 애드 네트워크에 참여함으로써 해결할 수 있다. 또한 각 미디어의 초기화면 광고영역은 판매가 순조로운 반면, 서브 페이지의 광고는 판매가 잘 안되므로, 효율적으로 광고주의 니즈를 충족시키기 위해서도 애드 네트워크는 유익하다.

덴츠그룹에서는 계열사 '㈜크라이테리어 커뮤니케이션즈'가 'ADJUST'라는 애드 네트워크를 갖고 있다. 이 외에도 구글의 'AdSense'와 '사이트 타깃', 야후! 재팬의 'AD 네트워크' 등 다양한 애드 네트워크가 서비스를 실시 중이다.

기존의 애드 네트워크는 사이트를 묶어줌으로써 도달범위 확대와 클릭률 극대화를 도모했지만, 최근에는 여기에 더해 콘텐츠연동형 광고와 행동 타깃팅도 활발하게 이루어져, 애드 네트워크간의 경쟁도 치열해졌다.

또한 패션분야와 비즈니스분야 등 특정 장르에서 브랜드 파워가 있는

ADJUST 네트워크 사이트 사례

- 뉴스 · 비즈니스
- TV · 라디오 · 스포츠
- 포털 · 프로바이더 · IT
- 여성 · 생활정보
- 엔터테인먼트 · CGM
- 자동차

고바야시 치아키[小林千秋]
주식회사 사이버 커뮤니케이션즈
집행역 CTSO(최고기술전략책임자)

디지털 플랫폼 비즈니스를 둘러싼 기술혁신과 경쟁환경의 변화

대형 미디어사의 수직통합형 모델과 애드 네트워크 사업자가 부상하면서 경쟁환경에 변화의 조짐이 보인다. 애드 마켓 플레이스ad market place와 애드 익스체인지ad exchange 등으로 불리는 새로운 디지털 플랫폼 비즈니스가 등장하면서 광고거래 형태가 다양화될 것으로 보인다.

애드 네트워크 사업자의 경쟁환경과 방향성

애드 네트워크 사업자의 이해관계자는 광고주와 미디어사 그리고 유저다. 애드 네트워크 비즈니스에서 중요한 점은 이 삼자의 니즈를 잘 매칭시키는 것이며, 복잡한 작업들을 단순화시키는 과제를 해결하는 것이다. 삼자의 니즈를 충족시키기 위해서는 광고를 타깃에게 정확하게 매칭시킬 수 있는 애드 테크놀로지가 필요하다.

십여 년간의 기술혁신을 통한 다양한 마케팅 기법으로 미디어간의 경계를 넘은 광고상품이 개발되었다. 인구통계, 지역, 행동이력, 검색연동, 콘텐츠매치, 리타깃팅, 소비자 심리 등 다양한 타깃팅 기법이 있다.

우리 그룹의 'ADJUST'는 일본 최대 규모를 자랑하는 애드 네트워크이다. 하나의 광고슬롯으로 여러 광고 과금 형태를 실현하는 eCPM 로직을 적용하여 행동이력 데이터와 언어의미 이해엔진에 의한 콘텐츠 열람 데이터를 시계열적으로 분석할 수 있다. 그리고 유저의 의도와 흥미, 관심사항을 제대로 이해하고 타깃팅하는 고도의 광고전송 기술과 운영기술을 중심으로 한 애드 네트워크로 진화했다. 이처럼 최신 타깃팅 기법은 언어해석과 행동심리학까지 응용하는 단계에 이르렀다.

이토록 각 사의 타깃팅 기법이 진화하면서 광고전송 기술만으로는 차별화가 어려워져 규모확대를 위한 인벤토리 확보경쟁과 판매경쟁 환경이 조성되었다. 이런 가운데 각 사는 경쟁환경에서 살아남기 위한 차별화 전략으로 판매 효율화를 위한 광고판매 플랫폼을 구축하고, 참여 미디어사 및 광고주, 광고대행사에 대해 동일 플랫폼에서 다양한 서비스를 제공하는 방향으로 나아가고 있다,

애드 익스체인지의 개념과 플랫폼의 등장

미디어사 입장에서 볼 때 자사판매, 애드 네트워크로 인벤토리 방출, 그리고 애드 익스체인지 참여 등 광고 판매량(*sell through*) 증대와 콘텐츠 가치 향상을 위해 선택 가능한 서비스가 등장했다.

애드 익스체인지는 최근에 확산된 모델이다. 애드 네트워크는 단일 사업자가 인벤토리를 맡아서 광고전송을 일원적으로 관리하고 책임지고 판매하는 사업모델인 데 반해, 애드 익스체인지는 주로 애드 네트워크 사업자와 대형 미디어사 등 많은 인벤토리를 가진 사업자를 대상으로 하며, 플랫폼을 통해 인벤토리를 팔고 싶은 사업자와 사고 싶은 사업자를 매칭시켜주는 사업모델이다. 수익배분 등의 조건은 참여사업자들이 개별적으로 계약하게 되는데, 계약조건만 맞으면 애드 익스체인지 플랫폼에서 원하는 광고 인벤토리를 모아 최적의 네트워크를 커스터마이즈해서 판매할 수 있는 시스템이다. 또한 글로벌하게 플랫폼이 제공되고 있어, 국내 사업자뿐 아니라 해외사업자와도 광고 인벤토리 유통을 통한 글로벌 네트워크 구축이 가능하다.

이와 같은 다양한 서비스가 활성화되면 미디어사는 자사의 광고 인벤토리를 효율적으로 운영하기 위해 전략적으로 실시하는 인벤토리 운영 전문가를 필요로 할지도 모르겠다.

광고와 관련된 차세대형 플랫폼과 활용법

광고와 관련된 플랫폼을 크게 나누면 미디어사가 보유하는 플랫폼, 광고대행사가 보유하는 플랫폼, 플랫폼 사업자가 제공하는 플랫폼 등이 있는데 저마다 기능이 다르다.

일반적으로 애드 마켓 플레이스란 온라인에서 광고

를 매매하는 광고거래시장을 뜻하지만 제공하는 기능과 개발에 대한 개념은 각사 전략에 따라 다르기 때문에 애드마켓플레이스를 한마디로 정의하기란 어렵다. 경쟁환경 속에서 자동화된 디지털 광고상거래 기능에 특화시켜 개발하는 사업자도 있고, 현행 비즈니스에서 부가가치 기능을 강화시킨 마켓 플레이스 구축을 지향하는 사업자도 있다.

애드 마켓 플레이스는 원래 번잡한 작업을 간소화시키고 효율적인 미디어 바잉을 실현하기 위한 것인데 다양한 복수의 광고거래시장이 생기면서 향후의 광고거래는 더욱 복잡해질 가능성이 있다.

한편, 유럽이나 미국의 광고대행사들은 이들 플랫폼을 효과적으로 활용해서 자사의 차별화를 도모한다. 광고대행사에게 캠페인 진척 상황의 관리, 부수작업의 과부하 그리고 캠페인 데이터의 분산화 등은 향후 해결해야 할 과제이다.

일본에서는 일반적이지 않지만, 제3자 전송이라 불리는 자사 컨트롤에 의한 광고전송을 함으로써 광고효과 데이터 축적, 광고 접촉 후의 유저 데이터 축적 등 더 많은 데이터를 수집한다. 축적된 데이터베이스와 자사에서 보유한 시스템과 플랫폼을 연계함으로써 자사 시스템(예를 들어 플래닝 시스템)과 연동된 PDCA* 사이클을 실현하고 미디어 바잉의 효율화를 도모하는 등 구조적인 데이터 구축을 지향한다. 이에 따라 작업의 효율화 및 데이터의 일원화를 실현함과 동시에 클라이언트에 대한 제안의 질과 속도를 향상시킬 수 있다.

'사이버 커뮤니케이션즈'도 광고대행사의 업무에 필요한 정보를 모두 일원적으로 관리하고 손쉽게 검색할 수 있는 시스템과 고도의 플래닝 시스템으로 구성된 'AD-SCRUM'을 개발해서 제공한다. 이에 따라 미디어 및 광고슬롯의 선정→구입→전송→리포팅까지 일련의 업무를 웹에서 원스톱으로 처리할 수가 있다. 플래닝에서 바잉, 분석과정의 과제를 해결하는 이런 시스템은 더욱 진화할 것이며, 향후 적극적으로 활용될 것이다.

디지털 디바이스의 발전과 플랫폼의 멀티 디바이스 대응

근래에 디지털 디바이스가 발전하면서 콘텐츠의 디지털화가 급격히 가속화되었다. 디바이스, 통신 모두 원하는 콘텐츠를 언제 어디서나 시청할 수 있는 환경이 구축되어, 여기에 맞는 광고 전송기술과 포맷, 크리에이티브의 연구개발이 적극적으로 진행되고 있다. 장차 애드 마켓 플레이스 등의 플랫폼은 멀티 디바이스로 대응하게 될 것으로 예상된다.

그렇게 되면 광고전략 전체를 내다본 더욱 고도의 커뮤니케이션 전략과 미디어 플래닝이 필요하며, 동시에 이들 플랫폼을 잘 활용할 수 있는 스킬과 노하우를 가지고 최적의 플래닝을 제공할 수 있는 사업자가 더욱 중시되고 필요해질 것이다.

***PDCA**: (Plan계획, Do실행, Check평가, Action개선) 등 4단계 사이클을 통해 작업의 지속적 개선을 도모하는 개념. 광고 작업의 경우에는 플래닝부터 실시해서 광고효과 측정을 통한 평가, 개선 등 일련의 사이클을 나타내는 개념을 말함(→p.205).

PROFILE

고바야시 치아키 / 1999년부터 인터넷광고업무 전반에 관여했으며 2005년에 집행역으로 취임. 애드 테크놀로지 전략, 비즈니스 개발 등을 담당.

유력사이트를 묶어 타깃팅과 리치 두 가지를 모두 실현하고 광고가치를 제고하는, '버티컬 · 애드 네트워크'라 불리는 서비스도 등장했다.

애드 네트워크의 특징은 다음과 같다.

- 중소 규모의 경쟁력 있는 사이트를 묶어서 일괄적이고 효율적으로 광고를 전송한다
- 예상 타깃 비율이 높은 사이트에 초점을 맞춰 광고를 노출할 수 있다
- 여러 미디어를 통한 행동타깃팅과 콘텐츠연동형 광고 등 새로운 기술을 적용한 광고상품을 집행할 수 있다
- 거래형태를 선택할 수 있다(CPM, CPC, CPA)
- 예산을 자유롭게 설정해서 집행계획을 세울 수 있다

예전에는 인터넷 유저가 주로 대형 포털사이트에 집중되었기 때문에 광고주는 포털사이트에만 광고를 집행하면 됐다. 그러나 요즘에는 유저들이 관심이 생기면 바로 검색해서 원하는 정보를 얻기 위해 포털사이트뿐 아니라 블로그와 SNS, 각종 전문 사이트 등 많은 사이트를 방문한다.

타깃에게 광고를 어떻게 도달시킬 것인가를 생각할 때는 유저가 포털사이트에서 정보를 검색한 후 어느 사이트로 이동해서 정보를 입수하는지 충분히 고려해야 한다. 즉, 유저가 포털사이트를 통해 다른 사이트로 이동한 다음에도 그 이동한 사이트에 광고를 도달시켜서 인지효과를 올려야 한다.

또한 배너광고 외에도 텍스트 광고로 표시되는 콘텐츠연동형 광고도 노출할 수 있기 때문에 배너광고가 좋은지, 텍스트 광고가 더 효과적인지를 지속적인 집행을 통해 광고효과를 검토해야 한다. 이런 점에 주의하면서 애드 네트워크의 어느 카테고리, 혹은 어느 사이트에 광고를 집행할 것인지를 검토해야 한다. 최근에는 집행기간 중에 광고영역을 변경할 수 있는 애드 네트워크도 있기 때문에 광고집행이 시작된 다음에도 경과를 지켜보면서 광고영역이나 광고형태(배너광고 또는 텍스트 광고)를 최적화하는 것도 가능하다.

이상과 같이 인터넷광고를 생각할 때는 미디어로서의 인터넷광고 역사가 전통적 대중매체의 광고집행 형태를 답습하면서 점점 깊이와 넓이 추구를 거듭하는 가운데 발전했다는 거시적 관점을 가져야 한다. 그럼으로써 비로소 배너광고와 검색연동형 광고, 각종 타깃팅 기술과 애드 네트워크를 자유자재로 접목시켜 광고목적을 달성할 수 있게 된다.

효율(타율)을 높일 것인지, 효과(타점)를 올릴 것인지. 인지를 확산시킬

것인지, 구매를 촉구할 것인지. 웹에서 광고성과를 완결시킬 것인지, 웹 이외에서의 구매도 추구할 것인지. 이처럼 광고전략 입안시의 여러 고민들에 부응하기 위해 인터넷광고는 지금도 진화 · 발전하고 있다.

3-4

패러럴 월드parallel world로서의 모바일광고

모바일광고란 휴대폰광고를 뜻한다

단순히 '모바일미디어=휴대 가능한 광고미디어' 라는 의미라면, 신문과 잡지는 원래 얼마든지 가지고 다닐 수 있으며 라디오뿐 아니라 '원세그'*가 등장함으로써 TV조차 휴대 가능한 미디어가 되었으니, 이들 모두를 모바일미디어라 불러야 할 것이다.

*원세그
우리나라의 지상파 DMB에 해당-역주

그러나 휴대폰은 이미 모바일성뿐 아니라 대중성과 양방향성을 갖춘 미디어가 되었고, 모바일광고란 일반적으로 휴대폰의 표시화면을 미디어로 이용하는 광고를 말한다.

예를 들어, 이동 시의 양방향성을 갖추고 있다 해도 노트북이나 휴대 게임기, MP3 플레이어 등은 일반적으로 모바일미디어의 범주에 속하지 않는다. 그만큼 휴대폰의 미디어 접촉스타일에는 다른 이동 미디어나 정보기기에서는 볼 수 없는 질적, 양적 특이성이 있다.

또한 본래 휴대폰은 통화기능이 주된 기능인데도 통화 외 용도의 비중이 훨씬 커져서 젊은 층을 중심으로 휴대전화 뒤의 전화라는 두 글자는 생략하고, 휴대*라 부른다.

*휴대
일본어로 케-타이(ケータイ)-역주

모바일광고의 발전사

모바일광고의 역사는 1999년 NTT 도코모의 'i 모드' 가 등장하면서부터 본격적으로 시작되어, PC를 통한 인터넷광고와 유사한 행보를 걸어왔다. 텍스트(문자표시)가 표현의 중심이었던 시절부터 텍스트형 광고와 "멀티메일

오기노 요시유키[荻野欣之]
주식회사 비디오리서치 인터랙티브 대표이사 사장

모바일 미디어 마케팅의 상식

모바일이 미디어로서의 역량을 발휘하기 시작했다. 모바일 이용자 동향조사 결과를 보면 최신의 '모바일 유저 이미지'가 떠오르면서, 이용실태에서 몇 가지 정석적인 행동패턴을 볼 수 있다. 이 칼럼에서는 미디어로서 모바일을 활용할 때 기본적으로 알아 두어야 할 몇 가지 상식에 대해 소개하겠다.

상식1

모바일 인터넷의 이용 시간대

모바일은 24시간 유저의 생활과 연동되는 미디어이며, 유저가 '어떤 기분(모드)으로 행동하고 있는가?'에 따라 미디어 접촉 상황이 변하는 미디어다.

하루 중 모바일을 가장 많이 이용하는 시간대로는 크게 네 가지가 있는데 ①아침 출퇴근 및 통학시간, ②점심시간, ③퇴근 및 귀가시간, ④취침 전 등이다. 최근 몇 년 동안 이 구분에는 변함이 없다.

네 가지 이용 시간대에는 중요한 포인트가 있다. 피크 시간대 중 ①~③의 세 가지 타임 존은 모두 유저가 쇼핑행동을 일으키는 시간대와 일치한다는 점이다.

이 시간대에는 모바일광고의 접촉기회, 쿠폰 등의 모바일 서비스 이용, 각종 리치rich 콘텐츠(동영상, 원세그) 시청 등이 많기 때문에 모바일이 구매 직전의 접촉미디어로 유효하게 기능할 가능성이 있다.

한편, 밤 22시대에는 남녀 12~19세의 40%가 모바일을 이용하므로 다른 미디어와 병행 접촉하면서 휴대폰을 기점으로 한 구전효과를 유발할 가능성이 있다.

상식2 모바일 사이트의 이용 상황

언제 어디서나, 퍼스널

〈그림 1〉은 모바일 사이트의 3개월 동안의 이용률이다. 이용률을 보면 모바일의 최대 특징인 '언제든 어디서든 정보를 찾을 수 있다!'는 점에서 교통정보 관련사이트인 환승안내, 역찾기·환승안내, 에키스파아토* 등이 상위에 있다. 같은 이유에서 쿠폰을 받을 수 있는 '구루나비', 'TSUTAYA online'* 등도 상위에 올라와 있다.

모바일의 두 번째 특징인 퍼스널 관점에서 보면 '모바게 타운'과 'mixi 모바일' 등의 SNS가 대표 사이트로 손꼽힌다.

또한 타깃을 좁혀서 사이트를 운영하는 'R25식 모바일'과 'L25 모바일'은 타깃층에게 지지를 받고 있다.

마지막으로 모바일 고유의 사이트를 하나 소개하자면, 친구들과의 술자리, 회식자리, 가족 친구들과 함

그림 1 : 이동통신 3사 합계 3개월 이내 이용률

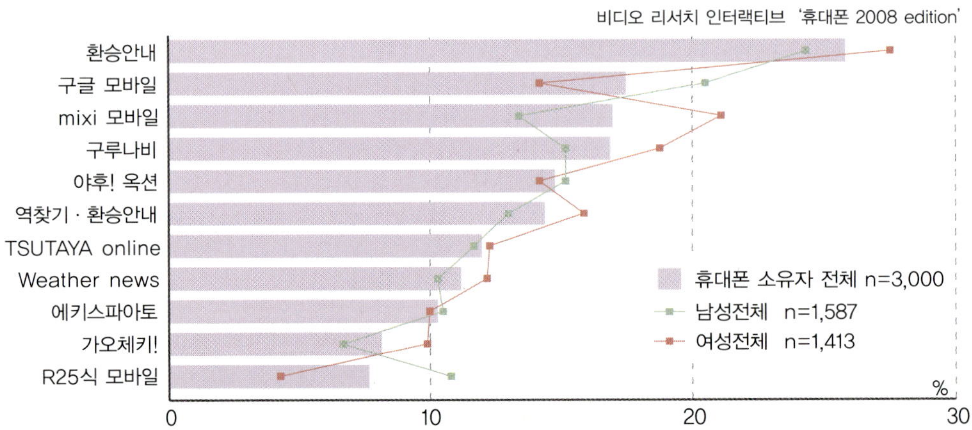

그림 2 : 각 매체를 기점으로 한 모바일 및 PC 접촉 경험

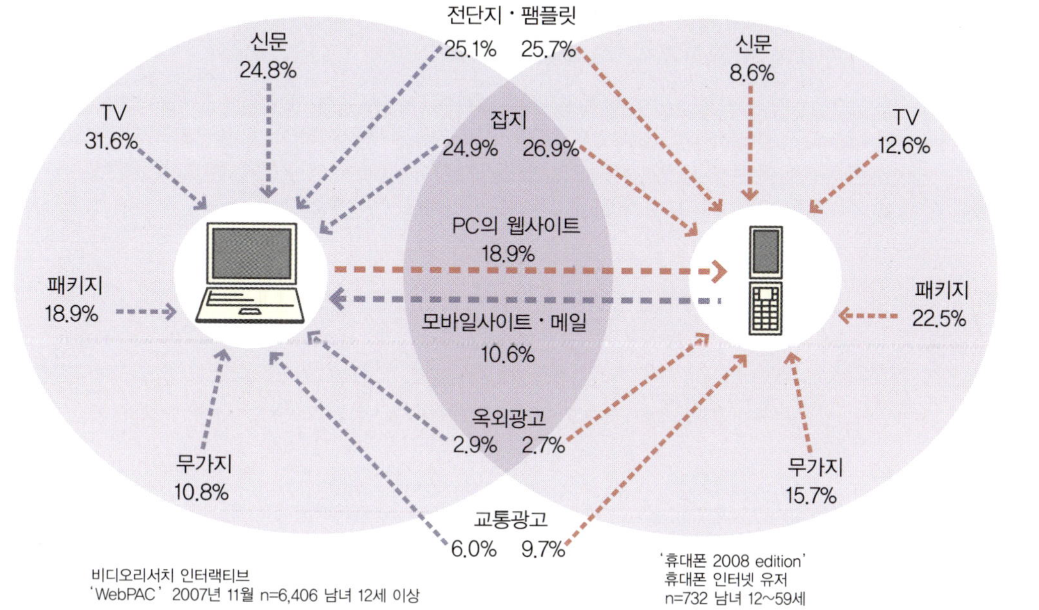

께 지내는 시간에 커뮤니케이션 툴로 자주 이용되는 '가오체키'*를 빼 놓을 수 없다.

상식3

인터넷으로 들어가는 입구로서의 모바일

크로스미디어 캠페인으로 PC 인터넷을 이용하는 경우가 일반적인데 최근 들어 모바일 사이트를 구축한 기업이 증가함에 따라 모바일이 커뮤니케이션 허브의 기능을 발휘하기 시작했다.

〈그림 2〉의 우측은 모바일과 기타 미디어의 관계를, 좌측은 PC 인터넷과 기타 미디어의 관계를 나타낸 것이다.

각 미디어를 기점으로 한 미디어 및 PC의 이용현황을 보면, PC 인터넷만이 커뮤니케이션 활동의 허브 역할을 하는 것이 아니라 모바일도 허브역할을 함을 알 수 있다. 또한 모바일 인터넷의 이용과 '모바일→PC'의 움직임을 보아도 모바일은 인터넷으로 들어가는 입구역할을 하고 있음에 틀림 없다.

상식4

실제 행동을 일으키는 출구로서의 모바일

한편, 모바일에서 얻은 정보가 기점이 되어 실제 행동을 일으키게 된다. 이벤트 티켓, 항공기나 쿠폰을 모바일로 구매한 뒤 매장이나 항공사 카운터에 가서 모바일을 갖다 대기만 하면 된다. 모바일에 수신된 정보가 기폭제가 되어 행동을 일으키는 경우가 많아 실제 행동을 일으키는 출구로서의 역할을 한다.

상식5

정보의 도선 설계

이처럼 모바일은 유저의 인터넷으로 들어가는 입구로서의 역할과 모바일을 통해 얻은 정보를 기점으로 실제 행동으로 나가는 출구역할을 함께 한다.

모바일을 이용한 크로스미디어 캠페인을 계획할 때는 어느 쪽의 정보 도선이 기본 도선이 될지를 잘 파악해서 유저에게 기업이 원하는 행동을 일으키도록 커뮤니케이션 디자인을 구상해야 한다.

역주

*에키스파아토(驛すぱあと): 교통안내 서비스

*TSUTAYA online: 온라인 CD, DVD 대여

*가오체키(顔ちぇき): 얼굴화상 인식기술을 이용한 휴대폰 엔터테인먼트 서비스명. 휴대폰에서 가오체키 사이트에 접속하여 얼굴사진을 전송하면 유명인 데이터베이스에서 가장 닮은 사람 3명을 판정해준다.

PROFILE

오기노 요시유키 / 1960년생. 영업부 등을 거쳐 1997년에 비디오리서치 USA로 파견, 2002년에 비디오리서치 디지털 전략실 인터넷사업추진부장, 2005년 6월부터 현직.

형" 광고가 많이 이용되었으며, 휴대폰의 브라우저 화면표시의 발전에 따라 픽처광고*가 주류가 되었다.

그리고 이 픽처광고의 발전형으로 사이트와 광고를 일체적으로 보여주는 잭jack형 광고라는 광고기법이 활성화되었다. 잭형 광고란 일정 기간 로테이션을 하지 않고 동일한 광고표현을 계속 노출함으로써 리치와 임프레션을 단기간에 실현하고 모바일 사이트 자체와의 일체감을 연출하는 것이다.

그리고 PC, 잡지광고와 마찬가지로 콘텐츠와 광고메시지를 연동시킨 타이업 광고도 활발하다.

휴대폰은 PC가 ADSL 및 광회선을 통한 상시 접속이 널리 보급되면서

***픽처광고** (picture ad)
모바일광고에서는 배너형 광고를 통칭 픽처 광고라 한다.

모바일광고의 사례

잭광고

멀티메일광고

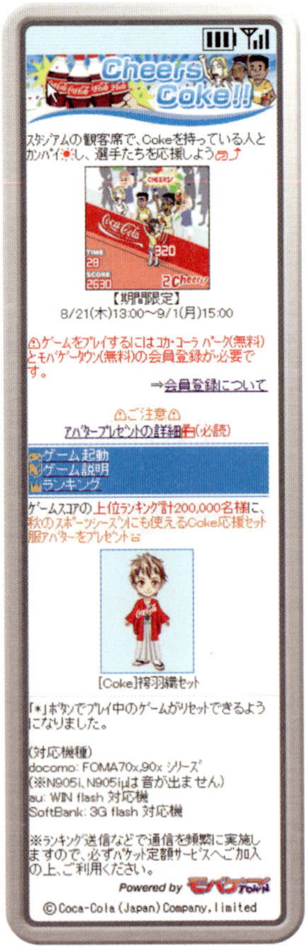

타이업광고

어플리케이션광고

타이업광고

급속도로 대중화된 것과 같은 역사를 밟아 왔으며, 현재 패킷 정액제 이용이 급속도로 보급되었고, 브라우저 이용과 광고 접촉량도 꾸준히 확대되었다. 또한 모바일 사이트의 검색엔진도 PC보다 조금 뒤늦게 2006년부터 본격적으로 전개되어 단기간에 어마어마한 양의 접속 수를 자랑하게 되었다.

그리고 커뮤니티 사이트의 경우 이미 PV 측면에서는 후발주자인 모바일 사이트가 PC 사이트를 앞질렀다. 휴대폰의 '언제든 어디서든 접속할 수 있다' 는 미디어 특성이 커뮤니티 사이트에 요구되는 컨택 포인트와 친화성이 높기 때문이다.

이처럼 PC의 양방향미디어로서의 특성과 광고역사를 빠른 속도로 뒤따르고, 오히려 추월하고 있는 모바일광고지만, PC의 컨택 포인트나 유저 특성과는 크게 다르기 때문에 PC를 통한 인터넷광고와 모바일광고의 발전사는 병행적이면서도 미묘하게 다른 패러럴 월드의 양상을 보인다.

모바일광고의 특징

모바일광고의 특징은 다음과 같다.

- **휴대가 전제**인 광고미디어다
- PC의 인터넷접속과 동등한 **양방향성**을 지닌다
- **압도적인 보급률**과 **심심풀이성**은 TV와 쌍벽을 이룬다

휴대폰은 일본 국내에서 1억 대 이상 보급되었으며, 언제 어디서나 가지고 다니는 단말기이니만큼 표시화면은 작아도 엄청난 규모의 컨택 포인트와 양질의 컨택을 자랑한다.

그림 3-8 : 모바일광고의 매체특성

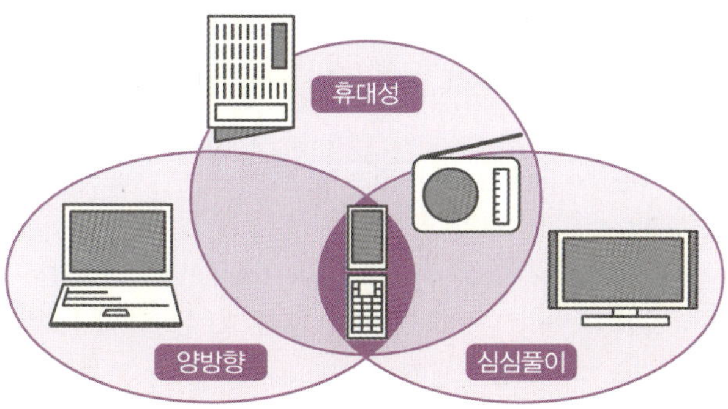

column ④

후지타 아키히사[藤田明久]
주식회사 디츠 커뮤니케이션즈 대표이사 취체역사장
(현재 주식회사 덴츠 디지털 홀딩스 전무집행임원)

차세대 IMC의 열쇠를 쥐고 있는 모바일

2주 동안 200만 개 이상 다운로드

2008년 6월, 인터넷접속형 휴대폰(이하 모바일)에서 전개된 캠페인이 기록적인 반향을 일으켰다.

대형 편의점의 '오리지널 빵' 구매자 전원에게 대형 모바일 SNS가 준비한 특별한 아바타 아이템(SNS에서 자신의 분신을 꾸미는 장식품)을 선물하는 2주간 한정이벤트에서 아바타 아이템이 무려 200만 개 이상 다운로드되었다(《닛케이 네트 마케팅》 2008년 9월호).

불과 몇 주 동안에 일부러 편의점에 가서 '오리지널 빵'을 사고 시리얼 넘버(구매증명)를 입력하는 행위를 수백만 건 일으켰다는 것은 매스미디어 광고에서도 좀처럼 달성하기 어려운데, 이 캠페인의 커뮤니케이션 수단은 놀랍게도 모바일광고와 매장 포스터뿐이었다.

24시간 30cm 이내에 존재

소비자와 모바일의 관계를 생각하면 이 캠페인의 성공요인을 알 수 있다. 모바일은 지하철이나 승강장에서 이용하는 심심풀이 미디어이기도 하고, 친구와 약속을 잡고 날씨와 환승역을 알아보는 행동결정 지원 툴이기도 하다. 게다가 알람시계 역할도 하고, 지갑이 되기도 하고, 교통카드 기능도 한다. 모바일은 어디든 언제든 가지고 다니며 일상생활의 다양한 행동습관 속에서 없어서는 안 될 존재가 되었다.

그래서 모바일광고는 소비자들에게 더욱 친근하게 느껴지고 발신과 동시에 순식간에 전국으로 퍼진다. 그리고 SNS나 메일에서 나누는 대화를 통해, 또는 가까운 사람에게는 화면 그 자체를 통해 놀라울 정도의 스피드로 정보가 2차 전파된다. 이것이 앞서 소개한 캠페인이 모바일광고와 매장 포스터만으로도 단기간에 수많은 사람들에게 알려진 이유다.

모바일은 자신의 취향에 맞출 수 있는데, 이것도 소비자와의 관계에서 중요한 포인트다. 좋아하는 노래를 휴대폰 벨소리로 다운받고 좋아하는 캐릭터나 브랜드를 대기화면이나 SNS의 아바타에게 꾸며주는 등 자신이 좋아하는 것을 항상 접할 수 있다. 그래서 기업이 무료로 아이템을 제공하면 기꺼이 자신들의 모바일에 다운받는다. 이러한 이유로 전술한 캠페인이 방대한 다운로드를 유도할 수 있었다.

모바일은 타깃의 24시간 30cm 이내에 브랜드를 보여줄 수 있는 마케팅의 절대무기이다.

젊은층에 한정되지 않는 유효성

점차 그 중요성이 커지는 모바일인데 젊은 층에만 통용되는 기법이라 오해하는 경우가 많다. 그러나 임프레스사의 예측에 따르면 패킷 정액제 계약자는 2009년 중반에 5,000만 계약을 넘어설 것으로 보인다(《휴대폰백서》 2009). 전화와 메일 외에도 모바일을 적극적으로 활용하기 위해 정액제 계약을 맺은 사람들이 전체 계약자의 절반을 차지한다. 이는 10대, 20대의 전체 인구(약 2,700만 명)의 거의 두 배에 해당된다. 말하자면 30대 이상에서 적극적으로 모바일을 활용하는 사람들이 적어도 2,300만 명 이상 존재하는 셈이니만큼 모든 타깃의 마케팅에 모바일을 추가해야 한다.

성공사례를 소개하자면 유아용 식품 구매고객을 대상으로 추첨을 통해 경품을 선물하는 판촉기획 행사에 모바일 카메라 기능을 활용한 적이 있다. 당첨된 엄마들로부터 모바일로 촬영한 자녀들의 사진을 송신받아서 주인공 얼굴로 그려 넣고 그 아이의 이름을 새긴 '세상에서 단 한 권뿐인 우리 아이가 주인공인 그림책'을 만들어 선물했다. 당선자의 30배 이상이 응모했다.

그림책을 보는 아이, 제작에 관여해서 자신이 선물한 듯한 기분이 드는 엄마, 아이의 성장과 어머니들의 육아를 응원하는 기업, 삼자 간에 깊은 유대관계를 형성할 수 있는 캠페인이었다.

참여형 기업의 성공확률 상승

20세기의 캠페인은 매스미디어 광고를 전적으로 활용한 일방적인 자기주장형이었다. 이것이 반복되면서 소비자들에게 외면당하게 되었다.

그래서 21세기 캠페인은 소비자와 대화하면서 심리적으로 참여의식을 일으켜 함께 브랜드를 만드는 협조실현형으로 진화되었고, 브랜드를 적극적으로 주위에 추천 권장해주는 브랜드 전도사의 배출을 지향하게 되었다.

이 참여형 캠페인을 실시할 때 걱정스러운 점은 새로운 아이디어일수록 소비자가 얼마나 참여해줄 것인지 사전에 추정할 수 없다는 점이다. 그렇다면 참여자를 늘리기 위해서 더 많은 사람들이 응모할 수 있도록 심리적 장벽을 낮춰야 한다. 예를 들어, 전술한 그림책 사례에서 아이들의 사진을 PC로 접수했다면 어떻게 되었을까? 호기심 가득하고 부산한 아이 옆에서 엄마가 PC, 디지털 카메라, SD카드를 조작하는 것은 결코 쉽지 않을 것이다. 우편으로 보내려면 더욱 귀찮다. 그런데 첨단 복합기기인 모바일이라면 간단한 조작만으로 손쉽게 응모할 수 있다. 그래서 이 캠페인 응모는 모바일에 한정시켰다. 5,000만 명의 정액제 계약자는 대체로 모바일을 잘 다룰 줄 안다. 21세기의 상식인 참가형 캠페인에는 참여에 대한 심리적 장벽을 낮추는 모바일을 활용하는 것이 정석이다.

모바일과 PC는 TV와 신문처럼 별개의 미디어라 생각하고 각자에 맞게 활용할 필요가 있다. 왜냐하면 소비자는 장소와 목적에 따라 이 두 가지를 필요에 따라 활용하기 때문이다. 모바일을 단순히 PC기능을 삭제한 단말기라고 가볍게 생각한다면, 모바일을 통한 소비자의 접근을 기업이 거부하는 셈이 되며 큰 기회를 잃게 된다.

21세기 매스미디어 광고의 역할

20세기 말에 등장하여 일본에 완전히 침투한 모바일. 단순히 양의 문제가 아니라 소비자의 행동양식과 정보유통(특히 C to C영역)에 큰 변화를 초래했다. 소비자가 변한 이상 IMC도 모바일을 추가한 21세기형으로 탈바꿈해야 한다.

첫 번째 혁신은 발상의 순서를 바꾸는 것이다. 발상의 출발점을 소비자에게 심리적으로 가장 가까운 존재인 모바일과 궁합이 잘 맞는 판매촉진 방법을 구상하는 것부터 시작하자. 전술한 사례처럼 광고의 전달속도가 빨라져서 판촉 성공률을 올릴 수 있다.

두 번째 혁신은 매스미디어 광고의 역할을 재조명하는 것이다. 21세기의 소비자는 친구나 좋아하는 사람, 연예인들이 무엇을 생각하고 어떻게 행동하는지 등의 정보를 스스로 전송할 수 있는 콘텐츠(메일, 블로그, SNS)에 관심이 있으며 공감한다. 즉, 인터넷을 통해 세상을 보고 느낀다. 따라서 기업은 먼저 인터넷이라는 바다에 마케팅의 조약돌을 던지고, 거기서 일어난 물결의 크기를 제대로 관찰해서 자사(타사)제품에 대해 회자되는 인터넷상의 대화에 귀를 쫑긋 세워야 한다. 자신들이 미처 몰랐던 강점이 있다면 그 강점을 프로 크리에이터의 힘을 빌려서 알기 쉽게 풀이한 크리에이티브를 제작하여 폭넓은 세대에게 도달력있는 매스미디어 광고로 소구한다. 반대로 오해의 소리가 들려오면 인터넷보다 높은 신뢰성이 있는 매스미디어 광고에서 시정하는 것이 좋다.

이렇듯 매스미디어 광고를 포함해서 마케팅이 양방향화되는 21세기에는 조직과 의식의 양방향화에 성공한 기업만이 살아남을 수 있다.

세계가 일본을 주목하고 있다

일본은 모바일의 인프라와 단말기가 고도로 발달해서 소비자의 이용 수준이 매우 높은 나라이다. 따라서 20세기형 IMC 모델에 어떤 식으로 모바일을 가미시켜 21세기형으로 만들 것인가 하는 문제는 일본이 세계에서 가장 먼저 직면하게 되는 과제다. 일본에서 구축한 모델은 반드시 전세계의 본보기가 될 것이다. 대부분의 글로벌 기업의 일본지사가 마케팅에 모바일을 적극적으로 추가하는 이유가 여기에 있다.

'21세기형 마케팅의 본보기는 일본.'

앞으로도 여러분과 세계 최첨단 사례를 만들어 갔으면 한다.

PROFILE

후지타 아키히사 / 1991년 덴츠에 입사하여 신문국에서 근무 후 1996년 '사이버 커뮤니케이션즈' 설립에 따라 파견 후 이사로 취임. 2000년에 '디츠 커뮤니케이션즈' 설립에 따라 파견 후 사장으로 취임.

그림 3-9 : 각 세대들이 자유시간에 하는 일

	남성 10대	여성 10대	남성 20~34세	여성 20~34세	남성 35~49세	여성 35~49세
1위	TV	TV	TV	TV	TV	TV
2위	게임	공부	PC인터넷	모바일·인터넷	신문	신문
3위	음악감상	모바일·인터넷	음악감상	쇼핑	PC인터넷	쇼핑
4위	모바일·인터넷	음악감상	잡지	PC인터넷	음주	PC인터넷
5위	친구와 교류	친구와 교류	모바일·인터넷	휴식(뒹굴거리는 것 포함)	잡지	모바일·인터넷
13위	—	—	—	—	모바일·인터넷	—

비디오 리서치 'MCR 2007'

요즘 들어 직장의 PC 보안관리가 강화되면서 근무시간이나 점심시간 등에 개인적인 연락이나 정보검색, 커뮤니티 사이트 열람과 글쓰기에 휴대폰의 브라우저와 멀티메일 기능이 자주 이용된다.

그럼에도 불구하고 여전히 아직 모바일 사이트를 구축하지 않았거나 충분히 활용하지 못하는 광고주 기업과 광고상품, 캠페인 등이 많다. TV나 옥외광고를 통해 관심을 갖게 되어 모바일로 검색했지만 PC의 랜딩페이지만 준비했기 때문에 모바일로는 제대로 된 검색결과가 나오지 않아 중요한 기회를 잃고 마는 사례도 있다.

직장에서 PC를 자유롭게 이용할 수 있는 광고 비즈니스 관계자일수록 타깃의 모바일을 통한 리치와 컨택 포인트의 위력을 미처 깨닫지 못하는 경우가 많은데, 이러한 차이를 빨리 극복해야 한다.

한편, 모바일광고를 제안하는 측도 광고미디어로서의 효력 지표와 데이터가 아직 부족하고 모바일 사이트를 제작할 때 휴대폰의 이동통신사별, 기종별로 동작 확인을 해야 하는 등 개선의 여지가 많이 남았다.

양방향미디어로서 무척 닮은 휴대폰과 PC이지만 결정적으로 다른 점은 휴대폰은 주로 목적 없이, 심심풀이, 오프타임에 접촉하는 경우가 많다는 미디어 특성이 있다.

외부에서 잠깐 시간이 비었을 때 심심풀이 틀로 휴대폰을 이용하게 되고, 집에서 TV를 틀어 놓은 채 심심풀이 미디어로 휴대폰을 만지작거리는 라이프스타일이 확산되었다. 휴대폰은 유저의 컨택 포인트에서 PC를 이용할 때만큼 강한 목적의식 없이 이용되므로 광고정보도 유익한 심심풀이 콘텐츠로 받아들이고 광고에 관심을 갖게 되므로 대체로 PC의 인터넷광고보다 클릭률이 높다.

심심풀이를 위해 접촉하는 미디어는, 특히 인지 실현을 지향하는 광고미디어로서는 최고이며, 바로 이 심심풀이 미디어로서 TV와 휴대폰이 접촉인원을 보더라도 접촉시간을 보더라도 쌍벽을 이룬다.

'각 세대들이 자유시간에 하는 일' 이라는 조사데이터(〈그림 3-9〉)에서 매우 특징적인 점은 거의 전세대에서 모바일 · 인터넷이 상위에 있는 가운데 35~49세 남성만이 모바일을 충분히 활용하지 못하고 있다는 점이다.

이처럼 광고분야에서 결정권을 갖고 있는 세대들이 자신의 생활습관 위주로 광고전략을 세우게 되면, 광고타깃의 라이프스타일과 미디어접촉 상황과 동떨어져버린다.

이상과 같이 모바일광고는 휴대성, 양방향성, 심심풀이 등 기타 광고미디어의 전반적 특성을 겸비하며, 이로 인해 모바일광고가 크로스미디어 허브로 자리매김하고 있다. 특히, 컨택 포인트 관점에서 보면 모바일광고는 TV와 잡지, 옥외광고와 궁합이 무척 잘 맞는다. 매스미디어와 심심풀이미디어로서의 휴대폰과 TV의 유사성은 휴대폰을 손에 쥔 채 TV를 보고, TV의 재미난 화젯거리를 휴대폰의 SNS를 통해 주고받거나 휴대폰으로 검색하는 등의 행동을 일으킨다. 옥외광고 및 매장광고와 휴대폰의 친화성에 대해서는 굳이 설명할 필요가 없을 것이다.

광고미디어를 초월한 넓은 의미의 크로스미디어를 보면 광고상품의 판매점이나 패키지 자체와의 연계도 활발히 전개되고 있다. 매장에서 쿠폰이나 포인트 카드로서 모바일 사이트를 활용하고 상품을 구매하면서 음악과 동영상, 아바타* 아이템 등을 다운로드받는 등의 디지털 경품 사례는 광고미디어로서의 휴대폰과 매장, 광고상품, 나아가서는 광고주까지 밀접하게 연결해주는 캠페인의 유력한 장치다.

*아바타(avatar) 본인의 모습을 투영시킨 캐릭터 표시인데 웹사이트와 모바일 사이트에 표시한다. 또한 아바타 아이템이란 아바타에 입히는 패션과 액세서리, 배경화면 등을 말한다.

휴대폰은 광고미디어인가, 판촉 툴인가

이상으로 휴대폰을 광고미디어로서 개괄했는데 사실 '휴대폰=미디어' 라는 정의조차 무너지고 있다.

모바일 사이트를 열람하는 브라우저 및 멀티메일 광고를 수신하는 단말기로서의 휴대폰은 1 대 다수의 광고노출을 실현하는 광고미디어이면서 동

그림 3-10 : 휴대폰의 다양한 역할

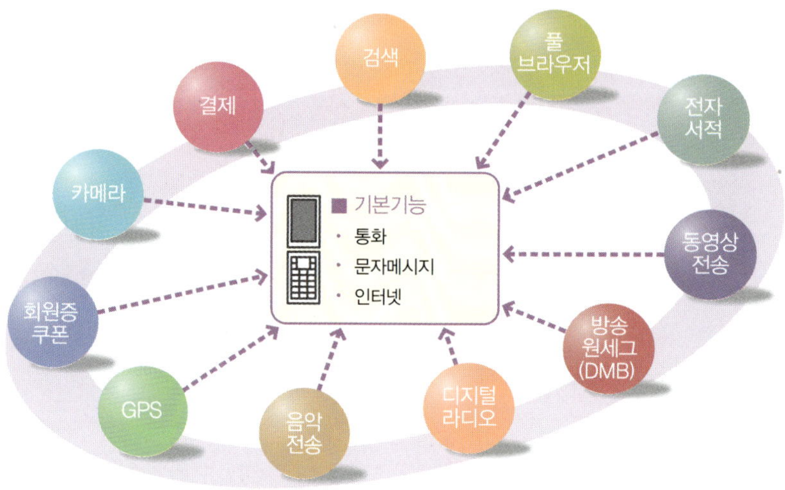

시에 휴대폰은 카메라와 음악재생, 휴대폰 결제와 내비게이션 등 만능 정보 툴로서의 기능이 가득 탑재되어 있어 각 기능이 광고툴로도 활용된다.

또한 휴대폰 본래의 통화기능도 이미 '하루에 한 번 이상 통화한다'는 응답자는 절반 이하여서 더 이상 휴대하는 전화기라기보다는 통화기능도 갖춘 휴대정보단말기라고 재정의해야 할 상황이다.

게다가 친구들과 연락할 때도 문자가 아니라 SNS 등의 커뮤니티 사이트와 모바일 사이트의 블로그를 이용해서 연락하는 경우가 늘어, 이렇게 되면 1 대 1이나 다수 대 다수의 사적인 커뮤니케이션 공간까지도 광고미디어가 될 수 있다. 기존의 1 대 다수적인 매스미디어 접촉시간만을 광고접촉 타이밍이라 볼 수 없는 시대가 되었다.

이렇듯 일본의 휴대폰은 더 이상 미디어인지, 커뮤니케이션 단말기인지, 양방향 기능을 가진 생활도구인지 구분하기 어려운데다 각각의 측면이 광고인지, 판촉인지 구별하기가 어려워 광고주 커뮤니케이션 활동에서 다양하게 활용된다.

유저 입장에서도 휴대폰을 이용할 때 지금 미디어를 보는 것인지, 커뮤니케이션을 도모하는 것인지, 통신서비스를 이용하는 것인지, 단말기에 탑재된 어플리케이션을 쓰고 있는 것인지 본인조차 구분이 어렵다.

광고의 다양한 분야와 경계선을 너무나 쉽게 넘나드는 모바일광고는 새로운 시대의 홀리스틱* 한 광고커뮤니케이션을 이미 실현하고 있는 것이다.

***홀리스틱**(holistic) 전체, 연결, 통합, 조화라는 의미를 포함한 용어.

제3부 참고문헌

《정보미디어백서 2009》, 덴츠종연 편, 다이아몬드사, 2009
《인터넷백서 2008》, 재단법인 인터넷협회 감수, 임프레스 R&D, 2008
《인터넷시청률백서 2008-2009》, 衣袋宏美, 쇼에이샤, 2008
《휴대폰백서 2009》, 모바일 콘텐츠 포럼 감수, 임프레스 R&D, 2008
《차세대 마케팅 플랫폼》, 湯川鶴章, 소프트뱅크 크리에이티브, 2008
《인터넷광고혁명》, 横山隆治, 선전회의, 2005

제 4 부

소비자와 소통하는 웹사이트

▸ 이와타 마사키 岩田正樹

4-1

더욱 중요해지는 웹사이트

광고캠페인에서 웹사이트를 활용하는 것은 이미 일반화되었다. TV CF나 신문광고, 잡지광고를 보면 URL과 검색 키워드를 통해 웹사이트로 유도하려는 시도를 종종 볼 수 있다. 그리고 유도된 사이트에서는 오리지널 무비original movie 등의 스페셜 콘텐츠나 상품소개 콘텐츠 등을 볼 수 있다. 광고캠페인에서 웹사이트는 소구 내용을 전개 및 확장하는 공간으로서 없어서는 안 될 존재가 되었으며, 충분히 활용되고 있는 것처럼 보인다. 그러나 자세히 들여다보면 아직도 기존 매스미디어 광고의 부록 취급을 받는 사이트가 놀랄 정도로 많다. 여전히 광고캠페인에서 사이트관련 작업은 부수적 또는 별개의 작업처럼 여겨지기 때문이다.

인터넷의 보급은 적극적으로 정보를 수집하는 주체성 있는 소비자를 탄생시켰다. 그들은 상품과 서비스가 본인에게 의미와 가치가 있는지에 대해 한정된 정보만으로 평가하고 판단하지 않는다. 수집한 여러 정보를 대조해 보고 상대적으로 파악해서 평가하고 판단한다. 이런 이들에게 인터넷의 여러 정보는 대단히 큰 영향력을 지닌다. 따라서 웹사이트를 다양한 정보와 연결시켜서 커뮤니케이션 활동 전체의 허브기능이 되도록 해야 한다.

최근에는 웹사이트가 효과적인 허브로 기능하는 경우도 눈에 띈다. 이러한 사이트의 특징은 다음과 같다.

① 광고에서 웹사이트의 위상 변화

- 매스미디어의 크리에이티브 표현의 연장선상이 아닌, 웹사이트 중심의 전개
- 인터넷이 기점이 되어 매스미디어가 연동하는 전개

② 유저간의 정보공유 및 교환을 가능하게 하는 시스템의 확산

- 개인 사이트나 블로그 등을 통해 자유롭게 이용할 수 있는 기능을 제공하여 관심있는 정보를 친구들끼리 쉽게 주고 받을 수 있도록 함으로써 입소문 유발과 확산 시키는 전개

③ 다양한 툴을 활용한 구조 설계

- 사이트 내부에만 국한된 설계가 아닌, 사이트 외의 채널, 브라우저 외의 어플리케이션을 활용하여 커뮤니케이션 채널을 확대할 수 있는 설계

특히 ②와 ③은 인터넷의 새로운 기술을 활용함으로써 대부분 실현할 수 있다. 따라서 웹사이트가 커뮤니케이션의 중심으로서 효과적으로 기능하도록 하기 위해서는 '커뮤니케이션 설계', '채널', '기술' 등 3가지 관점을 분리하지 않고 포괄적으로 진행해야 한다.

제4부에서는 실제 사례를 소개하면서 웹사이트에 대한 다양한 요소와 그 전체적 이미지를 제시하겠다.

4-2

목적에 따라 다른 웹사이트의 역할

인터넷이 등장하기 전까지 기업과 소비자의 접점은 카탈로그와 판매점 점원 등 주로 매장 가까이에 있었다. 따라서 기업이 소비자와 직접적인 접점을 가질 기회가 없었다. 그러나 웹사이트의 등장으로 기업이 직접적으로 정보를 제공할 수 있게 되었다.

기존의 기업 웹사이트 활용법으로는 주로 소비자에게 직접 정보를 전달하는 카탈로그나 전단지, 회사안내 등의 정보를 게재한 것이 대부분이었다. 이런 역할을 하는 사이트로는 기업정보, IR*, CSR* 등을 중심으로 다루는 코퍼레이트 사이트corporate site와 상품(서비스)정보 사이트가 있다. 그리고 상품의 인지도 제고와 판매촉진을 위해서 TV CF 등을 통해 소비자의 주의를 환기하고 상품에 대해 더욱 많은 흥미와 관심을 유발하기 위한 브랜드 사이트, 캠페인 이벤트 응모가 인터넷에서 가능한 프로모션 사이트 등이 있다.

또한 웹사이트는 커뮤니케이션 영역뿐 아니라, 매출에 직접적으로 공헌하는 비즈니스 영역에서도 활용되는 경우가 많다. 예를 들어 상품(서비스) 구매자에 대한 애프터케어aftercare 및 고객과의 관계를 심화시켜 나가는 후속 마케팅(*follow-up marketing*) 등을 위한 '회원제 사이트', 인터넷으로 상

*IR(investor relations)
기업이 주주 및 투자자 등 이해관계자에게 경영 내용을 정확하게 알리기 위한 relationship 활동.

*CSR(corporate social responsibility)
기업의 사회적 책임.
2009년 3월 현재 영국 Netcraft사 조사. 구글의 공식 블로그에 따름.

그림 4-1 : 웹사이트의 분류와 관련 부서

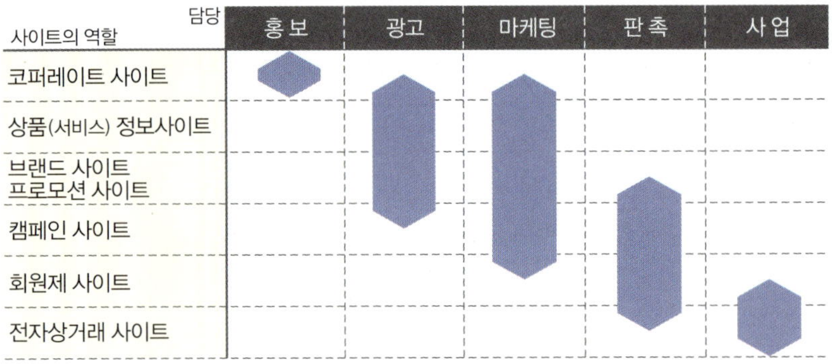

품·정보·서비스 등을 판매하는 전자상거래 사이트 등이 있다.

기존에는 기업이 기획·개발·제조·광고담당 조직을 비롯하여 물류조직, 판매조직, 고객관리·고객창구 조직 등으로 나누어져 개별적으로 관리 운영되어왔다. 그러나 인터넷 기술이 활용되면서 이들을 연계시켜 모든 조직을 일괄적으로 관리 운영하게 되었다. 즉 인터넷은 기업활동과 조직운영에도 혁신을 일으켰다. 소비자와 접점을 구축하기 위해서는 기존의 광고홍보 및 판촉영역만을 생각하는 것이 아니라 비즈니스 전체를 바라봐야 한다.

코퍼레이트 사이트

코퍼레이트 사이트란 기업개요를 비롯하여 IR 정보, 상품·서비스 등 모든 정보가 게재되고 그 기업의 인터넷상의 얼굴이 되는 웹사이트를 말한다. 최근 거의 모든 기업들은 기업사이트가 있어 소비자는 기업명과 상품명을 알고 관심을 갖게 되면 바로 사이트에 접속해서 정보를 수집한다. 만일 사이트가 없다면, 커뮤니케이션 환경변화에 대응하지 못한 기업이라는 낙인이 찍히게 된다.

그러나 사이트만 개설했다고 안심해서는 안 된다. 사이트 개설은 최소한의 필요조건이며, 적절한 방법으로 정보를 제공하고 이용하기 편한 사이트로 설계해서 운영해야 한다. 예를 들어 IR 정보에 관해서는 적시에 각종 뉴스 등의 정보공시를 올리고 기업활동을 알리는 정보를 게재하고, 또한 시각장애인도 볼 수 있는 사이트를 제공하는 것 등이다.

웹사이트는 기업과 소비자를 이어주는 직접적인 접점으로 소비자에게 그대로 전달되므로 의식적으로 소비자 관점에 선 사이트를 구축하고 대응해야 한다. 따라서 사이트를 구축하고 운영할 때는 사전에 사이트 전략을 수립하고, 페이지 제작과 운영원칙을 규정한 가이드라인을 작성하는 등 철저히 준비해야 한다. 이런 일련의 활동 과정에서 코퍼레이트 사이트의 관리책임자(웹마스터 등)와 관계자들간의 전체적인 협조가 중요하다. 관리책임자는 사내 여러 부서의 요청사항을 감안하고 가이드라인을 비롯한 기업의 브랜드 전략, 마케팅 전략, 커뮤니케이션 전략 등에 입각하여 적절한 조언을 하면서 콘텐츠 제작 · 공개 절차를 밟아야 한다. 또한 각 부서의 관계자들도 사이트의 목적을 서로 공유하면서 하나의 체제로 진행해야 한다.

상품(서비스) 정보 사이트

상품(서비스)정보 사이트란 명칭 그대로 상품과 서비스를 소개하는 페이지인데, 코퍼레이트 사이트에 이들 정보도 게재된다. 정보내용은 카탈로그 등의 내용이 그대로 사이트에 게재되는 경우가 많다. 기업에 따라서는 동영상과 음성 등으로 소개하는 경우도 있다.

인터넷이 보급되기 전에는 매스미디어광고 등을 통해 상품에 관심을 갖게 된 소비자는 매장에 있는 카탈로그나 관련잡지에서 상세정보를 얻었다. 그런데 지금은 매장에 가지 않아도 인터넷으로 모든 정보를 얻을 수 있기 때문에 소비자가 그 상품(서비스)을 알고 관심을 갖게 된 이후부터 정보수집까지의 속도가 놀라울 정도로 빨라지고 단축됐다. 그만큼 소비자의 정보수집 속도에 맞춰 적절하고 정확하게 정보를 제공해야 한다.

상품(서비스)정보 사이트를 제작할 때는 카탈로그와의 연계성 등 판촉요소도 연관되기 때문에 광고 및 홍보부서가 아니라 주로 마케팅 부서가 관리 및 운영을 담당한다.

또한 사이트의 제작 및 운영은 코퍼레이트 사이트에서 규정된 가이드라인을 준수해야 하는데, 때론 광고 커뮤니케이션과 상품 사이트의 톤 & 매너 tone & manner 사이에 괴리감이 생겨 사내의 대립과 유저의 혼란을 야기하는 경우가 있다. 따라서 광고를 목적으로 하는 사이트(뒤에 언급될 브랜드 사이트, 프로모션 사이트)를 별도로 준비하는 경우가 있다. 이를 구축할 때는 방문자를 위한 적절한 도선설계와 함께 각 사이트의 역할을 명확하게 하여, 필요에 따라 페이지를 왕래할 수 있게 상호링크가 가능하도록 하는 등의 조정

과정과 아이디어가 필요하다.

브랜드 사이트 및 프로모션 사이트

식품, 음료, 생활용품처럼 경쟁상품이 워낙 많고 자주 교체해서 사용하는 제품일 경우 상품정보 사이트는 대부분 심플하다. 그 대신 상품 브랜드의 콘셉트 및 특징을 소구하거나 동영상, 게임, 볼거리 기사 등 오리지널 콘텐츠를 이용해서 소비자의 관심을 끄는 정보를 제공한다. 이러한 사이트를 브랜드 사이트, 프로모션 사이트라 한다. 이러한 사이트의 대부분은 URL이 상품명이나 캠페인명과 연동된 것이어서 코퍼레이트 사이트의 URL과는 다르다.

브로드밴드를 통한 접속이 일반화되면서 사이트 콘텐츠도 영상과 음성이 포함된 풍부한 표현물로 게재되고 있다. 또한, 최근에는 유저가 직접 글을 올리거나 투표를 하거나 유저 블로그에 포스팅posting할 수 있도록 만든 정보를 배포하는 등 유저와의 교류, 유저간의 교류를 촉진하는 참가형 아이디어와 시스템을 구축한 콘텐츠도 눈에 띈다.

캠페인 사이트

누구나 응모할 수 있는 경품행사 및 머스트 바이 캠페인*의 응모창구로서 웹사이트를 활용하는 경우도 종종 있다. 이전의 머스트 바이 캠페인은 상품 스티커를 엽서에 붙여 보내면 마감일 이후에 추첨하는 방식으로, 구매부터 응모, 결과발표에 이르기까지 각 과정마다 시간차가 발생했다. 그래서 소비자와 인터넷 및 모바일 친화성이 높은 상품들은 소비자에 대한 편의성 제공 차원(스티커를 몇십 장 모으는 것이 귀찮아서 응모하지 않거나, 추첨결과가 나올 무렵에는 잊히는 등)에서 인터넷을 활용하기 시작했다.

* 머스트 바이 캠페인 (must buy campaign) 구매를 조건으로 한 경품행사-역주

예를 들어 상품에 부착된 스티커에 기재된 시리얼 넘버를 사이트에 등록해서 포인트를 모으고, 그 포인트 점수에 따라 경품추첨에 응모하면 실시간으로 결과를 확인할 수 있다. 또한 캠페인이 종료된 이후에도 소비자와의 관계를 유지하기 위해 응모 시에 기록한 이메일 주소로 메일 매거진을 정기적으로 전송하는 등 소비자와의 직접적인 접점을 유지하기 위한 활동도 필요하다.

일반적으로 캠페인 사이트는 응모과정에서 이메일 주소 등 개인정보를 수집하기 때문에 운용 시에는 각별히 보안에 주의해야 한다. 따라서 캠페인 사이트의 구축 및 운영작업을 할 때는 정보시스템의 관련부서도 포함시킨 체제로 진행하는 경우가 많다.

캠페인 사이트는 표현 부분에 고도의 기술을 요하는 경우가 많아, 대체적으로 기존 매스미디어광고의 크리에이티브보다 제작기간이 오래 걸린다. 기존의 매스미디어광고는 포맷(표현을 게재한 미디어 지면, 초 길이 등)이 제한되었지만 웹사이트는 프리 포맷free format으로 자유롭기 때문에, 오히려 기획과 설계에 시간이 더 걸린다. TV CF의 경우 일반적으로 기획이 결정되고 약 두 달 후에는 온에어on-air까지 가능한데, 사이트의 경우에는 기획과 규모에 따라 다르지만 3~4개월, 길면 6개월 정도 소요되는 경우도 있다. 또한, 제작과정에서 방침을 변경하거나 수정하는 것도 간단하게 할 수 없는 경우도 있기 때문에 기획단계부터 면밀한 플래닝, 정기적 커뮤니케이션을 통해 제작팀 전체에서 방향성을 공유해야 한다.

사례 캔커피 음료의 웹사이트 커뮤니케이션

캔커피 브랜드인 '조지아Georgia'와 '보스Boss'는 웹사이트를 적극적으로 활용한다. 두 브랜드 모두 사이트의 내용은 신상품과 캠페인 정보 등 직장인들이 휴식시간에 잠깐 시간을 내어 즐길 수 있는 회원제 콘텐츠이다. 그런데 정보와 콘텐츠의 내용, 구성에는 차이가 있다.

조지아의 경우 브랜드 캠페인의 콘셉트인 '잘했어'를 공유하고 공감대를 형성하기 위해 '조지아 잘했어 인생극장' 형식으로 브랜드 사이트를 운영한다. 특히, 'Mr. 잘했어'라는 아바타가 페이지 곳곳에 등장하는데, 열람 횟수에 따라 성장하는 'Mr. 잘했어'를 지켜보면서 조지아 브랜드와의 친밀감을 구축한다. 이런 브랜드 사이트를 중점적으로 운영하면서 동시에 연간 상품의 포인트 프로모션을 실시한다.

한편, 보스의 경우에는 브랜드 사이트 '보스 ch.'에서 상품 라인업을 소개하고 캠페인 정보, TV CF 정보 등을 제공하는 등 브랜드 창구로서 '보스' 전체의 정보를 제공하는 한편, '보스 베가스Boss Vegas'라는 게임 사이트도 함께 제공한다. '보스 베가스'에서는 장기간에 걸쳐 즐길 수 있는 '보스 더비'*를 비롯하여 손쉽게 할 수 있는 슬롯머신 게임 등을 즐길 수 있어, 유저와 브랜드의 심층적 관계를 구축한다. 이들 게임을 즐기면서 '보스$'

*보스 더비
경주마 육성게임-역주

조지아

http://www.georgia.jp/

http://gacp.georgia.jp/

보스

http://s-boss.com/

http://bvs.s-boss.com/

(BOSS VEGAS에서만 통용되는 화폐)를 모아 사은품에 응모한다. 조지아와는 달리 연간 상품의 포인트 프로그램은 실시하지 않고, 캠페인 기간을 설정해서 프로모션을 진행한다.

회원제 사이트

소비자 및 고객과의 관계성을 구축, 유지, 발전시키기 위해 회원제 사이트를 운영하는 기업도 많다. 회원제 사이트라 해도 가입이 간편한 것부터 ID와 패스워드를 부여하는 것까지 천차만별이다. 메일 매거진을 정기적으로 발송해서 고객과 적정한 거리감을 두면서 관계를 유지하는 형태도 있는 한편, 고객 취향에 맞는 정보를 제공해서 밀접한 관계를 구축하려는 사이트도 있다.

회원제 사이트에 따라서는 대상자를 분류해서 관리하는 사이트도 있다. 예를 들어 잠재고객, 고객 등 일반인을 대상으로 한 것부터 (판매대리점 등의) 파트너 기업, (자사의) 직원 등 상품 및 서비스 관련 관계자를 대상으로 한 것도 있다. 이들 대상자는 저마다 관여도에 차이가 있어 원하는 정보나 제공 가능한 내용이 각자 달라서, 제공할 정보를 구분하는 등 관리가 필요하기 때문이다. 고객을 대상으로 하는 회원제 사이트의 경우에는 주로 그 상품과 서비스 이용에 도움이 되는 정보와 툴을 제공함으로써 지속적인 이용을 촉구한다. 궁극적 목표는 고객이 그 상품 및 서비스를 재 구매하는 타이밍에 같은 상품 혹은 자사의 기타(가급적 고급) 상품을 구매하게 하는 것이다.

예를 들어 어느 다이어트 제품의 회원제 사이트의 경우 건강한 식생활의 관점에서, 상품의 지속적 이용을 통해 무리 없이 꾸준히 다이어트를 할 수 있도록 지원하는 사이트를 제공한다. 매일 체중과 일기를 기록할 수 있고, 전문가의 지도와 자문을 받을 수 있으며, 같은 목표를 가진 상품 이용자들 사이에서 다이어트 고민이나 성공체험을 공유할 수 있는 커뮤니티를 구축하는 등 꾸준한 다이어트가 해당 상품의 지속적 이용으로 이어질 수 있는 콘텐츠를 마련했다.

파트너 기업과 종업원에 대한 접근방법을 보면 상품판매 지원을 위한 정보제공과 기업 및 종업원들 사이에서 판매방법 등에 관한 정보교환 및 공유 등 교육도구로 사용되는 경우가 많다.

회원제 사이트는 아무래도 기업(발신자) 중심의 정보를 발신하게 되는데 유저가 그 사이트에 등록해서 자꾸 방문하고 싶어지도록 만드는 필연성(유저관점에서 유저니즈에 맞는 정보제공)을 설계해야 한다. '등록해야지. 등록 안 하면 나만 손해네', '이 사이트에서는 원하는 정보를 쉽게 얻을 수 있어', '나는 고객이니까 그 누구보다도 빨리 최신정보와 특별한 정보를 얻을 수 있단 말이지' 등 고객이 혜택과 이점을 느낄 수 있는 기능과 가치를 제공하는 관점에서 기획, 제작, 제공해야 한다.

기업측은 회원등록 시에 확보한 메일 주소를 고객과의 지속적 연락채널로써 활용할 것이다. '회원(등록된 메일 주소) 수가 몇만 명에 이르렀다', '몇십만 명을 돌파했다'는 점에만 관심이 집중될 수 있는데 사실 메일을 통한 일방적인 접근은 오히려 스팸으로 취급받고, 고객들의 혐오대상이 될 수도 있다. 고객이 개인정보를 제공하는 데 따른 혜택으로 무엇을 제공할 수

그림 4-2 : 회원제 사이트의 타깃 유저

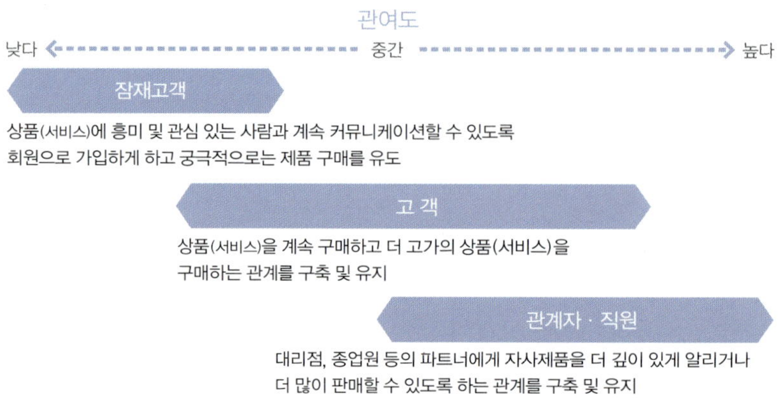

있을지 끊임없이 고객입장에서 생각해야 한다.

이러한 사이트의 콘텐츠를 검토하는 과정에서 사내 여러 부서에 걸친 서비스와 기능을 실현해야 하는 경우도 있다. 부서간 협력과 조정을 위해서도 각 부서가 고객지원이라는 목적을 공유하고, 서로 협조해야 한다. 또는 열정 있는 담당자가 주도하여 프로젝트를 추진할 수 있는 지원체제가 필요하다.

사례 제품 이용고객을 위한 회원 사이트 Sony 마이페이지 / MyEPSON

인터넷에 제품등록 창구를 만들어 소비자(고객)와 직접적인 접점을 구축한 사례다. 고객이 구매해서 사용 중인 상품을 등록하도록 하여 현황을 파악하고 등록자에게 지원정보와 제품사용법 등의 정보를 제공한다.

취급 상품의 카테고리가 워낙 다양해서 번잡해질 수 있는 제품등록 및 관리를 일원화함으로써 고객에게 편의성을 제공한다. 기업내부에서도 주로 마케팅은 제품 및 브랜드별로 대응하게 되는 경우가 많은데, 회원정보와 제품등록 정보를 횡단적으로 활용해서 제품활용 제안 콘텐츠를 제공하는 등 신규고객 확보를 위한 마케팅 활동을 비롯하여 커뮤니케이션 활동, 제품 개발에도 활용한다.

Sony 마이페이지
http://sony.jp/mypage/

MyEPSON
http://my.epson.jp/

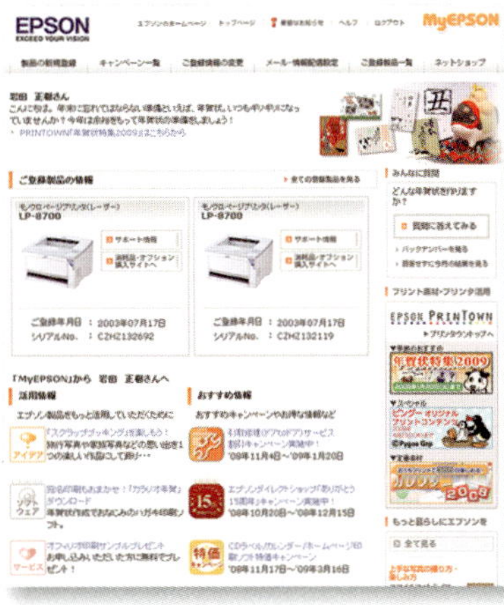

※일본 출판 시점 기준
(2009년 6월 30일).

전자상거래 사이트

전자상거래 사이트란 인터넷상의 매장이다. 실제 매장에서 판매되는 상품과 서비스를 인터넷으로도 구매할 수 있고, 게임과 음악, 휴대폰 벨소리 등 패키지화되지 않은 디지털 데이터도 상품으로 취급한다(디지털 데이터의 경우 구매 후 바로 다운로드해서 이용할 수 있음). 전자상거래 형태는 점포형과 쇼핑몰 입점형 두 가지가 있다.

점포형은 자사에서 전자상거래 사이트를 구축해서 운영하는 방식이다. 비용은 들지만 페이지 디자인의 자유도가 높기 때문에 브랜드 사이트나 캠페인 사이트와 톤 & 매너를 통일할 수 있다. 이렇게 함으로써 유저는 브랜드 체험의 연장선상에서 상품을 구매할 수 있다(예: 유니클로 온라인 스토어, 무인양품 네트 스토어 등). 단, 고객을 독자적으로 모아야 하기 때문에 대부분의 경우 이를 위한 광고가 필요하다.

쇼핑몰 입점형이란 '라쿠텐시장', '야후! 쇼핑' 등 이미 강한 집객력을 가진 사이트에 입점하는 방법이다. 전자상거래 사이트 운영에 필요한 기능이 제공되므로 비교적 간단하고 저렴하게 입점이 가능하지만 표현과 기능에는 제약이 있어 디자인 자유도는 높지 않다. 그리고 어느 정도 집객력 있는 쇼핑몰에 입점함으로써 상품검색 등에서 자사의 판매상품이 목록으로 올라오기 때문에 기회는 많아지는 반면, 동일 쇼핑몰 안에서 가격 경쟁과 서비스 경쟁 등이 붙을 수도 있다.

두 경우 모두 단지 오픈만 하면 되는 것이 아니다. 상품관리와 배송관리, 대금결제절차 등 실제점포를 운영해야 하기 때문에 이를 위한 운영체제를 구축해야 한다. 또한 집객과 매출을 늘리기 위한 판촉활동에 대해서도 기존 광고활동과의 연동 및 인터넷상에서 독자적인 프로모션 전개를 위한 플래닝이 필요하다.

4-3

웹사이트의 도선 구축

이와 같이 목적에 따라 다양한 역할을 하는 웹사이트인 만큼 유저 맞춤형 콘텐츠를 기획검토하는 것이 중요한데, 이 외에도 또 하나 중요한 요소가 있다. 그것은 콘텐츠의 제공 및 전송의 타이밍과 채널이다.

예를 들어 주로 가정이나 기업의 PC를 통해 접속하는 콘텐츠인지, 혹은 외부나 이동 중에 접속하는 콘텐츠인지에 따라 같은 웹사이트라도 PC 사이트보다 모바일 사이트가 더 효과적일 수 있다. 즉 전달하고자 하는 메시지가 어떤 환경에서 열람되는 것이 가장 효과적인지 장소와 시간까지도 고려해야 한다.

또한, 웹사이트는 기존의 커뮤니케이션과 상호보완 및 연계되고 소비자가 능동적으로 접속하는 것을 전제로 생각해야 한다. 전 세계에는 2억 3,150만 이상의 사이트*와 1조 이상의 페이지가 존재하며, 나날이 수십억 페이지씩 늘고 있다.** 이렇게 많은 사이트가 대량으로 존재하고 정보가 넘쳐나는 환경에서 자신들의 사이트로 접속을 유도해야 한다.

인터넷의 보급과 발전으로 소비자행동에도 변화가 일어나, 기존 미디어의 영향력을 이용하여 형성되는 이미지로는 화젯거리를 만들거나 흥미를 유발하기는 점차 어려워지고 있다. 채널이 한정된 매스미디어 등을 통한 정보전달과는 달리 유저가 능동적으로 접속하도록 이끌어야 한다.

'구글' 과 '야후! 재팬' 등 검색 사이트를 통한 정보검색을 비롯하여, 일상의 소소한 일들을 적는 블로그, 'kakaku.com' 처럼 상품의 입소문 정보, '유튜브YouTube' 등의 동영상 사이트, 'mixi' 와 'GREE' 등의 SNS 커뮤니

* 2009년 3월 현재. 영국 Netcraft사 조사.

** 구글의 공식 블로그에 따름.

티 사이트 등 기존의 탑다운top-down형과는 다른 쉐어share형, 보텀업bottom-up형 커뮤니케이션이 전개되고 있다.

이러한 소비자들간의 상호 정보교환과 공유도 아우를 수 있는 플래닝을 해야 한다. 즉 소비자가 접점을 갖게 되는 계기를 만들 수 있는 시나리오가 중요하다. 여기서는 사이트 유도를 위해 인터넷의 다양한 채널을 활용하는 포인트에 대해 정리하겠다.

미디어화하는 기업의 웹사이트

사단법인 일본 광고주협회 웹 광고연구회는 기업 웹사이트의 접속상황에 대해 웹사이트 초기화면의 월간 PV, 사이트 전체의 PV, 사이트 전체의 방문자 수(*Unique User*) 모두 전년대비 증가했다고 응답한 기업 비율이 절반을 넘어섰고, 평균 월간 사이트 방문자 수가 100만 명을 넘는 점을 감안하여 기업 사이트는 메가 사이트라고 발표했다.

물론 다양한 카테고리에 걸쳐 여러 상품을 취급하는 정보갱신 빈도가 높은 사이트는 정기적으로 방문하는 고정유저들이 많아 대체적으로 방문자 수가 많다. 따라서 최근의 코퍼레이트 사이트를 보면 대부분 유저가 이전에 방문했을 때부터 추가 갱신된 정보(뉴스, 화제)를 일목요연하게 정리해 놓으며 포털사이트나 뉴스 사이트 등의 체재를 갖춘 것이 많다.

예를 들어 '소니' 제품정보의 홈페이지(http://sony.jp/)는 2008년 9월에 리뉴얼했는데, 통일된 디자인으로 '소니' 전제품을 횡단적으로 취급함으로써 횡적연계를 의식하게 만들고, '소니'가 발신하는 일원화된 정보를 제공하는 미디어 사이트적인 디자인, 구성, 구조를 갖추었다. (칼럼① 〈소니〉 제품정보 사이트 리뉴얼에 대해 p.110 참조)

그림 4-3 : 기업 홈페이지의 접속 현황

	2006년 12월	2004년 8월	이번/지난번 신장률
톱페이지의 월간 PV	134.1만(n=42)	36.2만(n=52)	3.7배
사이트 전체의 월간 PV	1631.3만(n=49)	411.3만(n=53)	4.0배
사이트 전체의 월간 UU	119.5만(n=41)	48.4만(n=28)	2.5배
1인당 월간 PV	13.1(n=38)	NA	NA

사단법인 일본 어드바타이저즈 협회 웹광고연구회조사위원회
'제3회 기업홈페이지운영상황조사결과보고서'

가이자와 유지로 [螺澤裕次郎]
주식회사 덴츠 커뮤니케이션 디자인센터
아트 디렉터

소니 제품정보 사이트 리뉴얼에 대해

제가 스태프로 참여한 '소니' 제품정보 사이트(http://sony.jp/)의 리뉴얼 프로젝트에 대해 소개하겠습니다. 이 리뉴얼은 소니마케팅이 1995년부터 13년간 운영한 '소니 드라이브'*의 명칭을 변경함과 동시에 전 제품브랜드에 걸쳐 처음으로 통일된 포맷을 적용하는 사이트로 리뉴얼하는 대대적인 작업이었습니다.

클라이언트의 요구는 '소니를 더 알고 싶어지고, 좋아하게 되고, 자꾸 찾고 싶은 사이트로 만들어달라'는 것이었습니다. 여기서 도출된 이번 리뉴얼의 구체적 과제는 ①기존에는 제품 브랜드별로 각각 사이트를 구축했는데, 전 브랜드를 통일된 포맷으로 만들어 정보를 제공하도록 변경한다, ②제품 브랜드간의 '횡적 연결'을 더욱 강화하기 위한 도선설계와 내비게이션 인터페이스를 개발한다, ③제품정보와는 또 다른 측면에서 정보발신을 일목요연하게 실시한다는 3가지였습니다.

이들 과제 해결을 위해 클라이언트인 소니 마케팅이 중심이 되어, 저희 덴츠와 '소니 뮤직 커뮤니케이션즈'가 팀을 구성해서 각각 다음과 같은 일을 진행했습니다.

과제 ①에서는 통일된 디자인 포맷을 개발해서 사내의 의식통일이 가능한 체제를 확립함으로써 브랜드간의 경계를 없애고, 각 브랜드가 전달하는 정보제공이 아니라 '소니'가 전달하는 일원화된 정보제공이 가능하도록 기초작업을 했습니다. 과제 ②에서는 각 페이지의 헤더부분에 통일된 브랜드 횡단적인 글로벌 내비게이션을 설치함과 동시에, 각 브랜드의 제품 페이지 한 곳에 기타 브랜드의 관련 정보를 제공하는 공간을 마련하여 유저가 다른 브랜드도 돌아보고 싶어지게 만드는 도선을 구축했습니다. 과제 ③에서는 사이트가 제공하는 정보를 더욱 매력적으로 어필하기 위해 스페셜 콘텐츠와 오리지널 콘텐츠 등으로 편성한 '소니의 한마디' 카테고리를 신설했습니다. 또한 랜딩페이지를 만들어 기존에는 도선구축이 잘 안 되었던 스페셜 콘텐츠 등을 하나로 묶어줌으로써 '소니제품정보를 보면 항상 매력적인 콘텐츠가 전개되고 있다'는 것을 확실하게 어필했습니다. 구체적인 업무 구분은 클라이언트 사내의 체제구축과 사양의 최종판단은 소니 마케팅이, 사이트 각종 페이지의 톤 & 매너의 개념과 포맷, 내비게이션 제작은 덴츠가, 구체적으로 각 브랜드 페이지에 포맷을 적용시키고 CMS contents management system 설계와 운영 등의 실무는 '소니 뮤직 커뮤니케이션즈'가 담당했습니다.

세 가지 각각 다른 차원의 과제와 해결이었지만 한마디로 말하자면 소니제품정보 공간의 캐릭터 통일과 매력적인 대표이미지의 형성을 진행했다고 정리할 수 있습니다.

매주 열린 정기회의와 어마어마한 양의 이메일을 통한 논의도 매우 중요한 프로세스였습니다. 왜냐하면 저처럼 실제제작을 담당하는 크리에이티브 스태프의 입장에 있으면, '리뉴얼=과감한 변화'로 생각해서 화려하고 알기 쉬운 혁신을 시도하려 합니다. 하지만 실제 요구되는 것은 '리뉴얼=기존 유저에게 스트레스를 주지 않고 시대 흐름에 맞게 변화시키는 것'이라는 것을 담당자의 냉정한 시각을 통해 이해할 수 있게 되었습니다. 이런 깨달음은 개인적으로도 큰 수확이었습니다.

이번에 디자인 톤을 규정하는 워드를 'Beauty in Function(기능미)'로 정한 것도 다양한 연령대, 취향, 정보처리능력을 가진 사람들이 방문하는 장소인 만큼, 사이트에 필요한 것은 단순한 화려함이나 화사함이 아니라, 기능성에서 느껴지는 '기분 좋음'이라는 것을 발견했기 때문입니다.

세계 굴지의 브랜드인 '소니' 제품을 소개하는 사이트의 리뉴얼. 이런 대규모 리뉴얼을 실시할 때, 기업 사이트 구축을 전문으로 하는 SI system integration 기업

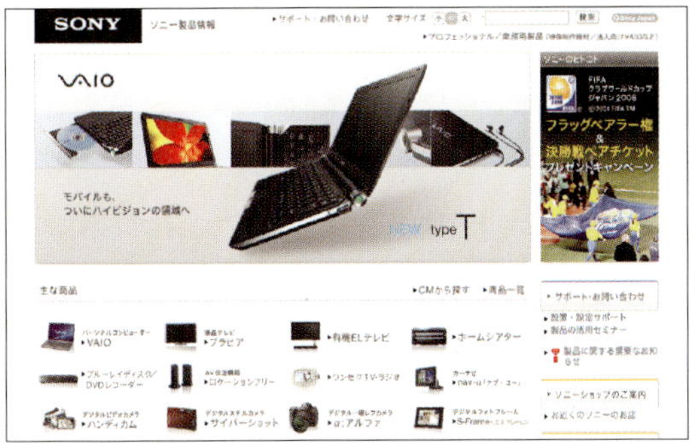

리뉴얼한 '소니제품정보' 톱페이지(http://sony.jp/)
유저 편의성을 첫째로 생각한 심플한 디자인 톤.

액정 TV BRAVIA(브라비아)의 제품 페이지
헤더 아래에 전브랜드 공통의 브랜드 횡단적 내비게이션을 설치함과 동시에 좌측 칼럼에 기디 브랜드 제품을 소개하는 공간을 마련.

'소니의 한마디'의 랜딩페이지
기존에 각 제품페이지 안에 묻혀버렸던 매력적인 스페셜 콘텐츠 등을 하나의 편성으로 정리함으로써 소니제품정보의 발신정보를 일목요연하게 매력적으로 재구성.
※ 일본 출판 시점 기준(2009년 6월 30일)

이나 전문 웹 제작회사에 업무를 발주할 수도 있었을 겁니다. 그러나 광고대행사와 함께 제작하기로 결정한 것은 대규모일수록 빠지기 쉬운 융통성 없는 업무진행방식이 아니라, 유연하게 대응할 수 있는 파트너를 원했기 때문일 것입니다. 그리고 이러한 리뉴얼을 실현하기 위해서는 무엇보다도 사내의식을 조정할 수 있는 체제가 갖추어져 있어야 합니다. 이번 업무에서는 신설부서의 담당자가 사이트 운영에 대해 명확한 권한을 가지고 사내의식을 통일하는 데 성공했기 때문에 실현할 수 있었습니다.

기업을 법인(法人)이라고도 하지만 기업 사이트의 리뉴얼이란, 그 사람(人)의 성격과 캐릭터를 어떻게 만들 것인가를 생각하고 설정해가는 작업이기도 합니다. 그런 관점에서 보면 역시 리뉴얼의 중심은 그 기업의 담당자들이며, 우리 외부의 스태프들은 그들을 돕는 입장일 수밖에 없다는 생각이 들었습니다. 이 일을 혼신을 다해 추진한 결과 웹사이트의 리뉴얼에 대해 진지하게 생각하기 시작하면 점점 심오한 세계에 빠져들게 된다는 것을 깨닫게 되었습니다.

＊소니 드라이브: 소니의 제품정보 사이트-역주

PROFILE

가이자와 유지로 / 인쇄미디어의 그래픽 디자이너를 거쳐 2000년부터 웹 업무를 시작. 2006년부터 덴츠에서 현직에 있음. 이번 프로젝트에서는 기획과 아트디렉션 등 크리에이티브 전반을 총괄함.

단 일본 광고주협회의 조사보고는 기업의 웹사이트 전체를 두고 말하는 것이며, 통상 1회 방문당 열람 페이지는 불과 몇 페이지 안 된다는 점을 고려하면 기업 사이트 연장선상에 있는 개별 상품과 개별 서비스, 캠페인 등의 사이트를 유저가 방문하도록 하기 위해서는 또 다른 장치를 추가해야 한다.

접속하고 싶어지는 도선 설계

웹사이트를 공개할 때는 일반적으로 유입시책을 함께 검토하고 실시한다. 물론 집객력 있는 미디어가 된 기업 사이트를 중심으로 방문을 촉진하는 것도 하나의 방법이고 상품 패키지나 카탈로그를 통한 방문 촉진도 효과적이지만, 더 많은 고객을 모으기 위해서는 매스미디어광고와 인터넷광고에 노출해야 한다.

TV CF와 인터넷광고 등의 미디어 노출을 통해 발신자가 소비자에게 적극적으로 안내 및 접촉(PUSH형 어프로치)을 해서 '보고 싶다!', '즐겁겠는걸!', '재밌겠다!', '도움이 될 것 같아!' 라는 생각이 들게 하고 능동적이고 적극적으로 방문하게 하는(PULL형 액세스) 도선이다. PULL형 액세스를 유도하기 위해서는 인터넷 특성을 잘 이해하고 이를 십분 활용해야 한다.

PULL형 액세스를 이끄는 PUSH형 어프로치 기법은 다양하다. 웹사이트

그림 4-4 : PUSH형 어프로치와 PULL형 액세스의 흐름

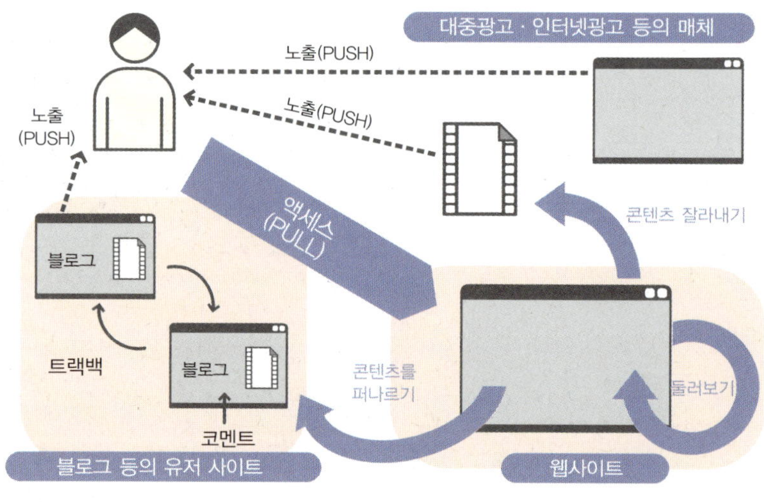

의 콘텐츠 자체의 매력으로 화제를 환기하고 그 과정에서 상품과 서비스에 대한 공감대를 형성하는 방법이 있다. 구전으로 화제가 확산되도록 블로그를 활용해서 노출영역을 다양화할 수도 있다.

전자상거래 사이트나 정보요청을 목적으로 하는 내용일 경우에는 즉시 행동으로 연결시키기 위해 복잡한 설명보다 먼저 가격을 표시하는 등 유저의 이목을 집중시키는 표현이 필요하다.

또한 사이트에 접속한 다음에 실제 접하게 되는 콘텐츠 제작도 중요하다. 상품 및 기업의 브랜드 구축이 목적일 경우에는 그 브랜드 콘셉트를 알리는 표현 등을 구사해서 사이트 여러 페이지를 돌아보게 하고, 오랫동안 사이트 내에 머물게 해야 한다. 상품이해와 구매촉진이 주된 목적일 경우에는 유저의 목적이 대부분 뚜렷하기 때문에 심플한 도선을 준비해서 바로 상세정보를 얻을 수 있거나, 경우에 따라서는 비교할 수 있도록 하는 등 고객 입장을 생각한 아이디어로 배려함으로써, 이해를 촉구하고 구매(행동)로 연결시키는 흐름을 만들어야 한다.

웹사이트를 더욱 심도 있게 체험할 수 있도록

당신이 현재 운영하는 웹사이트의 방문자 접속 형태에서 몇 가지 경향을 발견할 수는 없을까? 단순한 접속 수뿐만 아니라 파악해야 할 포인트로 다음과 같은 항목들이 있다.

- 사이트 접속 시간대에 특징은 없는가?
- 사이트 접속에 정기적인 방문 등 규칙성은 없는가?
- TV CF의 방영이라든지 기타 웹사이트, 뉴스를 통한 보도 등 어떤 요소와 사이트의 접속 수가 연동되지는 않는가?
- 유저는 어느 사이트를 경유해서 접속했는가? 또한 검색 사이트 경유일 경우 어떤 검색 키워드로 접속했는가?

이러한 관점에서 접속에 대해 분석하면 다양한 경향이 눈에 띌 것이다. 거기서 알게 된 경향을 분석검토하여 사이트 개선을 도모하는 것도 효과적이다.

또한 앞으로 사이트를 구축할 경우 어떤 관점이 필요한지를 생각해 보면, 우선 어떤 사람들이 보기를 바라는지 타깃유저를 그려 본다. 다음으로 그 유저는 어떤 생활을 하고 있을까? 언제 인터넷을 이용할까? 그리고 사이트에서 원하는 정보는 무엇일까? 발신자가 유저에게 다양한 수단을 통해 안내하고 적극적으로 접근해갈 필요가 있는 정보일까? 아니면 유저가 스스로(정기적으로) 보러오고 싶어지는 정보인가?

이러한 타깃유저의 인터넷 이용여건, 정보에 대한 유저의 관여도 및 전개하는 콘텐츠의 강도(메시지와 표현 등이 사람을 사로잡는 힘) 등을 보면서 접근방법을 검토하고 설계해서 사이트 구축에 맞추어 방문(유입) 시나리오를 설계해야 한다.

인터넷 이용환경의 확대

최근 인터넷 커뮤니케이션 활동의 큰 변화요인 중 하나로서 인프라 내실화를 통한 이용환경의 확대를 들 수 있다. 그 중에서도 '접속채널의 다양화'와 유비쿼터스화*가 향후 인터넷의 활용아이디어를 구상할 때 중요한 포인트가 된다.

인터넷에 접속하기 위한 디바이스는 더 이상 PC에만 한정되지 않는다. 휴대폰과 휴대정보단말기를 통한 이용을 간과할 수 없다. 휴대폰의 경우 'i-모드' 등 인터넷을 접속할 수 있게 되면서 대기화면, 벨소리, 동영상 관람 등 음성과 영상을 취급할 수 있는 단말기로 계속 발전하고 있다. 또한 'Wii'나 '플레이스테이션3' 등의 게임기나 'ac TVila' 등 TV 경유로도 인터넷에 접속할 수 있게 되었다.

이러한 환경변화, 이른바 유비쿼터스화에 따른 인터넷에 의한 커뮤니케이션과 광고기법 및 원리가 오프라인의 광고세계에도 침투했다. 간단한 예로 모바일 단말기 등을 통해 잡지와 OOH* 등에 게재된 광고에서 인터넷 사이트로 접속하여 더욱 자세한 정보를 얻거나, 캠페인에 참여하거나, 상품을 구매하는 것 등을 들 수 있다.

이러한 이용단말기(디바이스), 접속수단, 이용 타이밍(시간), 접속태도(상황)의 다양화로 인터넷에서의 커뮤니케이션은 접촉시간과 이용상황 등도 고려해서 기획하고 검토해야 한다.

* 유비쿼터스화 (ubiquitous)
인터넷 등의 네트워크에 접속된 정보단말기를 통해 언제 어디서나 다양한 형태로 서비스를 누릴 수 있는 생활환경으로 변화.

* OOH (out-of-home advertising)
집 밖에서 접촉하는 미디어의 총칭. 기존의 교통광고, 옥외광고 외에도 각종시설광고와 디지털 사이니지 등을 포함하며 다양한 미디어 형태를 지님.

유비쿼터스에 의한 미디어의 활성화

크로스미디어 관점에서의 매스미디어와 인터랙티브를 접목시킨 커뮤니케이션 기법이 다양하게 시도되고 있으나, 유비쿼터스화에 따른 OOH와 인터랙티브를 효과적으로 연동시키는 커뮤니케이션 기법도 최근 들어 주목받고 있다.

가장 초기적이자 원형적 기법은 OOH상에 URL을 크게 게재하여 PC 사이트로 접속하도록 하는 방식이다. 그러나 대부분 OOH 미디어를 접하고 PC에 도달할 때까지의 시간적, 거리적, 심리적 괴리가 커서 실제로는 그다지 제기능을 못했다. 그 이후에 모바일 단말기가 진화, 보급되면서 상황이 크게 바뀌었다. 모바일 사이트의 URL을 OOH상에 게재하는 것을 비롯하여 공메일(간단한 메일주소에 메일을 송신하면 목적사이트의 URL을 기재한 메일이 자동적으로 반송되는 것) 등의 기법 그리고 QR코드를 활용한 기법 등이 등장했다. 현재는 OOH뿐 아니라 잡지와 팸플릿을 비롯한 다양한 인쇄물에서 널리 이용된다.

QR코드 외에도 화상인식 등의 기술이 실용화 단계이므로 앞으로도 더욱 OOH나 인쇄물로부터 인터랙티브로 연결할 수 있는 다양한 기술은 계속 진화를 거듭할 것이다. 또한 이런 특별한 기술을 구사하지 않아도 OOH는 인터랙티브로 인해 활성화될 가능성을 지녔다.

예를 들어 OOH나 이벤트에서 뭔가 흥미로운 일이 벌어지면 많은 사람들이 이를 휴대폰으로 촬영해서 자신의 블로그 등에 올리는 사례가 늘었다. 이는 인터넷을 통해 더욱 많은 사람들이 보게끔 하여 구전효과를 유발하고 인터넷상의 화제를 활성화시킬 수도 있다. 여기에는 특별한 기술은 필요 없다. 재미있는 아이디어만 있으면 OOH는 기존의 도달범위를 뛰어 넘어 세상에 화제를 널리 확산시킬 수도 있다.

현실과 인터랙티브의 접목이라는 관점에서는 더욱 다양한 가능성이 존재한다. 여기서 주목되는 기술은 전자종이* 등 디스플레이 관련 기술, 그리고 'FeliCa' 등 RFID*나 생체인식검증 등의 센싱기술이다.

실제로 이런 기술들을 활용한 시도가 다양하게 진행되고 있다. 예를 들어 최근 전자포스터, 전파포스터 등이 주목받고 있다. 기존 포스터 공간에 'FeliCa' 의 리더/라이터를 탑재한 것인데 포스터를 본 사람들이 본인의 'FeliCa' 카드를 갖다 대기만 하면 쿠폰과 지도 등의 정보를 얻을 수 있다.

＊전자종이
종이처럼 얇고 접을 수 있는 전자디스플레이.

＊RFID
radio frequency identification의 약자. 전파를 이용한 비접촉 자동 인식 기술. 광의로는 FeliCa 등의 비접촉 IC 카드도 포함한다.

이러한 시스템을 동영상 디스플레이와 접목시킨 실험으로서 도쿄의 '지유가오카'[自由が丘] 쇼핑몰에서 실시한 'PASMO'를 활용한 방문객유치 시범캠페인이 있다. OOH 디스플레이에 메뉴와 우대정보 등이 담긴 매장소개를 동영상으로 내보내고 디스플레이에 탑재된 리더에 'PASMO'를 갖다 대면 소개된 매장의 전자쿠폰을 받을 수 있다.

유사한 시도가 다양한 형태로 실험 · 연구되고 있다. 이러한 RFID 기술을 활용한 포스터 및 간판에서 매장까지의 연결을 통한 실제적인 인터랙티브의 활동은 더욱 확대되고 진화될 것이다.

사례 웹으로 유도하는 옥외광고

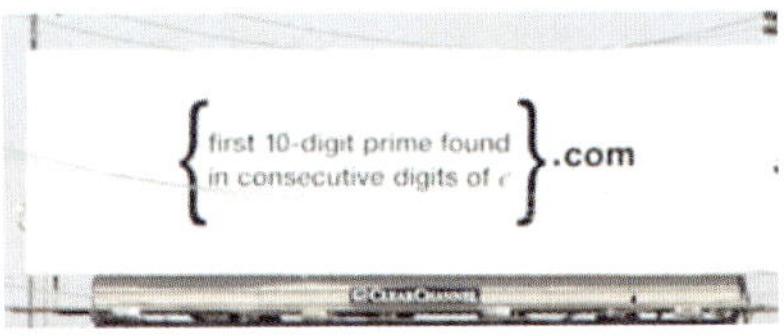

실리콘밸리의 고속도로가에 의미를 알 수 없는 옥외광고가 실렸다. 그 광고에는 '{e(자연로그의 밑 수)를 풀어서 쓸 때 처음 등장하는 10자리 소수}.com'이라고 쓰여 있었다. 그 의미 자체를 이해할 수 없는 사람들이 대부분일 텐데, 이 괄호 '{ }' 안 질문의 정답인 <7427466391.com>에 접속하면 그 웹 페이지에는 또 다른 문제가 올라와 있었다. 이 문제를 풀면 '구글'의 연구개발부문 '구글 Labs' 페이지에 다다른다.

'구글 Labs' 페이지에는 이렇게 씌어 있다. '구글을 설립하면서 우리가 깨달은 것 중 하나는 당신 자신을 찾는 것보다 당신이 찾고 있는 것을 찾아내는 것이 더 간단하다는 것이다. 우리들이 찾고 있는 사람은 세계 최고의 엔지니어이며 그 사람은 바로 당신이다'.

이는 '구글'의 구인광고였다. 감각 있고 수학적 지식이 있는 인재를 구한다는 목적으로 진행된 것이다. 게다가 이런 시도를 '구글'이 한다는 재미와 신선함 때문에 블로그에 이 빌보드의 사진과 정답이 게재되는 등 실리콘밸리 외의 사람들에게도 화제를 불러 일으켰다.

인터넷의 정보유통을 바꾼 웹2.0

이용환경의 변화에 따라 인터넷상의 시스템(기능)도 크게 변했다. 이른바 웹2.0이라 일컬어지는 변화가 이에 해당하는데 여기에는 특징이 있다.

이는 태그tag(키워드), 코멘트comment, 트랙백track back, 피드feed, 소셜 북마크social bookmark, 웹 서비스web service 등 4가지 기능(서비스)이 바로 그것이다. 기존의 포털사이트와 정보사이트처럼 기존 콘텐츠는 그 사이트 안에서 완결되었는데 이를 다른 사이트 및 서비스와 '연결' 시켜 서로 이용하고 공유할 수 있는 기능이 확산되고 있다.

❶ 태그(키워드)

블로그 등의 글이나 화상, 영상에 태그(키워드)를 설정함으로써, 분류와 검색을 쉽게 할 수 있다. 보통 글의 게시자가 설정하는 경우가 일반적이지만 화상공유사이트인 'Flickr'*에서는 제3자가 사이트에 게재된 각 화상에 대해 태그(키워드)를 설정할 수 있다. 유저들이 저마다 편리하게 이용할 수 있도록 하기 위해서이다.

* Flickr
http://www.flickr.com/

❷ 코멘트, 트랙백, 피드

코멘트와 트랙백은 블로그의 기본기능이다.

코멘트는 글에 대한 의견과 소감을 올릴 수 있는 기능이며 게시판의 글쓰기 등과 유사하다.

트랙백은 블로그를 가진 사람이 다른 블로그의 글에 대해 링크를 설정하는 기능이다. 같은 테마에 대한 글을 쓰거나 다른 사람 블로그에 있는 글을 참고할 경우, 트랙백을 설정함으로써 글의 연관성(연결)을 명시할 수 있다.

피드란 콘텐츠의 최신정보를 전송하는 포맷인데, 대표적인 것으로 RSSreally simple syndication와 Atom 등이 있다. 피드 갱신을 정기적으로 확인함으로써 유저가 최신정보(콘텐츠)를 얻을 수 있다. 이 중에서도 트랙백과 피드는 연결고리를 만들어 주는 획기적인 기능이다.

❸ 소셜 북마크

자신의 즐겨찾기 웹사이트 리스트(북마크)를 인터넷에 공개해서 다른 유저들과 공유하는 서비스이다. 북마크 정보를 공유함으로써 해당 사이트의 인기도 알 수 있고, 새로운 사이트를 발견할 수 있는 등 커뮤니케이션 확대의 계기가 된다.

일본에서는 '하테나 북마크'*가 선구자적 역할을 하는 가운데 현재는 대표적인 것만 해도 포털사이트, 커뮤니티 사이트를 중심으로 10개 이상의 서비스가 제공 중이다. 대형 포털사이트는 뉴스기사 등에 소셜 북마크를 만

* 하테나북마크
http://b.hatena.ne.jp/

들 수 있는 기능을 제공함과 동시에 다른 포털사이트에서 제공하는 소셜 북마크 서비스에도 등록할 수 있게 하는 등 널리 공개되어 있다. 이는 다른 서비스와의 연결을 통해 자사 사이트로 유인할 수 있는 수단이 되고 있다.

④ 웹 서비스

자사 사이트 정보를 다른 사이트에서도 이용할 수 있는 기술을 웹 서비스라 한다. '아마존Amazon' 자사 사이트에서 취급하는 상품 데이터베이스를 다른 웹사이트에서도 이용할 수 있도록 하는 수단으로 일반에게 공개하면서 유명해졌다. 최근 눈에 띄는 웹 서비스로는 '구글 Map'의 웹 서비스가 있다. 지도에 매장위치 등의 정보를 실어 '구글' 이외의 사이트에 게재할 수 있다.

사례 **아마존의 웹 서비스를 이용해서 구축된 전자상거래 사이트**

대형 포털사이트 등에서도 자사 서비스를 인터넷 유저가 자신의 사이트에서 활용할 수 있도록 기능을 무상으로 공개하기 시작했다. 이들 기능을 조합해서(매시업mash-up이라함) 독자적 서비스를 제공하는 인터넷 유저도 등장했다. 웹 서비스는 정보원을 서비스정보 제공자에게 의존하기 때문에 제공자가 서비스를 중단할 경우 더 이상 콘텐츠를 유지할 수가 없다. 따라서 중요한 정보를 제공할 경우에는 이용하지 않는 편이 좋지만, 해당 기능을 독자적으로 구축하는 것보다 웹 서비스를 이용하는 편이 비용을 크게 줄일 수 있다는 장점이 있다.

이러한 연결기능 때문에 인터넷 안에서 정보와 콘텐츠의 공유 및 편집을 위한 아이디어가 속속 탄생하고 있다. 정보의 폭넓은 유통을 가능케 하고 유저간에 정보를 교환하고 공유하면서 입소문과 화제를 유발하는 계기가 되는 것이다. 이 연결을 통해 새로운 가치를 창조하는 장(기회)이 창출된다.

콘텐츠를 전송 및 제공하는 채널의 확대

어떤 기업 또는 상품에 관심을 갖게 되면 '야후! 재팬', '구글', 'MSN' 등 포털사이트나 검색사이트에 접속해서 정보를 수집하는 것이 일반화되었다. 포털사이트는 집객력을 올리기 위해 검색뿐 아니라 뉴스, 쇼핑, 옥션 등 다양한 콘텐츠 프로바이더contents provider와 제휴해서 폭넓은 콘텐츠뿐만 아니라 웹 메일, 메신저, 스케줄 등 일상적으로 사용할 수 있는 편리한 기능을 제공한다. 이와 같이 서비스를 원스톱으로 제공함으로써 유저 유치에 힘쓰고 있나.

인터넷 입구를 이러한 포털사이트가 꽉 잡고 있는 환경에서 자신의 웹사이트의 존재가치를 높이기 위한 새로운 채널활용, 채널시책이 전개되고 있다. 예를 들어 스크린 세이버와 데스크톱에서 사용이 가능한 어플리케이션, 휴대폰의 대기화면 등이 이에 해당된다.

스크린 세이버는 인터넷의 등장 이전부터 누군가 자리를 비웠을 때 PC 화면을 차지할 수 있는 수단으로, 디지털 아이템 형태로 광고 및 판촉에 활용된 툴이다. 그런데 인터넷과 연결되면서 역동적으로 콘텐츠와 메시지를 교체할 수 있어 기동성이 향상되었다.

또한 최근 주목받는 툴 중에 위젯이 있다. 이는 데스크톱에서 작동하는 소규모 어플리케이션 소프트웨어를 가리킨다. 달력과 전자계산기, 데스크톱 메모 등의 완결형 어플리케이션을 비롯하여 인터넷 정보와 연계된 네트워크형 어플리케이션 등 여러 가지가 있다. 'Windows Vista'와 'Mac OS X' 등의 최신 OS에는 기본 기능으로 탑재되어 있으며, 향후 디지털 툴로서 프로모션 등에서 널리 보급되고 이용될 것으로 예상된다.

'인터넷 캄'과 'JR 도카이 익스프레스 리서치'가 2008년 3월에 실시한 데스크톱 화면의 커스터마이즈에 관한 조사에 따르면, 약 다섯 명 중 한 명에 해당되는 18.3%가 '데스크톱에 위젯을 설치했다'고 응답했다. 설치한 위젯의 장르는 복수응답으로 시계, 달력 61.0%, 일기예보 59.3%, 뉴스, 정보 54.2% 등이며 일상생활과 밀접한 필요정보인 경우가 많았다.

유저에 대한 서비스로 위젯을 무상으로 제공하는 기업도 등장했다(위젯 사례 ②를 참조). 항상 데스크톱에 캐릭터 등을 표시하여 일상적인 기능과 서비스를 통해 친밀감을 주는 효과를 노린 것이다.

위젯 사례 ❶ Mac OS X의 Dashboard 위젯

인터넷에 공개된 위젯을
다운로드하여 추가할 수도 있음.

위젯 사례 ❷ 그리코(glico) 유업: 카페오레 데스크톱 툴

카페오레 캐릭터 '미스 카페오레'가 데스크톱에 나타나 시간대에 따라 여러 액션을 보여준다.

또 카페오레 뉴스가 데스크톱 상단에 게재되고,

브라우저를 열지 않아도 웹사이트 투표 콘텐츠에 직접 참가할 수 있는 등의 기능이 제공된다.

표현 환경의 변화와 기술의 발전

기술혁신을 통해 접속수단이 확대되고 글씨나 화상만 표시할 수 있었던 인터넷에서 음성과 영상도 이용할 수 있게 되면서 표현에도 큰 변화가 일어났다.

웹사이트에서 다양하고 풍부한 표현을 위한 기술로서 일반적으로 사용되는 것은 플래시flash다. 최근에는 영상(동영상)도 텍스트, 화상과 연동시켜 표시할 수 있게 되었다.

예를 들면 상품을 소개하는 페이지에서 카탈로그처럼 정적인(움직임이 없는) 페이지가 아니라, 사람이 화면에 나와 상품특징을 설명해주는 페이지를 만들 수 있다. 사람의 움직임에 맞춰 상품의 특징 부분을 확대 표시해 주거나 그래프를 움직이게 하는 등 '읽게 하는 것'이 아니라 '보여주는' 페이지를 만들 수 있게 되었다.

이런 풍부한 표현력을 갖고 있으며 더욱 기능적이고 조작성이 좋은 웹 시스템을 나타내는 개념을 RIA*라 한다. 이 중에서도 사람이 등장해서 음

*RIA
rich internet application
의 약자

*PIP
person in presentation의 약자

성, 영상과 함께 상품 소개 등을 하는 콘텐츠를 PIP*라 부른다.

사용하기 편한 웹사이트를 제공한다는 관점에서는 Ajax 기술의 등장도 사이트 구축에 큰 혁신을 일으켰다. 기존의 웹페이지는 클릭(리퀘스트)할 때마다 페이지를 갱신해야 했는데, 이 기술을 통해 페이지 갱신을 하지 않아도 원활한 페이지 전개가 가능해졌다.

'구글 map'에서 지도를 드래그하면 주변지도도 스크롤해서 자연스럽게 볼 수 있게 된 것도 Ajax 기술에 크게 힘입었다. 기존의 지도표시는 지도의 상하좌우에 화살표가 있어 그곳을 클릭하면 다음 페이지에서 해당 지도를 볼 수 있는 방식이었다. 때문에 다음 지도가 표시될 때까지 시간이 걸려 유저입장에서는 이용하기가 그리 편하지 않았다.

이러한 기술들의 발달로 사이트 제작은 초기에는 기술(기술자) 중심이었던 것이 점차 표현(표현자) 중심으로 변화했다. 수년 전에 존재했던 표현에 대한 기술적인 제약은 점차 사라지고 있다.

그림 4-5 : 미디어별 광고에 대한 소비자 의식

주식회사 마크로밀 '인터넷광고에 대한 유저행동조사' 2007년 2월 13일~14일, n = 310, 복수응답

소비자의 웹사이트에 대한 기대와 접촉태도

인터넷광고, TV CF, 신문광고, 잡지광고에 대한 소비자 의식을 조사한 결과가 있다(〈그림 4-5〉). 이 조사결과에 따르면, 인터넷광고가 다른 광고보다 점수가 높았던 항목은 '관심 있는 정보를 적시에 얻을 수 있다'와 '상세한 정보를 찾을 수 있다' 였다.

그리고 더욱 주목되는 것은 '관심이 없었던 일에 관심을 갖게 한다', '재밌다', '참신한 표현이 많다'는 항목이 인터넷광고와 TV광고가 거의 동등한 수준에 있다는 점이다. 즉 인터넷을 활용한 광고 커뮤니케이션을 전개할 때는 PUSH형 어프로치를 통한 인지도 향상과 PULL형 액세스에 의한 적극적 관여라는 두 가지 관점을 갖고 설계하는 것이 중요하다.

4-4

광고의 틀을 깨고 콘텐츠화하는 웹사이트

인터넷 커뮤니케이션을 설계할 때는 보여주기, 알리기뿐 아니라 관심을 제고시키고, 관여시키고, 행동을 일으키는 것을 감안해서 설계해야 한다. 이제는 기존 미디어를 이용하여 광고를 전개하는 것과 같이 단순히 상품을 알리는 것 외에도, 콘텐츠 중심의 연출을 시도해서 다양한 채널에 게재하고 전개하는 경향이 강해졌다.

애드버테인먼트(advertainment)의 선구자: BMW, The Hire: BMW Films Campaign

2001년에 광고(*advertising*)와 엔터테인먼트(*entertainment*)를 접목시킨 애드버테인먼트(*advertainment*) 캠페인이 공개되었다. 북미 'BMW'가 전개한 필름 캠페인 'The Hire'(BMWFILMS.COM)이다(캠페인은 이미 종료했다).

오우삼 감독이나 가이리치 감독 등 저명한 다섯 명의 영화감독이 미키 루크, 마돈나 등 유명배우가 출연하는 쇼트필름을 각각 제작해서 인터넷으로 전송했다. 모든 영상 안에 'BMW' 차량을 이용했고, 각 필름이 'BMW'의 퍼포먼스를 매력적으로 보여줬다. 그리고 이 쇼트필름을 DVD로 제작하여 딜러를 찾은 고객이나 원하는 사람에게 배포했다.

'BMW'는 그 시기의 모든 캠페인 예산(약 20억 엔)을 이 캠페인에 투입했다고 한다. 사전조사를 통해 'BMW' 구매자 중 85%가 인터넷을 통해 먼저 차량에 대한 정보를 수집한다는 사실을 파악하였다. 따라서 기존 고객층과 새로운 타깃인 25~44세 연령층을 대상으로 인터넷에서 'BMW'에 접할 수 있도록 쇼트필름을 제작해서 공개하는 광고캠페인을 전개한 것이다.

캠페인을 진개하는 4개월 동안 쇼드필름은 1,100만 회 이상 시청되있고, 200만 명이 회원등록을 했으며 등록자의 94%가 친구나 지인에게 쇼트필름을 소개해서 구전으로도 확산되었다. 이러한 활동으로 'BMW'의 2001년 매출은 전년대비 12.5% 증가했다.

'검색하지 마세요'로 검색하게 만든다: 슈에이샤[集英社], 점프 스퀘어 '검색하지 마세요' 캠페인

최근의 TV CF는 웹사이트로 유도하기 위해 마지막에 URL이나 검색 키워드를 표시하는 것이 일반적이다. 이런 가운데 '슈에이샤'의 〈점프 스퀘어〉 창간호안내 캠페인은 TV CF에서 굳이 '검색하지 마세요'라는 커뮤니케이션으로 유저를 티저사이트*로 유인하는 전략을 썼다.

이 CF를 시청한 사람은 오히려 궁금해져서 〈점프 스퀘어〉를 검색하게 된다. 그 검색결과 다다르게 되는 사이트에는 '만화는 읽어보지 않으면 그 재미를 모릅니다. 창간호를 읽어 주세요'라며 실제 구입해서 읽어달라는 편집부의 메시지와 검색창만 떠 있다. 그러나 몇 번이나 끈기 있게 〈점프 스퀘어〉를 검색하거나 혹은 편집부의 메시지를 찬찬히 읽고 있으면, '구글' 방식의 점프 스퀘어 창간호 내용을 소개하는 검색결과 화면이 표시되고 창간호에 실린 만화의 소개 등 관련 정보를 누구보다 빨리 볼 수 있다.

이 사이트는 2주 만에 400만 PV 이상의 접속을 기록하고, 3만 개 이상의 블로그에 기재되는 등 화제를 불러 모았다. 창간호 50만 부는 3일 만에 완판되어 10만 부를 추가인쇄하는 등 캠페인 차원에서도, 잡지창간 차원에서도 대대적인 성공을 거두었다.

* 티저사이트 (teaser site) 시판 전에 상품의 정보를 단편적으로 공개해서 흥미를 유발하는 프로모션 사이트.

'궁금한 건 인터넷으로 검색한다'는 행위가 정착된 가운데 소비자의 심리를 잘 읽은 캠페인 성공사례다.

그림 4-6 : 점프 스퀘어 '검색하지 마세요'의 캠페인 구조

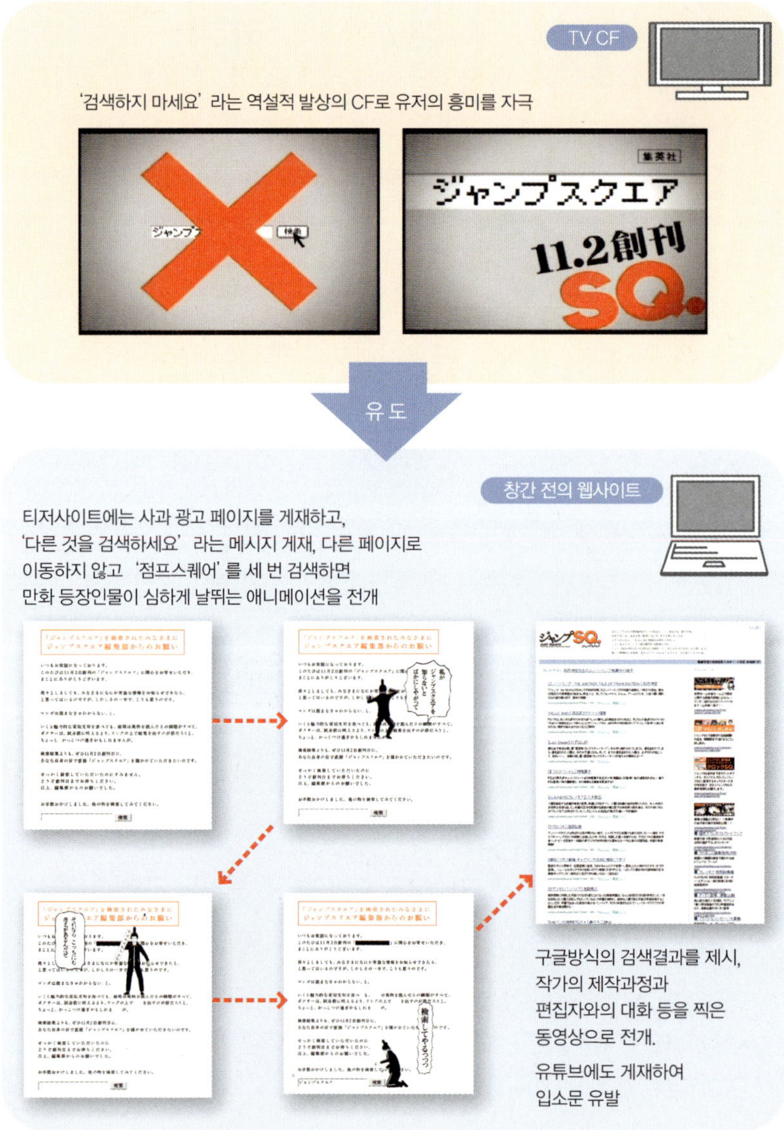

column❷

다카쿠사기 히로즈미[高草木博純]
주식회사 덴츠 커뮤니케이션 디자인센터
크리에이티브 디렉터

무엇을 찾고 있는가?

2005년 당시 참여했던 CF 프로젝트에서 '시바우라섬을 검색해주세요'라는 캐치프레이즈catch-phrase가 등장했는데, 아마 일본 최초의 인터넷 검색푸시형 광고였을 겁니다. 그리고 그 이후 갈수록 '검색해주세요'식의 광고문구가 늘어나 커뮤니케이션을 CF에서 웹으로 패스하는 연계 플레이가 일종의 유행처럼 번졌습니다. 이 연계 플레이를 왜 하려는지도 알겠고, 매우 자연스럽고 친절한 방법이라고도 생각하지만, 사실 전철차량 내 모든 광고에 검색 마크가 들어 있는 야마노테센[山手線]*을 탔을 때는 '이제 좀 그만하지, 질린다'는 느낌이 들었습니다. 그리고 동시에 '난 검색 안 할 거야'하는 생각도 들었습니다. 관심이 생기면 내가 알아서 찾을 거라고. 광고한테 이래라 저래라 지시받고 싶진 않다고. 그러니까 가장 중요한 건, 당연한 얘기지만 어떻게 하면 관심을 갖게 할 것인지 하는 점인데, 이 당연한 점을 간과해 버리기 싶습니다. "검색 정도는 내가 알아서 하게 내버려 뒀으면~". 그리고 수년 전에 제 개인적인 생각이 기획화되었습니다.

〈점프 스퀘어〉 창간 캠페인도 어떤 의미에서는 검색푸시형 광고라고 볼 수 있습니다. 하지만 그 목적은 캐치프레이즈의 화려한 카피나 클릭률이 아니라, 구독자들과 일체감을 형성하는 것입니다. 검색은 어디까지나 이를 위한 접근에 불과합니다.

이 캠페인에서 가장 혁신적인 것은 불과 20자의 텍스트 배너였습니다. 굳이 검색해준 유저들의 검색결과 페이지 우측 상단, 스폰서 슬롯에 〈점프 스퀘어〉의 검색광고를 노출한 점입니다. 단 한 줄의 카피였는데 '검색하지 마시라고 말씀 드렸는데…이러시면 곤란해요'. 바로 만화의 정신입니다. 이 검색포털을 가볍게 웃어넘기고 즐기는 것이야말로 만화의 시즐sizzle(어떤 제품의 광고효과를 위해 그 제품의 핵심 포인트가 될 만한 소리를 활용하는 광고기법)이라고 생각합니다.

만화잡지의 비즈니스는 생각보다 훨씬 어려운 것 같습니다. 아무리 인기작가라 할지라도 오늘의 인기가 내일까지 보장될지는 아무도 모릅니다. 조금이라도 인기가 떨어지면 바로 지면을 잃게 됩니다. 항상 신선한 내용을 유지할 수 있도록 정말 분골쇄신해서 노력하지 않으면 안 됩니다. 그래서 이런 강렬한 스테이지에서는 판촉을 위한 어중간한 프로모션 콘텐츠는 오히려 방해가 될 것 같다는 생각이 프로젝트 초기부터 들었습니다. "광고를 보고 그 만화가 읽고 싶어진다고? 그런 만화가 있을까? 불필요한 광고는 안 하는 편이 좋겠다." 주인공은 '만화' 그 자체이며 좋은 만화를 만났을 때 사람들이 느끼는 '이 만화 계속 읽고 싶다!'라는 욕구를 일으키는 것 이상으로 만화잡지를 구매하게 만드는 방법은 없습니다. 저는 만화를 좋아합니다. 만화라는 표현을 존경합니다. 그러니까 만화를 광고하고 싶진 않았습니다. 이상한 캐치카피를 달고 싶지도 않았고요. 만화를 만화 그 자체의 모습으로 사람들한테 보여주고 싶었던 겁니다.

검색 화면에는 '검색해도 아무것도 없어요~'라는 메시지. 아무리 웹 브라우저를 뚫어져라 보아도 알맹이에 대해서는 아무것도 알 수가 없습니다. 이건 제 자신의 테마이기도 했습니다. 이렇게 많은 콘텐츠가 난립하는 가운데, 우리는 매일 바쁘게 무언가를 찾아 검색하고 있습니다. 방대한 검색결과에 치이면서 검색 키워드를 바꿔 가며 계속 검색합니다. 우린 도대체 무엇을 찾고 있는 걸까요? 무엇을 알게 되었을까요? 누구나 이 물결 속에 빠져 허우적거리는 지금, 결국에는 반드시 온기를 느낄 수 있는 무언가를 품고 있는 것이 강한 힘을 발휘할 거라 생각합니다.

* 야마노테센[山手線]: 서울 지하철 2호선과 같은 도역 내 순환선 –역주

PROFILE

다카쿠사기 히로즈미 / 그래픽 광고와 CF 플래닝, 기업의 브랜딩을 비롯하여 상품개발까지 아트 디렉션부터 미디어나 직무영역에 구애받지 않는 광범위한 크리에이티브를 담당.

웹에서 게재한 작품이 TV CF로: JT, 노래하자! 루츠 마시고 고!

통상적으로 매스미디어광고에서 다 전달하지 못한 내용을 전개하는 도구로서 웹사이트가 활용되며 웹콘텐츠는 인터넷 유저들 사이에서만 유통되고 화제가 되는 경우가 일반적이다. 그러나 'JT' 는 캔커피 '루츠' 의 브랜드 커뮤니케이션에서 웹사이트에 게재된 콘텐츠를 오히려 TV CF로 방영하는 캠

그림 4-7 : 노래하자! 루츠 마시고 고! 캠페인 구조

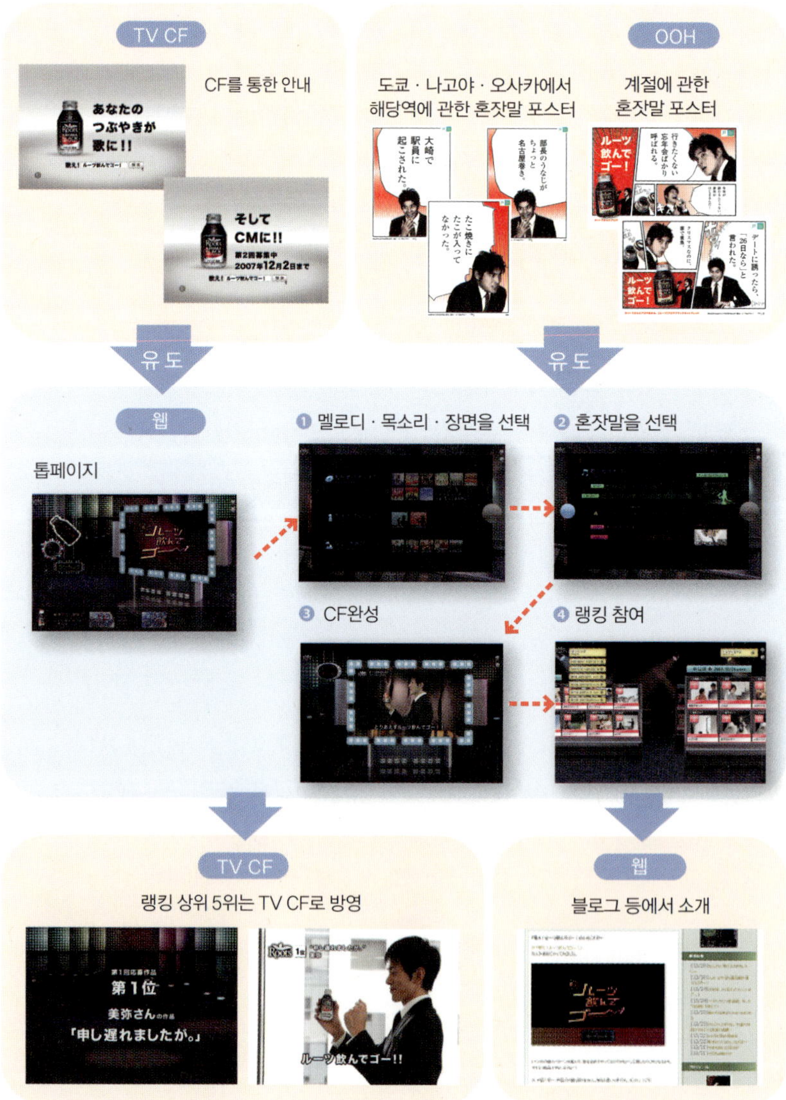

페인을 실시했다.

2007년부터 전개된 '루츠 마시고 고!' 라는 일련의 브랜드 커뮤니케이션을 더욱 강화시켜 상품의 인지도 향상을 하고자, 소소한 일상생활을 노래로 만들어서 게재할 수 있는 유저 참가형 캠페인 사이트 '노래하자! 루츠 마시고 고!' 를 전개한 것이다.

노래 제작법은 간단하다. 멜로디, 목소리, 배경장면(동영상)을 선택하여 일상생활의 소소한 느낌을 가사로 만들어 입력만 하면 된다. 그렇게 하면 노래 마지막에 '일단~은, 루츠 마시고 고-♪' 라는 캐치프레이즈가 들어간 30초짜리 동영상이 자동으로 제작된다. 완성된 노래(동영상)는 메일로 친구에게 보낼 수도 있고, 블로그 배경음악으로 설정할 수도 있어, 구전효과를 환기시키는 기능도 발휘했다.

이 일련의 캠페인에서 10만 곡 이상의 노래가 제작되었으며, 3,300곡 이상의 응모와 순위선정 참여가 있었다. 그 중에서 선정된 다섯 작품이 TV CF로 방영되었는데, 선정작품에 대해서는 사전에 웹사이트에서 공표하지 않은 채 TV CF에서 직접 방영하였다. 갑자기 자신이 투고한 작품이 방영될지도 모른다는 서프라이즈를 주기 위해, 사이트와 TV를 이용해서 미디어 횡단적으로 전개했다.

TV CF와 웹사이트의 보완관계: 소니 BRAVIA, Balls

2006년 '소니 유럽' 은 캠페인 카피이기도 한 'Colour like no other' (비할 바 없는 색채)를 구현한 BRAVIA의 새로운 CF를 방영했다. 수많은 형형색색의

BRAVIA의 CF (Balls편)

샌프란시스코 언덕을 굴러 내려오는 형형색색의 탱탱볼

column ❸

사사키 야스하루[佐々木康晴]
주식회사 덴츠 커뮤니케이션 디자인센터
크리에이티브 디렉터

속편은 CF에서

웹사이트는 무엇이든 가능한 멋진 공간입니다. TV처럼 시간적 제약도 없고, 게임을 만들거나 커뮤니티를 만들 수도 있고, 편리한 유틸리티를 제공할 수도 있어 가능성은 무한대입니다. 그럼 무엇을 만들까요?

'루츠'의 경우 이미 매스미디어 중심의 캠페인이 전개되고 있었습니다. 일상생활에서 누구나 느끼는 감정을 TV CF에서는 탤런트를 기용하고, OOH에서는 많은 카피를 만들어 공감대 형성에 성공했는데, 여기에 웹을 추가하게 된 것입니다. 그래서 새로운 노래 합성기술을 개발해서 유저가 원하는 가사를 쓰고, 즐거운 노래를 만들 수 있는 콘텐츠를 기획했습니다. 중점을 둔 것은 유저가 참여할 때 드는 수고는 최소한으로 줄이고, 최대한의 재미를 제공하자는 것이었습니다. 이 웹을 통해 매스미디어광고에서 펼쳐지는 세계에 자신도 간단하게 참여할 수 있는 경로를 만들었습니다.

하지만 아무리 재미있는 것을 만들어도 그냥 웹에 올려놓기만 하는 것으로는 유저들의 참여를 유도할 수 없습니다. 자진해서 키워드검색을 해주는 유저도 물론 있지만, 오히려 그런 분들은 제대로 된 상품정보만 있다면 불필요한 콘텐츠는 보고 싶어하지 않을 겁니다. 그럼 어떻게 '새로운 고객'을 웹으로 유도할 수 있을까요? 제 경험에 의하면, 역시 현실에서 '무슨 일이 벌어지고 있다'는 느낌을 주지 않으면 사람들은 웹을 찾지 않습니다. 즉 TV와 OOH를 잘 활용해서 '사건화'시킬 필요가 있는 겁니다.

'루츠'와 관련해서는 웹사이트가 완성될 즈음에 누구 할 것 없이 '좋은 노래작품을 CF에 내보내자', '여느 때와는 반대로 웹에서 CF를 먼저 만드는 흐름을 만들어보자'는 의견이 나왔습니다. '속편은 웹에서'가 아니라 '속편은 CF에서'입니다. 자신이 만든 노래가 황금시간대에 CF로 나올지도 모른다는 것이 하나의 사건이 되어 블로그 등을 통해 유저 사이에서 순식간에 퍼져 갔습니다. 업계에서는 TV의 미디어 힘의 저하가 지적되기도 하지만, 유저에게 TV는 여전히 가장 큰 무대입니다. 웹의 접속자 수는 극적으로 증가해서 피크 때는 30초에 1곡 꼴로 노래가 올라왔습니다.

물론 실현에 이르기까지 여러 장벽에 부딪혔습니다. 하지만 클라이언트사의 미디어 담당, 웹 담당, 법무 담당 등 부서횡단적인 협력 및 웹 제작팀과 CF 제작팀의 연계…. 통상적인 광고작업에서는 좀처럼 어려운 연계지만, 심플하고 강한 아이디어를 가진 웹, 그리고 미디어의 경계를 넘어 캠페인 전체를 확실히 포괄해준 '루츠 마시고 고!'라는 콘셉트 덕분에 성공적으로 진행할 수 있었습니다. 그 중에서도 CF와 웹 연계에 가장 크게 기여한 것은 영업과 프로듀서 간의 이해였습니다. 웹에 대해 해박한 지식이 있어야 하는 것은 아닙니다. 그러나 그들에게 크로스미디어에 대한 이해와 강한 의욕이 있었던 점, 이것이 무엇보다 이번 기획을 성공시키는 힘이 되었습니다.

나중에 시작한 웹 캠페인이 기존 캠페인에 잘 녹아든 결과 크로스미디어에서 화제가 될 만한 캠페인이 완성되었습니다. 크로스미디어 자체를 목표로 한 복잡한 기획이 많은 가운데 이런 캐주얼한 크로스미디어가 더 늘어난다면 참 재미있을 겁니다.

PROFILE
사사키 야스하루 / 1971년 지바현 출생. 덴츠 입사 후 카피라이터, CF 플래너로서 광고기획제작을 담당. 그 후 인터랙티브 부문의 창설멤버가 되었으며 매스미디어와 인터랙티브 미디어 양쪽의 기획제작을 시작. 노래하자! 루츠 마시고 고! 캠페인 사이트에서는 크리에이티브 제작을 맡았다.

탱탱볼을 샌프란시스코 언덕 위에서 굴려, 쏟아져 내려오는 색상의 선명함을 표현한 대단히 아름다운 영상이며, 분위기에 맞는 음악효과도 한몫 거들어 매우 서정적인 CF가 완성되었다. 상상을 초월한 CF영상이 인터넷에서 화제가 되고, CF를 '유튜브YouTube' 등에 올린 사람도 있어, 결국 CF가 방영된 지역 이외의 사람들에게도 널리 알려지게 되었다.

이러한 반향이 일어난 뒤에 '소니'도 이 CF의 웹사이트를 개설해서 제작영상을 공개하는 등 웹을 적극적으로 활용한 프로모션을 전개하였다. 샌프란시스코의 거리 한 모퉁이를 완전히 빌려서 촬영한 점, 25만 개의 탱탱볼을 실제 언덕 위에서 굴려서 촬영했고, CG처리는 하지 않았나는 섬 등 유저가 화젯거리로 삼을 만한 정보를 제공했다.

이 탱탱볼을 이용한 CF는 여러 방면에 영향을 미쳤다. 영국의 음료 메이커가 완전히 동일한 구도로 탱탱볼 대신에 여러 과일을 언덕에서 구르게 한 CF를 제작하거나, 일반인들이 이 구도를 흉내 낸 다양한 영상을 제작하여 인터넷에 올리기도 했다.

소비자가 제작하는 unauthorized CF (비승인 CF)

인터넷에는 기업에게 의뢰받거나 승인받지 않고 제멋대로 제작된 CF가 공개되는 경우도 있다. 이러한 CF를 unauthorized CF라 한다.

가장 유명한 것이 2004년에 공개된 '폭스바겐'의 '폴로'(polo)라는 차종의 unauthorized CF이다. 그 당시 폭스바겐은 "Polo. Small but tough"라는 커뮤니케이션을 전개 중이었는데, 그 태그 라인*을 강렬하게 전달하는 동영상이 제작되어 공개되었다. 내용은 중동풍의 선글라스를 낀 남성이 폴로를 몰고 정오가 조금 지난 무렵 카페 앞에 차를 세운 다음에 폭탄 스위치를 누른다. 폭탄은 폭발했지만 차 안에서만 폭발하고 카페 주변 사람들은 아무런 피해를 입지 않았으며 마지막에 "Polo. Small but tough"가 표시되는 내용이었다.

마치 정말 CF라고 착각할 정도로 완성도가 있는데다가 이 동영상 제작자에게 폭스바겐이 법적 절차를 밟고 있다는 점도 이슈가 되어 순식간에 인터넷에 퍼져서 화제가 되었다.

이 외에도 아이팟의 패러디 CF 등 아마추어 색이 짙은 CF부터, 프로가 만든 CF로 착각할 정도로 완성도 높은 것까지 소비자들이 제각각 다양한 CF를 제작하고 공개하고 있다.

*** 태그 라인**
브랜드 캠페인의 슬로건 등 메시지성 짙은 캐치프레이즈.

그 후 '소니'는 Balls편에 이어 Paint편 CF를 제작했다. 스코틀랜드의 글래스고Glasgow라는 도시의 실제 건물에서 형형색색의 페인트를 폭발시키는 대담하고 생동감 넘치는 연출로 오케스트라의 힘찬 연주와 어우러진 환상적이고 아름다운 CF다.

이 페인트 편에서는 더욱 적극적으로 웹사이트를 활용해서 CF 제작단계부터 정보를 제공했다. CF 촬영상황을 블로그에 게재하고, CF 방영 전에 흥미를 유발하는 예고영상을 보여주는 등 '소니' 스스로 웹사이트의 채널을 활용해서 관심이 많은 인터넷 유저를 상대로 적극적인 커뮤니케이션을 도모했다. 이 CF도 인터넷에서 화제가 되어 여러 곳에서 이슈화되었다.

옥외광고의 QR코드에서 모바일 사이트로의 유도: 쇼가쿠칸[小學館], 코믹 쇼가쿠칸 북스

쇼가쿠칸은 휴대폰용 만화 전송서비스인 '코믹 쇼가쿠칸 북스'의 광고캠페인으로 OOH에 QR코드를 활용해서 현실세계에서 모바일 사이트로 유저를 유도하는 흐름을 구축했다. QR코드는 널리 일반적으로 사용되지만 다양한 인쇄물에서 볼 수 있는 네모난 검정색 마크라는 고정관념을 버리고 다양한 QR코드로 도라에몽이나 명탐정 코난 등 코믹 쇼가쿠칸 북스에서 읽을 수

그림 4-8 : 코믹 쇼가쿠칸 북스의 캠페인 구조

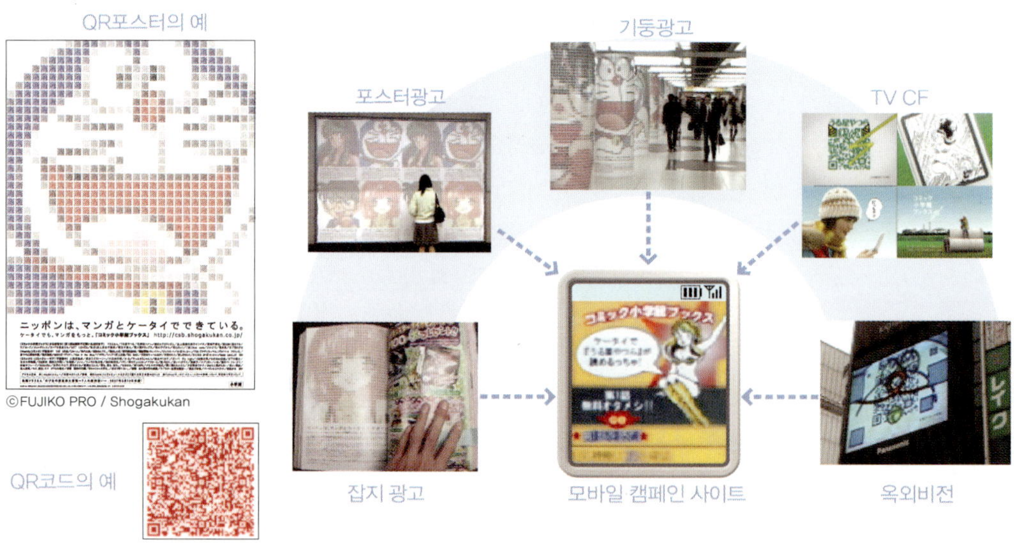

있는 만화 캐릭터를 표현했다. 또 QR코드는 약간의 데이터 파손이 있어도 정보를 다시 복구해서 인식할 수 있다는 특성이 있는데, 이런 기술적 특성을 잘 활용한 크리에이티브 팀과 테크놀로지 팀의 연계도 중요하다.

휴대폰의 헤비 유저이며, 만화문화를 지탱하는 젊은 층을 대상으로 임팩트 있는 커뮤니케이션을 실현한 사례라 할 수 있다.

세일즈 프로모션 툴로서의 모바일: 세븐일레븐 모바게타운 캠페인, nanaco 드링크 캠페인

휴대폰은 매장이나 다름 없는 미디어여서 기업을 비롯하여 소매점 및 판매점들도 세일즈 프로모션에서 모바일 사이트의 활용을 적극적으로 추진한다. 휴대폰 벨소리와 노래, 게임, 기타 디지털 툴 등을 선물하는 캠페인은 이미 일반화되었으며, 많은 기업들이 캠페인을 실시하고 있다. 스티커와 패키지에 적힌 사이트에 접속하면 디지털 경품을 받을 수 있는 방식이다.

세븐일레븐도 모바일에서 인기를 끌고 있는 SNS 사이트인 '모바게타운'을 활용해서 경품으로 '모바게타운' 내에 특수한 아바타 아이템을 마련

○ 세븐일레븐 모바게타운 캠페인

캠페인 포스터

모바일 사이트

모바게타운의 코멘트

아바타의 예

○ nanaco 드링크 캠페인

한 캠페인을 실시했다. 휴대폰과 친화력 있는 디지털 경품이란 점에서 이미 많은 유저를 확보한 '모바게타운' 과 타이업함으로써 '모바게타운' 회원의 집객을 기대할 수 있었다.

마찬가지로 '세븐일레븐' 의 최근 캠페인에서는 전자화폐 'nanaco' 를 이용한 프로모션을 적극적으로 진행하고 있는데, 전자화폐를 이용해서 대상 상품을 구매하면 자동적으로 캠페인에 응모할 수 있고, 추첨을 통해 상품을 받을 수 있다. 사전에 한 번만 인터넷에서 등록하고 나면 나중에 '세븐일레븐' 에 가서 물건을 살 때 여러 상품을 한꺼번에 사도 캠페인 대상상품만을 인식해서 캠페인에 응모된다. 전자화폐는 이미 일상생활에 침투되어 널리 이용되고 있으며 앞으로도 전자화폐나 전자포인트는 프로모션의 기법으로 활용될 것이다.

인터넷에서 확산되는 댄스시계: 유니클로, UNIQLOCK

'유니클로' 는 패션감각을 어필하는 글로벌 프로모션으로 드라이소재를 이용한 폴로셔츠를 소개하는 사이트 'UNIQLOCK' 을 2007년 6월에 오픈했다(http://www.uniqlo.jp/uniqlock/).

여기서 제공한 콘텐츠는 시계였다. 단순한 시계는 아니다. 초(秒)를 가르는 경쾌한 음악에 맞추어 디지털시계와 '유니클로' 의 폴로셔츠를 입은 여성들이 춤을 추는 동영상이 교차적으로 표시되는 시계이다. 이 시계는 웹

UNIQLOCK Web 사이트(season2)와 심야에만 표시되는 잠든 여성의 영상(우측 상단)

WORLD.UNIQLOCK의 웹사이트

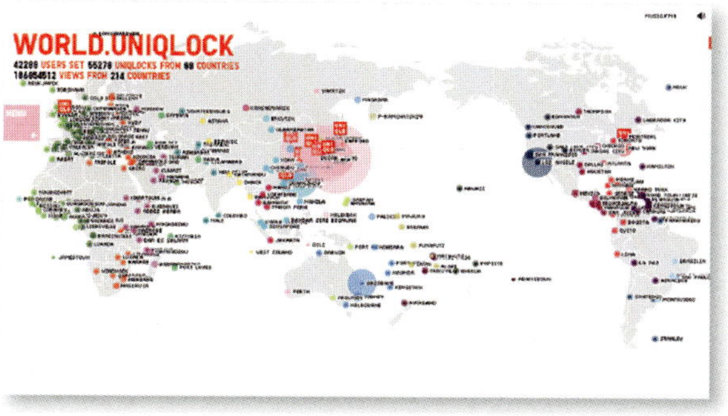

브라질의 어느 블로그 사이트에 포스팅된 UNIQLOCK

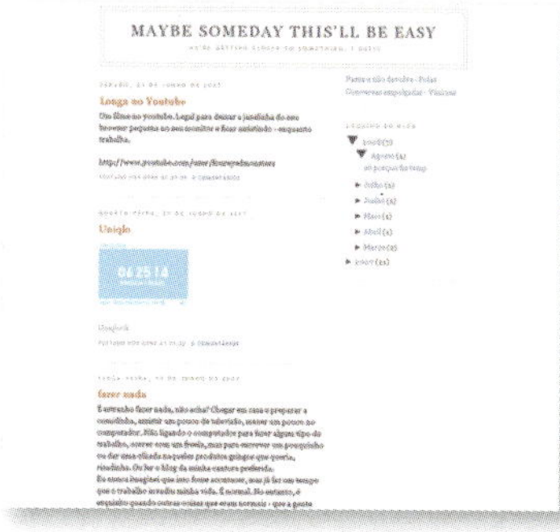

사이트의 콘텐츠로 제공될 뿐 아니라, 스크린 세이버와 자신의 블로그에 포스팅할 수 있는 블로그 파츠*로도 제공되어 여러 상황에서 접촉할 수 있다.

*블로그 파츠 (blog parts) 블로그 위젯과 같은 블로그상에서 구현되는 프로그램－역주

무척 심플한 시계이지만 기분 좋은 음악과 함께 경쾌하게 댄스를 추는 여성들도 귀엽고, 장면이 바뀔 때마다 새로운 춤을 추고 심야시간이 되면 잠들어버리는 연출 등 점차 푹 빠져서 보게 되는 매력을 지녔다. 남한테 말해주고 싶은 요소가 가득 담겨 있어, 다양한 블로그에서 소개되고 확산되었다.

그리고 'UNIQLOCK'의 화제 및 구전효과를 유도하는 아이디어는 일본에만 한정된 것이 아니었다. 'WORLD.UNIQLOCK'이라는 'UNIQLOCK'의 블로그 파츠를 포스팅한 전 세계 블로그를 일람할 수 있는 사이트도 공개되었다. 이를 통해 전 세계 사람들이 이 시계로 연결되어 있다는 공감대를 형성한 것이다. 세계 92개국 5만 명 이상이 자신의 블로그에 'UNIQLOCK'의 블로그 파츠를 포스팅했고 214개국의 사람들이 2.7억 PV 이상이 블로그 파츠를 보고 있다(2009년 4월 현재).

이 'UNIQLOCK'은 계절마다 춤추는 여성들의 옷이 바뀐다(제2탄: 2007년 10월/캐시미어 니트, 제3탄: 2008년 4월/20컬러의 티셔츠, 제4탄: 2008년 10월/히트텍[HEATTECH], 제5탄: 2009년 2월/파커&컬러 스키니진). 2009년 4월 현재도 계속되는 호흡이 긴 프로모션을 전개하고 있다.

이 캠페인은 칸국제광고제 사이버부문의 그랑프리 수상을 비롯하여 3대 광고상*을 석권하였으며, 국제적으로도 높은 평가를 받았다. 인터넷 유저들이 광고라 의식하지 않는 시계라는 모티브를 선택하여 블로그와 웹사이트의 다양한 장면에서 볼 수 있는 기회를 창출했다. 이런 점이 폭넓은 사람들에게 수용되고 사랑받는 이유일 것이다.

*3대광고상 One Show, 클리오상, 칸국제광고제.

그림 4-9 : UNIQLOCK의 캠페인 구조

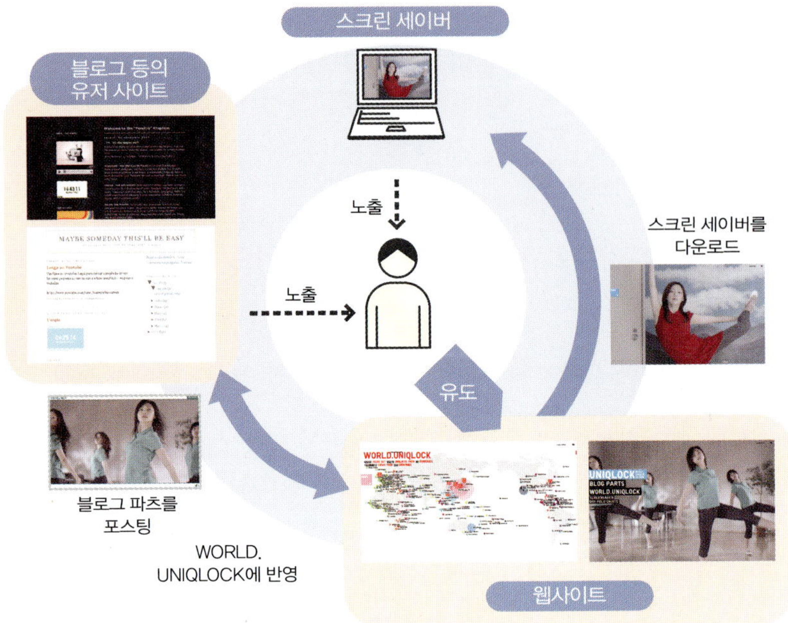

이들 사례에서 엿보이는 공통점

이상에서 소개해 드린 여러 웹사이트 캠페인의 공통된 특징으로서 다음과 같은 3가지 특징을 들 수 있다.

① 크로스미디어 전개를 반영한 콘텐츠 제작

제공하는 콘텐츠나 정보가 자사 사이트에 한정된, 폐쇄적인 것이 아니라는 점이다. 다른 사이트와 매스미디어, OOH, 매장 등 유저와의 접점에 따라 최적의 형태로 유통되고 확산되는 구조를 갖췄다. 이런 채널 횡단적인 콘텐츠의 노출이 결과적으로 자사 사이트 유입으로 이어진다는 순환구조이다.

② 관심을 갖게 만드는 정보 및 콘텐츠 정보

참여성이 높고, 평소에 볼 수 없는 매력적인 영상 등으로 콘텐츠와 커뮤니케이션에 깊이 관심을 가지도록 만드는 내용을 제공한다. 사이트에 투고하는 직접 참가형부터 내용을 친구에게 전하는 등의 간접적 행동까지 폭넓다. 유저 사이에서 화제가 됨으로써 그 매력은 증폭된다.

다나카 고이치로[田中耕一郎]
주식회사 Projector 대표 크리에이티브 디렉터

UNIQLOCK
-브랜드와 컨슈머를 이어주는 새로운 커뮤니케이션의 형태

'UNIQLOCK'을 제작하기 전에 관여한 'UNIQLO MIXPLAY' 캠페인 때부터 입소문에 의한 사이트 집객 가능성이 크다는 걸 느끼고 있었습니다. 그 캠페인에서 음악과 댄스를 결합시킨 영상을 '유튜브'에 올렸더니 90만회 이상 시청되고 블로그에서도 화제가 되었습니다.

그래서 'UNIQLOCK' 때도 입소문을 통해 사이트로 유도할 수 있는 '유니클로'만의 미디어를 창출할 수는 없을까 생각하게 된 것입니다.

어느 미디어를 활용할까 생각했을 때, 처음부터 블로그를 염두에 두었습니다. 블로그는 입소문이 확산되기 쉬운데도 불구하고, 페이지에 광고미디어가 아직 전개되지 않은 광고의 미개척지라고 생각했기 때문이죠. 그리고 블로그 파츠로 할 수 있는 일이 무엇일까? 이것을 주제로 정했습니다.

편리한 시계에 즐거움을 더하는 작업

시계는 원래 웹과 잘 맞는 모티브입니다. 웹에서 영상을 다룰 경우에는 영상이 화면에 계속 흘러야 되는데 이른바 기능을 포함한 표현을 생각할 때 시계가 가장 적합하기 때문입니다. 시계이니만큼 그 장소에 존재하는 의미가 있고 거기다가 표현도 가미시키면 보기만 해도 즐거워질 거라는 생각이 들었습니다. 그래서 시계를 새로운 방법으로 웹에서 이용할 수는 없을까 고민했습니다. 블로그 파츠의 상황을 조사했더니 시계, 달력, 날씨 등 유틸리티성 높은 것이 인기가 많았는데, 이들은 편리하지만 그리 즐겁고 재밌는 것은 아닙니다.

그래서 편리하고 즐거운 것을 생각했을 때 댄스와 사운드를 조합시킨 영원히 계속되는 댄스뮤직시계를 블로그에서 전개하자는 아이디어가 떠올랐습니다. 'UNQLOCK'을 단지 시계로 단정 짓지 않고 시계라는 알고리즘을 분해했습니다. 초, 분이라든지 시차, 아침과 저녁 등 '시계'를 '표현'으로 번역해서 정리하는 작업을 했습니다.

'UNIQLOCK'의 네이밍을 통한 확산에 대해 확신

'유니클로' 옷을 입은 신체적 표현, 블로그 미디어를 활용, 시계라는 모티브 등의 3가지 요소가 잘 맞아 떨어졌습니다.

왜 '유니클로'와 시계인가? 하는 의문을 가질 수 있는데 'UNIQLOCK'이라는 네이밍이 떠오르면서 모든 것이 해결되었습니다. 바로 이것이었습니다. 이 기획이 'UNIQLOCK'과 연결되었을 때, 블로그와 웹사이트뿐 아니라, 매장과 옥외 등 다양한 장소로 확장되는 이미지가 떠올랐습니다. '구글'로 'UNIQLOCK'을 검색했더니 마침 검색되는 단어가 없어 '성공할 수 있다!'고 느꼈습니다.

스피드감과 적절한 미디어 활용이 중요

표현을 다루는 사람이라면 누구나 그 당시의 핫 미디어를 이용해서 무엇을 할 수 있을지를 생각할 것입니다. 'UNIQLOCK'의 경우는 블로그를 활용했는데, 이것이 아마 1년 늦었다면 다른 방법을 선택했을 수도 있습니다. 아마도 이미 누군가가 비슷한 접근을 했을 테니까요. 무턱대고 그 미디어와 연결시키려 하지 말고 그 미디어를 이용하는 의미를 제대로 부여할 수 있어야 합니다.

'UNIQLOCK'은 기존에 없는 블로그 파츠로 화제를 낳았으며 다양한 반향을 일으켰습니다. 이 'UNIQLOCK'을 계기로 '유니클로' 브랜드와 컨슈머 사이의 새로운 연결고리가 생긴 것 같습니다.

PROFILE

다나카 고이치로 / 유니클로의 웹 캠페인 UNIQLOCK, UNIQLO JUMP, UNIQLO MEETS CORTEO를 비롯하여 닛산자동차의 web CINEMA "TRUNK", NIKE 蹴メ, BEYES INTERACTIVE INTERIOR 등 독창적인 인터랙티브 프로젝트를 진행.

③ 지속적인 커뮤니케이션

사이트를 제작하고 공개한 후에 안주하지 않는다. 유저 사이트의 접속현황은 어떤지, 인터넷 안팎의 입소문(평판)은 어떤지 등을 끊임없이 체크해서 발 빠르게 대응하고 있다. 유저에게 참가를 촉구하는 만큼 발신자도 유저와 같은 눈높이와 수준으로 대화한다.

▶ 4-5

커뮤니케이션 활동을 받쳐주는 기술

웹사이트를 구축할 때 기술은 어디까지나 수단이다. 그러나 각 기술의 본질을 조금이나마 파악해 두면 효과적인 사이트 구축에 도움이 된다.

코퍼레이트 사이트의 경우 기업이 가진 다양한 정보를 수집, 정리, 표시하기 위한 기술은 사이트 운영의 부하를 경감시키는 데 기여한다. 또한 유저의 접속상황을 파악하고, 분석하기 위한 기술은 지속적인 커뮤니케이션 마케팅 시책에 기여한다. 또 크로스미디어 전개를 검토할 경우에는 다른 사이트와의 정보유통 시 어떤 기술로 뒷받침되는지를 이해하면 기획의 폭이 넓어진다.

여기서는 사이트를 이용한 커뮤니케이션 활동을 전개할 때 꼭 파악해 두어야 할 주요한 기술을 소개하겠다.

사이트 운영에 관한 기술

사이트를 매력적으로 만들고, 원활하게 운영하는 데 열쇠가 되는 기술을 소개하겠다.

① 포털 기능

(퍼스널라이즈personalize, 커스터마이즈customize 등 데이터베이스와의 연계)

포털이란 단어를 들으면 대부분 '야후! 재팬' 이나 '구글' 의 'i구글' 등 포털사이트를 연상할 것이다. 뉴스, 날씨, 지역정보, 쇼핑 등 갖가지 정보를 총망라한 사이트를 포털사이트라 한다. 정보를 일괄적으로 관리, 정리하고 열람할 수 있는 편리함 때문에 인터넷 유저에게 널리 사랑받고 있다.

포털을 코퍼레이트 사이트로 활용할 경우, 대상자를 고객이나 회사 내부직원으로 특정할 수도 있다. 그 특정유저의 속성과 등록내용에 따라 정보의 제공(퍼서널라이즈, 커스터마이즈)과 사이트 이용 경향에 맞춘 추천 서비스 등 데이터베이스를 활용해서 획일적이지 않은 서비스를 제공할 수 있다. 예를 들어 대상이 고객일 경우에는 고객과의 연관성에 따라 필요한 정보를 선별해서 제시함으로써 고객서비스에 기여한다. 또한 대상이 회사 내부직원일 경우 부서에 확산된 다양한 정보를 일괄적으로 관리해서 제공하는 것이 직원의 업무효율 제고로 이어진다.

사례 소니 그룹 포털사이트 http://www.sony.co.jp/

2008년에 홈페이지를 리뉴얼했다. 가전, 게임, 영화, 음악, 금융 등 다양한 그룹 기업을 거느린 '소니' 그룹의 정보를 집약한 포털 성격의 사이트이다.

제품정보나 뉴스 릴리스 등 알기 쉬운 분류와 통일된 디자인으로 일관성을 유지하면서 다양한 카테고리의 정보를 병렬적으로 배치하더라도 한눈에 들어오기 쉽게 정리했다.

이 사이트를 방문한 사람들이 원하는 정보는 BRAVIA, 플레이스테이션, 소니은행, IR・기업정보 등 실로 다양하다. 이렇게 서로 니즈가 다른 사람들이 간단하게 원하는 정보를 찾고 더 상세한 정보가 있는 페이지(사이트)로 갈 수 있도록 도선을 설계했다. 또한 다양한 카테고리를 병렬적으로 구성한 것이 '소니'의 폭넓은 활동을 알리는 기능도 하고 있다.

❷ 추천 엔진

콘텐츠를 더욱 능동적으로 소비할 수 있도록 하기 위해서는 추천기능이 효과적이다. 특히 전자상거래 사이트에서는 많은 상품을 구매하도록(크로스셀링) 하기 위해서 이러한 기능을 제공하는 곳이 많다. 이와 같은 기능을 코퍼레이트 사이트 등에서도 활용하여 콘텐츠와 관련 있는 정보를 발신자가 제안해서 유저가 사이트 곳곳을 돌아보게 하여 새로운 정보를 접하게 하고 알리는 방법이 있다. 사이트 내 검색이나 FAQ(질문) 검색 등의 입력 내용에 따른 추천도 효과적이다.

많은 유저의 구매이력, 열람이력이 대량으로 축적될수록 추천의 종류도 늘어나고 정밀도가 높아진다. 2007년 6월에 발표된 보고서에 따르면, 전자상거래 사이트에서 상품을 추천받은 경험에 대해 약 50%가 '있다' 고 응답했고, 그 중 약 60%는 상품선택 시 참고가 되었다고 응답했다는 점도 흥미롭다. 이렇게 유저 관심에 맞는 관련정보를 제공해서 '연결고리' 를 구축하는 것은 검색결과에 직접 접속하는 것이 주류가 된 요즘 중요한 기능이라 할 수 있다.

③ CMS

웹을 이용한 시의적절한 정보제공을 운영 지원하는 툴로서 CMScontents management system를 이용하는 경우가 늘었다. CMS는 HTML의 코딩 지식이 없어도 워드 프로세스를 이용하는 감각으로 사이트 페이지의 신규제작 및 갱신을 기업 자체적으로 할 수 있는 툴이다. 뉴스 릴리스 등 기밀성 있고 신속하게 대응해야 하는 정보를 제작 및 갱신하는 작업에 적절하다. CMS 툴의 대표로서 'NOREN5', 'Content Server', '4LESS INTERNET/WEB SPIRAL', 'Interwoven TeamSite', 'FatWire' 등이 있다. 참고로 블로그의 기사등록도 일종의 CMS이다.

효과 측정(사이트 액세스 분석)에 관한 기술

사이트를 운영할 때 효과측정은 반드시 필요하다. 다양한 종류의 액세스 분석 툴이 존재한다. 각 사이트, 콘텐츠 구성에 따라 선택해야 할 툴이 다르기 때문에 액세스 분석 툴의 종류와 각각의 장점 및 단점을 소개하겠다. 각 시책에 맞는 툴을 선택하길 바란다.

① 액세스 로그access log형

웹 서버에 저장되는 액세스 로그라는 기록(접속한 페이지, 시간, 접속원 등)을 이용한 분석기법이다.

대표적인 어플리케이션으로는 'WebTrends' 가 있는데 무료 툴도 많이 공개되었다. 이전부터 있었던 일반적인 액세스 분석기법이며, 사이트 액세

그림 4-10 : 액세스 로그형 분석 시스템

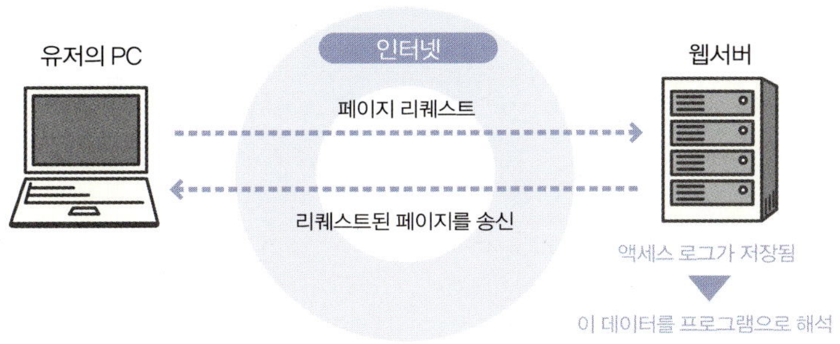

스의 단순한 리포트 정도라면 서버 설정만으로 충분히 대응 가능하다. 단 코퍼레이트 사이트와 회원 사이트 등 콘텐츠나 기능을 여러 웹 서버에서 분산 운영하며, 사이트 전체의 액세스 분석을 해야 할 경우에는 단일 유저에 대한 사이트 전체의 액세스 관리는 어렵다.

또한 대량의 액세스가 있는 사이트는 액세스 분석을 위한 기기확보 등 유지관리에도 비용이 들고(기본적으로 내부에서 어플리케이션을 운영하는 것이 일반적이므로), 실시간 분석이 불가능하여(일반적으로 일별 집계), 사이트 운영이 고차원적이고 복잡할 경우에는 적합한 액세스 분석 방법은 아니다.

❷ 태그형

액세스 분석을 하는 서버에 페이지가 표시될 때마다 액세스 기록을 송신하고, 그 기록을 이용해서 액세스를 분석하는 방법이다. 액세스 분석 대상이 되는 모든 페이지(파일)에 액세스 측정을 위한 스크립트 태그를 달아야 한다. 이 방법은 액세스 로그형의 결점을 보완하여 일반적으로 대규모 사이트의 액세스를 분석할 때 적용된다. 이 카테고리의 대표적인 어플리케이션으로는 'Site Catalyst(옴니추어)', '구글 Analytics(구글)', 'Visionalist(디지털 포레스트)' 등이 있다. 이 서비스는 ASP*라 불리는 서버기기 등의 인프라를 포함한 대여방식으로 운영되므로 서버운영 등에 드는 비용은 경감된다. 단 일정기간 이상의 이용을 전제로 하는 서비스라서 단기간 이용에는 적합하지 않을 수도 있다.

*ASP
application service provider의 약자

그림 4-11 : 태그형 분석 시스템

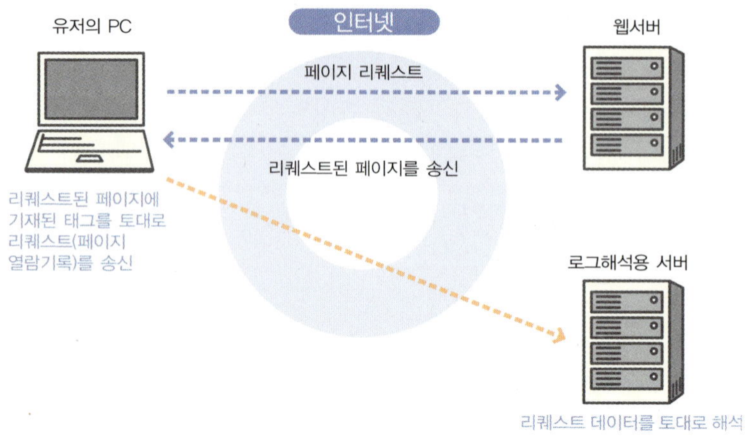

③ 패킷 캡처packet capture형

웹 서버를 운영하는 데이터센터의 동일 세그먼트(동일 네트워크)에 전용기기를 설치해서 웹 서버가 송수신하는 데이터(패킷)를 확보하여 실시간으로 분석 및 집계하는 방식이다. 이 방법에 해당하는 분석 툴로는 'RT metrics(AURIC SYSTEMS)' 등이 있다. 기본적으로 네트워크에 오가는 데이터를 확보해서 분석하기 때문에 HTML 페이지에 특수설정을 하지 않아도 된다. 여러 대의 서버를 이용한 대규모 사이트에서의 이용이 적합하며, 휴대 사이트의 액세스 분석에 이용되는 경우가 많다. 태그형과는 달리 기기를 도입해야 하므로 네트워크 기술자의 관여가 필요하며, 초기 도입비용이 크다. 단, ASP 서비스를 이용하는 등 자사에서 서버운영을 하지 않을 경우에는 도입할 수 없는 툴이다.

④ 시청률형

자사 사이트의 액세스와 경쟁 타사의 액세스를 비교할 때는 제3자에 의한 측정정보를 활용하는 것이 좋다. TV 시청률과 비슷한 방식인데 인터넷 유저 중에서 샘플을 추출하여 그 유저의 이용상황으로부터 통계에 의해 산출되는 사이트 액세스상황 데이터이다.

이들 서비스를 제공하는 회사로는 '비디오 리서치 인터랙티브'와 '네트레이팅스' 2개사가 있다. 또한 2008년에는 '구글'도 '구글 Trends for Websites'라는 서비스를 개시했다. 이들 서비스의 통계결과는 엄밀하게 따지면 자체적인 액세스 로그의 분석결과와 일치하지 않는다. 때문에 그 차이의 원인을 규명하는 것은 의미가 없다. 제3자 기관이 다양한 사이트의 접속 상황을 동일 기준으로 집계한 결과이기 때문에 자사 사이트와 타사(경쟁) 사이트와의 접속동향을 비교하기 위한 수단으로 이용하는 데 적절하다. 또한 접속하는 유저속성 비교 등 자사의 서버 로그분석으로는 알 수 없는 정보를 파악하는 데도 적합하다.

그림 4-12 : 패킷 캡처형 분석 시스템

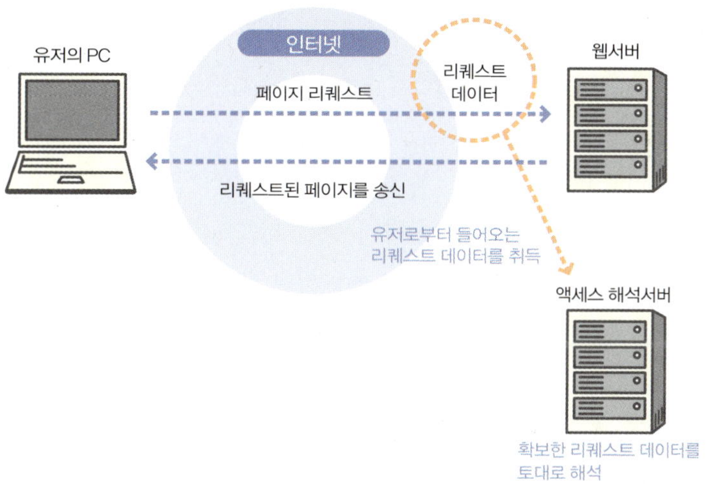

그림 4-13 : 시청률형 분석 시스템

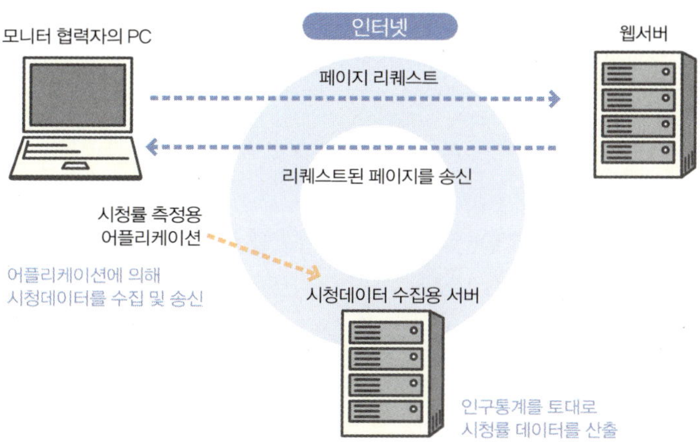

최근에는 모바일 사이트 등 휴대단말기의 액세스 분석의 필요성도 대두되고 있다. 휴대폰 액세스는 휴대폰회사(이동통신사)의 인프라 상황도 있어 특수한 측정방법이 필요하다. 때문에 단순한 액세스 분석형 툴이나 해외에서 개발된 어플리케이션은 적절한 분석을 할 수 없는 경우가 있으므로 도입 시 주의가 필요하다.

검색 사이트에 관한 기술

검색 사이트를 통한 유저 유입은 무시할 수 없는 상황에 이르렀다. 때문에 대응과 대책이 필요하다. 특히 PUSH형 콘텐츠의 경우에는 더욱 중요하다. 여기서는 검색 사이트가 어떻게 검색결과를 생성하는지, 그리고 그 대책 포인트에 대해 소개한다.

① 로봇robot(크롤러crawler)

검색 사이트는 검색결과를 표시하기 위해 기초적인 사이트 정보를 수집해야 한다. 초기의 검색 사이트는 디렉토리형이라고 하는, 사람이 사이트를 보고 적절하게 분류하는 방법이 주류였다. 최근의 주류는 별칭 로봇(크롤러) 프로그램이 사이트에 접속해서 그 링크를 따라가면서 사이트 정보를 자동수집한다. 링크를 따라가는 방법만으로는 모든 페이지에 접속된다는 보장이 없어, 로봇과 동시에 사이트의 모든 페이지 정보를 수집하기 위한 포맷이 짜여 있다. 우리는 사이트의 모든 페이지를 아무런 지장 없이 수집할 수 있도록 사이트 구조를 설계하고, 링크를 설치하고, 페이지 리스트 파일을 준비하고, 로봇이 해석하기 쉬운 HTML 기입 등을 할 필요가 있다.

② 검색엔진 최적화(SEO)

수집된 사이트 정보가 분석되고 저장(이를 인덱스라 함)되면서 검색결과로 표시된다. 인덱스의 대상으로는 텍스트(글자정보)뿐 아니라, 화상과 영상 등 모든 정보가 대상이 된다. 또한 과거에 검색엔진이 대응하지 못했던 플래시 내 정보도 분석할 수 있는 등 나날이 진화하고 있다.

최근에는 검색결과에 표시되는 순서, 검색결과 첫 페이지의 표시 여부가 중시된다. 이른바 SEO*대책이다. 상위에 오르기 위해 중요한 점은 다음과 같은 세 가지 요소이다.

*SEO
search engine optimization의 약자

- 링크가 많이 걸려 있는가?
  (많다는 것은 인기와 주목도가 높다는 뜻)
- 다른 웹사이트에서 어떤 식으로 참조하고 있는가?
  (어떤 언어로 링크가 걸려 있는가*)
- 링크원의 사이트 카테고리와 품질은?
  (동일 주제 및 양질의 사이트/페이지 링크는 가치가 높다**)

* 링크 레퓨테이션(link reputation)이라고도 함

** 링크 포퓰러리티(link popularity)라고도 함

이런 관점에서 검색 사이트는 사이트 평가를 실시하여 페이지의 랭크rank를 정한다. 또한 갑자기 검색 수가 증가한 키워드일 경우, 뉴스 등 비교적 새로운 페이지가 상위에 링크되는 등 인터넷 내의 주목도에 따라 랭킹방법이 변동된다.

원래 '구글'과 '야후! 재팬' 등은 유저가 원하는 사항에 대해 적절한 정보를 제공한다는 입장에서 정보를 수집하고 검색결과를 표시하기 때문에 만일 검색(분석)엔진을 기만하는 행위를 하면 검색결과에 아예 표시되지 않는 벌칙을 받을 수도 있다. 지나친 SEO에는 주의를 요한다.

③ 랜딩페이지 최적화(LPO)

최종적으로는 표시된 검색결과를 경유해서 접속했을 때 나타나는 페이지(랜딩페이지)가 중요하다. 그 페이지를 보고 유저들이 사이트에서 바로 떠나버리거나, 혹은 다른 페이지도 열람하거나 하기 때문이다. 이를 위해서는 유저가 어떤 검색 키워드로 방문했고, 어떤 행동을 취했는지를 파악해서 그 결과에 따라 랜딩페이지를 개선(최적화)하는 작업이 필요하다. 이것이 LPO*이다.

* LPO landing page optimization의 약자

LPO 실천방법으로는 액세스 분석결과에 입각하여 수동으로 수정 대응하는 방법과 시스템에 따라 최적 페이지를 자동생성하는 방법이 있다. 예산과 규모에 따라 대응하면 된다.

사람과 정보/정보와 정보/ 사람과 사람을 이어주는 기술 및 이어지는 기술

인터넷은 누구나 정보를 전달할 수 있는 미디어이다. 초기에는 유저의 활용도가 낮았고, 사이트 제작을 위한 지식과 툴이 필요했기 때문에 누구나 활용 가능한 것은 아니었다. 그러나 최근에는 유저의 활용도가 향상되었을 뿐

만 아니라 유저 개인의 표현활동과 유저끼리의 교류를 지원하는 사이트(어플리케이션)가 많이 등장했기 때문에 정보의 유통과 교류가 더욱 촉진되고 있다.

여기서는 마케팅 활동에서 활용되는 툴(사이트) 중에서도 사람과 사람, 정보와 정보, 사람과 정보의 만남 등을 이어주는 것으로 자주 거론되는 게시판, 블로그, 동영상 사이트, 집단지성, SNS 등에 대해 소개한다.

❶ 게시판

게시판은 인터넷이 등장하기 전의 PC통신 시절부터 존재한 것으로 텍스트를 통한 글작성과 열람이 가능한 서비스(기능)다. PC통신 시절에는 폐쇄된(한정된) 커뮤니티 안에서 공통화제를 주고받았는데, 인터넷에서는 불특정 다수의 유저들이 이용하게 되었다. 이에 따라 게시판의 특정화제가 기업과 세상을 뒤흔들 만한 영향력을 갖게 되었다.

그 중에서도 '2채널'(2ちゃんねる)은 일본의 인터넷 전자게시판의 대표격이다. 시사이슈를 비롯하여 컴퓨터, 스포츠, 취미, TV 프로그램 실황, 성인전용 등 다양한 주제의 전자게시판 카테고리가 있어, 그 카테고리 안에 있는 게시판에 투고하게 되어 있다.

한 남성이 한 여성을 사랑하게 되면서, 그 고민을 '2채널'에 고백하게 되었고 그 스토리가 《전차남》이란 책으로 출판되었다. 이 스토리는 후에 영화, TV 드라마로 제작되는 등 큰 사회적 현상을 일으키기도 했다.

또한 제품 관련 게시판으로 특화된 것으로는 'kakaku.com'의 입소문 게시판이 있다. 제품의 실제 사용소감과 사용법에 대한 질문 등 여러 내용

○ kakaku.com의 입소문 게시판

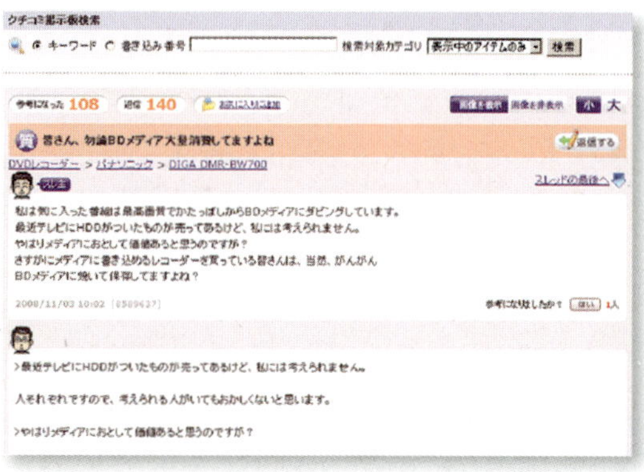

제4부 소비자와 소통하는 웹사이트

의 글이 있다. 여기에는 기업이나 매장 점원이 발신하는 정보가 아닌, 소비자의 생생한 목소리를 들을 수 있어 상품을 구매하기 전의 참고정보로 활용된다.

소비자의 의견을 직접 들을 수 있기 때문에 기업이 자체적으로 게시판 사이트를 개설하는 경우도 있다. 다만 이 경우에는 소비자는 자유로운 의사를 발신하고 행동하는 한편, 운영하는 기업에는 이해관계가 얽혀있기 때문에 상품과 서비스에 대한 직접적인 대화 등은 어렵다. 따라서 주변 화제(예를 들어 요리레시피나 애완동물 등 생활정보와 취미 등) 등 관련 주제에 대한 게시판을 전개하는 식의 접근이 많다.

게시판은 불특정 다수가 메시지를 주고받기 때문에 그 과정에서 비방이 시작되고 중상모략이 난무할 수 있으므로 공개성을 유지하는 동시에 품질(품격)을 유지하는 것이 쉽지 않다.

❷ 블로그

블로그는 사이트의 페이지 제작을 위해 필요한 HTML 등의 지식 없어도 페

그림 4-14 : 블로그 개설 동기에 의한 분류

자기표현 (30.9%)
- 자기표현, 스트레스 해소 등 내면적 효과를 중시
- 웹 일기로 이용
- 10대, 20대 비율이 높음

커뮤니티 (25.7%)
- 블로그를 통한 커뮤니케이션 중시
- '육아'를 주제로 한 블로그의 비율이 높음

사회공헌 (8.4%)
- 자신의 지식을 발신하여 사회에 공헌
- '돈 · 금융', '의료 · 수발', '지역'의 비율이 높음
- 40대 이상의 비율이 높음

수익목적 (10.1%)
- 경제적 수익을 중시
- '돈 · 금융', '컴퓨터 · IT', '지역'의 비율이 높음
- 10대, 40대 비율이 높음

아카이브형 (25.0%)
- 자기 정보의 정리 · 축적을 중시
- 취미 관련 주제의 블로그 비율이 높음
- 30대, 60세 이상의 비율이 높음

그림 4-15 : 블로그 합계, 기사 합계, 데이터 총량 추산

	블로그 합계 (만 블로그)	기사 합계 (백만 건)	데이터 총량 (테라바이트)	텍스트데이터 총량 (테라바이트)
인터넷에 공개된 블로그	1,690	1,347	42	12
그 중의 액티브 블로그※	308	568	20	5
과거에 개설된 블로그 (삭제된 것도 포함)	2,243	1,787	54	16

※액티브 블로그: 한 달에 한 번 이상 글이 갱신되는 블로그

총무성 정보통신정책연구소 '블로그 실태에 관한 조사연구' 2008년 1월

이지를 만들 수 있는 툴이다. 자신에게 일어난 소소한 일들을 일기처럼 써서 가볍게 페이지에 등록하고 갱신할 수 있기 때문에 폭넓은 유저에게 사랑받고 이용된다. 또한 Ameba*를 비롯하여 주요 포털사이트와 프로바이더가 블로그서비스를 무료로 제공한 것도 블로그 보급의 도화선이 되었다.

*Ameba
http://ameblo.jp/

최근에는 휴대폰을 통한 블로그 포스팅과 열람이 활발한데, 글을 정기적으로 업데이트하는 액티브한 블로그가 무려 308만 개나 존재한다는 조사 결과도 있다(〈그림 4-15〉).

블로그 방문자는 대부분 학교나 직장 등의 친구나 동료, 지인들이다. 블로거(블로그를 쓰는 사람) 중에서도 방문자 수가 많고 그 내용의 영향력이 큰 블로거는 파워블로거라 불리며 주목받는다. 연예인이나 전문가, 각 분야의 카리스마적 존재 등 영향력의 크기는 저마다 다르다. 잘 만들어지고 잘 다듬어진 웹사이트와는 달리, 블로거 자신이 직접 생생한 목소리를 내고, 또 남의 생생한 글을 읽을 수 있다는 친밀성과 친근함이 블로그의 장점이며 블로그가 사랑받는 이유이기도 하다. 이 외에도 블로그보다도 사적인 코멘트를 게재할 수 있는 툴로서 '트위터Twitter'* 서비스가 등장하는 등 다양한 용도와 상황에 맞춘 서비스도 제공되고 있다.

*twitter
http://twitter.com/

광고활동에서도 친근감을 위한 수단으로서 블로그를 활용하는 사례가 종종 있다. 기업이 상품 블로그를 만들어서 직접 정보를 생성하는 경우도 있고, 블로거에게 테스터를 보내서 상품을 직접 이용하게 한 후 그 소감을 올려달라고 하는 등 다양한 방법으로 활용된다. 광고활동에서 블로그를 활용할 때 명심해야 할 점은 기업은 소비자와 같은 눈높이를 갖고 진지하게 대화하려는 자세를 가져야 한다는 점이다. 코멘트를 의도적으로 제한하거나 블로거의 글이 기업에서 보수를 받고 쓴 내용이라는 것이 후에 들통 나

Ameba

트위터

면, 소비자의 신뢰와 기대를 저버릴 뿐 아니라, 해당 블로그는 테러를 당해 역효과를 낳는 상황이 실제로도 벌어지고 있다.

❸ 동영상 공유 사이트

네트워크 회선이 브로드밴드화되고 컴퓨터가 고성능화되면서 인터넷상의 표현이 눈부시게 발달되었다. 그리고 휴대폰의 고성능화로 화상과 동영상을 촬영해서 친구에게 보내고, 사이트에 올리는 등 함께 공유하는 행위가 확산되었다.

그 중에서 점차 주목받는 사이트가 '유튜브'*이다. '유튜브'가 등장하기 전까지는 동영상을 전송하기 위해서는 서버나 네트워크 회선 등의 인프라 및 운영 측면에서 상당한 비용이 들었다. 그러나 '유튜브' 덕분에 회원등록만 하면 비용을 들이지 않고 동영상과 음성을 전송할 수 있게 되었다.

* YouTube
http://www.youtube.com/

같은 동영상 서비스지만 '니코니코 동영상'*이라는 서비스는 업로드된 동영상의 타임라인에 맞춰 코멘트를 입력할 수 있으며, 그 입력된 타이밍에 코멘트가 표시되는 기능이 제공된다. 공유를 위한 기능과 스타일이 독특한 동영상 공유 사이트이다.

* 니코니코동영상
http://www.nicovideo.jp/

이러한 동영상 공유 사이트는 유저가 저작권을 침해한 동영상을 올릴

○ YouTube

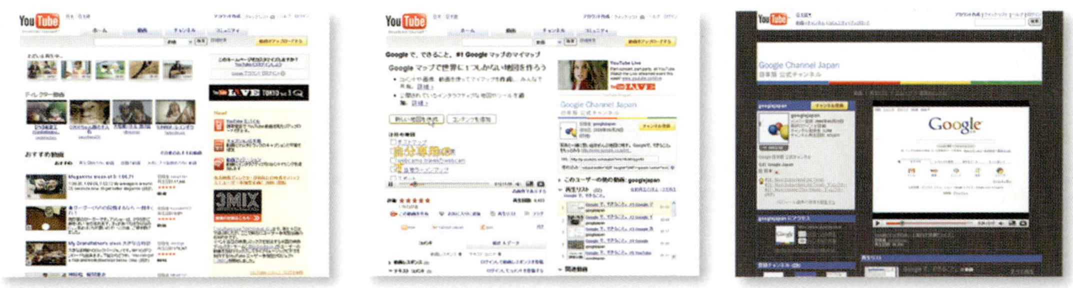

○ 니코니코 동영상

수도 있기 때문에 때때로 권리에 관한 문제가 발생한다. 그러나 최근 들어 일부 기업에서는 자사가 관리하는 사이트에서만 콘텐츠(정보)를 공개하는 것이 아니라, 구전효과를 유발하기 위한 목적으로 이러한 동영상 사이트를 적극적으로 활용하는 곳도 있다. 향후에는 창작활동의 근거지가 될 것으로 예상되지만 현재는 아직 발전 단계이다(인터넷과 저작권, p.150 참조).

④ 집단지성

인터넷 유저의 다양한 지혜와 지식을 집약화하고 공유하는 활동이 전개되고 있다. 대표적 사이트가 온라인 백과사전인 '위키피디아'*이다. 2009년 4월 현재, 265개 언어로 약 1,270만 기사(이 중 영어는 약 282만 기사, 일본어는 약 57만 기사)가 등록되어 있다.

* 위키피디아 (Wikipedia) http://www.wikipedia.org/ ※일본어 사이트는 http://jp.wikipedia.org/

이 사이트 명칭은 'wiki'(위키)라 불리는 툴을 통해 제작된 백과사전 encyclopedia이란 의미다. 위키라는 툴은 네트워크 아무데서나 누구나 문서를 고쳐 쓸 수 있고, 공동작업으로 문서를 작성, 편집할 수 있는 툴이다. 이 툴을 이용해서 여러 사람들이 자신의 전문지식과 취미 관련 정보, 관심정보(지혜와 지식)를 게재하고, 편집함으로써 집단지성이 형성된다.

'위키피디아'는 유저끼리의 자조노력으로 콘텐츠가 운영되며, 게재내용에 대해 익명으로 올릴 수 있으므로 내용에 대한 신빙성이 도마 위에 오르는 경우도 있다. 따라서 최근 들어 이러한 과제를 극복하기 위한 서비스도 등장하기 시작했다.

○ Wikipedia

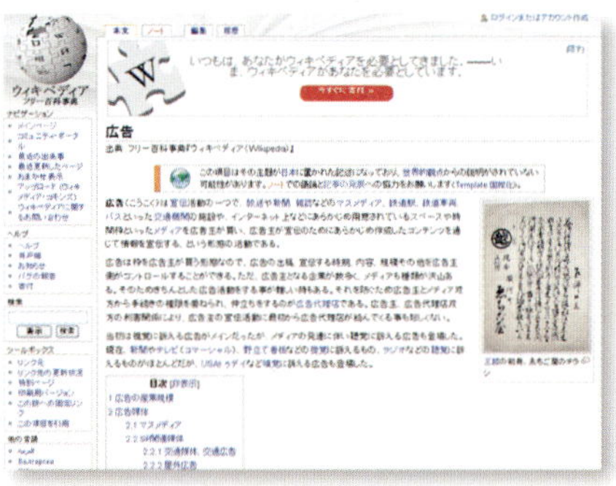

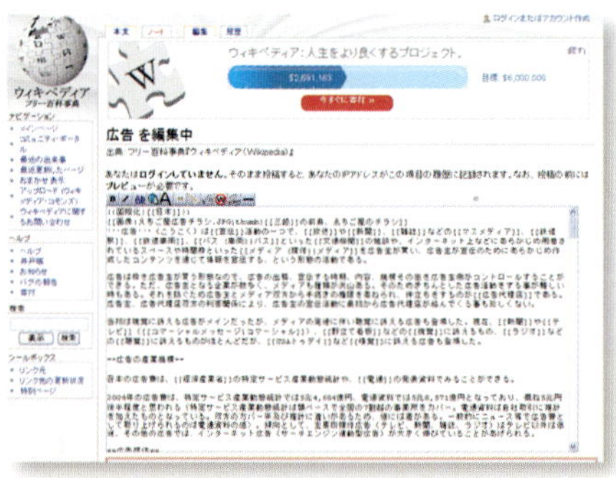

⑤ SNS (소셜 네트워킹 서비스)

일본의 유명한 SNS 사이트로는 'mixi'* 와 'GREE'* 등이 있다. 인터넷의 커뮤니케이션은 익명일 경우가 많아 과거에는 친구나 지인끼리의 커뮤니케이션은 웹을 경유하는 것보다 이메일 등 퍼스널 툴을 이용하는 경우가 많았다. 그러나 앞에서 말한 블로그와 소셜 네트워킹 서비스가 보급되면서 웹사이트를 통해 글을 주고받는 방식이 등장했다. 일본 최대 규모인 'mixi'의 회원 수는 1,630만 명을 넘어섰으며, 월간 PV는 약 143억에 달한다(2008년 12월 말 현재).

*mixi
http://mixi.jp/

*GREE
http://gree.jp/

SNS는 회원들을 위해 본인 사진과 프로필을 공개하는 기능, 친구등록 기능, 거주지역 및 취미, 출신학교 등 각 주제별 커뮤니티 기능, 공개범위를 설정할 수 있는 블로그나 동영상 앨범기능 등을 제공한다.

SNS가 이토록 보급된 이유는 옛 친구를 찾거나, 친구의 친구를 통해 연락이 끊겼던 친구를 찾는 등 인연을 찾는 즐거움에 있다. 학교와 직장 등 실생활의 관계(연결)뿐 아니라, 참여자가 서로 친구를 소개하거나 새로운 친구를 사귈 수도 있으며, 인연을 맺은 다음에는 적당한 거리감을 유지하면서 서로의 블로그 내용 등을 보면서 멀어지지도 않고, 지나치게 가까워지지도 않는 적당한 관계를 유지할 수 있다.

○ mixi

인터넷과 저작권

인터넷에서는 저작권 관련 트러블이 빈번히 발생한다. 기존 저작물을 이용한 2차적 창작물이 존재하기 때문이다.

현재는 사이트 운영자가 권리자 및 권리관리단체와 협의해서 권리처리를 권장하거나 권리를 침해한 콘텐츠를 삭제한다. 이런 저작권 트러블과 관련하여 자주 이슈가 되는 페어 유즈fair use와 새로운 저작권 관리 개념인 크리에이티브커먼즈creative commons에 대해 소개하겠다.

페어 유즈라는 개념

페어 유즈란 미국의 저작권법에 존재하는 규정이다(미국 1976년 저작권법 107조). "저작권자에게 무단으로 저작물을 이용한 경우라도 그 이용이 페어 유즈에 해당된다면 그 이용행위는 저작권 침해를 구성하지 않는다"는 내용이다. 페어 유즈 여부에 대한 판단 포인트로서 ① 사용목적과 그 성격(상업용 목적인지, 비영리 교육 목적인지 등), ② 저작권 저작물의 성격, ③ 사용(인용)된 분량 및 그 부분이 저작권 있는 저작물 전체에서 차지하는 비율, ④ 사용(인용)의 대상이 되는 시장에 미치는 영향(새로운 가치를 창출했다는 등), 또한 저작권 있는 저작물에 미치는 영향 등이 있다.

미국의 콘텐츠 중에는 저작물을 활용한 패러디도 눈에 띈다. 패러디는 어디까지나 그 대상에 대한 비평이 따르지만, 허가가 없어도 페어 유즈로서 이용이 인정되는 경우가 있기 때문이다. 한편, 일본에서는 허가 없이 사용할 수 있는 조건이 저작권법으로 명확하게 규정되어 있기 때문에, 저작권 있는 저작물을 이용한 창작물에 대한 해석 문제가 발생할 여지는 없다.

미국에는 이런 애매한 규정이 있기 때문에, 인터넷의 역동적인 변화에 발맞추어 새로운 룰이 마련되고 있다. 이런 상황을 감안하여 일본에서도 페어 유즈에 대한 논의가 범국가적으로 진행되는 상황이다.

크리에이티브 커먼즈

저작물을 모두 보호한다는 개념인 All Rights Reserved와 저작권이 종료되어 누구나 자유롭게 이용할 수 있는 No Rights Reserved의 중간에 있는 개념이 Some Rights Reserved이며, 이것이 크리에이티브 커먼즈 라이선스가 규정하는 저작권의 개념이다.

구체적으로는 이하 4가지 항목에 관한 취급을 권리자가 사전에 규정하고 공표함으로써, 정보를 이용하려할 경우에 장벽이 되기 쉬운 지적재산권이나 저작권 등의 법적 문제를 제거하고, 저작물의 제3자 이용의 촉진을 기본목표로 삼는다.

표시(*Attribution*)

해당 작품 이용에 관한 저작자의 표시를 요구한다

비영리(*Non commercial*)

비영리 목적에 한해 해당 작품의 이용을 인정한다

변경금지(*No Derivative Works*)

해당 작품을 있는 형태 그대로 이용하는 것만 인정한다

계승(*Share Alike*)

해당 작품에 부여된 동일 허가 조건을 계승하도록 요구한다

이러한 크리에이티브 커먼즈 개념의 기저에는 오픈소스와 프리 소프트웨어라는 개념이 깔려 있다. 원래 인터넷 보급을 뒤에서 지탱해 온 서버 OS '리눅스(Linux)' 나 웹 서버 어플리케이션 '아파치(Apache)' 등은 개발자(저작권자)간의 상부상조 활동을 통해 구축된 것임을 잊어서는 안 된다.

4-6

웹사이트 접목을 통한 새로운 가치 창조

광고 커뮤니케이션의 틀을 깬 몇 가지 사례를 소개하겠다. 이는 기존 상품 및 서비스에 인터넷을 접목시킴으로써 새로운 가치와 라이프스타일을 창조, 제안해서 폭넓은 소비자에게 수용된 사례이다. 이들 사례를 통해 자사 상품과 서비스를 인터넷에 접목시킴으로써 새로운 가치를 창조할 수 있는 계기를 찾았으면 한다.

*Nike+
http://nikeplus.com

조깅 슈즈 x 인터넷 = Nike+*
—달리는 즐거움을 공유하는 체험 창조

팔목에 감은 러닝 워치만 보면서 달리는, 때론 담담하고 무미건조해지기 쉬운 러닝을 더욱 즐거운 것으로 만들기 위한 제품을 나이키가 개발했다.

슈즈 안에 전용칩을 내장하고 이 칩과 통신할 수 있는 리시버가 장착된 '아이팟' 으로 음악을 들으면서 러닝함으로써 러닝 데이터를 얻을 수 있게 한 것이다. 러닝 후에는 그 '아이팟' 을 PC에 연결하면 속도와 거리 등 러닝의 세밀한 데이터를 관리하고, 축적할 수 있다. 특이한 점은 이들 서비스를 사이트와 연동시킨 점이다. 모든 참가자의 데이터를 사이트에 집약화함으로써 세계 각국의 러너와 비교할 수도 있고, 참가자간에 교류할 수 있는 장치를 만들었다.

소비자와의 커뮤니케이션 수단으로서 프로모션 사이트를 구축하는 방법도 있고, 이 Nike+처럼 상품을 구매한 후에 체험을 창조하는 사이트 구축 방법도 있다.

휴대음악 플레이어+음악판매 x 인터넷 =아이팟/아이튠즈iTunes/아이튠즈 스토어iTunes Store —음악을 구매하고, 휴대하고, 즐기는 것을 하나로 이어 준 서비스

2001년 10월에 새로운 휴대음악 플레이어가 출시되었다. 이는 기존의 카세트테이프와 CD, MD처럼 미디어를 재생하는 것이 아니라, 그 당시에는 아직 일반적이지 않았던, PC에 저장된 음악데이터를 전송해서 재생하는 타입의 음악플레이어였다. 그 제품명은 '아이팟'. 매킨토시Macintosh를 개발한 '애플' 사가 개발한 것이다.

그 당시에는 유사한 제품들이 난립하고 있는 상황이었다. 그런데 현재 '아이팟' 이 압도적인 점유율을 차지하는 이유는 무엇일까?

이는 음악 플레이어만을 판매하는 것이 아니라, 인터넷 서비스와 연계해서 음악과 청취자를 이어주는 시스템 및 디자인이 다른 제품보다 월등했기 때문이다.

'아이팟' 에는 컴퓨터와 연결해서 음악을 재생 및 관리하기 위해 '아이튠즈' 라는 어플리케이션이 달려 있다. 이 '아이튠즈' 는 '아이팟' 의 관리툴에 불과했는데, 첫 '아이팟' 출시 2년 만에 큰 변화가 일어났다. 2003년 4월에 '아이튠즈' 를 이용해서 음악 소프트웨어를 인터넷을 통해 구매할 수 있게 된 것이다. 이 구매채널(판매점)인 '아이튠즈 스토어' 와 연계함으로써 듣는 것과 구매하는 것이 하나의 어플리케이션 안에서 연계되고 통합적으로 이용할 수 있게 되었다.

이런 제품과 웹사이트(전자상거래 사이트) 서비스의 제공으로 '아이팟' 은 1.7억 대 이상 판매되었으며, '아이튠즈 스토어' 는 설립 5년 만에 5,000

아이팟(제1세대)

아이튠즈 스토어(음원판매)

아이폰 3G

만 명 이상의 고객을 확보하게 되었다. 음악 소프트웨어의 판매를 보면 2008년 1~2월의 음원판매에서 대형 소매점인 월마트를 제치고, 전미 최고의 음악소매업체로 부상했으며, 2009년 1월에는 판매건수가 60억 곡을 넘어섰다.

또한 인터넷상의 음성 콘텐츠 유통 촉진을 일으켜, '팟캐스팅PodCasting' 이란 인터넷 라디오를 중심으로 한 새로운 음성정보 유통을 구축한 것도 기억에 새롭다.

서비스 확장은 계속된다. '아이튠즈 스토어' 에서는 영상 소프트웨어나 게임전송도 시작하는 등 '아이팟' 은 음악 플레이어 외에도 그 기능을 확대하였으며, 2008년 9월에 출시된 버전에는 '지니어스Genius' 라는 기능이 추가되었다. 이 새로운 기능은 '아이튠즈' 이용자가 소유한 음원 리스트를 인터넷을 통해 수집해서 많은 사람들의 데이터를 토대로 일정 알고리즘*에 의해 궁합이 좋은 음악리스트를 작성해주는 것이다. 여기서도 인터넷을 활용한 유저간의 정보공유와 그 반영(피드백)의 개념이 활용되었다.

* 알고리즘(algorithm) 컴퓨터가 어떤 일을 수행하기 위한 절차인데 특히 검색엔진 업계에서는 '어느 검색결과를 상위에 표시할 것인가' 등과 같은 정보 정리를 위한 계산방식을 가리키고 있는 경우가 많음.

인터넷의 활용은 기존의 음악감상 방식을 바꿔놓았으며 음악과 만나는 새로운 방식을 제안함으로써 사람들의 라이프스타일까지 변화시켰다. 또한 음악 소프트웨어 유통에도 일대 혁신을 일으키며 새로운 가치를 창출했다. '아이팟' 및 그 주변 비즈니스의 성공은 애플이란 기업의 브랜드 가치 제고에도 크게 기여했다.

'애플' 사는 더욱 새로운 가치창조에 힘쓰고 있다. 2008년 일본에서도 시판된 '아이폰iPhone' 은 기존의 휴대폰 개념을 뒤엎었다. 과거에 경험한 적 없는 획기적 인터페이스는 물론 '아이팟' 에 통신이란 기능을 추가함으로써 새로운 정보단말기의 활용, 어플리케이션의 새로운 유통을 창조하였다. 휴대폰과 PC의 장벽을 제거하는 첫걸음일지도 모른다.

4-7

웹사이트 구축에서 중요한 점

유저와 대화하는 웹사이트를 구축하기 위해서는 커뮤니케이션 설계, 채널, 기술 등 3가지 관점을 포괄적으로 바라보면서 균형 있게 진행해야 한다. 앞서 언급한 사례에서도 알 수 있듯이 이를 실천하는 사이트는 많은 유저를 확보하고 주목받고 있다. 이런 사이트가 되기 위해 사이트 설계 작업 시 중시해야 하는 7가지 비결을 마지막으로 소개한다.

❶ 구조 및 시스템을 복잡하게 만들지 않는다

유저가 직감적으로 이해할 수 없는 웹사이트는 잘 활용되지 않는다. 따라서 사이트에 관련된 다양한 툴 및 기술을 활용할 때는 사용목적과 이용장면을 구체적으로 생각한 다음에 알기 쉽고 심플한 구조로 만들 필요가 있다. 또한 복잡한 시스템은 구축과 제작에 시간이 지나치게 소요되거나 잘 작동하지 않는 등 뜻하지 않은 문제가 발생할 수 있다. 구축할 때는 면밀한 사전준비와 이미지 구현이 필수다.

❷ 다른 사이트나 가능과의 연결을 의식한다

웹2.0 시대가 되면서 여러 정보를 이어주기 위한 다양한 툴이 공개되고, 이용되고 있다. 따라서 더 이상 웹사이트 하나만으로 정보가 완결되지 않는다. 사이트에서 제공하는 기능과 정보에 대해 단독으로 생각하는 것이 아니라, 다른 사이트와 어떤 연결성(링크나 이용의 연관성)이 있는지, 어떻게 보이는지(보여지는지) 등 연결을 의식한 검토 및 설계가 필요하다.

❸ 유저 입장에서의 사용 편의성을 명심한다

화려한 기능, 디자인에 집착한 나머지 오히려 사용하기 불편한 사이트가 되어 버리는 경우가 있다. 유저의 니즈나 이용상황, 사용 편의성을 고려해야 한다. 제작과정에서 유저가 실제로 이용해보도록 하여 편리성에 대해 검증

하거나usability test, 유저의견과 소감을 수렴해서 설계 및 제작에 반영하는 것도 도움이 될 것이다.

④ 데이터에만 치우치지 않는다

액세스 로그처럼 세부 데이터만 취득했다고 만족해서는 안 된다. 특히 지속적 활동이 필요한 PDCA*를 실시할 경우에는 일별, 주별, 월별 단위로 필요한 정보와 1년에 1~2번 정도의 분석이면 충분한 정보를 구분, 관리하지 않으면 지속하는 것이 어려워져서 목적을 잃어 버릴 가능성이 있다. 때문에 결과를 어떻게 활용할 것인가 하는 관점(가설)에 선 준비 운영이 필요하다.

*PDCA
Plan(계획), Do(실행), Check(평가), Action(개선) 등 4단계 사이클을 통해 작업의 지속적 개선을 도모하는 개념. 광고 작업의 경우에는 플래닝부터 실시해서 광고효과 측정을 통한 평가, 개선 등 일련의 사이클을 나타내는 개념을 말함(→p.205).

⑤ 개인정보 보호의 관점을 가진다

지속적 이용을 촉구하는 사이트일 경우에는 어떻게 유저의 관여도를 높이고 재방문을 늘리는가가 관건이다. 따라서 도움이 될 만한 정보를 최적의 형태로 개별적으로 제공할 필요가 있다. 이런 정보의 제공은 유저가 등록한 성별, 연령, 주소 등의 개인정보를 비롯해 페이지의 열람, 검색결과 등 행동이력 등의 정보를 확보함으로써 가능하다. 여기서 개인정보 보호라는 관점이 중요하다. 유저의 어떤 정보를 확보했는가? 그것을 어떻게 취급하고 있는가? 등의 내용도 확실하게 명시해서 유저가 불안해하지 않도록 대응해야 한다. 또한 이러한 정보공개와 함께 개인정보 유출을 방지하기 위한 시스템과 운영상의 감사 및 운영 프로세스의 정기적 리뷰를 게을리해서는 안 된다.

⑥ 팀 전체에서 의식을 공유한다

대규모 사이트를 구축할 때는 기획부터 공개까지 6개월~1년 정도 소요되는 경우가 있다. 따라서 작업의 진행방식이 중요하다. 특히 제작 및 개발 전에 실시하는 요건 정의가 매우 중요하다. 이 작업을 통해 개발하고자 하는 사이트의 목적과 전략 등의 기초를 제대로 수립하고 이를 위한 구조, 구성, 기능을 검토해야 한다. 사업 주체자와 제작 및 개발 관련자들 사이에서 함께 생각하고, 공유하고, 결정하는 방식에 따라 프로젝트를 진행하는 것이 좋다.

또한 제작 및 개발 전에는 작업내용에 관한 문서(개발사양서 등)를 읽고 상호확인 및 교환해서 작업내용과 각자의 역할을 명확하게 하여 서로 오해나 불분명한 점이 없도록 해야 한다. 또한 경우에 따라서는 성과물의 저작권이나 지적재산권의 소재 여부도 확인해 둘 필요가 있다.

⑦ 스피드감 있는 조직 및 체제 구축이 중요하다

기술은 계속 진화, 발전하고 있어 지금은 불가능할지라도 1년 이내에 실현될 가능성이 매우 높다. 따라서 현 시점의 기술적 제약 때문에 아이디어나 기획에 제약을 가해서는 안 된다. 또한 떠오른 아이디어나 기획은 스피드감 있게 실시하고, 실현해야 한다. 현 시점에서는 참신한 기획이라도 1년이 지나면 진부해질 수 있기 때문이다.

그럼 이런 스피드감 넘치는 영역에서 활동할 때 무엇이 중요할까? 소비자의 접점이 될 수 있는 여러 미디어를 통합적으로 바라보고 접목, 융합시킬 수 있는 플래너, 각각에 대해 최적의 표현을 창조하는 크리에이터, 이를 구현하는 프로그래머, 전체를 총괄하는 프로듀서 등 이들 팀의 스태프들이 모두 하나가 되어 서로의 영역을 포괄한 다양한 관점을 갖고 작업에 임해야 한다.

웹사이트는 소비자와의 직접적인 접점이다.

직접적인 접점이므로 기업의 상품, 서비스, 사회에 대한 자세나 의지가 그대로 투명하게 드러난다. 함께 즐기면서 제작한 사이트에는 즐거움이, 열심을 다해 숙고 끝에 탄생한 사이트에는 그 혼이, 어딘가 무리하면서 제작한 사이트에는 그 무리가 그대로 베어난다.

소비자와의 커뮤니케이션 허브로서 최적의 사이트를 창출하기 위해서는 상품, 서비스, 이용자, 고객 등 관련된 모든 대상들과 진지하게 마주보아야 한다. 미디어나 수단을 우선시하는 것이 아니라 수용자의 여건에 맞추어 접점을 만들고, 그곳에 최적의 콘텐츠를 제시하고 제공한다. 기교나 특수장치에 집착하지 말고, 소비자와 진지하게 대면하면서 진행해야 한다. 이러한 점들을 항상 의식해서 작업하는 것이 소비자와 대화하는 사이트를 구축하기 위한 첫걸음이다.

제4부에서 소개한 이하 광고작품들은 모두 칸국제광고제 수상작품이다(게재 순서대로).

- BMW, The Hire: BMW Films Campaign (2002년 수상)
- 슈에이샤, 점프 스퀘어 [검색하지 마세요] 캠페인 (2008년 수상)
- 소니, BRAVIA 'Balls' (2006년 수상)
- 쇼가쿠칸, 코믹 쇼가쿠칸 북스 (2007년 수상)
- 유니클로, UNIQLOCK (2008년 수상)
- 나이키, NIKE+ (2007년 수상)

제4장 참고문헌

■ 웹사이트 사례에 관한 참고문헌

《인터랙티브광고연감 JAPAN INTERACTIVE ADVERTISING ANNUAL-09》 Tokyo.interactive.ad.awards.jp 편, 임프레스 재팬, 2009.

《실천! 최신 디지털 마케팅》, 선전회의 편, 선전회의, 2008.

〈광고비평〉 No.316(2007년 7월호), "특집 웹광고 10년!", 마도라출판, 2007.

《웹 캠페인의 전개법》, 渡 英輝 외, 임프레스 재팬, 2007.

《웹 디자인의 [프로니까 생각한다]》, 鎌田貴史 외, 임프레스 재팬, 2008.

《기억에 남는 웹사이트 탑 크리에이티브 10팀의 인터뷰집》, 인터뷰어: 川上俊, 栗田洋介 · 深澤慶太 편, BNN신사, 2008.

《인터랙티브의 유파》, 吉原有希, 임프레스 재팬, 2007.

■ 웹사이트 제작실무에 관한 참고문헌

《웹 업무력이 향상되는 표준 가이드북 4 웹 프로듀스》, 워크 코퍼레이션, 2007.

《웹 디렉션의 성공법칙 48》, 大谷秀映 외, 쇼에이샤, 2007.

《웹 비즈니스를 위한 유니버설 디자인의 성공법칙 65》, 濱川智, 주식회사 카렌 쇼에이샤, 2006.

■ 웹사이트에 관한 기본지식이 향상되는 참고문헌

《웹 업무력이 향상되는 표준 가이드북 1 웹 리터러시》, 워크 코퍼레이션, 2007.

《모바일 마케팅》, 恩藏直人 · 及川直彦 · 藤田明久, 일본경제신문출판사, 2008

《웹을 바꾸는 10의 파격적 트랜드》, 소프트뱅크 크리에이티브, 2007.

《최강의 웹 커뮤니케이션 시나리오》, 濱川智 ,닛케이BP사, 2007.

제 5 부

실험에서 실전으로

— 인터넷광고 플래닝의 기본 관점

스기우라 도모히코 杉浦友彦

5-1

기업의 인터넷 활용은 진정한 성과를 내고 있는가?

컨택 포인트 설계의 허브로 곧잘 활용되는 인터넷이 광고활동 전체의 효과를 높이는 효율적인 레버리지(지렛대)가 될 수 있다는 것은 제4부까지에서 설명했다. 이 정도의 잠재력을 지닌 인터넷을 향해 기업 마케팅 담당자의 기대 어린 시선이 모아지면서 새로운 미디어와 기술이 활용된 다양한 시행착오가 일어나고 있다.

그 대응은 각양각색이다. 기업이 자사 홈페이지를 구축하여 회사정보나 상품정보를 발신하는 것은 최근에는 완전히 일반화되었다. 그 중에서도 고객을 확보하는 주요 채널로 인터넷을 활용하는 일부 산업(금융, 보험, 통신판매, 인재서비스 등)에서는 이미 광고예산 대부분이 인터넷광고에 투입되며, 그 비용대비 효과(ROI: *return on investment*)를 최대한 올리는 것이 마케팅 과제의 중심이 된다.

한편 상품 및 서비스 판매를 오프라인에서 중심으로 하고, 인터넷이 아직 보완적 채널에 머무르는 산업(식품/음료, 화장품/생활용품 등)에서는 광고예산 중 불과 몇 %의 투자에 그치는 경우도 많다.

그런 가운데 인터넷광고 실무에 종사하는 한 사람으로서 강하게 느끼는 점이 있다. 일본에서는 대부분의 기업이 여전히 인터넷을 실험적 커뮤니케이션의 장으로밖에는 활용하지 못하고 있다는 점이다. 기존의 판매 및 유통채널이 견고한 대기업일수록 그 경향이 강한 듯하다(아마도 기존채널의 영향이 너무 강해서 갈수록 확대되는 소비자의 변화를 실감하기 어렵기 때문일 것이다). 예를 들면 전체 광고예산 중에서 실패해도 타격이 없을 정도의 일부 예산을 할애하여 웹사이트를 제작하고, 거기에 사람을 유인하기 위한 배너광고를 집행한다. 그 결과 '몇만 명이 사이트를 방문했다' 는 것은 측정되어도, 그것이 모든 마케팅 활동 가운데 얼마만큼 중요한 역할을 해냈고, 인터넷이 등장하기 이전 방식에 비해 효과는 어떠했는지, 비용대비 효과는 높았는지가 제대로 검증되는 일이 드물다.

인터넷의 대단한 점이면서도 난해한 점은 '무엇이든 가능하다' 는 것과

'기술의 진화가 너무 빠르다'는 것이다. '무엇이든 가능하다' 보니 믿는 도끼에 발등 찍히는 기업이 많으며, '기술의 진화가 너무 빠르다' 보니 새로운 무언가를 한다는 것 자체가 목적화되어 진정한 성과를 얻기 위해 추구해야 할 것을 간과하기 쉽다.

지금이야말로 인터넷을 실험의 장이 아닌 실전의 장으로 재인식해야 할 때가 아닐까 싶다. 기업의 마케팅 목표에 진정으로 기여할 수 있는 인터넷의 활용방법이란 어떤 것일까? 그것은 결코 새로운 것이 아닐 수도 있으며, 과제에 따라서는 인터넷을 사용하는 것보다는 기존 미디어에 예산을 투입하는 편이 나을지도 모른다.

다만 한 가지 말할 수 있는 것은 이만큼 대중이 모인 장(場)을 효과적인 커뮤니케이션 매체로 활용하지 않을 수는 없다는 것이다. 그리고 거대한 가능성을 지닌 그 장을 가장 적절하게 활용하는 방법을 찾아낸 기업이야말로 차세대 고객확보 경쟁을 유리하게 이끌고 승자의 자리에 근접할 수 있다고 생각한다.

여기 제5부에서는 인터넷광고의 실전적 플래닝이라는 주제로 기업광고 및 마케팅 담당자가 인터넷 영역에 대한 마케팅 투자를 하는 데 있어 경영적으로도 안정된 성과를 얻기 위한 실리적, 실용적 어프로치와 함께 알아두어야 할 기본적 규범에 대해 설명하려고 한다. 신기술이나 최첨단 사례를 원하는 독자에게는 충분하지 않을 수 있으나 그 취지를 이해해주기 바란다.

플래닝이란 95%의 평범한 아이디어일지라도 안정적인 성과를 내는 것

기업의 광고 커뮤니케이션 활동에서 크리에이티브의 파워는 절대적이다. 극단적으로 말해 누구나 화제로 삼고 싶어할 만한 광고표현이나 캠페인 아이디어가 있다면 큰 예산을 들이지 않더라도 TV프로그램이나 많은 블로그에서 회자되어 그 상품은 입소문을 타고 퍼져나갈 것이다. 특히 인터넷이라는 미디어의 등장이 이를 더욱 증폭시켰다.

결국 플래닝의 첫 걸음이 되는 핵심 아이디어 여부에 따라 그 결과의 성패가 크게 좌우된다. 같은 광고예산을 투입했다 하더라도 강한 흡인력이 있는 장치, 이른바 빅 아이디어가 있다면 그 효과는 몇 배, 몇십 배가 된다.

그러나 기업의 전반적 커뮤니케이션 활동에서 그런 빅 아이디어를 창출해내기란 쉽지 않을뿐더러, 10할 타율로 안타를 계속 치는 것은 사실상 불가능하다. 스타 크리에이터는 세상에 그렇게 많이 존재하지 않는다.

전혀 다른 분야지만 참신성과 혁신성이 요구되는 특허세계도 비슷하다고 한다. 세계적으로 공개된 250만 건의 특허정보를 분석한 결과에 따르면, 그 중 5%만이 진정한 혁신적 발명이라 할 만한 것이고, 나머지 95%는 기존 지식을 개량한 것이라고 한다. 이 사례는 우연한 번뜩임에만 의존하지 않고 개선을 거듭하면서 더욱 확실하게 해결책에 접근해나가는 것이 중요함을 보여준다(과거의 특허지식을 체계화함으로써 다른 발명에 응용하는 방법은 구 소련에서 개발한 트리즈[TRIZ: Teoriya Resheniya Izobretatelskikh Zadatch, theory of inventive problem solving]라고 불리는 문제해결 어프로치 방법인데, 일본의 전자제품 대기업에서 활용된다).

광고업계에서도 피부로 느끼는 것은 비슷하다. 95%의 아이디어는 과거의 재탕 같은 평범한 것인데, 그것만 가지고 압도적인 화젯거리를 만들기란 어려운 일이다.

기존에 출간된 양방향 커뮤니케이션 관련 노하우를 다룬 책들은 대부분 소액예산으로 성공한 입소문 캠페인이거나, 반대로 대규모 예산이 전제된 큰 이벤트나, 유명모델을 내세운 캠페인 등 이른바 5%의 빅 아이디어로 성공한 사례가 다루어지는 경우가 많았다. 물론 여기서도 많은 영감을 얻을 수 있다.

그러나 동시에 그것은 어디까지나 이상에 지나지 않음을 냉정하게 인식하는 것도 중요하다. 필자는 광고 및 마케팅에 종사하는 사람이라면 5%의 빅 아이디어를 추구하는 한편, 95%의 평범한 방식일지라도 투입하는 광고예산에 대한 안정된 성과를 담보할 수 있는 현실적 플래닝 기법을 습득하는 것이 중요하다고 생각한다. 광고주가 막대한 예산을 들이는 만큼 그것은 광고대행사 사람이라면 지켜야 할 최소한의 책임이기 때문이다.

5-2

우선 인터넷 활용의 맥(脈)을 잡아라

통합형 플래닝에서 양방향 플래닝으로 가는 가교역할

이 책은 양방향 커뮤니케이션 활동에 초점을 맞추긴 했으나, 기업의 커뮤니케이션 활동 전반적으로 볼 때 인터넷은 극히 일부 수단에 지나지 않는다. 따라서 인터넷으로 무엇을 할지는 IMC 전략의 일환으로 결정된다고 할 수 있다.

그렇다면 통합형 커뮤니케이션 플래닝과 양방향 커뮤니케이션 플래닝을 어떻게 정리하고 연동시키면서 실전적 플랜에 접목시켜 나가면 좋을지에 대한 일반적인 과정은 다음과 같다.

양방향 플래닝에 돌입하기 전의 기본전략 구축단계에서는 기업 캠페인의 최종목표 설정이 기점이 된다(〈그림 5-1〉의 ①). 이를테면, '신상품 매출 ○○억 엔 실현', 'F1층(20~34세 여성)의 브랜드인지 ○○% 확보'와 같은 목표설정이다. 광고 커뮤니케이션 세계에서는 그런 과제가 부여된 기업의

그림 5-1 : 실전적 플래닝의 과정

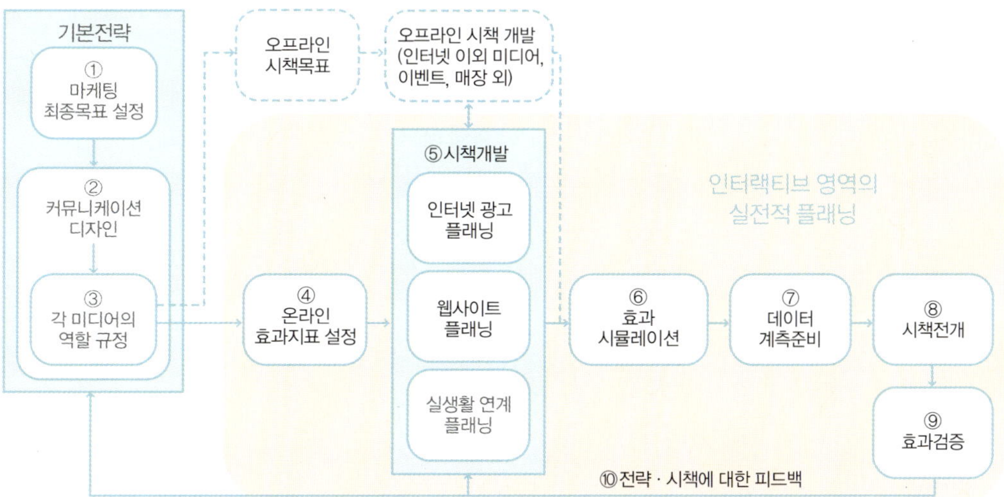

광고 담당자와 광고대행사가 필요한 환경분석 및 타깃분석을 토대로 지향하는 상품 포지셔닝과 이를 실현하기 위한 콘셉트 및 메시지의 방향성 등 대략적인 커뮤니케이션 방침을 세워나가게 된다(원래는 이 일련의 과정만으로도 한 권의 책을 구성할 만한 주제이지만 이 책의 취지는 아니므로 생략하기로 한다).

그리고 현실적인 전개 플랜을 수립할 때 중요한 점은 소비자와의 접점을 어떻게 연계해서 최종목표를 향해 나갈지를 계획하는 커뮤니케이션 디자인(〈그림 5-1〉의 ②)의 과정이다.

커뮤니케이션 디자인이란 기업의 상품 및 서비스를 선택하게 만드는 장치 그 자체를 말한다. 다시 말하자면,

1. 어떤 가치관이나 니즈를 가진 소비자에게
2. 어떤 이익이나 메시지를
3. 어떤 컨택 포인트를 통해 전달하고
4. 그것을 통해 어떤 태도변화를 일으키며
5. 최종적으로 어떤 행동을 하게 하는가

등과 같이 소비자를 움직이게 하기 위한 시나리오 전체를 종합적으로 설계하는 것이다. 그 과정에서 인터넷이라는 미디어/컨택 포인트에 어떤 역할을 부여할지(〈그림 5-1〉 ③) 여부가 이 글의 취지인 실전적 양방향 플래닝으로 가는 가교역할을 하게 될 것이다.

인터넷의 장단점을 파악한다

커뮤니케이션 디자인은 기업이나 상품을 '현재상태'에서 '최종목표'까지 도달시키기 위한 지도구축 작업이다. 인터넷에 국한하지 않고 미디어 뉴트럴media neutral 관점에서 TV, 라디오, 신문, 잡지, 매장 내 프로모션 등 다양한 미디어나 컨택 포인트 활용을 검토하면서 플래닝을 하게 된다.

〈그림 5-1〉의 ③ 각 미디어의 역할 규정 과정에서 인터넷 활용의 맥을 놓치지 않고 인터넷의 잠재력을 최대한 살리기 위해서는 인터넷의 장단점을 정확히 파악하는 것이 중요하다.

〈그림 5-2〉는 화장품(스킨케어) 카테고리를 예로 들어 소비자의 구입검

그림 5-2 : 화장품 카테고리의 컨택 포인트 평가

인지 · 이미지 형성 → 흥미 · 관심 → 검색 · 정보수집

인상에 남는다		흥미 · 관심을 갖는다		상품 정보를 알아 보았다	
1 TV CF	48.8	1 TV CF	37.3	1 화장품 회사 웹사이트	14.9
2 일반잡지 광고	24.3	2 일반잡지 광고	27.5	2 TV CF	7.7
3 지하철 내부광고	23.2	3 화장품 회사 웹사이트	22.4	3 가격비교 사이트 및 입소문 게시판	6.1

타깃: 30~60대 여성, n = 375
덴츠 'VALCON' 2006년

토 과정에서 어떤 미디어/컨택 포인트가 소비자의 심리변화에 효과적으로 작용했는지를 조사한 것이다. 그 결과를 보면 인지 또는 이미지를 형성하는 (상품을 인상에 남게 하는) 데는 TV와 잡지가 우위를 보였는데, 흥미/관심을 갖는(상품을 조사하는) 단계에서는 웹사이트 광고가 정보원으로서 효과적으로 작용함을 알 수 있다. 이러한 사실로 인해 'TV에서 초기 이미지를 형성하고 배너광고를 통해 흥미를 갖게 한 다음 사이트로 유도하여 구매의욕을 제고한다' 는 커뮤니케이션의 대략적인 시나리오와 각 미디어의 역할을 가시화할 수 있을 것이다.

이런 내용은 인터넷광고 분야에서 충분한 경험치가 축적된 사람에게는 지극히 당연한 얘기일 것이다. 그러나 여기서 주의해야 할 점은 이렇게 수많은 미디어를 함께 생각할 때, 인터넷의 상대적 역할과 장단점을 항상 머릿속에 정리해서 인식하고 있어야 한다는 점이다. 그렇지 않으면 온갖 새로운 방식이 쏟아져 나오는 와중에 인터넷 활용의 맥을 놓칠 수 있다.

참신성이나 재미만을 추구하느라 수단과 목적이 뒤바뀌는 일이 없도록 전반적인 커뮤니케이션 디자인을 하는 가운데, 인터넷에 부여하는 역할을 냉정하게 판단하는 것이 중요하다.

세 가지로 대별되는 양방향 시책의 패턴

인터넷을 통한 기업의 공략법은 다양하다. 배너광고, 동영상 광고, 텍스트 광고, 검색연동형 광고, 웹 콘텐츠 등 각각의 개요와 특장점에 대해서는 제4부까지 소개한 것과 같다.

그 중에서 무엇을 핵심적으로 활용할지는 〈그림 5-1〉의 ③단계에서 설

정한 인터넷의 역할에 따라 다르고 업종이나 처한 환경에 따라 어프로치도 달라진다. 가령 AISAS 구매행동 프로세스에 따라 생각해보면 양방향 시책은 크게 세 가지 패턴으로 구분된다(〈그림 5-3〉).

첫째, 다수의 소비자에게 광고를 전달하여 상품을 알리고, 그 중 조금이라도 흥미를 가진 사람을 웹사이트로 유도하는 시책인 ① 리치reach 전개이다. 주로 포털사이트 상단의 배너광고 등이 여기에 해당되는데, 이 어프로치는 매스미디어 광고 활용법에 가까우며, 아직 니즈가 잠재적인 타깃층을 포함하여 수요를 유발하는 역할을 한다. 인터넷 인구가 증가함에 따라 최근에는 1,000만 명 이상에게 전달되는 광고상품도 늘어 향후 더욱 활용될 것으로 기대되는 영역이다.

둘째, 전달되는 소비자는 한정적이지만 이미 니즈가 생성된 층에게 효율적으로 어프로치하는 ② 타깃팅 전개이다. 전문 웹사이트의 광고나 새로운 방식의 행동타깃팅, 검색연동형 광고 등이 이에 해당된다. 그야말로 인터넷이기에 가능한 활용법이다.

셋째, 상품에 대한 이해촉진이나 브랜드에 대한 호감형성, 경우에 따라서는 캠페인 이벤트 응모나 상품정보 요청과 같은 행동까지 유발하는 ③ 인게이지먼트engagement 전개이다. 인터넷이 등장한 이래 유망한 잠재고객을

그림 5-3 : 세 가지 양방향 시책의 패턴

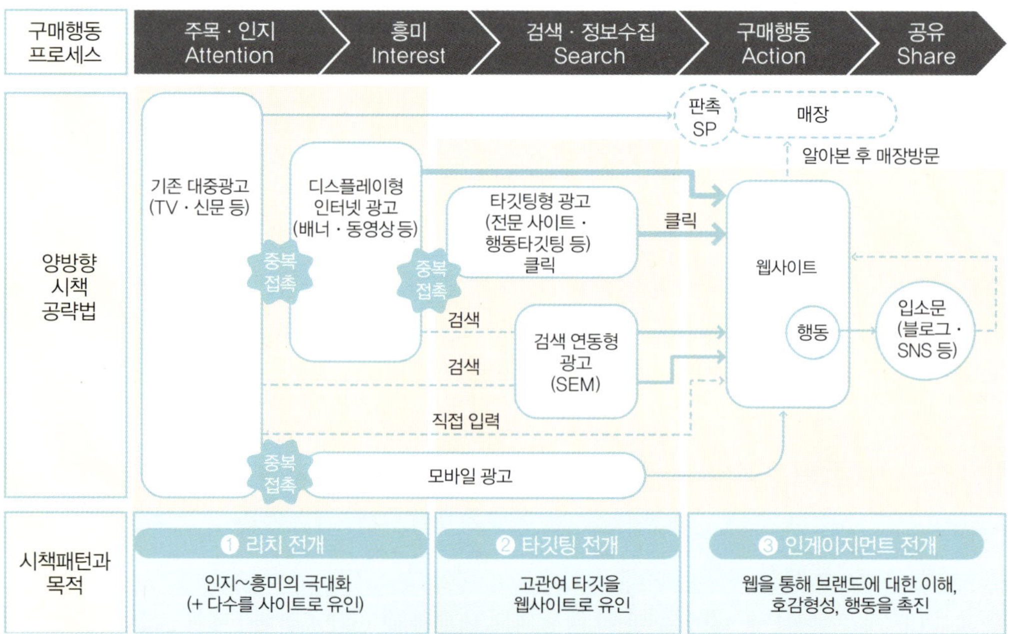

구매로 연결시키거나 나아가서는 충성고객으로 바꾸어 나가는 CRM 프로세스가 혁신적으로 진화했는데, 다양한 방식을 통해 브랜드와 소비자의 인게이지먼트를 구축하려는 노력이 이루어지고 있다.

＊심리스(seamless) 도선
seamless는 '이음새 없는', 또는 '끊김 없는'이라는 뜻으로, 심리스 도선은 커뮤니케이션을 전개할 때 온라인 및 오프라인을 비롯한 각 커뮤니케이션 요소들간의 유기적인 연결을 통해 소비자를 기업이 의도한 대로 자연스럽게 움직이게 만드는 도선을 의미함. – 역주

구조적으로 파악하면서 심리스 도선*을 살린다

전반적 커뮤니케이션 디자인 속에 실전적 양방향시책을 어떻게 접목시켜 나갈지 검토할 때 항상 유념해야 할 포인트는 크게 두 가지이다.

① 구조적으로 파악한다

첫째, 커뮤니케이션 전체를 구조적으로 파악하는 것이다. 왜냐하면 양방향 시책은 각각 독립된 부품처럼 작용하는 일이 드물고, 대부분의 경우 다른 시책들과의 긴밀한 연계가 전제되기 때문이다. 이를테면, TV CF를 보고 상품에 흥미를 느낀 소비자에게 자세한 정보를 제공하기 위해 웹사이트가 필요하고, 그 도선으로서 검색연동형 광고를 활용하게 된다.

따라서 광고 및 마케팅 실무자가 커뮤니케이션 구조를 정리할 때 AIDMA나 AISAS와 같이 소비자의 구매행동 프로세스를 계층화한 모델을 사용하면

그림 5-4 : 구조적 플래닝의 사례

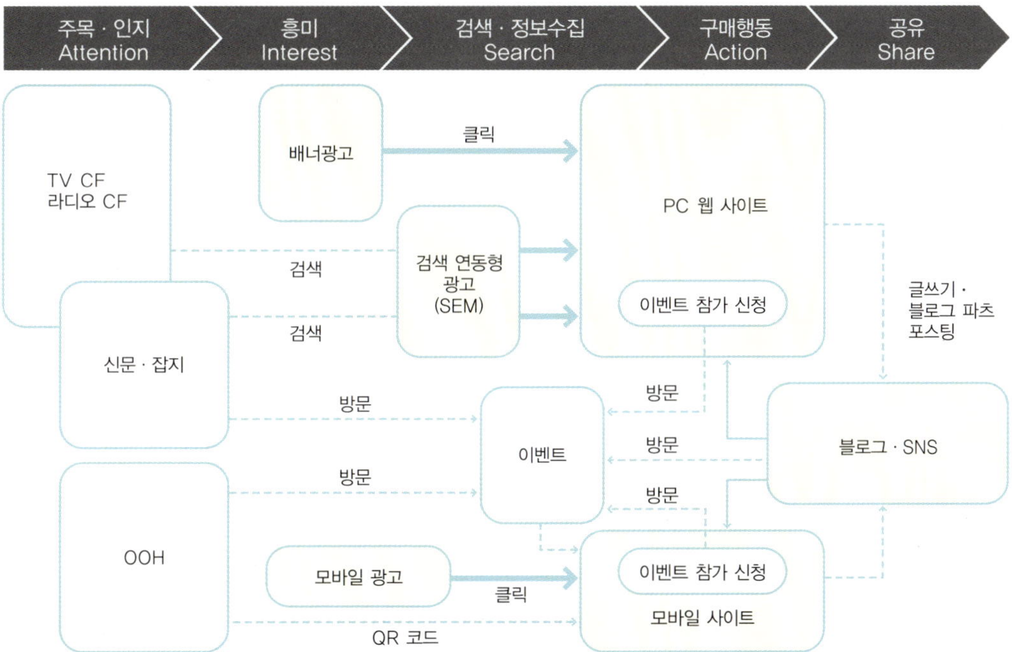

편리하다. 〈그림 5-4〉처럼 프로세스에 시책을 매핑mapping함으로써 각 시책의 역할이나 다른 시책과의 관계를 직감적으로 파악할 수 있기 때문이다.

② 심리스 도선을 활용한다

둘째, 심리스 도선을 활용하는 것이다. 즉, AIDMA나 AISAS 같은 소비행동 프로세스에서 소비자를 왼쪽에서 오른쪽으로 얼마나 자연스럽게 유도할 수 있는가이다. 〈그림 5-4〉처럼 AISAS 프로세스에 시책을 매핑하여 각각을 연결해보면 대개는 그럴싸하게 입체적 플랜이 완성된다. 다만, 이를 효과적인 크로스미디어 플랜이라고 생각하기엔 아직 이르다. AISAS에 매핑된 인쇄미디어에서 웹 또는 모바일 사이트로 이어지는 도선, 옥외미디어의 QR코드에서 모바일 사이트로 이어지는 도선처럼 소비자는 과연 이대로 움직여줄 것인가가 관건이다.

물론 절대적으로 흥미를 유발하는 상품성이나 캠페인 같은 빅 아이디어가 있다면 그 화살표는 굵어질 것이다. 그러나 '자세한 것은 이곳으로' 라고 홈페이지 URL이나 QR코드만을 기재한다면 관심이 있는 사람이 아니고는 이후의 능동적 행동으로 연결되지 않는다고 보는 것이 현명하다. 치밀하게 설계된 크로스미디어 도선이라도 그대로 소비자가 움직여주지 않는다면 이는 플래너의 자기만족일 뿐이다.

기존의 마케팅 커뮤니케이션은 TV나 신문을 통해 인지되고, 잡지와의 타이업 등을 통해 상품의 세부사항을 설명하며, 매장에서 프로모션을 전개하는 식으로 구매고려 프로세스의 각 단계별로 큰 그물을 치는 미디어믹스 방법이 일반적이었다(〈그림 5-5〉). 그런 경우 소비자와 브랜드 정보 간의 접촉은 결과적으로 각 미디어가 상호보완되고 연동된다 해도 기본적으로는 우연한 기회에 의존하는 실정이었다. 필자는 그것이 낡은(약효가 떨어진) 방식이라고는 전혀 생각하지 않는다. 대부분의 소비는 그렇게 수동적이며 단편적인 브랜드접촉 체험으로 새로 만들어진다.

여기에 인터넷이 가세한다면 어떻게 될까. 배너광고 등을 접하게 하여 상품을 알리는 동시에 흥미를 느끼게 하고 클릭을 통해 사이트에서 상품을 이해시키고, 경우에 따라서는 최종적인 액션에 이르게까지 할 수 있다. 즉, 일부 잠재고객에 대해서는 끊김이 없는 심리스 형태로 구매행동 프로세스의 왼쪽에서 오른쪽으로 소비자를 유도할 수 있다. 이른바 진정한 의미의 도선이 등장한 것이다. 심리스이기 때문에 관심을 가진 사람을 놓칠 리스크가 낮으며, 결과적으로 커뮤니케이션 효율이 비약적으로 높아질 수 있는 것이 인터넷의 장점이다.

그러므로 통합적 커뮤니케이션 디자인을 하는 데 있어, 크로스미디어 도선(〈그림 5-4〉의 점선)과 심리스도선(웹상에서의 클릭 이동경로: 〈그림 5-4〉의 실선)은 구분하여 생각하는 것이 좋다. 한때는 참신했던 전자(前者)의 방식은 극단적으로 말해 흥미를 가진 사람이라면 가만 놔둬도 웹을 통해 정보를 검색하는 시대가 된 것이다(반대로 약간 흥미를 느낀 정도로는 귀찮아서 검색하지 않는다). 인터넷과 관련하여 진정으로 획기적인 것은 후자가 실현되는 것이다.

물론 모든 사람이 인터넷광고에 반응하거나 인터넷을 통해 사전에 상품에 대한 정보를 알아보지는 않기 때문에 이것을 만능적 어프로치라고는 말할 수 없다. 다만, 앞으로도 인터넷이 생활 속에 침투함에 따라 인터넷을 통해 능동적으로 정보수집을 하는 소비자는 많아질 것이다. 그런 상황에서 이처럼 Attention(인지 · 주목)과 Action(구매행동)을 메우는 심리스 도선을 최대한 잘 활용하여 이미 브랜드에 호감을 가진 상태의 잠재고객을 얼마나 매장으로 유도할 수 있는지가 다른 경쟁사와의 고객확보 경쟁에서 유리한 고지를 선점하는 열쇠가 된다.

그림 5-5 : 인터넷이 구현하는 심리스 도선

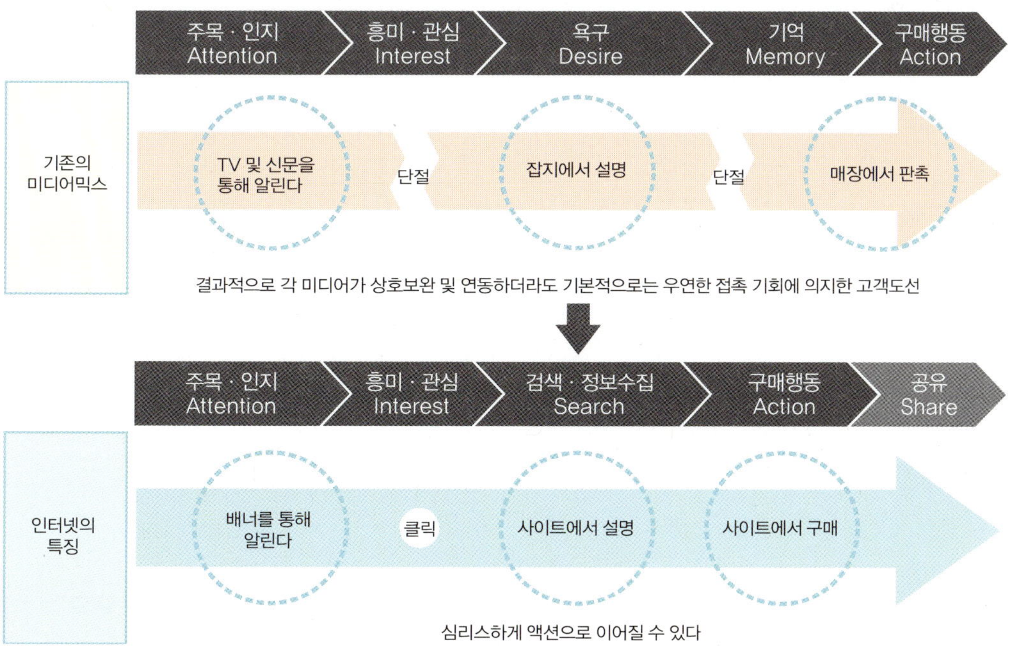

5-3

효과지표 설정은 플래닝의 기본조건

목적에 따라 효과지표를 반드시 설정한다

커뮤니케이션 디자인 프로세스를 거쳐 대략적으로 인터넷의 역할과 활용방법이 정해지면 드디어 구체적인 플래닝 작업에 들어가게 된다.

실전적 플래닝의 사고방식으로서 계획 시점에서 각 시책이 당초 목표에 어느 정도 기여할 것인지, 혹은 시책 전개 후 그것이 기대했던 만큼 역할을 해냈는지에 대해 수치로 평가하기 위한 효과지표를 명확히 설정해 둘 것을 권한다(〈그림 5-1〉의 ④).

가령, 잠재고객을 사이트로 유도해서 상품에 대한 이해를 촉진할 목적으로 배너광고를 실시하는 것이라면 효과지표로서 사이트 클릭 수나 사이트 클릭 단가 등이 적당한데, 이런 평가 기준을 미디어 선택 시 반드시 염두에 두어야 한다.

거듭 말하지만 일취월장하는 인터넷 세계에서는 왠지 참신한 것, 재미있는 것을 찾으려는 경향이 있다. 이처럼 참신하고 새로운 것을 시도하려 할수록 각 시책의 목적과 효과지표는 마케팅활동에 종사하는 관계자가 공통인식을 갖고 최우선적으로 공유해야 하며, 플래닝을 추진할 때 기둥역할을 해야 한다. 역설적으로 그것이 공유되어 있지 않다면 시책의 옳고 그름이 개인의 주관이나 취향에 따라 좌우되는 부분이 많아져 논점이 본질을 벗어나게 된다. 또한, 목적이나 효과지표가 명확하다면 실행 후 효과 검증을 제대로 함으로써, 다음 단계를 전개하기 위한 개선 사이클로 이어질 수 있다.

용도의 폭이 넓은 인터넷은 효과지표도 각양각색

인터넷은 활용의 폭이 넓다. 인터넷 인구가 9,000만 명에 달하는 오늘날에는 인터넷광고를 많은 사람에게 전달하여 기업 또는 상품을 인지시키는 수단으로 삼아도 되고, 웹사이트로 유인하여 구매의향을 유발하는 수단으로

그림 5-6 : 인터넷광고의 효과계층

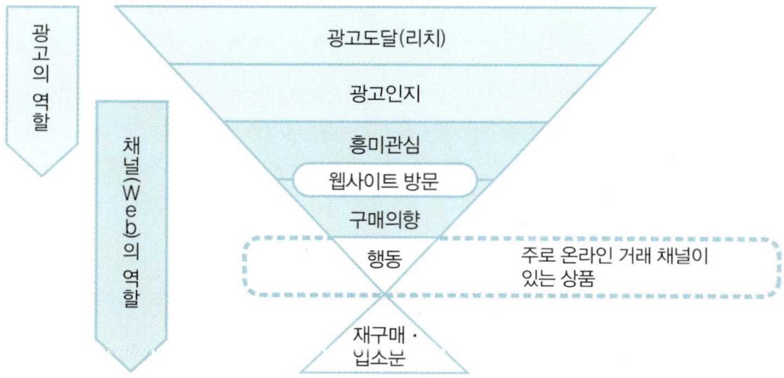

이용할 수도 있다. 나아가 고객확보를 위한 채널로서의 역할을 기대한다면 잠재고객 리스트 확보나 상품의 온라인 판매와 같은 용도로 활용하면 된다.

양방향시책의 효과지표를 크게 나누면 〈그림 5-6〉과 같이 정리할 수 있다. 광고도달에서 흥미, 관심까지는 배너나 동영상 등 인터넷광고에 기대하는 부분이 큰데, 상품이해를 통한 구체적인 구매의향이나 모종의 행동까지 추구한다면 채널로서 웹사이트가 지닌 매력이나 캠페인기획 그 자체에 대한 의존도가 커진다.

이와 같이 양방향시책 전체 혹은 개별시책 각각에 대해 이런 효과지표를 설정하여 플래닝이나 효과검증을 하게 된다.

'웹사이트 방문 수'는 효과지표로서 적절한가?

웹사이트 방문 수를 효과지표로 삼는 기업이 많은데, 사이트를 많은 사람이 찾아준다면 더할 나위 없이 좋은 일이다. 그러나 주의해야 할 점은 사이트 방문 자체는 하나의 현상에 지나지 않으며, 중요한 점은 그것이 어떤 마케팅 성과로 이어지는가 하는 것이다. 가령 '사이트 방문자 가운데 약 40%가 구매의향이 높아진다' 라던지, '사이트 방문자의 2%는 웹을 통해 상품구매를 요청하게 된다' 는 식의 전제된 노하우를 가지고 있다면, 현실적으로 측정하기 쉬운 웹사이트 방문 수를 중간적 효과지표로 활용하는 것이 적절하다고 할 수 있다. 다만 그러한 전제 없이 막연하게 웹사이트를 방문해주기만 하면 된다는 식의 사고방식은 다소 위험하다. 왜냐하면 그럴 경우 방문자 몇 명을 달성하면 성공인가 라는 수치상의 목표를 세울 수도 없고, 인터넷 이외의 광고시책과 상대적으로 비교하기도 어렵기 때문에 애초의 인터넷을 활용하자는 논점 자체가 불투명해진 상태에서 막연하게 인터넷을 이용하는 상태가 되기 때문이다.

한편, 최근 들어 대용량 배너광고나 동영상 광고 등 인터넷광고 자체의 표현력과 데이터수용 능력이 비약적으로 향상되고 있는데, 자세한 정보를 내보내고 싶을 경우에는 굳이 자사사이트가 아니더라도 외부매체와 타이업하는 등 다양한 선택을 할 수 있다. 다시 말해 과거에는 '배너광고를 집행하여 캠페인 사이트로 유도한 후…' 하는 식의 웹 캠페인이 일반적 형태였으나, 이제는 굳이 기업의 웹사이트로 오게 하지 않아도 웹사이트 밖에서의 노출에 의한 브랜드인지나 구매의향을 제고시킬 수 있는 커뮤니케이션도 가능하게 되었다. 즉, 사이트 방문 수는 일률적인 효과지표로 활용되기가 현실적으로 어려워졌다.

그렇기 때문에 향후 인터넷을 보다 적극적으로 활용하려면 다른 미디어 시책과의 효과비교 용이성이나 인터넷미디어 환경의 변화까지도 감안하여 〈그림 5-6〉에 나타난 것처럼 광고인지와 구매의향 등 과거의 광고활동을 통해 그 의의(매출과의 상관관계 등)가 증명된 더욱 범용적인 효과지표를 설정할 것을 추천한다.

5-4

과제에 상응하는 인터넷활용 처방전

상품이나 채널상황에 따라 효과지표는 달라진다

그러면 인터넷을 통해 커뮤니케이션 활동을 하는 기업은 실제로 어떤 목적이나 효과지표를 설정해야 하는가? 물론 그것은 기업이 당면한 과제나 상품, 다른 미디어와의 역할분담 등에 따라 달라지는데, 크게는 상품관여(상품 그 자체에 대한 소비자의 관련성 정도)와 거래채널(웹 중심 또는 매장 중심) 두 가지 축을 두고 방향설정을 할 수 있다.

고관여 상품의 인터넷활용 목적과 효과지표

소비자의 구매행동이 AISAS화된 오늘날은 소비자가 능동적으로 웹을 통해 자세한 상품정보를 수집하고 나아가서는 타사상품과 비교, 검토하는 것이 당연시되었다. 특히 고관여 상품(구매하기까지 오랜 검토시간이 소요되는 상품), 예를 들면 자동차, 주택, 금융상품, 컴퓨터, 전자제품 등이 이에 해당된다. 덴츠가 2008년 2월에 실시한 크로스미디어 행동조사 결과를 보면, 자동차나 휴대폰 단말기의 경우 구매자의 70% 이상이 웹을 통해 사전에 정보를 수집하고, 그것을 구매결정의 중요한 요소로 삼고 있음을 알 수 있다.

다시 말해 고관여 상품에 있어 기업이 웹을 통해 제공하는 정보가 불충분하거나, 거기서 매력적인 이미지를 전달하지 못하면 마케팅 기회에 치명적 손실을 초래한다. 그러한 의미에서 고관여 상품은 거래채널에 관계없이 홈페이지를 통해 구매의향을 유발할 수 있는 정보제공에 더욱 힘을 쏟아야 하는 것이 이제는 상식이 되었다.

〈그림 5-7〉에서 좌측 상단의 '고관여 상품 & 매장 거래 중심' 사례에 해

그림 5-7 : 상품과 거래 채널에 따른 효과지표의 차이

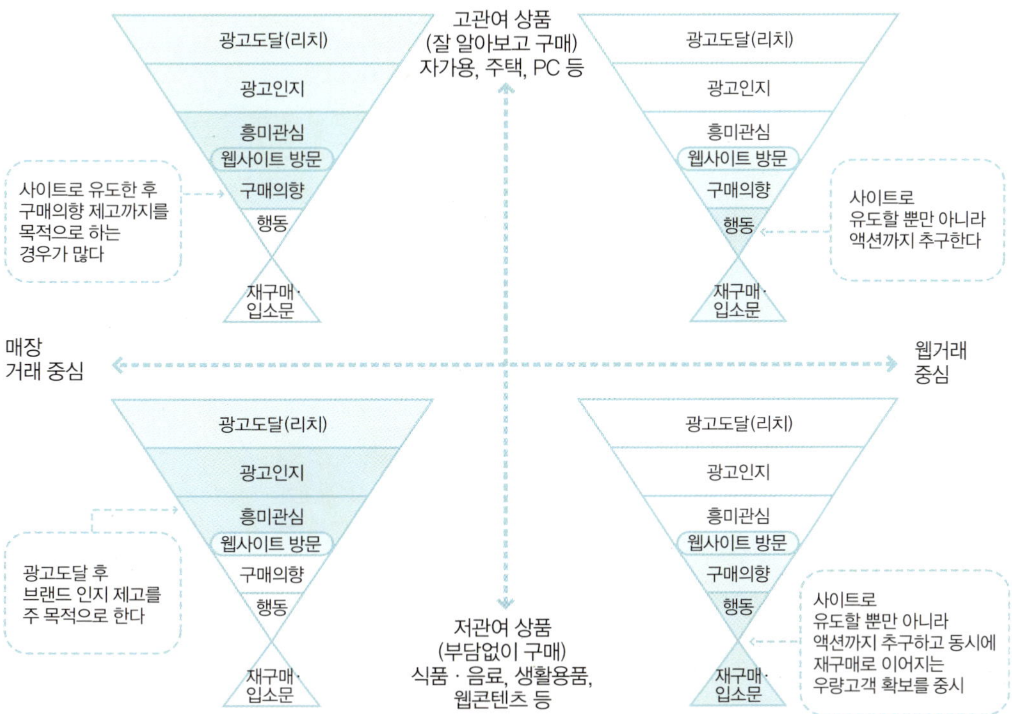

사례 | 고관여 상품 × 매장 거래 중심 : 도요타자동차 bB

사례 | 고관여 상품 × 웹 거래 중심 : 일본휴렛팩커드

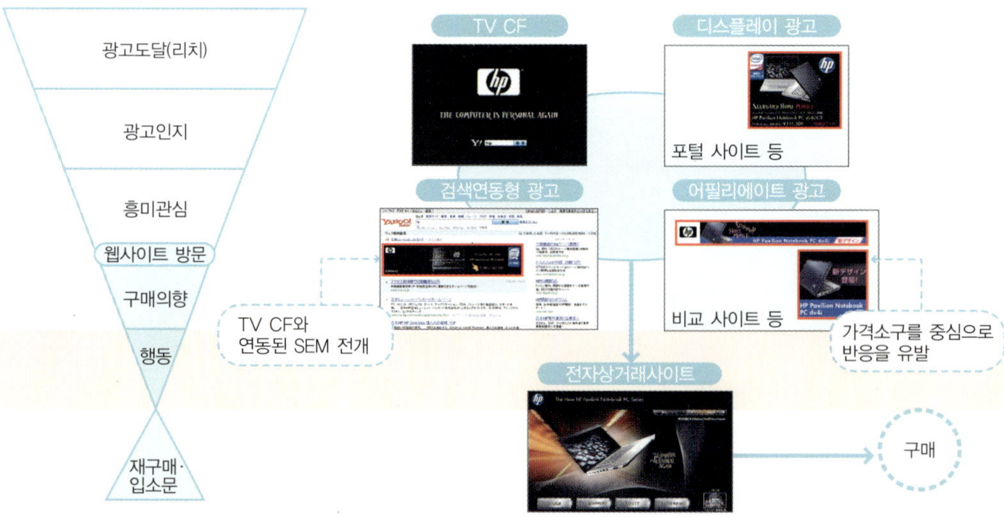

당되는 것이 '도요타자동차' 의 'bB캠페인' 이다. '도요타자동차' 는 젊은층을 대상으로 브랜드를 강화하기 위해 적극적으로 인터넷을 활용하고 있다. 'bB캠페인' 은 최종적인 자사 사이트로 유도하기 이전에 'mixi' 와 타이업하여 젊은층과 친밀도가 높은 모델과 음악을 내세운 콘텐츠를 기획함으로써, 보다 넓고, 깊은 리치를 실현하였다. 거기서 흥미/관심으로 이어지는 도선을 두텁게 하면서 최종적으로 자사 사이트에서의 구매의향 극대화를 노렸다.

한편, 웹 활용시의 효과지표 설정은 거래 자체가 웹 중심인지 또는 매장 중심인지 등 채널상황에 따라 달라진다. 일부 금융상품, 컴퓨터처럼 웹을 통한 다이렉트 판매가 중심인 제품이라면 효과지표는 〈그림 5-7〉 우측 상단 효과계층상의 '행동(상품정보 요청/구입)' 에 가장 초점을 맞추어야 한다.

예를 들어 인터넷을 통해 컴퓨터의 통신판매를 하고 있는 '일본-휴렛패커드' 의 경우, 배너광고나 가격비교사이트 어필리에이트, 검색연동형 광고 등을 막론하고 유망한 잠재고객을 저비용으로 유인하는 방법을 구사함과 동시에 경쟁력 있고, 가격과 스펙을 소구하면서 웹 구매자를 극대화하는 전개를 꾸준히 실시하고 있다.

저관여 상품의 인터넷 활용목적과 효과지표

한편 저관여 상품의 경우 즉, 소비자가 별다른 고민 없이 구매하는 식품·음료, 생활용품(샴푸, 면도기) 등의 경우라면 웹 활용목적이 크게 달라진다. 이 영역은 오래전부터 TV를 중심으로 한 매스마케팅에 대부분의 광고예산을 투입했다. 저관여 상품의 경우 웹에서 상품을 꼼꼼하게 알아보고 기능이나 가격을 타사상품과 비교한 후 매장을 찾는 식의 소비행동을 취하는 일은 흔치 않다. 소비자는 매장 진열대 앞에서 미디어를 통해 인지한 상품명 및 상품이미지를 바탕으로 매장에서 추가로 파악할 수 있는 가격과 기능에 대한 정보를 수집한 후에 구매할 브랜드를 결정한다. 이른바 매스미디어 광고 중심의 브랜딩과 매장의 시책(POP 등)이 마케팅 성공의 대부분의 열쇠를 쥐고 있는 세계인 것이다.

이러한 환경에서 인터넷은 어떤 기여를 할 수 있을까?

한 예로 이미 대중화된 인터넷광고를 TV 중심의 매스미디어 광고를 보완하는 인지미디어 즉, 상품이나 캠페인을 알리기 위한 수단으로 활용하는

그림 5-8 : M1층(20~34세 남성)의 미디어 접촉 현황

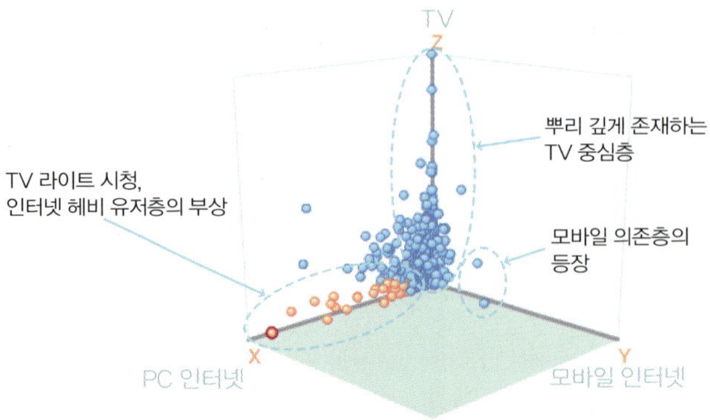

dentsu – CONNECT MEDIA ®
(비디오 리서치 'ACR 조사' 2007년 개별응답 표본집계)

것이다.

인터넷이나 휴대폰이 이만큼 보급된 환경에서는 특히, 젊은층을 중심으로 TV만으로는 전달이 어려운 인터넷 헤비 유저층이 적지 않게 존재한다(〈그림 5-8〉).

그들에 대한 브랜드인지 제고를 도모한다면 인터넷광고의 활용은 필수적이다. 이를테면, 충분한 리치를 확보할 수 있는 포털사이트의 배너광고 등이 이에 해당된다.

예를 들면, '일본코카콜라 조지아'의 경우 '야후! 재팬'을 중심으로 대형 배너광고를 대량 노출하고 있다. 이 배너광고를 보면 그다지 클릭 유도를 노리는 느낌이 안 들고 마치 간판 같은 느낌이 든다. 이것은 캔커피의 타깃인 근무시간의 직장인들을 대상으로 하는 커뮤니케이션 툴의 하나로서, PC를 통한 배너광고가 효과적이라고 판단했기 때문이다. 이른바 리센시 효과*를 노린 어프로치이다.

*리센시 효과 (recency effect) 상품구매에 즈음한 타이밍에 타깃에게 광고를 접촉시키는 것이 효율적이라는 사고방식. 최빈(근) 효과라도 함.

이처럼 〈그림 5-7〉 좌측 하단의 경우 효과지표는 기존의 매스미디어 광고에 가까운 것으로서, 배너광고의 타깃리치나 광고인지 외에도 브랜드에 대한 호감도나 이미지(앞서있다 또는 나에게 어울린다 등) 확보에 있다.

배너광고의 인지효과, 이른바 임프레션 효과를 증명하려는 시도는 업계에서도 활발히 진행되는데, '비디오 리서치 인터랙티브'가 2007년에 '야후! 재팬', 'MSN', 'goo'와 합동으로 실시한 조사결과에 따르면 배너광고를 접촉한 유저 가운데 대략 30%가 광고를 인지했으며, 그 수치는 광고 프리퀀시가 늘어날수록 높아지는 것을 알 수 있었다(〈그림 5-9〉).

물론 인터넷의 경우 심리스 도선을 구축할 수 있으므로 포털사이트 배

사례 | 저관여 상품 × 매장 거래 중심: 일본코카콜라 조지아

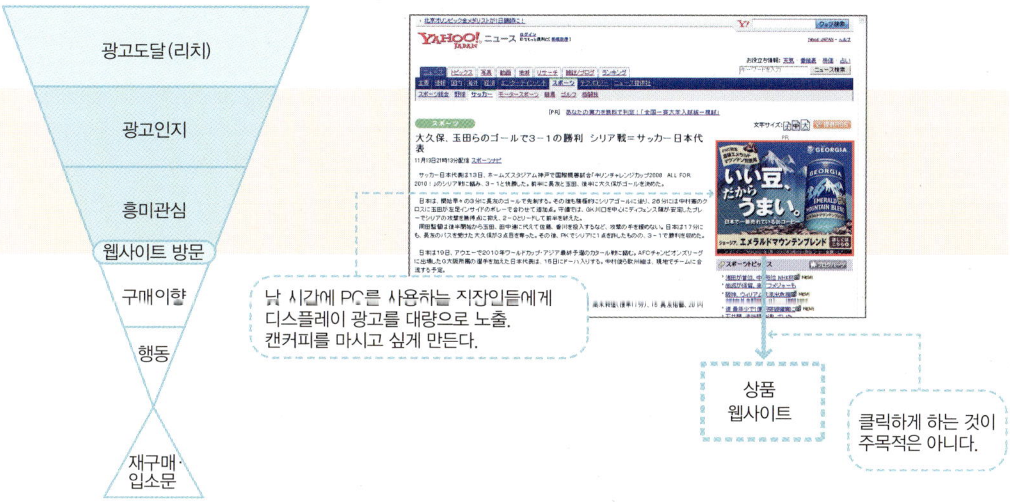

그림 5-9 : 배너광고의 인지효과

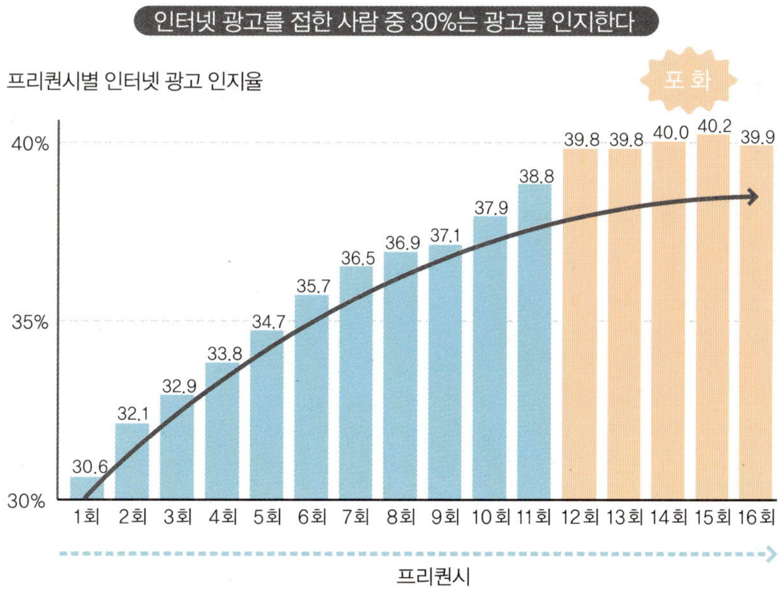

비디오 리서치 인터랙티브
'인터넷 광고 브랜딩 효과에 관한 4개사 공동조사' 2007년 조사대상 41 표본 평균

너광고를 통해 상품인지를 촉진시키는 것뿐만 아니라, 링크된 사이트들의 다양한 콘텐츠를 통해 브랜드에 대한 호감 형성을 도모하는 어프로치도 동시에 진행하는 경우가 많다(〈그림 5-3〉 ③ 인게이지먼트 전개).

한편, 〈그림 5-7〉 우측 하단의 '저관여 상품 및 웹거래 중심' 에 해당되는 것은 화장품이나 건강식품의 통신판매, 온라인콘텐츠 서비스 등이다. 이와 관련해서는 '고관여 상품 및 웹거래 중심' 의 경우와 마찬가지로 웹을 중심으로 하는 거래가 전제되는 이상 효과지표는 필연적으로 행동(샘플요청 · 구매)에 가장 초점을 맞추어야 한다.

예를 들면, 벨소리 다운로드 사이트 'HAPPY 우타후루' 의 경우, 모바일 사이트의 잭광고에 의한 광범위한 도달률 확보를 위해, 음악관련 모바일 사이트에 배너광고 게재와 음원관련 키워드에 의한 검색연동형 광고 등을 실시함으로써 다양한 컨택 포인트를 통한 인지와 리치를 실현하고 있다.

이처럼 웹을 통해 부담 없이 구매 가능한 서비스의 광고효과 지표는 클릭을 통한 사이트 방문보다는 사이트 구매가 중시된다. 그것도 단발적인 구매보다는 관련음원을 일괄구매하거나 반복구매하고 친구에게 소개하는 등 확보된 유저의 우량고객화가 중요시되며, 이것을 지향한 집행매체 선정이나 도선설계, 사이트 구축이 중요하다.

사례 | 저관여 상품 × 웹 거래 중심 : HAPPY 우타후루

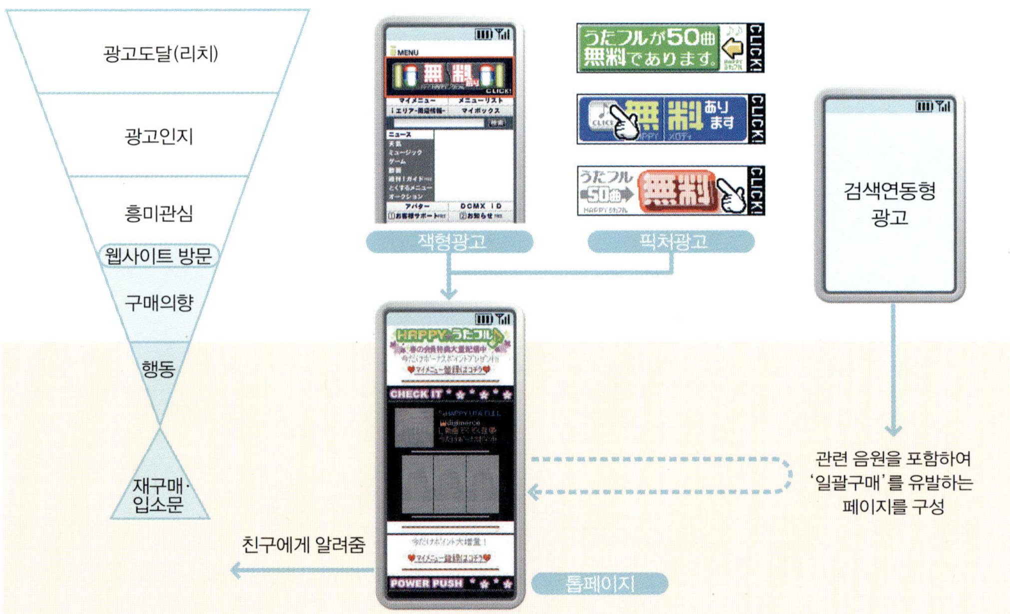

매스미디어 광고로 활용되기 시작한 인터넷

원래 인터넷은 액션미디어의 성격이 강하고, 또한 그것이 바로 인터넷의 특징이었기 때문에 웹을 통해 직접적으로 고객을 확보하는 기업(〈그림 5-7〉의 우측)은 행동(상품자료 요청 · 구매)을 효과지표로 정하여 캠페인을 전개했다.

최근에는 저관여 상품을 포함하여, 브랜딩 목적을 달성하고자 할 때도 인터넷의 활용이 당연시되고 있다. 그 배경으로는 역시 인터넷 자체가 대중화되었다는 점이 크게 작용한다. 매장거래를 중심으로 하는 기업일지라도 오늘날 8,000만 명 이상의 소비자가 보이는 커뮤니케이션의 장인 인터넷을 무시할 수 없게 되었다. 또한, TV나 신문 등의 매스미디어 광고로는 도달하기 어려운 인터넷 헤비 유저의 존재, 동영상을 포함한 인터넷광고의 대용량화, 공간의 대형화, 타깃팅 테크놀로지의 진화 등 인터넷광고에 의한 브랜딩활동이 다른 경쟁사와의 격차를 벌리는 열쇠로 인식되기 시작하였다.

이러한 브랜딩 니즈에 대응한 대량 리치, 대형 · 대용량의 광고영역이

그림 5-10 : 브랜딩 니즈에 대응한 인터넷상의 광고슬롯

야후! 재팬 브랜드 패널

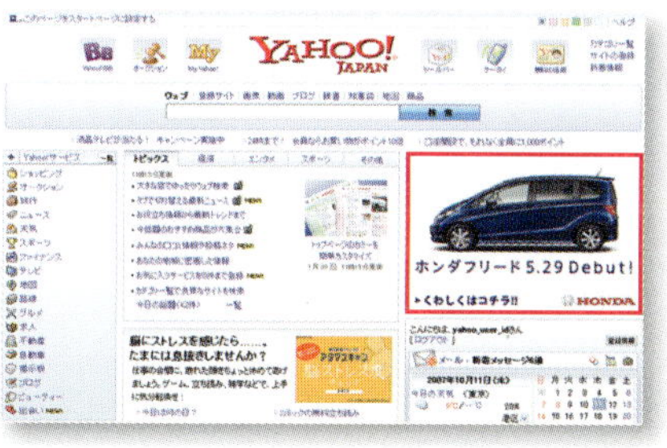

Amazon 톱 마키

iMenuTOP 패널

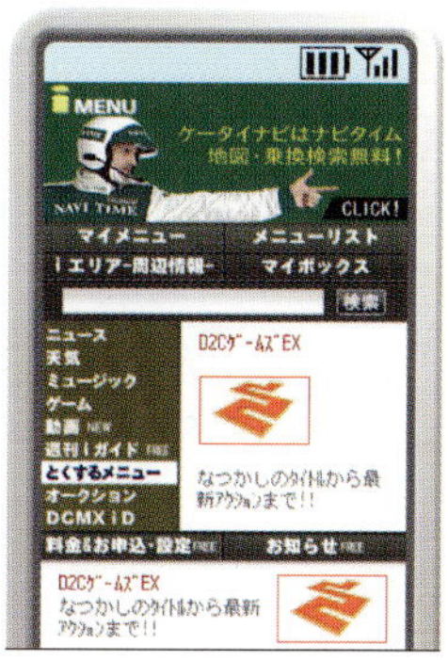

au one 배경 잭

mixi 모바일 로그인 화면 잭

잇달아 등장하고 있다. PC의 포털사이트 광고뿐만 아니라, 모바일광고의 세계에서도 각 이동통신사 포털사이트의 메인페이지처럼 수천 만 명 규모로 리치가 가능한 디스플레이 영역도 등장했다.

일반적으로 TV와 인터넷을 중복 접촉하게 함으로써 인지와 이미지 제고, 구매의향을 보다 강화시킬 수 있다. 〈그림 5-11〉은 덴츠가 실시한 캠페인사례 조사결과인데 저관여 상품이나 고관여 상품을 막론하고 TV CF만을 접한 사람보다는 인터넷광고도 동시에 접한 사람이 브랜드에 대한 호감도나 구매의향이 제고된다는 것을 알 수 있다.

그런 의미에서 현재 TV CF가 중심인 광고상품의 커뮤니케이션을 고려할 때, TV CF와 병행하여 인터넷을 통한 대중적 리치를 확보하고 브랜드를 강화해 나가는 어프로치가 매우 효과적이다.

그림 5-11 : TV CF와 인터넷광고 중복접촉에 따른 상승효과

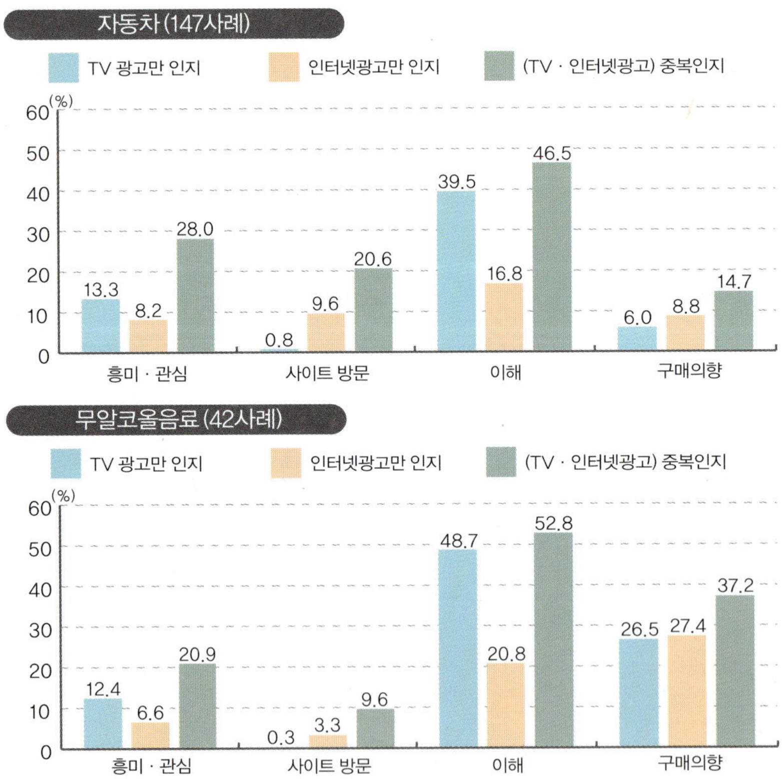

덴츠 '캠페인 사례 데이터 베이스 DCAMVAS', 2002~2008년, 수도권 15~59세 남녀개인 인터넷 유저

치밀한 사전 시뮬레이션으로 효과 및 효율을 담보한다

인터넷광고에 투입되는 예산이 늘어날수록 광고주가 성과에 대한 책임(*account-ability*)을 요구하는 것은 당연한 일이다. 특히, 대중을 대상으로 인터넷광고를 활용하고자 한다면, '실험 삼아 해보고 효과를 검증해 보자'는 생각은 통하지 않는다.

가령 같은 1,000만 임프레션의 배너광고를 집행할 경우, 100만 명에게 평균 10회 하는 것과 50만 명에게 평균 20회 하는 것은 그 효과의 의미가 전혀 다르다. 또한 타깃함유율이나 클릭률까지 가미한다면 같은 1,000만 임프레션의 광고매체라도 그 가치는 천차만별일 것이다.

그런 의미에서 인터넷을 커뮤니케이션의 큰 주축으로 활용하려면 사전에 그 효과를 제대로 시뮬레이션 해둘 필요가 있다(〈그림 5-1〉의 ⑥).

덴츠는 인터넷광고 효과를 정밀하게 시뮬레이션할 수 있는 시스템을 보유하고 있다. 그것을 통해 광고타깃을 정밀하게 지정한 다음 인터넷광고 플랜의 리치나 프리퀀시, 타깃함유율 등을 예측하거나, 한정된 예산 내에서 최대한의 효과를 얻기 위해 최적의 광고상품 조합방법을 통계적 기법에 근거하여 시스템이 자동으로 산출한다.

물론 시스템에 의해 인터넷광고의 플래닝이 모두 자동화될 수는 없다. 광고주의 과제나 과거실적, 상품특성에 부합하는 게재면, 스케줄링 등이 가미되면서 각 플래너가 미디어 플랜을 세워나가야 한다.

다만, 한 가지 강조해두고 싶은 것은 인터넷광고가 대중화되고 예산도 확대되는 가운데 주먹구구식으로 플래닝을 하는 것은 매우 위험하다는 점이다. 보다 확실한 효과를 얻기 위해서는 사전 시뮬레이션을 포함하여 데이터에 따른 근거를 제대로 확보하는 것이 중요하다.

목적에 상응하는 힘(≒예산)의 균형 잡힌 배분

여기까지 오면 목적에 따른 인터넷광고 활용시책이 대략적으로 결정된다. 그러나 인터넷의 경우는 '어느 것 하나만'을 하는 것이 아니므로 심리스 도선을 살리는 것이 중요하고, 최종적으로 효과를 시뮬레이션 해보고 완성도를 높이는 것이 중요하다고 설명한 바 있다.

그런데 효과가 있다고 해서 '모든 것을 다 해보자' 식으로 할 수는 없으므로, 확보할 수 있는 광고예산 범위 내에서 시책의 우선순위를 정해야 한다. 그 비중의 배분은 예산배분과도 연관된 부분이어서 획일적인 황금률 같은 것이 있을 리 없다. 다만, 플래닝상의 인터넷활용 목적에 따라 다음과 같이 크게 세 가지 유형의 배분이 존재한다(〈그림 5-12〉).

우선 Ⓐ 인지·흥미 확보가 목표인 경우이다. 신상품 판매나 상품관여가 낮은 음료 및 화장품 등 소비재의 프로모션을 생각해 보자. 이런 경우의 예산배분은 대중형 노출을 중심으로 하고, 나머지는 검색연동형 광고나 웹콘텐츠 제작에 배분하게 되는데, 이른바 'ㅏ자형' 예산배분이다. 반면에 인지에 초점을 맞춰야 하는 상황임에도 과도하게 웹사이트 콘텐츠에 주력하다 보면 주객이 전도될 수도 있으므로 주의를 요한다.

다음은 Ⓑ 고관여 타깃의 확보가 목표인 경우이다. 주로 인터넷상의 반응(*response*)을 극대화하기 위해 고관여 타깃을 가급적 많이 확보하고자 하는 경우인데, 온라인을 통한 고객확보를 지향하는 금융, 통신판매, 주택/부동산 등이 여기에 해당된다. 비교 및 검토단계의 니즈가 표면화된 유저의 유치(검색연동형 광고나 타깃팅 메뉴)에 주안점을 두면서도, 동시에 잠재고객을 포함하여 리치를 확보하기 위한 대중형 노출, 방문자를 놓치지 않기 위한 랜딩페이지 개선 그리고 참여방식 개선에 소정의 예산을 할애할 필요가

그림 5-12 : 양방향시책의 비중 배분에 관한 세 가지 모델

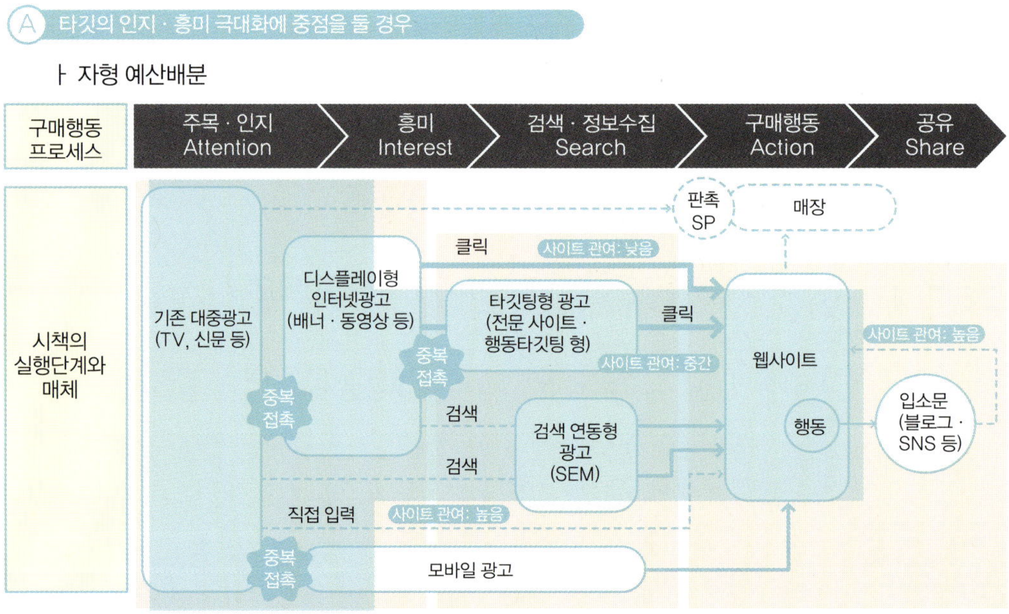

B 고관여 타깃의 유도 · 확보에 중점을 둘 경우

+ 자형 예산배분

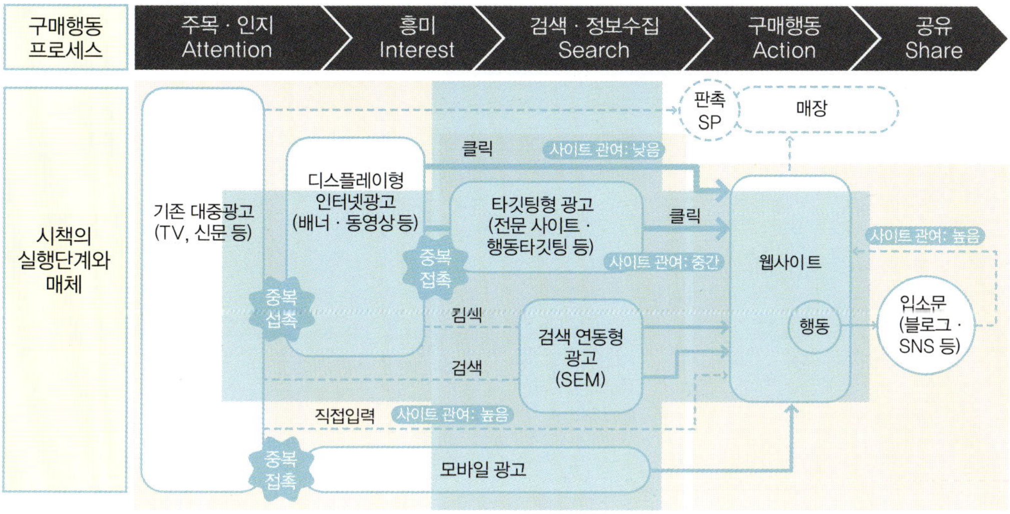

C 사이트를 통한 이해 · 행동촉진에 비중을 둘 경우

H 형 예산배분

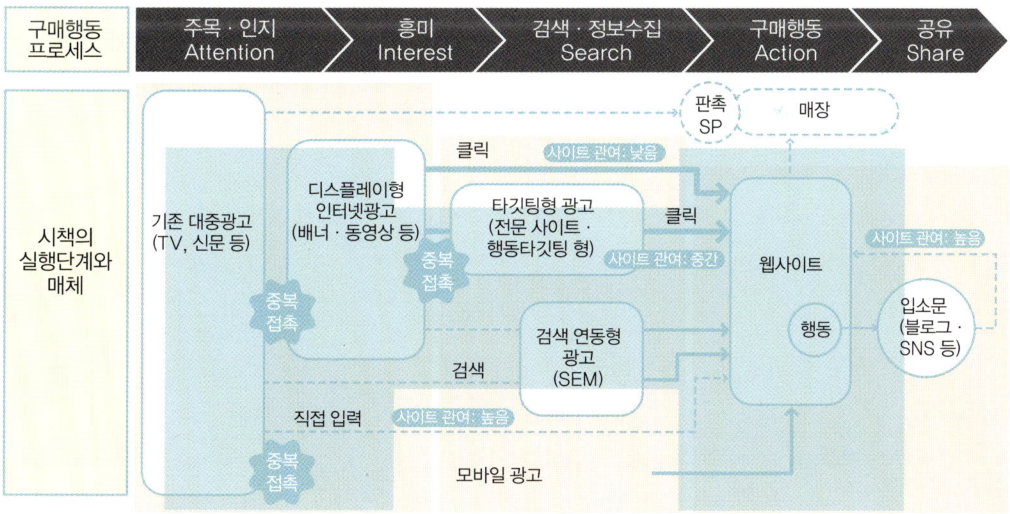

있다. 이것이 '십(+)자형' 예산배분이다.

그리고 © 사이트를 통한 상품이해 촉진이 목표인 경우로는 주로 자동차, 전자제품 등 상품관여가 높은 내구소비재를 꼽을 수 있다. 구매에 앞서 반드시 상품을 이해해야 하기 때문에 사이트 내실화와 폭넓은 타깃을 유도하는 리치형 인터넷광고가 필요하며, 이것을 'H형' 예산배분라 한다.

어떤 경우이건 기업이 양방향 커뮤니케이션의 실전적 플래닝을 시작하기에 앞서 무엇을 위해 인터넷을 활용하는가를 신중히 파악하고, 거기에 맞는 효과지표를 명확하게 설정해 두는 것이 중요하다. 그 목표설정이 기초가 튼튼한 현실적 플래닝을 위한 지침이 되고, 나아가서는 데이터 측정의 사전 준비, 실시 후의 효과검증 및 다음단계 전개를 위한 개선 사이클로 이어지게 된다. 역설적으로 구체적인 목표설정과 효과지표가 없다면 공들인 기업의 웹시책이 인터넷이라는 방대한 사막에 물만 뿌리고 끝나버리는 것과 다름없는 결과를 초래할 수도 있다.

5-5

진지함이 다른 다이렉트 비즈니스의 인터넷 활용

지금까지 업종이나 당면한 과제가 서로 다른 기업의 인터넷 활용 방침에 대해 언급했는데, 애초에 마케팅 채널로서 인터넷의 효용성과 비용대비 효과가 높은 점에 주목하여 적극적으로 활용하기 시작한 것은 웹을 통해 다이렉트로 고객이나 잠재고객을 확보하는 기업들(〈그림 5-7〉의 우측)이었다. 주로 금융(대출, 증권, 보험 등), 인재서비스(인재파견, 인재알선업), 통신판매 등의 업종이 이에 해당한다. 이런 업종은 소비자를 웹사이트로 유도하는 것뿐만 아니라, 인터넷에서 개인정보를 입력하고 상품정보 요청이나 서비스신청, 구매에 이르기까지 완결시키는 것이 지상과제이다. 그 중에서도 웹고객 확보를 중시하는 기업의 경우는 전체 마케팅 예산의 절반 이상, 이를테면 매월 억 엔 단위의 비용을 인터넷광고에 투입하는 일도 비일비재하다.

특히, 오프라인 매장이 없는 순수 다이렉트 판매 모델의 경우에는 인터넷=매장이며, 여기서 얻게 되는 반응결과가 기업의 실적으로 직결된다. 그렇기 때문에 인터넷광고를 실시할 때 매우 엄격하게 비용대비 효과(ROI: *Return On Investment*) 관리를 하게 된다.

최근 들어서는 이른바 인터넷마케팅의 선구자인 그들의 방식에도 다양한 변화가 감지된다. 그 변화는 업종은 다르더라도 기업이 양방향 커뮤니케이션을 시작할 때 본질적으로 고려해야 할 많은 시사점을 함축한다. 이 장에서는 그 현황 및 변화의 트렌드를 소개하고자 한다.

광고의 비용대비 효과를 담보하기 위한 기본적 관점

철저하게 광고 ROI 관리를 하는 다이렉트 비즈니스 업종이 일반적으로 적용하는 효과지표는 투입비용을 확보건수로 나눈 확보단가(CPA: *Cost Per Action*)이다. 예를 들면, 100만 엔을 들인 광고노출로 20건의 고객을 확보한 경우, 확보단가는 5만 엔이 된다. 즉, 이 비용이 고객 한 사람이 그 기업에게 가져다주는 이익에 부합하는지 여부가 매체평가의 기준이 된다.

대부분의 경우,

- 확보단가 OO엔 이하의 매체는 지속적으로 집행하고 그 이외의 매체는 집행을 중단한다.
- 복수의 크리에이티브를 동시에 집행하여 반응 효율이 높은 것을 채택한다.
- 앞에서 언급한 것들을 주/월간 단위의 매우 빠른 사이클로 검증하여 신속하게 플랜을 조정한다.

이처럼 심플하면서도 철저한 기준에 따라 광고전략을 수립하고 광고의 비용대비 효과를 극한까지 추구하는 대응이 이루어지고 있다.

이런 기준에서 보면 막상 집행할 만한 매체는 제한적이다. 그 결과 성공보수만 지불하여 리스크가 없는 어필리에이트 매체나, 클릭과금형으로 니즈가 표면화된 층을 효율적으로 확보할 수 있는 검색연동형 광고, 그 밖의 일부 한정적인 순수 광고매체에 대부분의 예산을 투입하게 된다.

확보단가(CPA)에 따른 관리의 한계

그러나 이렇게 엄격하게 CPA관리를 하는 기업 중에서도 최근 대기업을 중심으로 그 지향점이 바뀌었다. 구체적으로 말하면 CPA 중심의 효과관리만

렉스 브릭스
Marketing Evolution사 CEO

효과적인 인터넷 마케팅을 위한 세 가지 노하우

인터넷 마케팅에 관해 전 세계 어느 누구보다도 많은 리서치를 실시해오면서 우리 '마케팅 에볼루션(Marketing Evolution)' 사는 일관되게 'Test, Learn, Evolve'(테스트, 학습, 진화)를 사훈으로 내걸고 있다. 그리고 이 사훈을 볼 때마다 마케팅 세계는 항상 진화하고 있으니, 우리도 늘 혁신적이기 위해 노력하고 노하우를 쌓기 위해 리서치를 거듭해야겠다는 각오를 새로이 한다.

물론 배워야 할 것과 검증해야 할 새로운 전략은 무한하지만, 수많은 수상경력을 자랑하는 광범위한 조사연구 실적을 바탕으로 인터넷 마케팅에 관한 세 가지 노하우에 대해 논하고자 한다.

1. 인터넷의 이점은 단순한 클릭에 그치지 않고 브랜드 인지, 브랜드 호감도, 구매의향 형성에 공헌한다. 게다가 광고를 전혀 클릭하지 않아도 오프라인 판매와 직결될 수 있다.

2. 통합적 마케팅 플랜의 일부로 활용될 때 인터넷은 최대의 힘을 발휘한다.

3. 인터넷 전략의 핵심은 소비자가 자사 웹사이트에 오는 것을 기다리는 것이 아니라, 소비자를 찾아 접촉을 도모하는 데 있어야 한다.

지금부터 한 가지씩 살펴보겠다.

1. 디지털은 클릭 이상의 이점을 가져다준다. 디지털은 오프라인의 브랜드 구축과 판매촉진에 공헌한다

인터넷광고는 마케팅믹스의 중요한 요소가 되며 TV, 잡지 등 기존 광고의 상승효과를 유발한다. 우리는 1,000건이 넘는 캠페인효과를 측정했는데 인터넷광고의 능력을 다음과 같이 열거할 수 있다.

① 브랜드 인지를 향상시킨다.
② 브랜드 이미지를 개선하고 소비자의 브랜드에 대한 감정적 유대관계를 강화시킨다.
③ 구매의향을 형성하고 오프라인 구매를 증가시킨다.

인터넷광고가 모두 성공하지는 않는다. 성공의 열쇠는 크리에이티브 제작 여부에 달려있다. 우리가 조사한 것에 따르면, 인터넷광고의 모든 컷마다 브랜드 로고를 반드시 노출시키는 등 광고에 따른 브랜드 소구를 철저히 하는 것이다. 인터넷광고의 크리에이티브에 관해서는 '인터넷광고에 관한 다섯 가지 플래티넘 룰'[http://www.marketingevolution.com/downloads/MarketingEvolution_FivePlatinumRules(Web).pdf]에 자세히 나와 있다.

2. 통합적 마케팅플랜의 일환으로 활용될 때 인터넷은 최대의 힘을 발휘한다

인터넷광고는 TV광고나 잡지광고에 대해 간혹 보완적 효과를 발휘한다. 이 효과를 서라운드사운드 마케팅(surround sound marketing)이라고 부르겠다.

서라운드사운드 효과는 마케팅 목적이 컨택 포인트에서 횡단적으로 시종일관 통합되고, 이에 따라 상승효과(종합적 효과가 각각의 합계를 상회)를 달성할 때 생긴다. 통합이 잘 안 되면 예상했던 성공이 수포로 돌아가는 일도 발생한다.

소비자가 동일한 광고메시지를 각기 다른 미디어에서 봤을 경우, 거기서 발생하는 보완적 효과를 어떻게 설명해야 할까? 학술적으로 이미지 전이(imagery transfer)라고 불리는 효과이다. 누군가가 어떤 메시지를 TV에서 보고 그 스토리라인을 접했다고 가정해보자. 이 사람이 동일한 시각적 이미지를 인터넷광고 등 다른 환경에서 접하게 되면 보다 깊은 인지가 유발된다. 보다 깊은 기억과 인상이 남는 것이다. 우리 마음

속의 무언가가 두 미디어를 통해 흐른 메시지를 마치 점에서 선으로 이어지는 것처럼 하나의 패턴으로 인식하게 된다. 과거에 접한 메시지를 다른 미디어를 통해 다시 접했을 때, 우리는 마음속에서 이전의 미디어에서 습득한 메시지를 재생함으로써 더욱 임팩트 강한 기억으로 각인하게 된다.

즉, 하나의 메시지를 미디어 횡단적으로 복제하는 것을 전제로 그 전송 대상을 다양화하는 미디어 플랜을 짜면 마케팅을 하는 사람에게 강력한 메리트가 될 수 있다.

우리는 이것을 서라운드사운드 마케팅이라 부른다. 다시 말하면 서라운드사운드 스테레오 시스템을 구성할 때, 여러 개의 스피커를 어떻게 배치할지 검토하는 것처럼 마케팅믹스를 고려할 때도 서로 다른 미디어의 조합을 잘 검토해야 한다는 발상이다. 각 스피커는 형상이나 기능이 조금씩 다를지 모르지만 저마다 각자의 역할이 있다. 그리고 각 스피커를 최적화하면 서라운드사운드 시스템의 한가운데 앉아 있는 소비자에게 미치는 전체적 효과는 각 부문을 단순히 합한 것보다 커진다.

3. 인터넷마케팅 전략의 핵심은 소비자가 자사 웹사이트에 오는 것을 기다리는 것이 아니라, 소비자를 찾아 방문을 유도하는 데 있어야 한다

마케팅 담당자에게 인터넷마케팅에 대해 논하라고 하면 대다수는 웹사이트 이야기부터 꺼낸다. 성공한 인터넷마케팅 전체를 놓고 볼 때 웹사이트는 극히 일부 요소에 지나지 않는다는 것을 그들이 이해하지 못하고 있다는 반증이다. 분명 웹사이트는 없어서는 안 된다. 그것은 마치 전화번호가 없는 것과 같다. 그러나 조사결과가 분명히 보여주듯이, 웹사이트의 효력은 잘 짜여 진 인터넷광고 전략이 발휘하는 임팩트에는 미치지 못한다.

웹사이트에 지나치게 주력하고 있지는 않은가?

대부분의 마케팅 담당자는 자신들의 웹사이트 가치는 과대평가하는 반면, 다른 웹사이트에 브랜드를 노출하는 가치는 과소평가한다.

'어디에 돈을 베팅해야 하는가?' 하고 묻는다면 그들은 어떻게 대답할까? 매체사의 웹사이트에 광고를 낼 것인가? 아니면 같은 돈이라면 소비자에게 보다 심도 있게 브랜드 체험을 제공할 수 있는 자사 웹사이트로 사람들을 유도하기 위해 쓸 것인가? 대다수는 '자사 웹사이트로 유도하는 데 투자한다'고 답할 것이다. 그러나 그 대답은 틀렸다.

왜냐하면 그들은 한 광고가 한 사람의 소비자에게 발휘하는 임팩트와 같은 소비자가 자사 웹사이트에 빠져 시간을 보내는 임팩트를 동일한 것으로 가정하기 때문이다.

'마케팅 에볼루션'사의 데이터도 광고보다 웹사이트의 임팩트가 크다는 것을 뒷받침해준다. 일반적으로는 대략 300% 정도 크다. 그러나 임팩트는 투자효과의 방정식을 성립시키는 하나의 요소에 지나지 않는다. 나머지 요소는 도달률과 비용이다. 실제로 웹사이트의 도달률은 훨씬 낮다.

의외라고 느끼는 마케팅 담당자가 있을지도 모르겠다. 결국 인터넷광고를 통한 노출은 불과 몇 초 남짓이다. 이에 반해 웹사이트 체험은 몇 분씩 걸릴 수도 있다. 그럼에도 불구하고 인터넷광고 쪽이 훨씬 가치가 높다니 대체 무슨 영문인가?

일례로 2,000만 명을 타깃으로 하는 어느 브랜드의 경우를 보자. 이 인터넷 캠페인은 1개월 이내에 타깃의 50%(1,000만 명)에게 전달이 가능하다. 한편, 웹사이트에서 도달이 가능한 소비자는 1개월당 약 50만 명이다.

- 이 사례에서는 광고에 대한 웹사이트의 임팩트를 실제보다도 크게 어림잡아 소비자에게 상품의 장점을 소구하는 효과를 인터넷

광고의 10배로 가정했다(업계 평균은 대략 3배).

• 구체적 임팩트는 인지, 브랜드 이미지, 구매의향, 온라인 매출 등 임의의 마케팅 목표라도 상관없다. 이 경우에는 구매의향을 선택했다.

웹사이트를 통한 접촉이 인터넷광고 접촉보다 10배나 효과적이라고 가정하여 계산해보자. 표1은 이 계산을 정리한 것이다. 결과적으로 이 인터넷광고는 웹사이트에 비해 구매의향이 있는 소비자를 20배 이상 창출하고 있다.

보는 바와 같이 웹사이트에 머문 몇 분간은 더 큰 임팩트를 창출하지만, 여기서 도달률은 찾아볼 수 없다. 인터넷광고는 임팩트 측면에서는 웹사이트에 못 미치지만, 도달률에서는 우위에 있다. 따라서 종합적인 임팩트를 보면 인터넷광고가 웹사이트를 능가한다.

최후의 요소는 비용

다음은 테크놀로지부문 광고주 2개사의 비교 사례이다. A사는 웹사이트로 유도하는 전략을 채택하여 킬러 웹사이트 구축에 예산을 집중적으로 투입했다. B사는 광고와 도달률을 전략의 핵심으로 삼았는데, 소비자(IT부문 의사결정권자)가 전혀 클릭하지 않더라도 인지와 관심을 유발할 만한 뛰어난 인터넷광고를 제작하는 데 중점을 두었다.

그 결과를 표2에 나타냈다(임팩트 수치는 '마케팅 에볼루션' 사가 채택한 높은 신뢰도의 실험계획방법을 사용하여 산출했다).

표1

	웹 사이트	온라인광고
월간 도달률	500,000	10,000,000
임팩트 : 구매의향 (접촉자의 구매의향률－비접촉자의 구매의향률)	20%	2%
영향을 받은 소비자의 합계 (도달률×영향을 받은 소비자의 비율)	10,000	200,000
효과전체에서 차지하는 비율	5%	95%

표2

	A사 : 웹사이트 유도를 중시	B사 : 온라인광고를 통한 도달률을 중시
월간 도달률	300,000	5,000,000
임팩트 : 접촉자 중 상품에 관심을 가진 소비자의 비율	7.2%	2.7%
영향을 받은 소비자의 합계 (도달률×영향을 받은 소비자의 비율)	21,600	135,000

표3

	A사 : 웹사이트 유도를 중시	B사 : 온라인광고를 통한 도달률을 중시
상품에 관심을 가진 소비자의 합계 (도달률×관심을 가진 소비자의 비율)	21,600	135,000
비 용	$2,000,000	$1,000,000
소비자의 관심(1인) 확보당 비용	$92.60	$7.40

웹사이트 유도를 중시한 전략은 인터넷광고에 비해 임팩트가 크다. 반면에 인터넷광고를 중시한 전략의 도달률을 보면 웹사이트를 능가한다. 그럼 비용을 계산에 포함시켜 보도록 하자.

우리는 비용을 반올림하고 이 테크놀로지회사 웹사이트의 공개된 숫자를 적용해서 광고 CPM을 50달러로 책정했다. 광고와 도달률을 중시하는 전략이 웹사이트 유도를 중시하는 전략보다 10배 이상 높은 비용대비 효과를 나타냈다(표3).

이 비용대비 효과의 분석은 우선 광고를 최대한 활용하는 데 중점을 두고, 그 다음으로 기업 웹사이트를 보완하는 방식이 타당함을 증명한다. 웹사이트는 없어서는 안 될 존재이지만, 광고에 더 많이 예산을 투입해야 한다는 뜻이다.

대부분의 기업이 중시해야 할 것은 광고와 도달률이다. 이 규칙에 예외가 있다면 웹사이트를 통해 직접 수익을 올리는 기업이다. 웹사이트에서 상품을 판매하는 기업 혹은 사이트에 찾아오는 방문자를 수익화하는 매체사일 경우는 이야기가 다르다. 이런 경우는 이익확보 계획을 수립하고, 그에 따라 예산배분을 고려하면 된다.

전자상거래 기업이나 매체사가 아닌 브랜드의 경우도 웹사이트는 있어야 한다. 웹사이트가 필요 없다고 말하려는 것은 아니다. 중요한 것은 웹사이트를 통해 어떤 니즈를 충족시키는지, 그것을 명확히 하는 것이다.

대다수의 소비자는 실리적 이유로 기업의 웹사이트를 이용한다. 유저 조사를 실시해 사이트 방문 이유를 조사해보면 알 수 있다. 제품정보나 기술지원을 요청하는 사람도 있다. 가격에 민감하여 쿠폰을 찾는 소비자도 있을 것이다. 갖고 싶은 상품을 어디서 살 수 있는지 매장정보를 알기 위해 방문하는 사람도 있을 것이다. 잠재고객(혹은 기존고객) 중의 몇 퍼센트 정도는 웹사이트를 방문할 만한 충분한 동기가 있다.

이런 소비자가 아무리 많아도 큰 매출로 이어지지는 않지만, 이 사람들의 니즈에 비용 대비 효과적인 대응을 할 수 있다면 기꺼이 그렇게 해야 한다. SEO search engine optimization에 투자하여 소비자 입장에서 원하는 정보를 쉽게 찾을 수 있는 환경을 구축하는 것이 필요하다.

결론 : Test, Learn, Evolve (테스트, 학습, 진화)

여기에 소개한 데이터지향 노하우는 인터넷마케팅과 관련하여 우리가 이룬 연구성과의 극히 일부분에 지나지 않는다. 모바일, SNS, VODvideo on demand, 행동타깃팅, 기타 다양한 노하우가 가미되어 깊이와 폭이 더 커지면서 기업마케팅 니즈에 부합하는 인터넷마케팅이 가능해진다. 이를 하나하나 논하기에는 지면이 부족하다. 만일 그럴 만한 공간이 있다 해도 계속해서 연구하고 이해해야 할 새로운 방식은 끊임없이 출현할 것이다. 그럴수록 더욱 인터넷마케팅을 대할 때는 오픈 마인드로 임해야 한다는 말로 결론을 대신하고자 한다. 성공의 방정식은 Test, Learn and Evolve(테스트, 학습, 진화)이다.

PROFILE

렉스 브릭스 / 인터넷마케팅 효과측정 분야의 개척자. 《꽂히는 광고》(다이아몬드사) 저자. 1996년에 처음으로 인터넷광고의 효과측정을 실시한 이래 1,000건 이상에 달하는 캠페인조사 실적을 보유.

으로는 한계를 느끼기 시작하여, 또 다른 마케팅관리 방식을 모색하려는 움직임이다. CPA 중심의 효과관리는 다음과 같은 4가지 문제점이 있다.

❶ 효율을 추구하여 매체를 압축하다 보면 효과가 점차 줄어든다

효율을 생각하면 니즈가 드러난 층을 중심으로 고객확보가 가능한 매체(검색연동형 광고 등)를 활용하는 것이 대전제이지만, 아무리 광고노출을 해도 확보 가능한 양에는 한계가 있다. 다른 경쟁사와 점유율을 다투며 사업을 성장시키려면 다소 효율을 희생하더라도 중장기적 시각에서 효과를 얻을 수 있는 매체를 어떻게 조합해 나가는지 여부가 관건이다.

❷ 행동 직전의 매체만 가지고 평가하면 인지미디어의 간접효과를 간과하게 된다

기존의 CPA관리는 고객확보로 연결된 행동 직전의 매체를 평가하는 방식이 일반적이었다. 이를테면 유저A는 검색연동형 광고를 통해 사이트를 방문하여 어떤 행동을 취하였으므로, 그것은 검색연동형 광고의 효과라는 식이다. 그러나 실제 소비자의 행동은 그렇게 단순하지 않다. 〈그림 5-14〉와 같이 (매스미디어 광고를 포함하여) 사전에 다양한 인터넷광고에 접촉했고, 거기서 인지나 이미지가 형성되었기 때문에 비로소 최종적으로 검색에 이르게 되는 것이다. 그 간접효과를 무시하면 매체평가를 잘못하게 되어 기회손실로 이어진다.

❸ PULL형 집객이 가능한 브랜드를 만들지 않으면 밑 빠진 독에 물 붓기가 된다

웹을 통해 고객을 확보하는 데 있어, 인터넷광고와 연계된 성과와 그렇지

그림 5-13 : 일반적인 효과와 효율의 관계

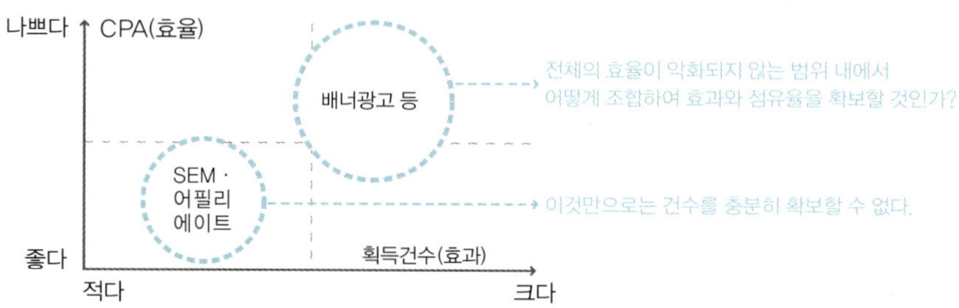

않은 성과가 존재한다(〈그림 5-15〉). 이른바 지명검색(회사명이나 서비스명칭)에 의한 방문이나 북마크를 통한 재방문 등이다. 이들 성과의 대부분을 창출하는 것은 브랜드파워 그 자체이다. 즉, 수요가 발생할 때 어떤 상기(想起)상표군 중에서 그 브랜드를 지명선택하여 능동적으로 사이트를 찾아온

그림 5-14 : 인터넷광고의 간접효과(인재서비스의 경우)

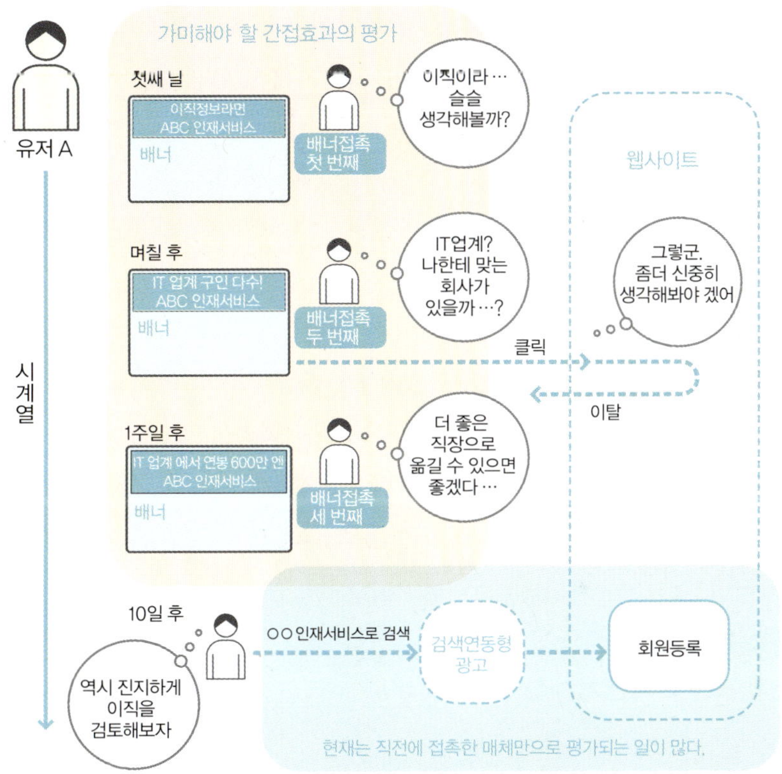

그림 5-15 : 자연방문을 경유한 PULL형 고객확보

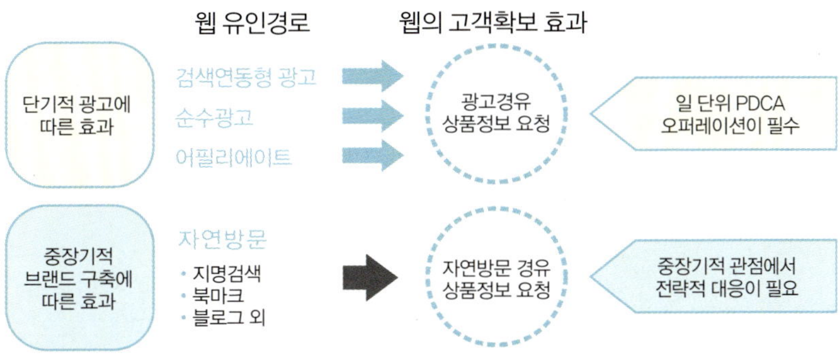

사람이다. 이처럼 PULL형으로 방문한 고객은 양질의 고객으로, 사이트 방문 후의 고객전환률도 높다. 따라서 행동지향의 광고관리뿐만 아니라 고객확보의 원천이 되는 자연방문을 늘리기 위해 브랜드 구축을 동시에 하지 않으면, 항상 리스폰스 광고를 해야만 고객이 오는 이른바 밑 빠진 독에 물 붓기식 딜레마에 빠지게 된다.

한편, 효율성 높은 고객확보 기법의 대표격인 검색연동형 광고에서도 브랜드파워가 영향을 미친다. 지금은 '구글' 이나 '오버추어' 에서도 클릭률이 높은 기업이 더 상위에 표시되는 알고리즘을 적용한다. 가령, 자전거보험이란 카테고리명으로 검색한 유저가 거기에 나열된 검색연동형 광고를 보았을 때, ① 유명한 회사를 클릭한다, ② 상위에 표시된 회사를 클릭한다, 는 것은 당연한 심리일 것이다. 즉, 강한 브랜드가 있다면 유저의 클릭률도 올라가고, ③ 클릭률이 올라가면 저렴한 입찰단가일지라도 상위에 표시되는 선순환이 발생하게 되어, 주요 격전지인 SEMsearch engine marketing 세계에서도 다른 경쟁사보다 압도적으로 유리한 싸움을 전개할 수 있다.

④ Web to Real(오프라인)의 도선을 어떻게 평가할 것인가

웹을 통한 다이렉트 마케팅에 주력하는 기업은 순수하게 온라인 사업만을 전개하는 기업과 온라인과 오프라인 채널을 둘 다 가진 회사로 크게 양분할 수 있다. 특히, 후자의 경우 주의해야 할 점은 웹사이트 자체가 (특히 고관여 상품의 경우) 소비자에게 기본적 정보수집의 도선으로 활용되는 요즘, 웹을 통해 조사하고 오프라인매장에서 구매하는 사람이 늘었다는 점이다(〈그림

그림 5-16 : AISAS형 행동이 증가함에 따라 두터워지는 Web to Real (오프라인) 도선

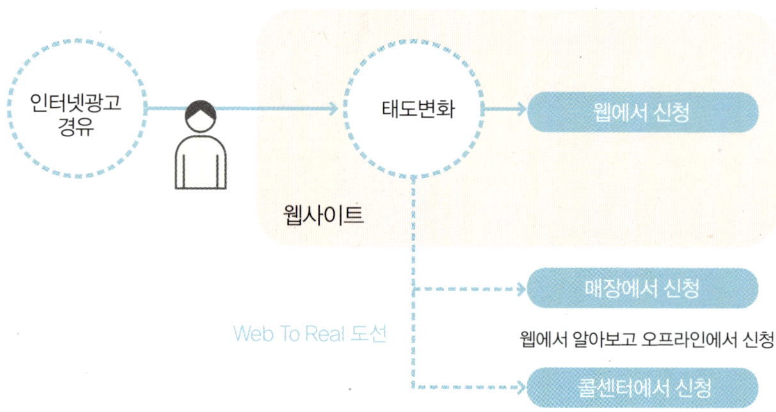

그림 5-17 : 무담보대출 카테고리의 Web to Real(오프라인) 비율

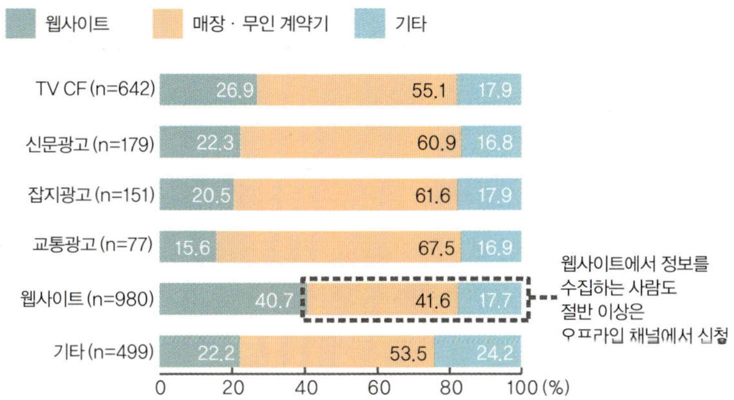

덴츠 '무담보대출이용자조사' 2008년

5-16〉). 무담보대출 카테고리의 사례를 보면, 사이트를 통해 서비스를 상세하게 조사한 사람의 절반 이상은 온라인이 아닌 매장에서 계약을 맺는다는 것을 알 수 있다(〈그림 5-17〉). 이러한 현실을 무시하고 온라인구매 CPA만을 추구한다면 앞서 말한 것처럼 효과는 감소되고 잘못된 매체평가를 하게 된다.

브랜드 × 리스폰스의 융합을 실현하는 열쇠

이들 과제를 검토하다 보면 결국 기업의 브랜드 과제와 반응유도 과제를 어떻게 융합해서 단기적 효율뿐만 아니라 중장기적 성장도 동시에 실현해나갈 수 있는가 하는 주제에 직면하게 된다. 이 책은 양방향 커뮤니케이션에 중심축을 두고 있기 때문에 어디까지나 인터넷광고 플래닝의 관점에서 새로운 마케팅관리시 고려해야 할 점을 세 가지 언급하고자 한다.

❶ 브랜드 시책과 반응유도시책의 통합적 관리

다이렉트 비즈니스를 전개하는 회사도 브랜드 구축을 위해 TV나 신문, OOH 광고 등에 대해서는 인터넷과는 별도로 플래닝을 하는 경우가 많다. 그럴 경우 효과지표도 인터넷광고에서 당연시되는 확보건수/확보단가(CPA)와는 달리 이른바, 리치, 프리퀀시 등 브랜드인지를 극대화하기 위한 플래닝을 하게 된다. 여기서 한 가지 권장하고 싶은 것은 인터넷을 통한 매스미디어 광고(〈그림 5-10〉에서 소개한 대형 광고영역)를 할 때 TV나 신문과

마찬가지로 브랜드 구축을 위한 시책으로 다른 미디어와의 상승효과를 고려한 통합플래닝을 도입해야 한다는 것이다(〈그림 5-18〉). TV나 신문광고는 당연시하는 기업이 수천 만 명 규모의 도달효과가 있는 포털사이트 상단의 디스플레이 광고상품을 검색연동형 광고보다 CPA가 비싸다는 이유로 검토하지 않는 것은 말이 되지 않는다.

한편, 브랜드시책을 헛되지 않게 하려면 브랜드 지표와 리스폰스 지표의 관계를 제대로 파악하는 것이 중요하다. 예를 들면, 〈그림 5-19〉의 자료는 어느 금융 카테고리의 브랜드 상기율과 웹을 통한 검색 수의 상관관계를 나타낸 것이다. 표시된 각 점은 각각의 회사를 의미한다. 회사명의 상기율이 높을수록 웹 검색 수도 많은 것을 확인할 수 있다. 즉, SEM에서 고객확보를 담보하려면 일정한 브랜드 상기율을 유지하기 위한 브랜드커뮤니케이션 시책이 필요하다는 것을 알 수 있을 것이다.

그림 5-18 : 브랜드 시책 × 인터넷 시책의 통합관리 이미지

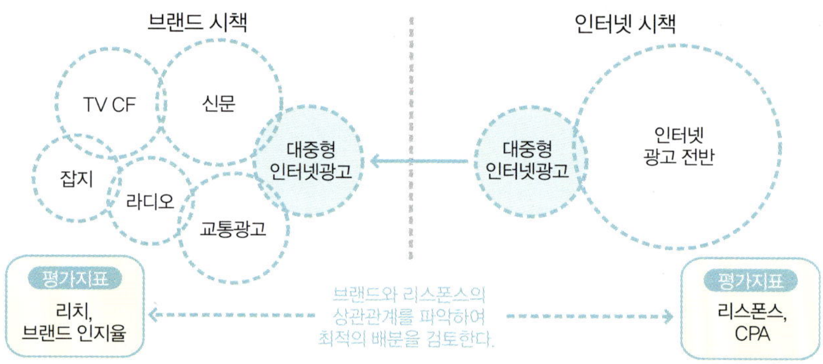

그림 5-19 : 금융 카테고리 A의 인지(상기율)와 검색 수의 상관관계

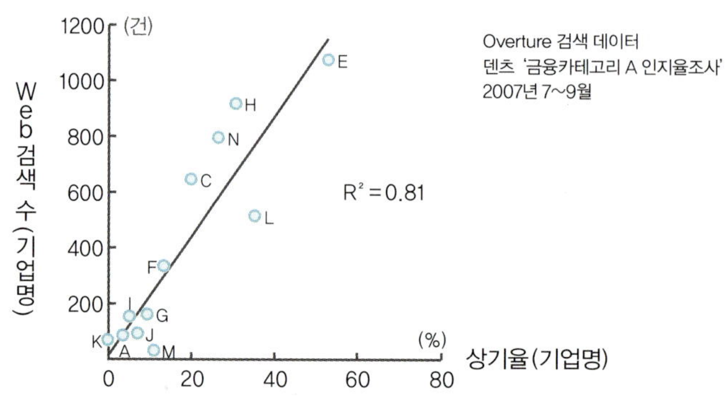

❷ 인터넷광고의 간접효과를 정량화하려는 노력

일부 인터넷광고를 브랜드시책으로 간주하여 다른 매스미디어 광고와 통합관리하는 관점이나 〈그림 5-14〉와 같이 인터넷광고의 효과 관리를 행동직전 매체만 가지고 평가하려는 것은 재고해야 한다. 인터넷광고의 간접효과는 크게 두 가지로 구분된다. 첫 번째가 포스트클릭post click 효과, 즉 처음 클릭시에는 사이트를 방문한 후 일단 이탈했으나, 나중에(비교검토 등을 한 뒤에) 수요가 고조된 타이밍에 재방문하여 구매에 이르는 경우이다. 포스트클릭 효과는 대부분의 광고효과 측정툴을 통해 손쉽게 파악할 수 있게 되었다.

일반적으로 검색연동형 광고나 어필리에이트 광고에서는 성과의 대부분이 직접효과(즉시구매)이다. 반면, 포털 사이트 상단의 배너광고 등은 간접효과(브랜드, 흥미, 관심 등)의 비율이 높고, 효과가 발생하기까지 리드시간도 길어 3개월 정도의 장기적 주기로 평가하면 간접효과가 직접효과의 몇 배나 되는 경우도 있다.

두 번째는 포스트 임프레션post impression 효과이다. 즉, 광고를 클릭하지는 않았으나, 배너광고에 접촉해서 상품을 인지한 후 나중에 능동적으로 사이트를 방문하거나, 검색엔진을 통해 비교검토할 때 메이저급 회사로 인식하여 클릭하게 되는 효과이다. 유럽과 미국에서는 제3자 송신*이란 기술이 보급되고 있는데, 이렇게 광고접촉에서부터 사이트를 통한 행동에 이르기까지의 효과를 일사천리로 추적하는 것도 가능해졌다.

***제3자 송신**
개별매체에 전송을 맡기지 않고 광고주측에서 캠페인 전체의 광고전송을 통합관리하며 다양한 데이터의 측정이나 크리에이티브, 프리퀀시 등의 전송을 컨트롤하는 구조

〈그림 5-21〉은 미국의 분석보고 사례인데, 브랜딩형 배너광고를 사전에 접촉시켜두면 나중에 검색을 경유한 자연방문의 컨버전 비율(사이트 방문자의 반응전환률)이 높아진다는 사실이 보고되었다.

일본에서는 미디어환경 때문에 제3자 전송의 전면적 실시가 어려워 위

그림 5-20 : AD-PLAN(옵트사)에 따른 포스트클릭 효과의 측정

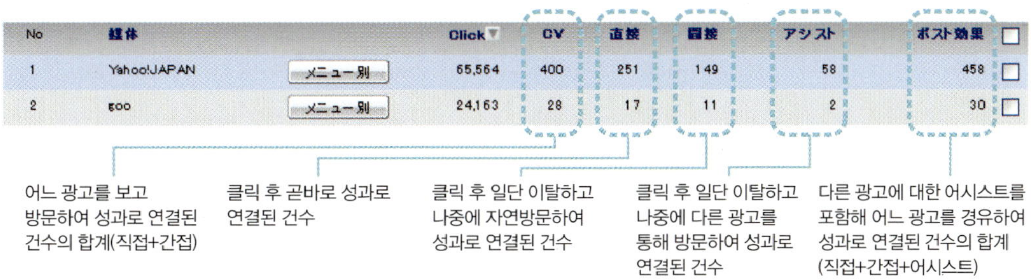

그림 5-21 : 배너광고 접촉과 컨버전 비율의 관계

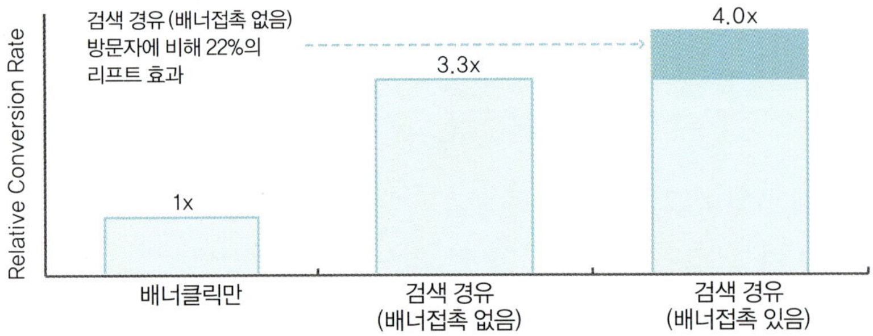

미국 Atlas Institute사 리포트:
The Combined Impact of Search and Display Advertising,
2006년 4월(조사협력기업 11개사의 데이터를 집계)

와 같은 수준의 광고효과 연계는 쉽지 않지만, 배너광고 노출량과 검색연동형 광고 또는 어필리에이트광고 효과와의 상관관계를 분석하는 등 통계적 방법을 이용한 일정 수준의 정량화는 가능하다.

이러한 단편적 노하우를 축적하면서 단기적으로 고객확보에 공헌하는 SEM이나, 어필리에이트광고, 간접효과를 노린 배너광고의 최적 배분이 다이렉트 비즈니스에서 인터넷마케팅을 새로운 무대로 끌어올리는 열쇠가 될 것이다.

③ 크리에이티브의 퀄리티 관리와 혁신창출

인터넷을 통한 간접효과를 노리고 브랜드시책을 강화할 때 크리에이티브는 매우 중요한 역할을 한다. 직접적 내지 단기적 반응유도를 추구한다면 가격이나 상품스펙의 우위성을 강조한 메시지의 다양화, 튀는 색상, 레이아웃 등의 크리에이티브를 개발하는 것이 정석이지만, 인터넷을 통한 브랜드 구축을 지향할 경우 조금 다른 관점을 가질 필요가 있다.

첫 번째는 브랜드의 퀄리티와 빅 브랜드라는 느낌을 어떻게 유지할 것인가 하는 점이다. 가격과 스펙만을 강조하고 지나친 단기 교체를 거듭한 크리에이티브로 싸구려 브랜드가 되는 경우도 있다. 결정적인 순간에 선택받는 신뢰감과 빅 브랜드라는 느낌이 있는 브랜드가 되기 위해서는 반드시 인터넷에서의 크리에이티브 품질 관리를 해야 한다.

두 번째는 인터넷을 통해 대중 리치형 전개를 할 경우 니즈가 드러난 층뿐만 아니라 니즈가 잠재된 층에 대해서도 수요를 유발할 만한 메시지를 전할 수 있는지 여부이다(니즈가 드러난 층의 반응만을 얻고자 한다면 SEM이나 비

***인사이트**
주로 소비자나 소비자의 심리적 소비행동에 대한 통찰력이나 간파능력, 안목을 말함.

교사이트가 가장 효과적이다). 이를 위해서는 반응유도 광고 이론에 따른 기능의 소구나 레이아웃뿐만 아니라, 소비자의 인사이트*에 보다 깊숙이 파고 들어간 카피작업이나 참신한 표현으로 주목률을 높이는 크리에이티브가 필요하다. 이것이 바로 광고의 묘미이다.

이와 같은 브랜드 크리에이티브의 전개는 반응유도 효과를 끌어올리는 효과가 있는데, 외국의 효과검증 사례에 따르면 브랜드광고(대형배너 등) 노출대비 반응유도광고 비율을 2 : 8 정도의 밸런스로 접촉하게 하면 방문자의 전환 비율이 가장 높아진다는 사례가 보고되었다(〈그림 5-22〉).

이상과 같이 나이넥스 비스니스 업계의 인터넷 마케팅에서도 개별매체 단위 CPA 효율을 추구하는 관리모델에 한계가 드러나기 시작하면서 앞으로는 브랜드시책과 반응유도시책을 얼마나 최적상태로 융합시켜 지속성장과 함께 토털마케팅의 ROI를 극대화시킬 것인가 하는 관점의 단계로 이행하고 있다.

그림 5-22 : 인터넷의 브랜드광고와 반응유도광고의 최적혼합 분석사례

컨버전 지수	브랜드광고의 임프레션 0	1	2	3	4	5	6	7	8	9	10
다이렉트 리스폰스 광고의 임프레션 0		67	76	93	100	113	109	105	107	99	99
1	51	193	226	236	270	314	289	286	346	269	
2	87	276	339	307	340	412	483	396	540		
3	119	350	400	467	516	399	496	376			
4	141	402	376	418	480	503	389				
5	171	461	608	492	668	588					
6	183	518	533	456	563						
7	208	415	464	520							
8	230	589	751								
9	256	583									
10	286										

핫존

범례 :
평균 컨버전/검색비율의 지수치

70	Less than 100
116	100-200
245	200-300
326	300-400
412	400-500
520	500-600
668	600-700
751	700 +

100 = 10 이하의 임프레션을 기록한 모든 쿠키(유저)의 평균 컨버전/검색비율

출처: 미국 Razorfish사 2006 "Actionable Analysis"
http://www.razorfish.com/download//reports/actionableanalytics.pdf

▶ 5-6

허점투성인 인터넷광고 플래닝

새로운 것일수록 의심하고 덤비자

커뮤니케이션 디자인에 입각하여 인터넷의 역할이 정의되고 대략적인 시책 구조도 정해졌다. 그리고 효과지표를 설정하고 나면 더욱 구체적인 양방향 시책의 플래닝과 실시운영에 돌입하게 되는데(〈그림 5-1〉의 ⑤), 거듭 말하지만 인터넷광고기법은 매우 다양해서 그 조합방법까지 포함하면 무한에 가까운 선택의 폭이 있다. 그 중에서 구체적인 플랜을 수립해야 한다. 인터넷광고 매체수만 보더라도 세상에 존재하는 인터넷광고 상품은 수만 개 이상이라고 한다. 또한 매일 신문지면이나 뉴스사이트에는 행동 타깃팅, 위젯, 블로거 프로모션 등 새로운 광고기법 등장에 대한 기사가 넘쳐난다.

저널리스트가 새로운 방식의 가능성을 논하는 것은 대단히 바람직한 일이다. 그러나 마케팅 실무에 종사하는 사람이라면 정말로 그것이 '효과적인 방식인가?', '효율을 담보할 수 있는가?'를 제대로 파악한 후에 실시유무를 판단해야 한다. 사실 많은 기업들이 새로운 방식에 곧바로 반응해 일단 실시해보지만 그것을 제대로 평가할 틈도 없이 또 다른 새로운 것에 손을 대는 등 닥치는 대로 대응하여 인터넷의 잠재능력을 제대로 끄집어내지 못하고 있다.

무한한 시책들 가운데 '무엇을 해야 하는가? 하지 말아야 하는가?'를 올바르게 걸러내는 안목을 기르는 것은 인터넷이라는 망망대해를 헤엄쳐나가는 데 무엇보다 우선시 되는 필수조건이다.

해볼 만한 가치가 있는 것의 파악방법

새로운 광고시책의 실시여부를 판단할 때 의지할 만한 것은 5-3장에서 논한 것과 같이 인터넷활용의 목적과 이를 수치화한 효과지표이다. 이런 전제로 시책의 실시 의의를 파악할 때, 아래 네 가지 단계별로 생각해볼 것을 추천

그림 5-23 : '해볼 만한 가치가 있는 것'을 파악하는 과정

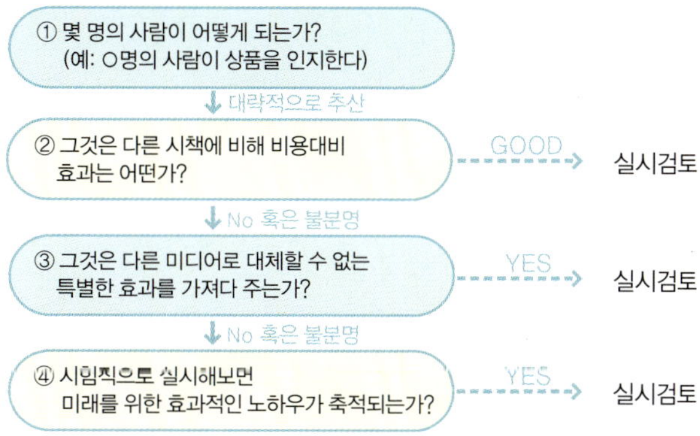

한다.

우선, 가장 먼저 해야 할 것은 효과를 미리 예상하는 것이다. 즉, 웹의 활용목적 및 효과지표에 비추어 '① 몇 명의 사람에게 도달되고, 어떤 효과가 일어날 것인가' 를 가정해보는 것인데, 플래닝 초기단계에서 시책을 필터링할 때 정밀한 수치는 없어도 된다. 세상에 공개된 데이터나 자신의 감각적 수치 등에 따라 추정하고 대략적인 규모를 파악할 수 있으면 된다. 이를테면 어떤 사이트에 인지확보를 목적으로 배너광고를 집행하면 1,000만 임프레션 노출에 따라 대충 300만 명에게 도달되고, 그 중 30%인 90만 명 정도의 광고 인지를 기대할 수 있다는 식이다.

다음은, '② 비용대비 효과에 부합하는가' 이다. 인터넷 이외 시책과의 비교를 포함하여 앞에서 추산한 기대효과가 투입비용에 부합하는지 신중히 파악해야 한다. 다만, 그럴 경우 '몇 명' 의 질적인 부분, 예를 들어 타깃 특성에 매치되는지 여부 등이나, 미디어의 브랜드 파워 등 부차적 효과도 가미한 후 검토할 필요가 있다.

가령, 앞의 과정을 거쳤는데도 효과나 효율이 기대에 크게 못 미쳤다고 해도 잘라버리는 것은 아직 섣부르다. '③ 다른 것으로는 대체할 수 없는 가치를 가져다주는가' 도 중요한 선택 기준이다. 예를 들면, 인터넷 그 자체가 지닌 특별한 가치로서 전술한 바 있는 심리스 부분이다. 광고를 전달함으로써 주목도를 향상시키고 잠재적 수요를 깨닫게 하는 것뿐이라면 다른 여러 매체를 통해서도 가능하다. 그러나 그 사람의 행동을 바로 그 자리에서 유발시켜 웹사이트로 오게 한 후, 심층적인 브랜드체험을 하게 하는 것

은 다른 매체로는 할 수 없다. 그런 의미에서 볼 때, 만일 유치 인원수가 적어도 그것으로 인해 유망한 잠재고객과 팬을 확보할 수 있다면 충분히 가치 있는 시책이라 할 수 있다.

혹시 앞의 모든 것이 잘 진행되지 않더라도, '④ 실험을 위한 것이었다고 쿨하게 생각하고 미래를 위한 노하우를 축적' 하는 것도 중요하다. 새롭게 속속 등장하는 인터넷광고 매체들은 도달규모로 볼 때 아직 미미한 것도 많다. 그럴지라도 장래에 주류를 이룰 만한 것이라면 다소 비용대비 효과가 미흡해도 일단은 시도해보고 효과를 검증함으로써 반응 기준치를 축적해나간다는 데 큰 의미가 있다. 동시에 초기단계부터 매체와의 관계를 구축하면 미래에 매체를 확대 전개하는 시점에서는 다른 경쟁사보다 우위에 설 수 있을 것이다.

인터넷광고를 전개하는 데 새로운 것을 시도할 때 그것을 실험삼아 구체적인 목적을 가지고 하는 것과 그냥 막연하게 새로운 것=유행하는 것이라는 인식을 가지고 하는 것에는 큰 차이가 있다.

플래닝의 함정을 간파한다

제5부의 취지는 투입한 예산에 대해 안정된 성과를 얻기 위한 실전적 플래닝이다. 그런 취지로 집필하게 된 가장 큰 이유는 세상에 잇달아 선보이고 있는 각 기업의 인터넷관련 시책이 일정 패턴의 함정에 빠져버린 일이 매우 많다고 느꼈기 때문이다.

일부 인터넷광고 담당자에게는 귀에 거슬리는 부분이 있을지 모르겠으나, 향후 실전적 플래닝을 실현하고 인터넷의 진정한 힘을 활용하는 데 참고가 되길 바란다.

❶ 타깃팅의 함정

다양한 타깃팅 방식으로 광고비의 낭비를 줄일 수 있다는 점은 인터넷의 큰 매력이다. 다만, 비용대비 효과를 감안하면 반드시 타깃팅하는 것만이 능사가 아닐 수도 있다.

예를 들어 20대 여성에게만 전송이 가능한 타깃팅형 배너광고가 새롭게 등장했다고 하자. 그 광고상품은 120만 엔으로 200만 임프레션, 즉 1노출당 단가는 120만 엔÷200만 임프레션으로서 0.6엔이었다고 하자(일반적으로 타깃팅을 할수록 단가는 높아진다). 20대 여성을 타깃으로 하는 광고주 입장에서 보면 낭비가 적은 타깃팅형 광고상품은 매우 매력적으로 보일 것이다.

한편, 완전히 동일한 크기의 배너광고로 타깃팅되지는 않았지만 150만 엔으로 1,500만 임프레션, 즉 1노출당 단가가 0.1엔인 포털사이트 배너광고 상품이 있다고 하자. 그리고 그 사이트는 젊은 여성 유저들을 비교적 많이 확보하고 있어, 전체 사이트 이용자 가운데 20%가 20대 여성이었다고 하자. 그럴 경우 이 사이트에 배너광고를 무작위로 집행하면 5회에 1회는 20대 여성에게 도달됨으로써, 실질적으로 20대 여성에게 300만 임프레션이 노출되는데, 타깃에 대한 1노출당 단가는 150만 엔÷300만 임프레션=0.5엔이 된다.

이처럼 타깃팅을 하는 것보다 타깃팅하지 않은 쪽이 타깃에 대한 노출단가 측면에서 볼 때 효율이 높은 경우가 실제로 많다. 게다가 코어타깃(앞의 사례로는 20대 여성)뿐만 아니라, 주변타깃에게도 함께 도달된다는 의미에서 잠재수요의 유발도 기대할 수 있다(기업이 정한 타깃층과 실제로 반응하는 층이 반드시 일치하지는 않는다).

물론, 20대 여성이 열심히 보는 전문사이트의 사이트 열람(열독) 수준, 즉 매체접촉태도까지 고려하면 반드시 효율만 가지고 논하지 못하는 경우도 있다. 그렇지만 논타깃팅=낭비, 타깃팅=효율적이라고 오해해서 해석되는 경우가 많아 기회손실이 적지 않다.

❷ 리치rich 배너 제작의 함정

또 다른 함정은 광고의 크리에이티브 표현에 있다. 브로드밴드나 플래시 기술의 보급으로 '야후! 재팬'의 대형 배너광고의 경우, 노출되는 제작물에 대해 1.8메가바이트까지의 데이터용량 및 제한시간 30초까지의 길이가 허용된다.

크리에이티브 표현을 고심하는 입장에서는 1.8메가바이트·30초가 주어진다면 그야말로 기승전결을 갖춘 스토리배너를 제작하거나, 동영상을 내보내거나, 플래시로 화려하게 연출하는 것도 가능하다. 다시 말하면 TV CF를 만드는 시각으로 배너의 크리에이티브를 생각하는 것도 가능하다.

그러나 유저의 시각으로 보면 어떨까? 여기에 주의해야 할 포인트가 두 가지 있다.

첫 번째는 꼼짝 안하고 배너광고를 30초 동안 지켜보는 사람이 얼마나 있을까 하는 점이다. 인터넷 유저는 대체로 다른 목적 때문에 그 페이지를 본다. 그리고 유저가 열어본 페이지에는 항상 눈길을 끄는 다양한 정보가 노출되어 있다. 소파에 편히 누워 귀에 쏙 들어오는 음악을 들으며 수동적으로 시청하는 화면 점유 100%의 TV CF처럼 15초나 30초 동안에 스토리를 전달하기란 애초부터 무리다. 현실적으로 제한시간이 30초간 주어진다 해도 언제 그 배너광고에 눈길이 머물지 알 수 없다. 대부분의 경우 주시하더라도 한순간일 것이고, 그냥 간접적으로 시야에 들어오는 일이 많을 것이다.

두 번째는 최초의 몇 초 동안이 가장 많은 인원에게 광고가 도달되는 타이밍이라는 점이다. 예를 들어 어떤 광고가 게재된 페이지를 첫 번째 유저는 8초간 보았다. 두 번째 유저는 3초 만에 다른 페이지로 옮겨갔다. 세 번째 유저는 60초간 제대로 열람했다고 하자. 만일 그 페이지에 게재된 배너광고 표현이 10초 지난 다음 비로소 브랜드명과 캠페인 메시지를 내보냈다면 원래 3명에게 도달된 것으로 간주했던 광고가 실제로는 한 명(세 번째)에게만 도달된 것에 지나지 않아 큰 기회손실로 이어진다.

실전적 플래닝을 할 때 배너 크리에이티브 제작의 원칙으로 다음의 네 가지 포인트를 기억하기 바란다.

- 주요 메시지는 도달인원이 가장 많은 최초의 몇 초 이내에 전달될 수 있도록 한다.
- 언제 눈에 띄더라도 일정한 노출효과가 있도록 브랜드명 등은 고정 배치하는 것이 바람직하다.
- 플래시를 이용한 움직임이나 동영상은 광고가 광고게재 페이지에 있는 다른 정보에 묻히지 않고, 주목도를 향상시키기 위해 사용한다(스토리를 전하거나 메시지를 채워 넣기 위함이 아님).
- 최후의 마무리 컷에서는 브랜드명과 주요 메시지를 확실하게 배치한다(페이지를 장시간 보는 사람에 대한 접촉효과 극대화를 기대).

물론 크리에이티브의 빅 아이디어가 있어 장시간 주시할 만큼 강한 흡인력을 가진 요소가 있다면 약간의 스토리를 넣음으로써 클릭률이 향상되는 사례도 있다. 반응을 늘리는 것이 목적이라면 콘텐츠에 녹아 들어가도록 배너광고를 기사처럼 꾸미는 등의 아이디어도 효과적이다. 다만, 어느 쪽이건 인터넷유저는 마케터가 상상하는 것 이상으로 변덕쟁이이며, 웹상에서는 늘 다양한 정보의 유혹에 노출되어 있다는 점을 유념해야 한다.

③ 육지 속 외딴섬의 함정

온라인 캠페인을 전개할 때 웹사이트 제작과 인터넷광고 집행은 주로 세트로 전개된다. 왜냐하면 사이트를 만들어도 그곳에 사람을 유인하는 수단이 없다면 그 사이트는 육지 속 외딴섬이 되어 버리기 때문이다. 아무리 좋은 콘텐츠가 있어도 사람이 와주지 않으면 의미가 없다. 이런 점을 알면서도 콘텐츠 제작에 과다한 비용을 투입하고는 막상 집객에 소홀해지는 경우가 여전히 많은 듯하다.

인터넷광고 담당자 입장에서 보면 웹 제작비와 인터넷 매체비용을 각각 어떻게 배분하여 예산을 할애할 것인지가 향후 인터넷광고 전략의 큰 과제가 될 것이다. 그런 상황에서도 〈그림 5-23〉의 ①에 나타난 것과 같이 일반적 지표를 설정하고 몇 명의 사람이, 어떻게 반응하는가(브랜드인지, 구매의향 등)를 생각해보기 바란다.

자동차 등 내구재의 경우 배너를 통한 제품 설명에는 한계가 있기 때문에 사이트를 통한 경험으로 구매의향을 제고하는 데 비중을 두는 경우도 많다. 다만, 소비재의 경우는 소수 유저를 대상으로 사이트에서 커뮤니케이션을 전개하는 것보다는 창조적인 배너광고를 대량으로 접촉하게 함으로써 사이트 밖에서 브랜드 인지나 호감을 확대시키는 편이 훨씬 효율적일 것이다(물론, 사이트 자체가 TV 등 매스미디어 광고의 보완적 기능을 담당하는 것은 감안해야 한다).

힘들게 만든 사이트가 외딴섬 신세가 되어 버리면 모든 노력이 수포로 돌아가며 이것이 최악의 리스크가 된다. 광고 및 마케팅 담당자는 웹 제작과 집객의 예산배분에 대해 재차 확인할 것을 권하는 바이다.

(이 논지에 관한 세부사항은 특별칼럼 '효과적인 인터넷마케팅을 위한 세 가지 노하우' p.186참조)

④ 첫 페이지 이탈의 함정

배너광고를 클릭해서 사이트를 방문한 유저의 대부분은 첫 페이지만 보고 떠나버린다. 기업의 광고 및 마케팅 담당자 중에서도 이 사실을 아는 사람은 그리 많지 않다. 포털사이트의 배너광고는 아직 상품에 대한 흥미·관심이 그리 높지 않은 저관여 고객을 유인했을 경우에 20~50%, 흡인력이 강한 모델을 기용했을 경우에도 50% 이상이 이탈해 버린다.

이를 이해하고 난 후, 주의해야 할 포인트가 두 가지 있다. 첫 번째는 광고의 링크 페이지(랜딩페이지)에서 최대한 유저의 이탈을 방지하여 다음 페이지를 넘기도록 아이디어를 짜야 한다. 대용량 플래시의 첫 페이지를 다운로드 하는 데 10초 이상 걸릴 경우는 특히 주의해야 한다. 보기만 한다면 강한 임팩트를 줄 수 있을지 몰라도 로딩 중에 사실 상당 수 유저들이 이탈해 버린다. 효과를 높인다는 시각에서 볼 때 첫 페이지는 심플하고 스트레스 없이 표시되는 것으로 하되, 방문자의 주된 니즈에 부응하여 다음 콘텐츠로 이어지는 도선을 확실히 정비해 두는 것이 바람직하다. 예를 들면, 어떤 유저는 상품의 세부사항을 즉시 보고 싶어할 것이고, 어떤 유저는 캠페인 응모페이지로, 어떤 유저는 좋아하는 모델이 나오는 CF페이지로 넘어가고 싶을지도 모른다. 이런 여러 니즈 패턴을 액세스 분석툴 등을 활용해서 파악하고 유저가 원하는 콘텐츠로 원활하게 이동할 수 있도록 랜딩페이지를 준비해야 한다.

두 번째는 첫 페이지에서 이탈하는 것은 예상했던 대로라고 해도 최소한 전하고 싶은 메시지는 전달하는 페이지를 만들어야 한다. 방문자 대부분은 우연한 계기나 뭔가 흥미를 가지고 광고를 클릭한 사람이다. 가령 좋아하는 모델을 보는 것이 목적이었다고 하더라도, 적어도 사이트를 볼 생각이 있는 사람이므로 메시지에 대한 주목률은 100%에 가깝다. 그러므로 굳이 페이지를 이동시키지 않아도 상품의 특장점(USP: *Unique Selling Proposition*)이 최소한 전달될 수 있는 랜딩페이지를 제작하도록 유념하길 바란다.

그런 의미에서 볼 때 정보의 수용성(收容性)이 지극히 높은 사이트의 표현이라도, 한 장의 인쇄매체 광고 표현을 만드는 것과 다를 바 없는 능력이 요구된다고 할 수 있다. 결국 크리에이티브의 본질은 같다.

⑤ 콘텐츠제작의 함정

웹콘텐츠 제작은 즐겁다. 광고주 담당자나 제작을 의뢰받은 자 모두에게 그렇다. 그렇지만 실전적 플래닝을 할 때는 그 콘텐츠는 정말 재미있는지, 도움이 되는지를 항상 자문자답하는 것이 중요하다. 이때 중요한 것은 TV, 잡지, 무가지, 게임, 하늘에 별만큼 널린 웹사이트(정보사이트나 SNS, 유튜브) 등 프로급 사양의 콘텐츠부터 초보자의 입소문 정보까지, 소화하기 벅찰 정도의 매혹적인 정보에 둘러싸인 소비자가 기꺼이 귀중한 시간을 할애하고 싶을 만큼 재미있는가 하는 점이다. 하루에 소비자가 미디어를 접촉하는 시간은 한정적이다. 그렇기 때문에 기업이 소비자에게 콘텐츠를 보여주고 싶다는 것은 소비자가 다른 미디어에 접촉하는 시간을 빼어오는 것과 같다. 입소문만으로 확산되는 흡인력 있는 웹콘텐츠를 만들기 위해서는 잘 팔리는 잡지를 한 권 만드는 것과 동일한 수준의 크리에이티브 재능과 편집능력을 요하는 것이 아닐까?

그 웹콘텐츠는 정말 소비자를 매료하고 있는가? 그렇지 않다면 당연히 사이트 방문자 대부분이 첫 페이지만 보고 이탈해버릴 것이다. 거기서 시간을 허비하느니 마우스로 몇 센티만 손을 움직이면 닿을 수 있는 더 매력적인 정보에 접속하게 된다.

결코 웹콘텐츠를 제작하지 말라고 말하는 것이 아니다. 적어도 내구재 같은 상품의 경우는 능동적으로 정보를 찾아 온 잠재고객에게 최대한 상품의 매력이 전달될 수 있는 정보를 제공해야 한다. 다만, 상품과는 약간 거리감이 있는 엔터테인먼트 세계에서 승부를 걸 경우에는 다른 차원의 각오가 필요하다. '그 웹사이트는 세상에 널린 오락정보에 비해 재미있고 독자적인 가치를 제공하는가?' 를 항상 자문하며 결전에 임해야 한다.

▶ 5-7

PDCA는 인터넷광고의 숙명

데이터를 얻을 수 있는=addressable 세상으로

* 디지털 사이니지 (digital signage) 동영상 등의 정보표현을 디지털기술로 실현하는 옥외광고 매체.

인터넷뿐 아니라 지상파, 모바일, 디지털 사이니지*까지 온갖 미디어정보의 유통이 디지털화 되어가고 있다. 그것은 즉, 미디어정보와 관련된 모든 커뮤니케이션은 네트워크에서 양방향의 성격을 지니며 addressable 추세로 가고 있다는 뜻이다. addressable이란 네트워크의 각 유저 주소(*address*)를 확인함으로써, 그 유저의 반응을 정밀하게 파악함과 동시에 필요에 따라 개별 유저에게 맞춤정보를 보낼 수 있는 상태를 말한다.

이렇게 말하면 실전적 플래닝과는 동떨어진 미래의 이야기처럼 들리겠지만 그렇지 않다. 웹 액세스 분석이나 LPOlanding page optimization, 레코멘드recommend툴, 최신 플래시기술 등 기업 입장에서도 그것을 저비용으로 실현할 수 있는 선택의 폭이 넓어지고 있으며, 또한 이러한 노력으로 기업의 경쟁우위가 정해지는 것이 인터넷 마케팅의 현주소이다.

인터넷에서 PDCA가 중요한 이유

PDCA라는 용어는 Plan(계획)→Do(실행)→Check(효과검증)→Action(분석/Replan)으로서 마케팅활동에 필요한 일련의 사이클을 말한다. 지금까지는 주로 Plan에 관한 이야기를 했는데, 실전적 플래닝의 성패는 Do 다음의 Check와 Action에 얼마나 심혈을 기울이는지에 따라 결정된다고 해도 과언이 아니다(〈그림 5-1〉의 ⑦~⑩).

인터넷 세계에서 PDCA사이클에 대한 관리 및 운용의 중요성이 강조되는 데는 몇 가지 이유가 있다.

첫 번째는 Check(효과검증)면에서 유저의 행동을 상세하게 저비용으로 측정할 수 있기 때문이다. 광고의 클릭뿐만 아니라 웹사이트 유저가 어디서 와서 어떤 과정을 통해 어떤 액션에 이르게 되었는지의 측정을 액세스 해석 툴을 이용하여 매우 저비용으로 할 수 있게 되었다. 오프라인 세계에서 이처럼 잠재고객의 행동을 포착하기 위해서는 매장에서 추적조사를 하거나 심층인터뷰 등을 통해 구매행동의 실태를 설문하는 등 적은 표본이라도 고비용이 소요되게 마련이다.

그림 5-24 : PDCA사이클의 개념

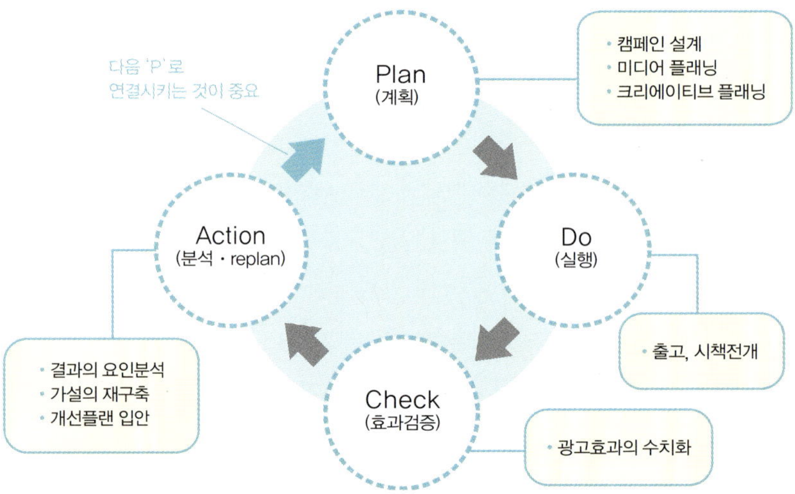

두 번째는 이러한 고객의 행동실태 및 세부적으로 파악된 마케팅활동의 결과 자체를 명확하게 분석함으로써 완성도 높은 마케팅의 최적화를 실현할 수 있기 때문이다. 기존의 미디어 세계에서는 그 광고를 보고 몇 사람이 반응을 했는지 정밀하게 매체단위로 파악하는 것은 어려웠다. 그러나 인터넷광고의 경우는 앞서 말한 것과 같이 어느 매체를 통해 왔는지, 몇 명이나 계약이 성사되었는지 손쉽게 파악할 수 있다. 물론 웹상의 액션이 효과의 전부는 아니지만, 적어도 어떤 지표를 통해 '효율이 떨어지는 매체에는 향후 집행하지 않는다' 하는 식의 신속한 판단은 최적화를 위한 중요한 첫 걸음이다.

세 번째는 다른 경쟁사들은 이미 이런 활동들을 시작해서 꾸준히 하고 있기 때문이다. 웹활용의 일반화 및 측정비용의 절감을 통해 많은 기업이 웹상의 행동을 분석하고 신속하게 미디어시책이나 사이트시책을 개선해 나가는 PDCA사이클을 운용하는 것이 일상화되었다. 이를 하는 기업과 하지 않는 기업은 단기적 마케팅 성과 측면에서 큰 격차가 벌어질 수밖에 없다. 그러나 그보다 중요한 것은 이를 꾸준히 실천하는 기업(담당자)과 단순히 집행만 하는 기업(담당자)을 비교해보면 축적되는 노하우의 양이 전혀 다르다는 점이다. 어느 시책을 쓰면 성공한다/실패한다는 것은 확실한 체험을 통해 파악할 때 차후의 더 나은 플래닝으로 이어진다. 따라서 다른 경쟁사들은 PDCA를 하고 있는데, 자사는 이를 소홀히 한다면 메워지기 힘든 치명적인 격차가 벌어질 수밖에 없다.

전수(全數)의 행동데이터를 직시한다

앞서 말한 대로 인터넷에서는 행동데이터를 정밀하게 측정할 수 있다. 이것은 무엇을 의미하는가? 기존의 대중마케팅 세계에서는 조사패널 등으로부터 조사대상자(표본)를 추출하여 통계적으로 대표성을 확보한 후 실제로 광고에 영향받을 가능성이 있는 일부의 사람에 대해 앙케트 등을 통해 인식이나 행동에 관한 설문을 하는 것이 일반적이었다.

이에 반해, 인터넷에서는 전수(全數)에 대한 행동 측정이 가능해졌다. 이것이 바로 addressable인 까닭이며, 기존의 마케터가 크로스미디어 커뮤니케이션을 실천할 때 반드시 적응해야 할 피할 수 없는 영역이다.

이 영역에 적응하지 못한 (전수데이터 분석에 대한 경험치가 없는) 마케터가 웹플래닝까지 하게 되면 힘들게 대중캠페인 시책을 시도해 보고자 공들여 만든 웹사이트는 파리만 날리는 실패사례가 속출할 것이다. 그 이유는 '이런 대중캠페인 시책을 시도하면 웹에서 이 정도의 반응은 있겠지' 하는 감각도 없이 플래닝하게 되기 때문이다(웬만한 빅 아이디어가 아닌 이상 확실하게 인터넷광고를 통한 심리스 도선을 깔지 않으면 매스미디어 광고만으로 사이트 유도를 도모하는 데는 한계가 있다).

그러므로 필자는 크로스미디어 시대의 커뮤니케이션에 종사하는 모든 마케터는 전수의 행동데이터를 직시하여, 시책에 대한 유저의 반응이나 현실적 움직임에 대한 감각을 연마하는 것이 필수불가결하다고 생각한다.

인터넷에서 측정 가능한 행동데이터

인터넷의 전수 행동데이터에 관해 측정 가능한 주된 지표는 다음과 같다.

우선 광고의 노출에서 도달, 클릭은 인터넷광고 효과 측정의 기본이다. 또한 액세스 분석툴을 이용하여 웹사이트의 총 방문자 수를 보면 광고를 클릭한 사람 이외에도 검색해서 온 사람, 다른 사이트에서 링크를 클릭해서 온 사람, 블로그나 SNS에 게재된 글을 보고 찾아 온 사람 등 많은 사람이 사이트를 방문했음을 알 수 있다. 이들 광고클릭 이외의 방문에 대해서는 인터넷광고를 포함한 각종 프로모션 시책(TV, 신문, 잡지, 옥외광고, PR 등)의 도달률을 모두 합한 것으로써 소비자의 흥미가 유발되어 초래된 것이라고 추정할 수 있다. 이에 대해서는 실시한 시책의 타이밍과 웹사이트 자연방문수의 시계열적 추이 등을 비교해 봄으로써 어떤 시책이 어느 정도 사이트 유도에 공헌했는지 대략적으로 파악할 수 있다.

행동데이터 분석이 진가를 발휘하는 것은 이제부터이다. 웹액세스 분석툴을 도입함으로써 사이트 내의 콘텐츠 열람상황이나 체류시간, 최종적 구매, 상품정보 요청, 캠페인 응모 등 행동에 이른 인원수까지 정밀하게 파악할 수 있다. 이것에 앞서 언급한 방문경로(광고, 검색, 블로그 등)별로 세분화하면 각 매체별 방문자의 퀄리티를 특정짓고 구분하는 데 도움이 된다. 이를테면 어떤 광고를 통해 방문한 유저는 첫 페이지만 보고 금방 떠나버리지만, 다른 광고를 통해 온 사람은 행동까지 일으킬 가능성이 높다는 식이다.

최근 블로그나 SNS 등이 보급됨에 따라 인터넷의 입소문을 중요한 지표로 삼아서 측정하고 평가하는 움직임이 늘었다. 블로그 입소문 분석툴을 사

그림 5-25 : 인터넷에서 측정 가능한 행동데이터

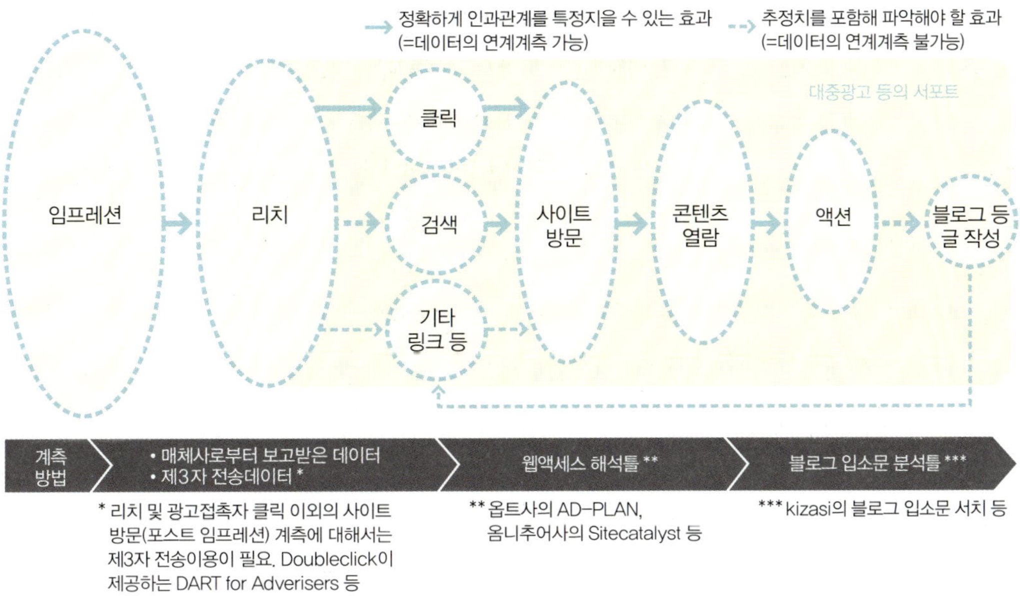

용함으로써 '광고캠페인 기간 중 어떻게 해서 글쓰기 건수가 늘어났는가' 하는 정량적 평가뿐만 아니라, 글의 내용을 면밀하게 해석함으로써 소비자의 인사이트 발견으로 이어지는 정성적 시사점을 얻는 것도 가능해졌다.

행동데이터는 만능이 아니다 — 행동×의식×속성으로 고객의 반응을 파악한다

행동데이터를 정밀하게 확보할 수 있다는 것이 인터넷의 특징이며, 이 장점을 살리는 것이 PDCA의 기본이다. 다만, 웹의 행동데이터는 결코 만능이 아니라는 점과 이것에만 주목하면 중요한 것을 놓치게 된다는 점에 주의해야 한다.

일반적으로 인터넷에서는 행동데이터를 손쉽게(저비용으로) 측정할 수 있기 때문에 클릭수나 사이트 PV수 같은 행동지표만으로 캠페인을 평가하는 경우가 많다. 그러나, 웹을 통한 다이렉트 판매만을 하는 기업이 아닌 이상 대체로 이것만으로는 충분하지 않다. 그 이유는 다음의 세 가지 이다.

첫 번째는 인터넷광고를 접한 사람 가운데 클릭이나 검색을 통해 웹사이트를 방문하는 사람은 극히 일부에 지나지 않기 때문이다. 일반적으로 인터넷광고의 클릭률은 1%에도 미치지 못한다. 그 중 특히 소비재 같은 경우는 대형 배너광고를 통해 상품을 인지하고 매장에서 광고를 떠올린 후 구입하는 경우도 많다. 클릭 등 측정이 가능한 행동데이터에만 주목하다 보면 클릭은 하지 않았지만 광고접촉을 통해 얻게 되는 효과를 간과하기 쉽다.

두 번째는 웹의 행동데이터만으로는 어떤 (속성의) 사람들이 접속했는지에 대해 알 수 없기 때문이다. 예를 들어 B to B(법인용) 휴대폰 서비스를 인터넷에서 프로모션하는 기업이 있다고 가정하자. 타깃은 기업의 IT 담당이나 총무담당이다. 인터넷광고를 시도한 결과 1만 건의 클릭이 있었다고 가정할 때, 그 중에 정말 와주길 바랐던 IT담당 관련자들은 얼마나 포함되어 있었을까? 새로운 휴대폰 단말기에 흥미를 가진 개인유저가 상당량 포함되지는 않았을까? 몇 명의 유저를 유인했고 그들이 어떻게 행동했는지 측정하는 것뿐이라면 웹 행동데이터만으로도 충분하지만, 이러한 방문자의 질적인 과제를 해결하려면 웹 행동뿐만 아니라 웹상의 앙케트 등을 통한 효과측정이 필수적이다.

세 번째는 클릭이나 PV 같은 웹의 독자적 행동데이터만을 본다면 다른 미디어와 효과 및 효율을 비교할 수 없기 때문이다. 토털 마케팅활동을 관리할 때 이것이 없다면 '향후 인터넷에 어느 정도의 예산을 써야 하는가' 라는 물음에 영원히 대답할 수 없게 된다. 따라서 광고효과란 차원에서 보면

그림 5-26 : 인터넷광고 효과의 구조

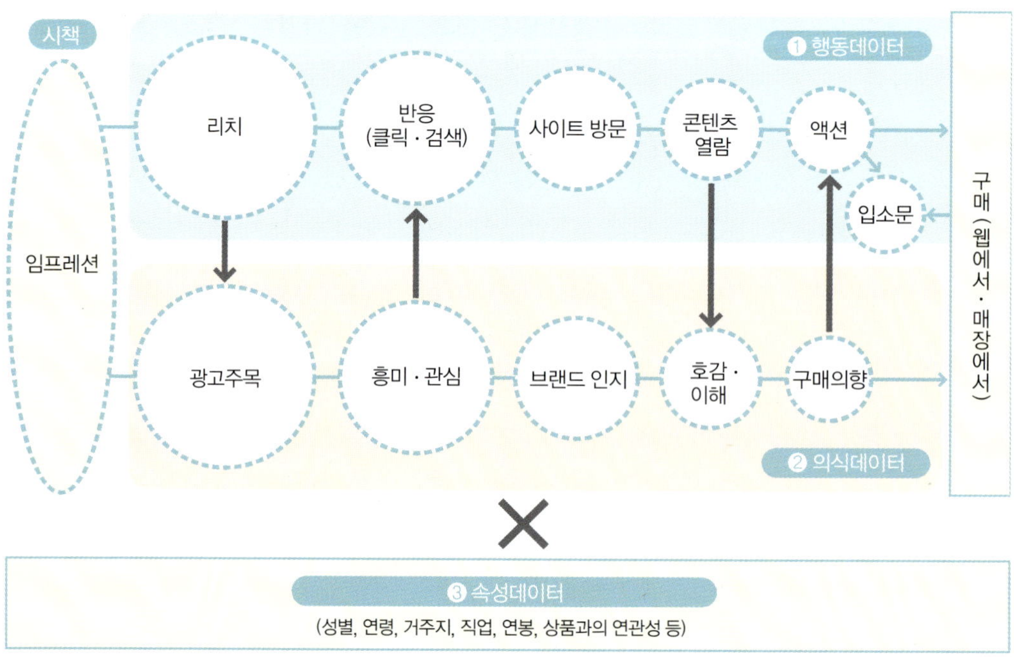

임프레션뿐만 아니라 리치라는 지표도 평가해야 하며, 더 정밀하게 본다면 웹 캠페인을 전개할 때도 광고인지나 구매의향과 같이 다른 미디어에서도 이용되는 범용적인 효과지표를 통한 평가가 필요하다.

이상에서 본 것과 같이 양방향 커뮤니케이션활동의 PDCA는 웹 행동데이터 이외에도 의식데이터와 속성데이터를 함께 바라보는 것이 중요하다. 〈그림 5-26〉을 보면 알 수 있듯이 의식과 행동은 전혀 다른 것으로 취급되는 것이 아니다. 소비자가 상품구매에 이르는 과정에서 행동의 결과로 의식이 변하고 의식(태도)의 변화가 행동으로 이어지는 상호반응적 관계이다.

한편, 이 정도 정밀한 데이터를 확보할 수 있는 요즘 기업의 실무 담당자는 넘쳐나는 데이터의 바다에 빠지지 않도록 주의할 필요가 있다. 원활한 PDCA 사이클 운영을 위해서는 인터넷의 활용목적과 효과지표를 명확하게 인식함과 동시에 데이터의 일정한 법칙을 발견한 시점에는 그것을 현실적으로 운용할 수 있는 지표에 맞추어 나가는 것이 반드시 필요하다.

작은 PDCA와 큰 PDCA

이 정도로 세밀하게 데이터를 얻을 수 있는 인터넷이므로 현장에 몸담고 있는 담당자 입장에서는 PDCA업무에 짓눌리기 십상이다. 아마도 광고 클릭이나 액션, 웹사이트 유저 수나 PV 같은 기본지표를 보고하는 것만으로도 벅차기 때문에 그 밖의 새로운 지표 측정의 의의나 거기에 주력했을 때의 비용대비 효과를 의문시하는 경우도 있을 것이다.

필자는 그런 딜레마에 대해 작은 PDCA사이클과 큰 PDCA사이클을 별개로 구분하여 대응할 필요가 있다고 생각한다.

작은 PDCA는 일상적인 퍼포먼스를 평가하고 미디어를 취사선택하는 등의 단기적 개선으로서 이른바 부분적 최적화를 추구하는 것이다. 이것은 인터넷광고를 운용할 때 필수적이다. 이때 매번 조사설계 등에 시간을 뺏길 수 없으므로 액세스 해석툴로 측정할 수 있는 기본적인 행동지표를 조합함으로써 대응해야 할 것이다.

한편으로는 여러 캠페인을 묶거나 연 2회 정도의 주기로 큰 PDCA를 실시할 것을 강력히 추천한다. 이른바 전체적 최적화를 목적으로 하는 것이다. 예를 들면, 타깃전략과 웹전략의 적합성을 확인하고 행동데이터만으로는 측정할 수 없는 웹의 브랜딩효과나 실생활에 미치는 파급효과 등을 명확

column❶

시미즈 류헤이[清水龍平]
아도비시스템즈 주식회사 옴니추어 사업본부
세일즈 컨설팅 시니어 세일즈 컨설턴트

액세스 해석의 현장에서

1. 시대는 변했다

이 책의 출판과 관련하여 덴츠의 스기우라[杉浦] 씨로부터 전화를 받은 것은 2008년 10월이었다. 책의 개요를 듣고 나서 참으로 시대가 많이 변했음을 느끼고 감개무량했다. 그 분과 필자는 데이터 해석 업무를 위해 2003년에 처음 만났다. 5년 전 당시만 해도 해석 프로세스 자체가 매우 어려워서 로그 데이터에서 유용한 고객관련 데이터를 추출하려면 복잡한 장치가 필요했다. 이 때문에 마케팅 담당자에게 로그 해석이나 액세스 해석이라는 말은 낯설었으며, 또한 아는 사람이 있다 해도 대부분 방문경로나 조회수 같은 용어에만 정통했다. 즉, 인터넷데이터의 비즈니스 가치에 대해 지금처럼 인식하지 못한 시대였다.

계기는 2005년 3월 '구글'사의 'Urchin'(구글의 웹통계) 매입이었을 것이다. 그 이후로 액세스 해석에 관한 여러 서적이 출판되고 블로그 등도 늘어나면서 인터넷데이터에 관한 마케터의 인식이 크게 향상되었음을 피부로 느끼고 있다. '옴니추어'의 영업사이클도 변했다. 예전에는 웹 해석이란 무엇인가 하는 데서부터 출발해야 했으나, 지금은 기업들이 웹 해석의 필요성을 인식하고 있어 툴을 선정하기만 하면 된다. 업계 담당자의 한 사람으로서 이러한 시장의 확산을 매우 기쁘게 생각한다.

2. 인터넷 데이터는 정보의 보고

왜 웹 해석에 시선이 집중되는가? 그것은 인터넷이 보급됨에 따라 고객데이터의 수집 및 분석에 소요되던 시간과 비용을 대폭 절감할 수 있기 때문이다. 기업은 지금까지 극히 일부의 고객데이터만을 분석했다. 모든 데이터를 분석하기에는 투자 비용이 너무 많이 들므로 성과를 내기 어려웠기 때문이다. 그러나 브라우저라는 정보열람 디바이스가 인터넷을 매체 삼아 침투하기 시작하면서 고객의 전수 데이터를 순식간에 저비용으로 수집 및 분석할 수 있는 시대가 도래했다. 또한, 대부분의 웹 해석툴은 그런 다량의 정보를 집계하여 알기 쉽게 시각화하는 기능을 이미 갖췄다(그림1). 예를 들면, 최근에는 트랜잭션 관련 정보(매출, 구매횟수 등의 KPI)나 고객속성 정보(성별, 연령 등)를 광고코드와 연계하여 집계하는 등 이전에는 상상할 수 없었던 고도의 리포팅이 거의 일반화되고 있다. 기업 입장에서 이런 정보자원을 활용하지 않는 것은 손해다.

3. 분석의 미래는 밝다

무어의 법칙Moore's law이라는 유명한 경험이론이 있다. 알기 쉽게 말하면 PC의 성능은 10년 후(약 120개월 후)에는 32배가 된다는 의미인데, 이것을 듣고 웹 해석의 미래는 매우 밝을 것이라 상상하는 것은 아마도 필자뿐만이 아닐 것이다. 왜냐하면 이미 인터넷 인구나 PV의 신장률은 제자리걸음 상태를 보이고 있다. 이에 비해 PC의 처리능력이 지수함수적으로 향상되고 있어 지금은 실현하기 어려운 데이터 처리라도 몇 년 후에는 시판 데스크톱으로 실행할 수 있을 것이기 때문이다.

32배의 처리능력을 가지고 10년 후의 마케터는 무엇을 분석할까? 아마도 아직은 인터넷에 연결되지 않은 다양한 디바이스(휴대폰, 가전제품, 자동차, POS 등)에서 흡수한 방대한 데이터를 브라우저를 통해 수집한 데이터와 등가 취급하여 3D나 홀로그램 영상으로 종횡무진 분석하지 않을까 생각된다. 그리고 광고활동과 관련해서는 매스미디어 광고가 사라지는 일은 결코 없다 하더라도 휴대폰이나 브라우저 등 개인미디어에 전송되는 광고는 그 대부분이 테크놀로지에 의해 자동화될 것이다(이 부분은 유가와 츠루아키[湯川鶴章] 씨의 저서 《차세대 마케팅플랫폼 광고와 매스미디어의 지위를 넘보는 것》에서 자세하게 논하므로 읽어보기를 권한다).

이와 같은 시대의 인터넷은 바야흐로 과거의 인터

그림 1

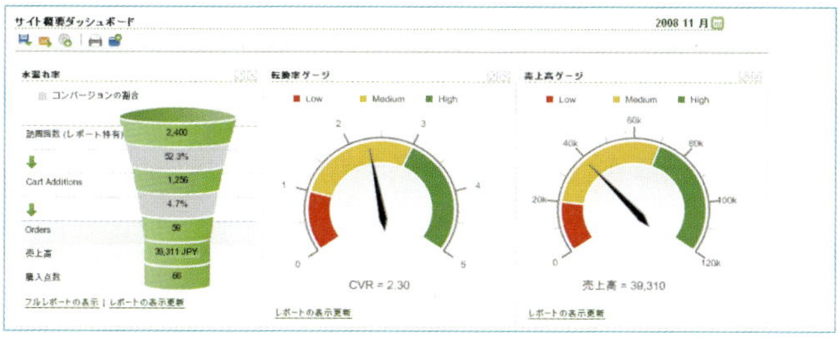

Omniture SiteCatalyst®계기판 사례. 계기판 기능은 복수의 리포트 요약정보를 하나의 화면 내에 정리해서 표시할 수 있으며 몇 종류라도 자유롭게 작성이 가능.

넷의 범주를 벗어나 전 세계 정보 커뮤니케이션의 기반으로 자리 잡아 갈 것이다. 새로운 통신환경의 도래는 마케팅과 광고활동을 극적으로 변화시킬 것이다. 또한 그 시기의 웹 해석은 더 이상 2003년에 우리가 알던 로그 해석이나 액세스 해석 같은 데이터분석을 위한 단순 기술에서 벗어나, 모든 고객정보를 수집하고 광고 전송의 일부를 자동화하는 것까지도 가능한 기업의 비즈니스 자산 및 마케팅 인프라 그 자체가 될 것이다. 고객의 전수데이터를 분석하고 활용하는 것이 기업의 경쟁력을 좌우하는 시대가 가까운 미래에 분명히 찾아올 것이다. 필자는 그렇게 상상한다.

4. 일본의 마케팅 담당자에게

다음은 이 지면을 통해 여러분에게 두 가지 메시지를 전하고자 한다.

① 장기적인 성공 시나리오

일본기업은 해외기업에 비해 4~5년 주기의 장기적 성공 시나리오를 그리는 기술과 사내 체제가 분명히 부족하다. 구체적으로 말하자면 '옴니추어'의 분석툴을 도입할 때는 전사적으로 아우르는 글로벌 룰이 필수인데, 미국기업은 비즈니스 과제를 명료하게 파악한 후 팀을 구성하여 전체 설계에 착수하는 데 비해, 일본기업은 회계연도 단위 및 부서 단위의 실무 범위에서 여전히 벗어나지 못하고 있다.

장기적이며 전사적인 차원에서 데이터를 활용할 것을 지금이라도 진지하게 검토하기를 바라지만, 문화적으로 마케팅이 대우받지 못하는 일본에서는 역시 어려울지도 모르겠다. 그런 상황에 대응하고자 '옴니추어'는 통틀어 4,000개사 이상의 고객 실제 체험과 성공사례를 정리하여 단기간에 성과를 낼 수 있는 'Omniture Fusion', 전사적 도입 및 성공적 웹 해석을 지원하는 '웹 해석 거버넌스' 등의 컨설팅 서비스를 제공하고 있다.

② 커뮤니케이션의 행복을 디자인한다

해석 툴이나 컨설팅에 의해 주요 업적평가지표(KPI)의 관리체제를 구축할 수는 있다. 그러나 테크놀로지에만 의존하다 보면 아무래도 놓치는 부분이 있다. 이를 추상적으로 말하면 '커뮤니케이션의 행복'이라고 말할 수 있을 것이다. 고객의 데이터를 수집함으로써 기업의 업무최적화는 실현됐다 하더라도 유저에 대한 배려가 결여되었다면 그 구조는 개인정보를 무작정 수집하기만 하는 차가운 기계에 지나지 않는다. 테크놀로지에 의해 도대체 무엇을 실현하고 싶은가? 10년 후 생활 속에서는 정보가 어떻게 사람과 기업, 사람과 사람을 연결해야 하는가? 그런 새로운 '행복'에 대한 상상력을 부디 잊지 않기를 바란다.

PROFILE
시미즈 류헤이 / 2000년 조치대학 졸업. SI기업에 입사 후 2003년부터 액세스 해석분야에 종사. 2005년 옴니추어에 입사. 트라이얼(POC)을 담당하는 도입 컨설턴트.

액세스로그 × 앙케트에 의한 효과검증 x-AUDIT

덴츠는 행동데이터뿐만 아니라 의식데이터나 속성 데이터를 포함하여 양방향 커뮤니케이션의 효과 검증을 수행하는 'x-AUDIT'라는 서비스를 제공하고 있다.

통상적인 액세스 해석 외에 웹사이트에서 간단한 앙케트를 실시하는 방식이다. 주요 설문내용은 방문자의 속성(성별, 연령, 상품관여 등), 인지경로(매스미디어를 포함하여 어떤 미디어를 보고 왔는가), 심리변화(목적달성, 구매의향) 등인데 앙케트 답변과 액세스로그를 연계함으로써 그것들을 통합적으로 분석할 수 있다.

즉, 〈그림 5-28〉과 같이 어떤 사람이, 어떤 계기로 방문하여, 웹사이트에서 어떤 행동을 하고, 그 결과 어떻게 되었는가에 대해 각 표본을 일괄적으로 트래킹함으로써 사이트방문자의 자세한 속성이나 심리변용을 파악할 수 있을 뿐만 아니라, 매스미디어 광고가 사이트방문에 미치는 영향이나 Web to Real(웹에서 정보를 수집한 후 오프라인 매장으로 가려는 사람)의 효과파악도 가능하다.

대중광고×인터넷광고, 웹채널×실생활채널의 크로스 커뮤니케이션을 전개하는 기업이라면 캠페인 전개 시 반드시 활용하길 바란다.

그림 5-27 : x-Audit에 의한 효과검증 기법

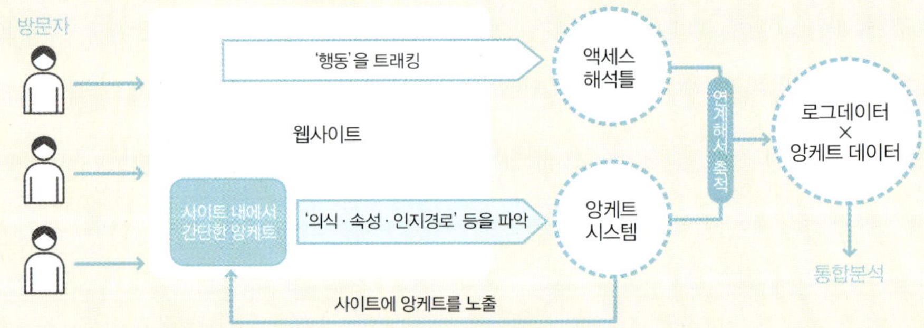

그림 5-28 : 온라인증권 카테고리의 x-Audit 아웃풋 사례

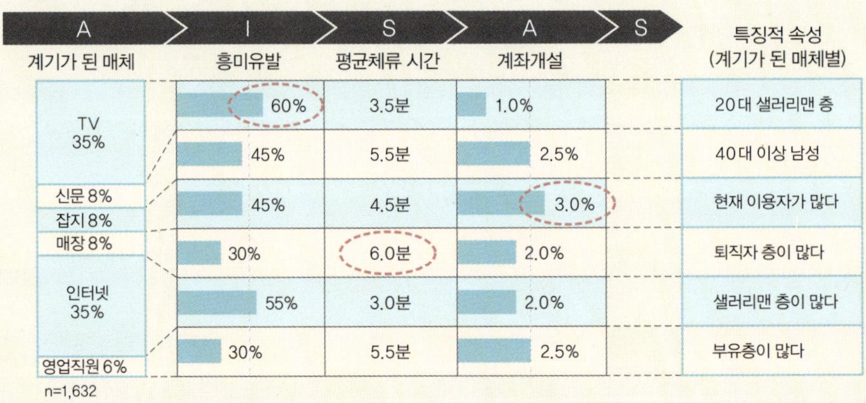

히 파악하거나, 커뮤니케이션활동 전체에서 웹이 하는 역할을 제대로 검토하는 것이다. 효과지표의 재검토나 적절한 예산배분 등 플래닝의 가이드라인 자체를 재구축하는 것도 이 프로세스의 중점 테마이다.

일본에서는 저비용 측정툴의 보급에 따른 폐해나 Fee* 비즈니스가 일반화 되지 않은 거래관습 때문에 대부분의 광고주 기업에서 고부가가치형 서비스인 큰 PDCA가 제대로 정착되지 못했다.

* Fee
광고회사가 제공하는 서비스의 대가로 사전에 정해진 조건에 따라 광고주에게 청구하는 보수. 한편, 광고거래액에 대해 일정 비율로 정하는 보수는 커미션이라 한다.

큰 PDCA가 정착되지 않아 야기되는 최대의 문제는 기존 미디어와 인터넷미디어의 평가가 제각기 다른 지표를 통해 다른 담당자 사이에서 관리되는 것이며, 진정한 크로스미디어형 커뮤니케이션의 실현을 저해하는 요인이다.

이렇게 되면 결과적으로 인터넷광고가 과소평가되거나, 반대로 기존의 매스미디어는 '안 먹히는 것 같다'는 식으로 판단되어, 결국 인터넷광고가 유효한지 어떤지 답을 알 수 없기 때문에 소비자의 미디어접촉 환경은 크게 변하고 있는데도 불구하고 기업의 커뮤니케이션은 현상유지만 할 뿐이다.

양방향 커뮤니케이션의 세계에서는 정밀한 행동데이터를 간단히 얻을 수 있으므로 작은 PDCA사이클 말고도 애꾸눈 신세를 면하기 위한 큰 PDCA 사이클을 어떻게 조합하여 연동시킬 수 있는지에 성공의 열쇠가 달려있다.

그림 5-29 : 작은 PDCA와 큰 PDCA

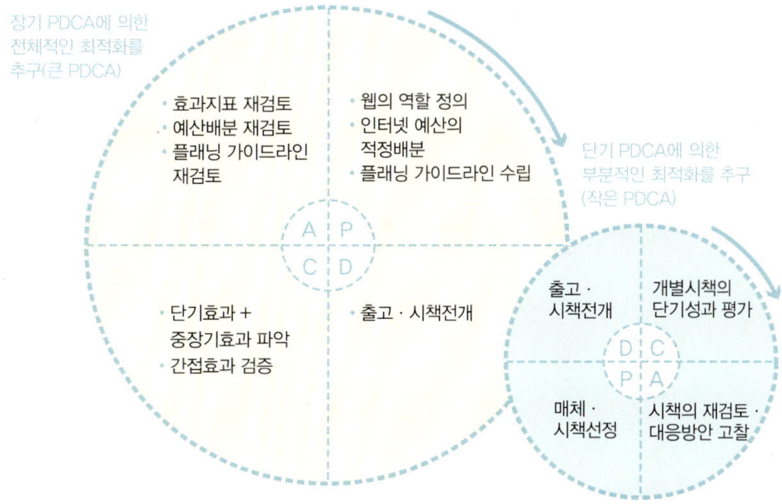

5-8

크로스미디어의 최적화를 위해

크로스미디어를 목적화하지 않는다

최근 들어 'TV CF는 붕괴된다' 거나 '인터넷이 매스미디어 광고를 삼킬 것이다' 하는 과격한 논조도 들리지만, 현실적으로 광고 및 마케팅 실무에 종사하는 사람이라면 그 누구도 인터넷은 만능이고 TV나 신문은 더 이상 안 먹힌다고 생각하지는 않는다.

오히려 미디어가 다양화되었기 때문에 각 미디어를 적재적소에 잘 활용하고 크로스미디어를 통해 최대의 효과를 얻는 것이 당면과제가 되었다.

그러나 크로스미디어라는 단어만 부각됨에 따른 폐해도 있다. 크로스미디어형 플래닝은 각 미디어가 진정한 유기적 연결을 이루어야지만 상승효과가 발휘되는데, 단순히 여러 미디어를 활용하는 것 자체가 목적화되어 버리면 효과가 분산되거나 처음에는 심플해서 좋았던 메시지도 소비자가 이해할 수 없게 된다.

이 장에서는 실전적 플래닝의 시각에서 양방향 미디어가 크로스미디어 플래닝에 어떻게 영향을 미치는지, 또한 그 조합에 따라 최대의 효과를 발휘하기 위해 최소한 짚고 넘어가야 할 몇 가지 사항에 대해 해설하고자 한다.

매스미디어 광고의 효과를 놓치지 않고 수확하기 위한 양방향

첫 번째는 매스미디어 광고의 효과를 놓치지 않고 수확하기 위해 양방향시책을 효과적으로 활용하는 것이다.

매우 재미있는 크리에이티브의 TV CF와 정성을 들여 제작한 웹사이트가 있음에도 웹으로 이어지는 도선이 제대로 깔려있지 않아, TV CF의 인지도는 높아도 행동으로 이어지지 않는 경우를 종종 목격하게 된다.

그 전제로 깔려있는 '매스미디어 광고를 하면 다수의 사람들이 사이트에 온다(올 것이다)' 는 생각은 환상에 지나지 않는다. 물론 TV 스폿광고를 하면 단기적으로는 어느 정도 웹으로 유도할 수 있지만, 그것은 매우 홍미가 고조된 사람(=고관여 고객)에 국한된다. 소비자 입장에서 생각해보면 알 수 있듯이 편안한 상태로 TV CF를 보고 있는 사람이 노트북을 열고(어쩌면 둘 다 켜놓은 상태일지도 모르지만) 검색어나 URL을 입력하기까지는 물리적 장애물을 넘어야 한다. 그 수고를 감내하고 사이트를 찾아온 사람은 상당한 홍미를 가진 사람이거나 시간적 여유가 많은 사람 중 하나이다. 그리고 나머지 대다수의 소비자들은 CF를 보고 막연하게 상품에 홍미를 가졌다고 해도 능동적으로 행동을 일으키지는 않는다. 그렇지만 여기서 TV CF를 통해 막연하게 상품에 홍미를 갖게 된 사람(=중관여 고객)이 배너광고를 접하면 어떻게 될까? '아, 이거 TV CF에서 본 거네…' 하고 시선이 고정되며, 무의식 중에 클릭해서 상품이나 캠페인 내용을 보고 싶어지는 사람도 많을 것이다(〈그림 5-30〉).

최근 들어 그 방식을 잘 활용하고 있는 소프트뱅크의 사례를 들어보자. TV CF를 통한 인지나 참신한 브랜드 구축은 물론 최종적 고객확보 차원에서 웹에서의 행동 유도를 효과적으로 실행하고 있다. 휴대폰 이동통신사의 변경은 유저 입장에서는 꽤 높은 장애물이다. 그렇기 때문에 TV CF를 내보낸 후, 검색이나 매장 방문을 단순히 기다리기만 하지 않고, '야후! 재팬' 의 메인페이지를 중심으로 인터넷을 통한 웹사이트 도달을 적극적으로 유도한다. 여기에는 두 가지 포인트가 있다. 첫째, 'TV CF가 널리 인지되었기 때문에 배너광고도 눈에 띄기 쉽다' 는 상승효과가 발휘된다는 점이다. 덴

그림 5-30 : 대중×인터넷으로 강화되는 행동 도선

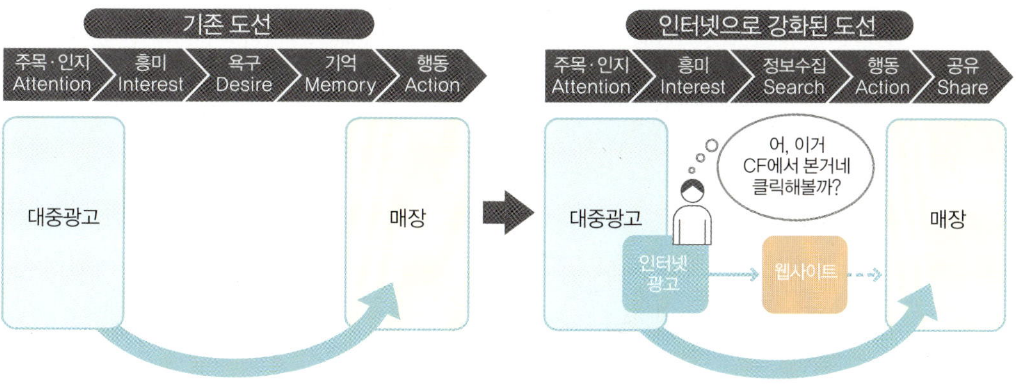

대중광고로 형성된 인지는 매장에서 수확하는 것이 일반적. A·I와 Action 사이는 소비자의 주체적인 행동에 의존하기 때문에 기업이 컨트롤하기 어려웠다.

인터넷상에 도선을 만듦으로써 대중광고를 통해 형성한 A·I를 전략적으로 Action까지 연결할 수 있게 되었다.

츠의 과거 캠페인 사례를 보더라도 TV CF 인지도가 높을수록 같은 소재를 사용한 배너광고도 눈에 잘 띈다는 것을 알 수 있다. 둘째, 부담 없이 즉석에서 클릭할 수 있는 인터넷광고의 장점을 최대한 활용함으로써, 이동통신사 변경을 검토하는 첫 단계의 장애물 높이를 낮추었다는 점이다. 즉, 지금까지 막연하게 통신사 변경을 기피해오던 사람에게 몇 번이고 광고를 노출시켜 '한번 클릭해 볼까…' 하는 마음이 들게 한 후, 웹사이트에서는 경쟁력 있는 서비스를 소개하면서 구체적인 검토로 이끄는 도선이 깔려있다.

물론 기존의 매스미디어마케팅 사고방식이라면 매스미디어 광고를 통해 상품의 브랜드 인지를 제고했다가 정말 흥미가 커지거나, 매장에서 비교검토할 때 광고를 상기해준다면 그것으로 만족했을 것이다(물론 지금도 대부분의 매스미디어 광고는 그런 브랜딩을 목적으로 기능한다).

그러나 요즘 소비자는 다른 경쟁사 제품을 포함해 다양한 선택의 폭을 갖게 되면서 능동적·수동적으로 많은 정보를 접할 수 있는 환경에 있다. 그런 가운데 각 기업은 그들을 한 사람이라도 더 많이 자사제품에 주목하게 하고, AISAS모델상의 우측으로 즉, 행동으로 이어지게 하기 위해 각고의 노력을 한다.

이러한 경쟁 여건 속에서는 임팩트가 강한 시책을 시도하는(마음을 사로잡는 TV CF나 사이트를 만드는) 것도 물론 중요하지만, 한편으로는 어렵게 관

사례 | 소프트뱅크의 대중광고×인터넷광고의 상승효과 이미지

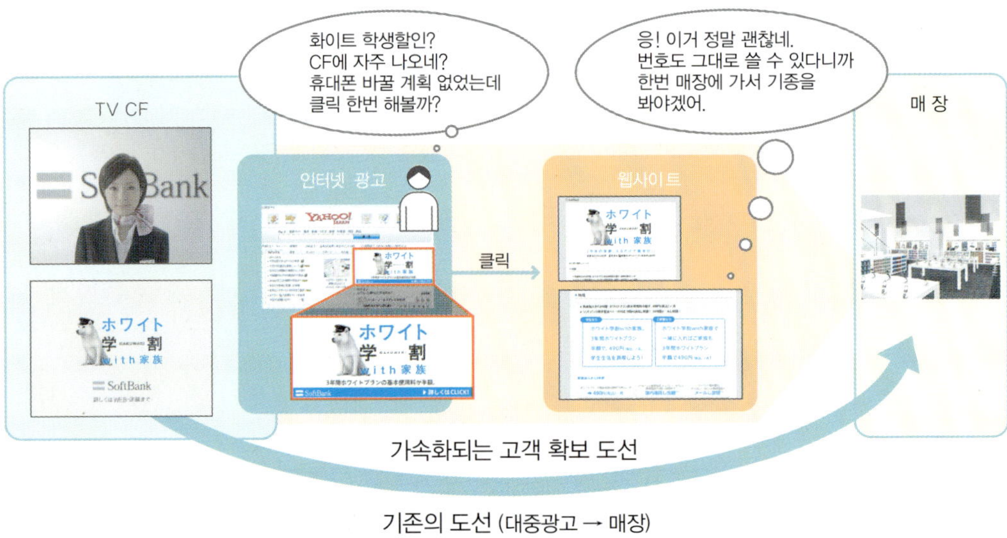

심을 가져준 사람을 한 사람이라도 놓치지 않기 위해 행동으로 이어지는 도선을 제대로 구축하는 것이 더욱 중요해진다.

그런 의미에서 웹을 효과적으로 활용한 AISAS형 캠페인을 기획할 때는 늘 매스미디어 광고와 함께 배너광고나 검색연동형 광고도 기획해야 하며, 고액을 들인 매스미디어 광고 집행 효과를 헛되지 않게 하려면 인터넷광고에도 균형 잡힌 예산을 배분해야 한다.

인터넷광고의 효과 및 효율을 제고하기 위한 매스미디어 광고

검색연동형 광고나 행동타깃팅 등 인터넷광고 세계에 혁신적인 타깃팅 기술이 잇달아 등장하면서 광고주기업 입장에서는 불필요한 광고가 최대한 배제된 효율적인 고객확보가 가능해졌다. 5-5장에서 언급한 것처럼 특히 웹을 다이렉트판매 채널로 활용하는 많은 광고주에게 인터넷광고는 비용대비 효과가 가장 높은 마케팅수단으로서 필수불가결한 것이 되었다.

그렇다면 이렇게 비용대비 효과가 높은 인터넷광고에 많은 예산을 할애하는 기업 입장에서 볼 때, 매스미디어 광고는 비용대비 효과를 파악하기 어렵고 향후 활용하기가 망설여지는 수단인가? 여기서 그렇지 않다고 단언할 수 있는 이유를 몇 가지 들어본다(이해를 돕기 위해 웹을 다이렉트 고객확보 채널로 활용하는 기업의 사례를 들지만, 기본적인 인터넷광고와 매스미디어 광고의 상호보완이란 개념은 많은 기업에게 공통적으로 해당된다).

타깃팅광고의 대표격인 검색연동형 광고는 어떤 상품카테고리에 대해 니즈가 표면화된 층만을 대상으로 하는 효율적인 기법이지만, 그것이 효과적으로 작용하는 업계일수록 한정된 수의 잠재고객을 놓고 다른 많은 경쟁사와 서로 쟁탈전을 벌이는 상황에 처하는 딜레마에 빠지게 된다. 웹을 통한 고객확보 경쟁이 치열한 자동차보험 업계의 경우, '자동차보험'이라는 카테고리 키워드로 검색해서 온 사람의 클릭 1건을 확보하기 위해 1,000엔 이상부터 입찰을 시작하는 경우도 드물지 않다. 이처럼 엄격하게 비용대비 효과를 추구하는 업계에서 매스미디어 광고의 지원을 받아 마케팅 경쟁력을 높일 수 있는 구조를 〈그림 5-31〉에 나타냈다.

'취리히 자동차보험'은 콜센터로 콜을 유도하는 것은 물론, 브랜드지정검색 증가에 따른 SEM이나 어필리에이트를 경유하는 반응 증가를 도모하고자 매스미디어 광고 집행을 계속한다.

효과적이라고 일컬어지는 검색연동형 광고나 어필리에이트광고라 할지라도 카테고리 키워드로 검색해서 온 사람(어항 속의 잠재고객)을 두고 쟁탈전을 벌이는 것만으로는 한계가 있기 때문에, 일정규모 이상의 고객확보를 추구한다면 먼 바다의 고기를 잡아와 자신의 수조에 양질의 잠재고객을 확보하는 접근방식이 필수이다.

이 사례가 시사하는 것처럼 인터넷을 통한 마케팅효과를 지탱하는 것은 고객이 능동적으로 찾아오는 상태, 즉 브랜드 파워이다. 브랜드가 강력한 기업은 애당초 인터넷에서도 브랜드지정검색(광고로 끌어들이지 않아도 자연방문을 기대할 수 있다)이 되기 쉽고, 카테고리 키워드 검색 시에도 노출된 여러 키워드 가운데 클릭될 확률이 높다. 반대로 그런 브랜드 구축을 무시하고 인터넷을 통한 고객확보에만 집중하다 보면 항상 그렇게 해야만 고객이 오는 상태 즉, 5-5장에서 언급한 밑 빠진 독에 물 붓기 상태에 놓이게 되어 지속적인 성장이 어려워진다.

강한 브랜드 구축이 하루아침에 이루어지지 않음은 말할 필요도 없다.

그림 5-31 : 대중광고가 인터넷광고 효과의 레버리지 역할을 수행

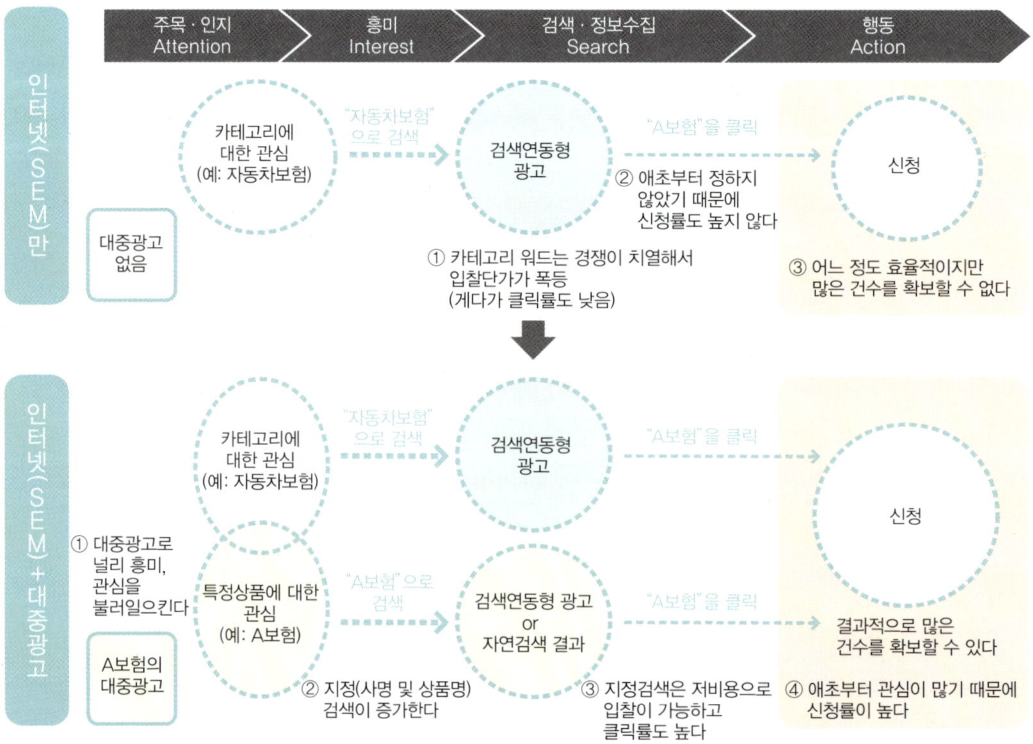

중장기적 관점에서 대응이 필요하며, 이를 실현하려면 대규모 도달력을 가진 매스미디어 광고와 참신한 크리에이티브가 필요하다. 대형 광고주는 브랜딩의 중요성이나 매스미디어마케팅의 힘을 경험상 알고 있기 때문에 극단적인 타깃팅을 지향하는 일은 없을 것이다. 한편, 웹을 통해 다이렉트형 마케팅을 위주로 단기적 고객확보를 신장시켜 온 기업이 일정규모 이상 사업을 확대하고자 한다면(혹은 과당경쟁 환경을 벗어나고자 할 때) 어느 시점에서는 매스미디어마케팅의 세계로 발을 내딛는 판단을 할 필요가 있지 않을까.

매스미디어 광고와 인터넷은 상호보완관계

지금까지 보아온 것처럼 광고는 그 효과를 최대한 발휘하기 위해 인터넷의 도움을 필요로 하며, 반대로 인터넷은 과당경쟁에서 벗어나기 위한 지렛대로서 매스미디어 광고의 힘을 필요로 한다. 즉, 매스미디어 광고와 인터넷

사례 | 취리히 자동차보험의 대중광고×인터넷광고의 상승효과 이미지

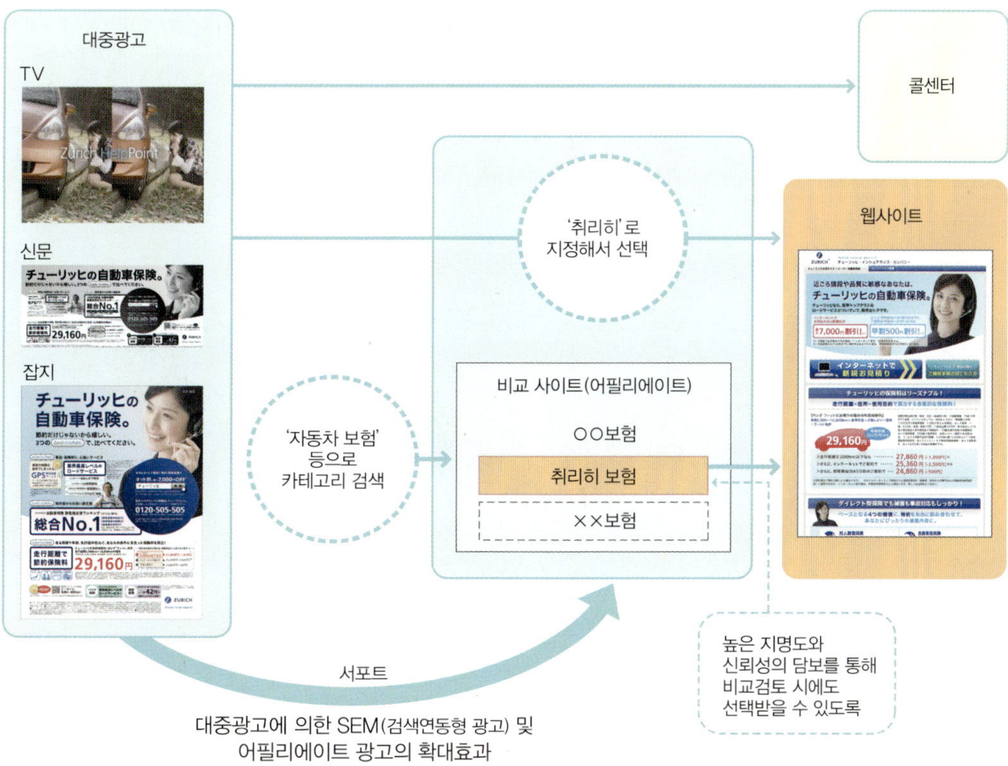

은 어느 쪽이 좋다/나쁘다가 아니라, 상호보완적 관계에서 기업의 마케팅활동에 공헌한다고 생각해야 한다.

그렇다고 매스미디어 광고와 인터넷광고 모두 무작정 하기만 하면 되는 것은 아니다. 중요한 것은 각각의 역할을 구분하여 고려하되, 개별적으로 별도 플래닝을 하는 것이 아니라, 고객을 놓치지 않도록 양쪽을 이어주는 도선을 조심스럽게 디자인해야 한다. 동시에 단기적 관측이 가능한 지표에 근거하여 작은 PDCA에 따라 끊임없이 개선하면서 보다 중장기적이며 통합적인 효과관리를 포함한 큰 PDCA의 운용을 통해 양쪽의 최상의 균형을 찾아 나가는 것이 필요하다.

인터넷광고 예산배분에 관한 논의

'인터넷광고에 어느 정도의 예산을 배분하는 것이 적절한가?' 라는 질문을 받기도 한다. 결론부터 말하자면 여기에 정답은 없다. 일단 마케팅 목적에 따라 이용하는 미디어가 크게 다르며 무엇보다 광고주의 업태나 채널의 상황, 브랜드 포지션에 따라 전혀 달라지기 때문이다.

다만, 어떤 기업이 어떤 목적으로 어떤 전제 하에 하는지를 추산해서 답을 도출하는 경우가 있다. 미국의 'IAB'*가 2000년부터 2003년에 걸쳐 시리즈로 실시한 〈XMOS〉(*crossmedia optimization study*) 조사 등이 이에 해당한다.

*IAB (Interactive Advertising Bureau)
미국의 인터넷광고업계 단체. 일본의 JIAA(인터넷광고추진협의회)에 해당한다.

〈XMOS〉는 '미국 마케팅 에볼루션사' 가 고안한 'ROMO' (*Return on Marketing Objectives*)라는 기법을 이용한다. 'ROMO' 는 먼저 각 미디어의 광고

그림 5-32 : XMOS에 의한 인터넷광고 예산배분의 최적화 사례

기업 (상품)	상품 (카테고리)	조사 시의 인터넷광고 예산 (미디어 전체 예산중에서)	조사결과에 입각하여 권장하는 인터넷광고 예산 (미디어전체 예산 중에서)	예산배분 개선 후의 기대성과
Colgate	치약	7%	11%	브랜드이미지 34%↑ 구매의향 20%↑
Kleenex	티슈	3%	10%	브랜드이미지 7%↑
Dove	비누	2%	15%	구매의향 14%↑
McDonald's	샌드위치	1%	13%	브랜드 인지 8%↑

Interactive Advertising Bureau "2003 Cross Media Optimization Study"
http://www.iab.net/insights_research/530422/1672/1678/1690
http://www.iab.net/about_the_iab/recent_press_releases/press_release_archive/press_release/4623

접촉자와 비접촉자에 대해 각각 광고인지, 브랜드인지, 구매의향, 구매경험 등 각 항목의 지표를 조사하여 각 미디어의 영향도와 비용대비 효과를 정량화한다. 그리고 그 기초데이터들을 바탕으로 각 미디어의 도달률이나 투입 가능한 예산의 한계 등을 가미하면서 특정 마케팅목표를 극대화하기 위한 최적의 미디어배분을 계산한다.

〈그림 5-32〉는 2003년에 발표된 〈XMOS〉 결과 사례인데, 현재와 비교하여 인터넷광고의 예산배분을 재검토했을 때 각 지표의 개선 가능성을 나타낸 것이다. 고급비누 브랜드 '도브'의 경우, 당시 인터넷광고 예산이 전체(미디어 예산)의 2%이던 것을 15%로 늘림으로써 구매의향이 지금보다 14% 개선되었음을 시사하고, 브랜딩을 목적으로 하는 인터넷광고 활용의 의의를 증명한 것이다.

일본에서는 '일본코카콜라'가 덴츠와 공동으로 'ROMO'의 시리즈조사를 실시하여 미디어 예산배분의 참고자료로 삼는다. 이러한 조사결과를 바탕으로 OOH(옥외/교통광고)나 인터넷광고의 예산증액 경향을 강화하고 있다.

그러나 기본적으로 일본에서는 인터넷광고에 대한 예산배분 검토는 각 상황에 따라 다르다. 그 이유는 앞에서 언급한 것과 같이 광고주 기업이 처한 환경에 크게 달라져, 간단히 체계화하기 어려운 분야이기 때문일 것이다(이렇게 생각하면 미국에서도 2003년 이후로는 〈XMOS〉적 업계연구를 볼 수 없는 것이 납득이 된다).

기업의 인터넷광고 예산확대를 저해하는 요인

아직까지는 업계가 전반적으로(특히 대기업의 경우) 여전히 인터넷의 잠재력을 제대로 살리지 못함을 많이 느낀다. 이는 인터넷에 투입하는 예산이 아직 한정적이고, 각 기업 입장에서는 인터넷이 실험적 활용 영역을 벗어나지 못하고 있다는 반증이다.

인터넷광고의 예산증액을 저해하는 요인은 크게 두 가지가 있다.

하나는 효과지표의 미확립이다. 인터넷은 줄곧 클릭이나 PV 등의 독자적 지표로 효과관리를 해왔기 때문에 다른 미디어와 비교하기가 어려웠다. 또한, 일본은 미국에서는 상식화된 제3자 전송 이용환경이 충분히 구축되지 않아 리치, 프리퀀시의 실적이나 임프레션 효과 측정의 어려움으로 인터넷광고의 브랜딩효과가 충분히 증명되지 않은 것도 큰 요인이라 할 수 있다.

또 다른 한 가지 이유는 인터넷은 데이터가 지나치게 많이 확보(결과가 적나라하게 드러나는)되기 때문에 효율성이 낮게 나타날 경우에는 예산감축의 대상이 되기 쉽다는 점이다. 아무리 직접적 광고효과가 블랙박스라 하더라도 과거의 집행실적을 통해 일단 효과가 입증된 기존 미디어만 계속 집행하는 것은 아이러니하지만 실제 벌어지는 현상이다.

꾸준한 개선노력이 성공의 열쇠

무한대로 자유롭게 활용이 가능한 인터넷은 기존에 했던 방식을 그대로 답습하는 것에 가장 부적합한 광고미디어라고 할 수 있다. 그리고 결과가 적나라하게 드러나기 때문에 속임수가 통하지 않는 미디어이다. 그러므로 예산배분을 포함한 최적의 인터넷 활용방법은 결국 각 광고주가 PDCA에 따라 꾸준히 개선하는 것 정도일 것이다.

이 제5부에서는 각 광고주 기업이 향후 인터랙티브 영역에서 마케팅을 더욱 활발하게 전개할 때 우연한 번뜩임에만 의존하는 것이 아니라, 보다 확실성이 높고 안정적 효과를 지속적으로 거둘 수 있는 실전적 플래닝을 추진하기 위한 기본적 사고방식에 대해 해설하였다.

한편으로는 PDCA사이클을 통해 완성도를 높인 플래닝과 새롭고 혁신적인 크리에이티브의 빅 아이디어가 만날 때, 진정한 솔루션이 탄생한다는 것을 다시 한 번 강조한다.

제5부 참고문헌

《꽂히는 광고》, 렉스 브릭스 · 그렉 스튜어트, 井上哲浩 · 加茂純(번역감수), 高橋至(번역), 다이아몬드사, 2008

제 6 부

광고의 미래상

— 정고(精告)와 공고(共告)

▸ 오노 유조 小野裕三

지금까지 과거에서 현재에 이르기까지의 흐름을 다양한 분야별로 해설했다. 마지막 제6부에서는 현재에서 미래로 이어지는 관점에서 인터넷광고를 생각하고, 나아가 이를 기점으로 광고계 전체가 어떻게 변화할 가능성이 있는지, 또한 여기에 어떻게 대응하면 좋을지에 대해 설명하고자 한다.

6-1

변질되고 있는 광고?

광고의 변화와 그 배경에 있는 정보의 변화

최근 들어 인터넷광고 또는 이와 가까운 영역에 종사하는 관계자들 사이에서 광고가 변질되고 있다는 말이 회자된다. 인터넷미디어가 보급되고 인터넷광고가 등장함으로써 지금까지 광고[널리(廣) 알린다(告)]라는 단어로 표현되었던 개념이 뭔가 변질되고 있거나, 적어도 그 단어가 의미하는 것과 현재 일어나고 있는 현상 사이에 무언가 괴리감이 있다는 주장이다.

이 주장은 한 가지 진리를 내포한다. 인터넷광고의 흐름을 두고 곧잘 언급되듯이 렐러번트*화 방향으로 가고 있기 때문이다. 이것은 인터넷이라는 기술에 의해 타깃팅 기능이 눈부시게 향상된 것과 관련이 있다. 인터넷광고는 초기부터 다양한 타깃팅 기법의 개발과 함께 발전했다. 최근에는 검색연동형 광고나 콘텐츠연동형 광고(기법은 다르지만 둘 다 유저의 관심에 맞추어 광고노출이 가능), 행동타깃팅 광고(유저의 행동에 맞추어 광고노출이 가능) 같은 기법도 등장하였는데, 이런 것들은 그야말로 인터넷 없이는 불가능한 새로운 광고이다.

이와 같은 렐러번트 광고의 궁극적 이상향이란 한 사람 한 사람에게 최적의 맞춤형 개별정보를 전하는 것이며, 이는 광고(廣告)가 의미하는 '널리 알린다'와는 개념적으로 확실한 괴리가 있다.

그러나 이런 현상은 단지 인터넷으로 인해 광고만이 변질되고 있다는 협의(狹義)의 이야기가 아니다. 사실 인터넷으로 인해 변질되고 있는 것은 광고를 포함한 정보 전체라고 보아야 한다. 광고나 콘텐츠, 혹은 PR이나 포

*렐러번트(relevant) '관련성이 있다'는 의미의 단어로 인터넷 업계에서는 유저와 정보내용(광고 등)이 높은 관련성을 갖는 것을 나타내는 용어로 사용된다.

스팅(블로그) 등 모든 것이 정보라고 하는 큰 소용돌이 속에 녹아들고 있다. 각각의 경계가 어딘지 모르게 애매모호하게 변해가는 이른바 정보라는 카테고리 속에서 언번들링*이 일어나는 것이다.

*언번들링(unbundling) 패키지 등 하나의 묶음이던 것을 분해하여 제공하는 것.

인터넷 세계에서 크게 성공한 '구글'의 기업 이념은 '온 세상의 정보를 잘 정리하여 전 세계 사람들이 액세스해서 사용할 수 있게 하는 것'이다. 검색이야말로 그 전형적 기능이라고 할 수 있는데, 많은 정보발신자(대형미디어에서 무명의 유저에 이르기까지)가 올린 정보를 가치평가해서 높은 순으로 정리하여 제공한다. 여기서 가장 중요한 기준은 유저에게 그 정보가 유익한지 여부이며, 그 정보가 광고, 뉴스, PR, 블로그 가운데 어느 카테고리에 속하는지는 부차적 문제이다. 이처럼 유저의 시각에 입각한 인터넷을 통한 정보제공은 이른바 정보의 언번들링이라 할 수 있으며, 결과적으로는 기존의 정보 형태와는 전혀 다른 질서에 의해 정보가 재정리된다. 광고를 포함한 정보 전체가 마이크로콘텐츠화되고, 알고리즘을 바탕으로 유통되는 기존과는 다른 유형의 생태계로 조금씩 이행하는 것이다(물론 모든 정보가 그렇게 되는 것은 아니다). 이것이 인터넷이 지닌 힘의 본질이다.

정밀하게 메시지를 알리는 정고(精告)

이러한 정보의 언번들링과 재정리를 '정보유통의 정밀화'라고 부른다. 일정한 패키지의 정보 비클*에 다량의 정보를 담아 대중적으로 전송하는 유형에서 정보수신자의 속성, 기호, 타이밍, 상황이나 그 당시의 기분 등에 맞춘 정밀한 정보유통으로 변해가고 있다. 그리고 광고도 이 흐름에 빨려 들어가면서 결과적으로 광고의 변질이 일어나고 있다. 이러한 광고의 새로운 모습을 굳이 표현하자면 '널리 알리는' 것이 아니라 '정밀하게 알리는' 즉, 정고(精告)라고 부를 수 있다.

*비클(vehicle) 원래는 수송수단을 의미. 광고용어로는 A신문, B신문 등과 같이 각각의 미디어(정보의 운송수단)를 뜻한다.

이런 광고기법은 분명 새로운 것이긴 하지만, 그렇다고 기존 광고의 역사적 흐름과 단절된 돌연변이는 아니다. 정고의 사고방식이나 그 기법을 모색하려는 움직임은 이전부터 광고계에 존재했다. 알기 쉽게 예를 들면, 전문잡지에 노출하거나 다이렉트 메일 등을 활용하는 것이 정고의 원형적 형태라고 할 수 있는데, TV광고 분야에서 개인시청률 등에 대해 오랫동안 논의되고 검토가 진행된 것도 이 흐름의 일환이라고 할 수 있다. 실제로 개고(個告)라는 신조어도 등장하였다. 다만, 아무리 광고의 개인화를 지향한다

하더라도 거기에는 물리적 한계가 있어 결국 대중을 조금 더 세분화하는 데 머무를 수밖에 없었다. 그러던 것이 인터넷이 등장함에 따라 개인의 속성이나 행동 및 기호, 타이밍에 맞춰 진정으로 정밀한 메시지를 전송할 수 있게 된 것이다.

이렇듯 정고는 광고와 단절된 것이 아니지만, 기존 광고와는 다른 부분도 있다. 가장 큰 차이는 이것이 데이터베이스와 알고리즘에 크게 의존한다는 점이다. 기존 광고가 아이디어와 크리에이티브에 많은 것을 의존하고 샘플추출에 따른 리서치에서 도출한 시뮬레이션이나 플래닝에 의해 운용되었다고 한다면, 정고는 주로 전수(全數) 혹은 실시간 데이터베이스를 바탕으로 운용된다. 여기서는 하나의 획기적인 아이디어와 크리에이티브에 결정타 역할을 기대하기보다는 알고리즘을 바탕으로 다양한 임기응변적 표현을 전개하는 것이 성공의 열쇠이다.

정보유통이 정밀해진 것은 사실이지만 이것이 곧 광고효과의 향상을 의미하는 것은 아니다. 왜냐하면 광고효과로 이어지기 위해서는 메시지를 복잡미묘한 소비자의 마음속 깊은 곳까지 확실하게 전달해야 하는데, 그러기 위해서는 역시 뛰어난 광고표현이나 이를 운영하는 노하우가 필요하다. 실제로 현재 주목받는 행동타깃팅 광고라고 해서 모든 사례에서 무조건 광고효과를 발휘하는 것은 아니며, 역시 운영 노하우가 요구된다.

그러면 이렇게 등장한 정고는 과연 광고를 밀어낼 것인가? 여러 가지 의견이 있으나 사실 인터넷광고 분야에서도 광고와 정고는 목적에 따라 공존하는 것이 현주소이다. 인터넷광고와 매스미디어 광고라는 관계적 측면에서 보더라도 검색이라는 정밀한 정보유통의 전 단계로서 대중적 정보유통에 의존하는 부분이 크다.

이 문제는 세렌디피티*라는 키워드를 통해서도 생각해볼 수 있다. 인터넷 업계에서는 인터넷이 세렌디피티를 높인다(레코멘데이션recommendation 같은 기법에 의해)는 시각도 있으나, 꼭 그렇지만은 않으며 인터넷광고 종사자로서 이를 우려한다. 정고의 '정밀한 정보유통' 이란 그 사람에게 최적의 정보를 전하는 것인데, 어떤 의미에서는 그 사람에게 흥미 있는 정보만 알리는 결과를 낳을 수도 있다. 예를 들면, 차를 좋아하는 사람한테는 자동차관련 정보만 계속해서 전달되는 것이다. 그 자체는 결코 나쁜 일이 아니지만 그 유저의 (자동차 외의) 세계를 좁히는 위험성을 갖게 된다. 이런 위험성을 보완하는 하나의 수단으로서 이른바 세계를 넓히기 위한 대중적 정보유통

*세렌디피티 (serendipity) 자신에게 유익한 정보를 예기치 않은 형태로 우연히 만나게 되는 것 또는 그런 능력.

을 생각해볼 수가 있다. 정고라는 정밀한 정보유통의 등장으로 인해 분명 대중적 정보유통은 기존에 없었던 어려운 과제에 당면할지도 모르겠으나, 결코 대중적 정보유통의 퇴장을 의미하지는 않는다.

공유를 위해 메시지를 알리는 공고(共告)

인터넷이 초래한 변화에는 세분화나 정밀화와는 다른 방향의 움직임을 내재한다는 지적도 있다. 이는 인터넷에 의한 기술적 혁신이라기보다는 인터넷이 초래한 사회, 생활 혹은 커뮤니케이션의 질적 변화에 따른 것이다.

덴츠종합연구소가 발표한 경중*이라는 개념은 인터넷으로 대표되는 커뮤니케이션의 변화가 사람들의 생활과 의식을 변화시켰다는 관점에 입각한다(미야기 미유키[宮城美幸], 《당신은 왜 자신과 닮은 사람을 찾는가》, 고단샤). 이 관점에 따르면 대중에서 소중, 분중(少衆, 分衆)* 나아가서는 개중(個衆) 등으로 세분화된 소비자들에게서 과거와는 다른 새로운 조짐이 보인다고 한다. 세분화와 상반되게 타인과 무언가를 공유하고 싶은 욕구가 강해지는 경향이 있다는 것이다. 그 배경에는 인터넷의 등장으로 사회와 새롭게 연결되고, 불특정 다수의 사람들과 연결된 것을 실감하게 된 점이 깔려 있다고 한다.

* **경중(鏡衆)** 상호 공명하는 소비자 –역주

* **소중·분중(少衆·分衆)** 1980년대에 제창된 대중을 대체하는 개념으로써 소비자의 니즈가 세분화됨에 따라 대중소비사회는 해체되고 변질되었다는 관점

이러한 새로운 소비자들에게는 몇 가지 특징이 있다. 하나는 사람들과의 연결이 중시되고 부각되었지만 그 연결은 매우 느슨하다는 점이다. 또한 이와 같은 사람들과의 연결 매개체 기능을 미디어에도 기대하기 시작했다는 점이다. 그리고 미디어에 기대하는 것은 정보보다도 감동과 정서(그렇다고 거창한 것이 아니고 대부분은 약간의 감정적 변화일 경우가 많다)의 제공으로 변하고 있으며, 그 감동과 정서의 소재를 마치 축구할 때 패스 돌리기를 하는 것처럼 자기들끼리 주고받는 것이 커뮤니케이션의 큰 흐름이 되고 있다.

이런 상황에 따라 광고표현에도 새로운 흐름이 형성됐다는 지적이 있다. 이슈가 될 만한 화제를 의도적으로 만들어 소비자들끼리 공유하는 커뮤니케이션 소재로 삼게 하는 기법을 일컫는 것이다. 예를 들어 소프트뱅크의 모바일광고를 보면 평범한 일본인 가정인데 흑인과 개가 가족구성원으로 등장한다. '이건 뭐지?' 하고 생각하게 만드는 이슈가 가득 담겨있다. 따라서 그 커뮤니케이션은 공유할 만한 소재로 이슈가 된다.

이런 변화는 기술적 진화에만 주목해서는 좀처럼 보이지 않는데, 인터넷이 초래한 또 하나의 중요한 사회적 변화라고 할 수 있다. 대중에서 개중

으로 계속 분해된 소비자는 인터넷이라는 커뮤니케이션툴의 등장으로 오히려 연결되고, 공유하는 것에 대한 욕구가 갈수록 커지고 있다. 그리고 실제로 그렇게 연결되고, 공유하기 위한 소재를 의도적으로 제공하는 광고기법도 등장했다. 따라서 이와 같은 움직임은 정고의 또 다른 측면에서 일어나는 인터넷의 영향이 초래한 광고의 새로운 변화이다. 굳이 이름을 붙이자면 '공유를 위해 알리는' 즉, 공고(共告) 정도로 부를 수 있겠다. 여기서 말하는 공유란 물론 소비자간의 공유도 있겠지만, 또 하나의 중요한 관점은 정보발신자(매체회사나 클라이언트)가 소비자와 같은 눈높이에서 공유하는 것도 있다. 상품개발자가 블로그에 글을 올리면 이를 기점으로 유저들이 모여 커뮤니티를 만드는 사례 등이 늘고 있는 것은 그런 현상의 일환이다.

이렇게 생각해보면, 인터넷이 보급된 이래 신세대 커뮤니케이션은 정밀화와 공유화라는 다소 상반된 두 가지 요인을 내포한다고 볼 수 있다. 그렇다면 지금 광고에서 일어나고 있는 것은 단순히 광고가 없어지거나 혹은 광고가 정고로 인해 밀려난다는 단순 구도가 아니라, 광고가 정고적인 것과 공고적인 것이라는, 어딘지 상반되는 두 가지 방향성이 내재된 상태에서 신시대적 광고로 진화하는 것 같다.

6-2

웹2.0이 광고에 미친 영향

인터넷의 본질을 파악하는 것이 중요

정고, 공고 등에서 나타나는 광고커뮤니케이션의 새로운 움직임은 인터넷 광고영역에서도 새로운 형태로 다양하게 나타난다. 이 장에서는 최근 수년간 자주 언급되는 웹2.0이라는 환경을 광고적 시각으로 좁혀 다루면서 인터넷이 지닌 변혁의 본질이 광고에 미친 영향에 대해 설명하고자 한다.

이처럼 본질론으로 회귀하는 것은 인터넷을 고찰하는 데 매우 중요하다. 왜냐하면 인터넷업계라는 곳은 새로운 기술이나 트렌드가 끊임없이 등장하며, 이런 새로운 흐름에 곧잘 시선을 빼앗기게 된다. 그런데 본질을 충분히 이해하지 못한 상태에서 신기술을 도입해봐야 결국에는 피상적인 것으로 끝나버릴 위험성이 높다.

그리고 그보다 더 위험한 것은 어떤 기술 또는 이와 관련된 아이디어가 충분히 활용되기도 전에 이것을 이미 한물간 것으로 여기는 분위기를 만들어 버리는 것이다. 인터넷업계에서 성공을 거둔 경우들이 모두 새로운 기술만은 아니다. 다소 오래된 기술이라도 서비스 설계방법에 따라 큰 성공을 거둘 수도 있다. 또한 꽤 오래전부터 제창되었음에도 보급률이나 실질적 활용 측면에서 볼 때 최근에서야 세상에 널리 구현되기 시작된 것도 있다. 중요한 것은 기술이나 용어 자체가 새롭거나 오래됨에 구애 받지 않고 제대로 본질을 파악한 후, 그 관점에서 기술이나 트렌드를 생각하고자 하는 의지이다.

유저가 주도하는 커뮤니케이션

'유저 주도'가 웹2.0 환경에서 가장 특징적인 것인데, 광고업계 또는 미디어업계에 가장 큰 임팩트를 미친 것도 아마 이 부분일 것이다. 블로그, SNS, 동영상 공유사이트 등의 사례에서 보듯이 다양한 유저가 인터넷을 통해 자유롭게 정보를 발신하며 영향력을 갖게 되었다. CGMconsumer generated media 또는 UGCuser generated content 등으로 불리기도 하는데, 다시 말해 대규모 미디어기업 등이 아닌 개인이 자유롭게 정보를 발신할 수 있는 환경이 구축되었다는 점은 미디어 및 광고의 시각에서도 큰 변화이자 사건이다. 이것이 광고업계에 미친 영향으로서 다음과 같은 점을 들 수 있다.

❶ 커뮤니케이션이나 구매행동에서의 미디어기능의 세분화

인터넷이라는 강력한 정보미디어의 등장으로 인해 매스미디어를 접하는 방식도 변했으며 어떤 의미에서는 기능의 세분화가 일어나고 있다. 이를테면 인터넷미디어가 실제 구매결정에 큰 영향을 미치는데 블로그나 상품비교사이트 등의 정보를 참고해서 구매를 결정하는 사람이 늘었다.

❷ BUZZ마케팅에 대한 주목

BUZZ마케팅, 즉 입소문에 대한 관심이나 니즈는 인터넷이 등장하기 이전부터 존재했는데, 이를 기법화하는 것과 가시화하는 것이 어렵다는 난점이 있었다. 그러나 인터넷은 이런 난제를 어느 정도 해결해 주었다.

③ 집단지성적인 광고마케팅기법

유저가 주도하는 커뮤니케이션이 진행되다 보면 화제가 될 만한 콘텐츠 또는 광고나 상품 자체를 유저 스스로 만들어 내는 경우도 있는데 이미 여러 사례*가 있다. 물론 많은 물리적 제약이 따르기는 하지만 향후 주목할 만한 영역임에 틀림없다.

＊집단지성의 활용사례
'집단지성'은 인터넷을 통해 불특정다수의 유저가 공동으로 지적 콘텐츠를 창출하는 것으로 웹 2.0의 특징적 현상이다 (→p.148). 광고마케팅영역의 경우, 'mixi'를 활용한 상품개발(식품, 음료 등) 사례도 늘고 있다.

④ 롱테일long-tail의 활성화

롱테일은 원래 전자상거래영역에서 사용되기 시작한 용어이다. 전자상거래가 정착되면서 기존의 오프라인 매장에서는 팔리지 않던 틈새상품들이 팔릴 뿐만 아니라, 전체 매출에서도 큰 비중을 차지하게 되었다. 그런 현상을 일컬어 롱테일이라고 한다(분포도를 그리면 긴 꼬리=롱테일처럼 늘어나 있다).

이런 롱테일 현상은 인터넷에 의해 활성화되면서 크게 주목받은 현상인데, 전자상거래뿐만 아니라 다양한 영역에서 일어날 수 있다. 콘텐츠도 그렇다. 개인이 만든 틈새 콘텐츠가 더 많이 주목받을 가능성이 있고 실제로 그런 사례들도 있다. 대기업이 아닌 다양한 중소 인터넷미디어 무리들이 총체적으로 큰 힘을 갖게 될 가능성도 있다. 혹은 반대로 광고회사나 매체회사의 시각에서 보면 자영업자 같은 작은 광고주들이 무리를 이루어 큰 매출 비율을 점하게 될 가능성도 있다. 아울러 롱테일적 비즈니스의 성공은 인터넷기술의 활용이 관건이며 잘 활용하지 못하면 비효율적이다.

광고에 미친 영향을 보면 미디어를 롱테일적으로 보고 중소 미디어를 묶은 애드 네트워크, 클라이언트를 롱테일적으로 보고 중소 클라이언트도 부담 없이 광고상품을 구매할 수 있도록 한 애드 마켓플레이스 등이 있다.

데이터베이스의 가치 확대

생활 면면에 다양하게 인터넷이 침투하면서 그에 따른 데이터베이스의 중요성이 날로 고조되고 있다. 데이터베이스가 꿰지 않은 구슬 처지가 되지 않도록 효과적으로 활용할 수 있을지 여부가 인터넷비즈니스의 성공을 좌우하는 요소가 되었다.

데이터베이스가 중요해진 이유는 인터넷화 및 디지털화가 진전됨에 따라 온갖 정보가 인터넷을 통해 활용될 수 있도록 디지털 데이터화되었다는 점과, 이렇게 축적된 데이터베이스를 활용하면 기존에 불가능했던 새로운 서비스 등을 제공할 수 있다는 점, 이 두 가지 이유 때문이다.

인터넷에 쌓여가는 데이터베이스에는 여러 가지가 있다. 이를테면 전자상거래사이트의 각 유저의 구매이력 같은 것이 좋은 사례인데, 이 데이터베이스를 효과적으로 활용한 것이 '아마존'에서 볼 수 있는 레코멘데이션기능이다[이 경우는 협조(協調) 필터링*이라는 기술을 사용]. 그리고 어떤 사이트를 열람했는지 등의 유저행동도 원리적으로는 데이터베이스로 축적할 수 있다. 물론 프라이버시 보호에 대해 최대한 배려를 해야겠지만, 이를 효과적으로 활용한다면 유저의 편익을 크게 향상시킬 수 있을 것이다. 다음은 데이터베이스의 가치를 이용한 광고기법이다.

*** 협조(協調) 필터링**
레코멘데이션 방식의 하나로 어떤 사람이 A와 B라는 상품을 샀다고 할 때, 같은 A상품을 구매한 다른 사람도 B상품을 사게 될 확률이 높을 것이라는 추측에 근거한 것이다. 최근에는 이 외에도 다양한 기법이 개발되고 있다.

❶ 검색연동형 광고 및 콘텐츠연동형 광고

검색행동은 인터넷 유저의 관심을 파악하기 위한 귀중한 데이터베이스이기도 하다. 그 데이터베이스를 꿰지 않은 구슬로 썩히지 않고 광고 비즈니스로 연결한 것이 검색연동형 광고라고 볼 수도 있다. 또한 마찬가지로 콘텐츠연동형 광고도 광고게재면의 기사나 블로그의 내용을 데이터베이스로서 활용한 사례라고 할 수 있다.

❷ 행동타깃팅 광고

행동타깃팅 광고는 애드 네트워크(→p.80)를 바탕으로 하는데, 단순히 미디어의 롱테일적 축적뿐만 아니라, 유저의 행동데이터베이스 축적이라는 측면에서 의미 있는 진전이다.

아울러 지금까지 보아온 웹2.0 등이 가져다준 몇 가지 변화는 앞서 말한 것처럼 정고 및 공고에도 확실히 나타난다.

우선 첫 번째의 유저가 주도하는 커뮤니케이션이라는 특징은 공고적인 것에서 강하게 나타난다. 대중매체가 널리 공유되기 위한 토양을 제공하고, 그 소재를 일상적 대화나 인터넷의 의사소통을 통해 패스 돌리기를 하는 것처럼 증폭시키면서 또 다시 새로운 무언가를 창출해내고 있다. 이는 대중과 인터넷의 결합이 빚어낸 새로운 커뮤니케이션의 모습이다. 한편, 정고에서는 두 번째의 롱테일적 관점이나 세 번째의 데이터베이스 활용이라는 관점이 큰 힘을 발휘한다. 어쩌면 이런 발상이나 기술적 배경이 없었다면 정고

column ❶

사사키 토시나오 [佐々木俊尚]
IT 저널리스트

미들미디어가 광고를 바꾸는 날

정보폭발 또는 정보홍수라는 말을 자주 듣는다.

인터넷 정보량이 기하급수적으로 증가함에 따라 검색과 구독이 매우 어려워진 상황을 표현하는 말이다. IT분야를 취재집필하는 필자의 경우 뉴스사이트나 벤처경영자, 기술자, 각종 전문가의 블로그 등 읽어야 할 인터넷정보가 상상을 초월할 정도로 늘어났는데, 하루에 구독하는 기사의 분량은 대략 1천 개에서 2천 개 사이를 오간다. 물론 이 기사들을 모두 읽을 수는 없으므로, 모든 헤드라인을 열람하여 그 중에서 읽어야 할 기사를 고르고 수십 개 정도로 추린 후, 시간 나는 대로 휴대폰이나 PC로 읽는 행위를 거의 매일 반복한다.

아무리 첨단 IT업계라도 2000년 무렵까지는 이 정도로 정보량이 많지 않았다. 대부분의 정보는 잡지나 업계소식지 등 활자로 된 종이매체를 통해 수집했는데, 그 당시에는 매체의 수가 한정되어 있었기 때문이다. 그러나 블로그가 보급되면서 이 한계가 무너지고 정보량은 순식간에 늘어나게 되었다. 그리고 이 정보량의 폭발은 곧 광고 컨택 포인트의 인플레이션까지 초래했다.

대체 왜 이토록 정보량이 늘어난 것일까?

원인은 하나 밖에 없다. 미들미디어권역의 정보량이 폭발했기 때문이다.

그렇다면 미들미디어란 무엇을 의미하는가? 이는 매스미디어나 퍼스널미디어가 아닌 중간 권역으로써, 다음과 같이 분류할 수 있다.

① **퍼스널미디어:** 러브레터나 자신만의 메모장, 혹은 주위 친구들 정도만 읽는 신변잡기 블로그 등 소인원이 공유하는 정보권역

② **미들미디어:** 특정기업이나 업계, 특정분야, 특정 취미를 가진 사람 등 수천 명에서 수만 명 규모의 특정층을 대상으로 발신하는 정보권역

③ **매스미디어:** TV, 신문, 잡지, 라디오 등 수백만 명에서 수천만 명에게 발신되는 정보권역

여기서 ②의 경우는 본래 정보 수신자측의 니즈가 지극히 높았다. 그러나 이 정도 규모의 미디어를 인쇄물로 실현하려면 인쇄나 물류에 드는 비용이 큰 장벽이 된다. 이 때문에 니즈가 높았음에도 불구하고 물리적 한계로 인해 정보량은 극도로 억제되었다.

그러던 중 인터넷의 탄생으로 특정규모의 집단에게 저비용으로 정보를 발신하는 것이 용이해지면서 미들미디어권역의 정보가 일시에 인터넷을 경유하여 흘러들어오는 상황이 발생한 것이다.

그리고 이 미들미디어는 타깃팅이 지극히 용이한 권역이기도 하다.

'다베(食べ)로그'라는 입소문 식도락 사이트를 예로 들어보자. 애초에 이런 사이트를 보는 사람들의 권역 자체가 외식을 하는 사람들만 분류되어 타깃팅되었다고도 할 수 있지만, 이것만으로는 분류가 너무 엉성하다. 외식을 하더라도 접대가 목적인 사람이 있는가 하면, 부부가 함께 맛집을 즐겨 찾는 사람들, 성공적인 데이트를 하고 싶은 사람 등 여러 타깃팅이 존재한다. 또한, 목적이 같아도 사람에 따라 선호하는 맛이 다르다. 간사이풍의 삼삼한 맛을 좋아하는 사람이 있는가 하면, 대학가 식당 같은 진한 맛의 요리를 좋아하는 사람도 있다.

음식은 이처럼 사람에 따라 세밀하게 차별화된 세계이며, 같은 권역에 속한 사람이 아니면 맛있다는 느낌을 공유할 수 없다. 가령, 어떤 가게가 '다베로그'로부터 높은 평가점수를 받았다고 해도, 그 가게가 내게도 맛있는 집이라고는 할 수 없다. 누가 평가했는지 모르기 때문이다.

'다베로그'의 헤비 유저들이 이 사이트를 어떻게 이용하는지 살펴보면, 그들은 수치화된 평가점수 자체는 그다지 신뢰하지 않는다. 평가점수를 보는 것이 아니라, 자신이 신뢰하는 리뷰어의 평가를 더 중요시한

다. '다베로그'를 종종 이용하면서 체험 리뷰를 읽다 보면, 어느새 '이 리뷰어의 평가는 신뢰할 만하다', '이 리뷰어의 입맛은 내 취향과 매우 가깝다' 등의 감을 얻게 된다. 이렇게 신뢰할 만한 리뷰어가 높게 평가한 가게를 골라 가면 실패하는 일이 없다.

이처럼 인터넷의 미들미디어권역은 외식을 하는 사람들, 부부가 함께 맛집을 즐겨 찾는 사람들, 칸사이풍의 맛을 좋아하는 사람들 혹은 특정 리뷰어에게 영향받은 사람들과 같은 식으로 그 사회적 분류를 점차 세분화하면서 권역을 좁혀나갈 수 있다. 이것은 즉, 사회미디어를 사용한 나노마케팅이 진화한 형태이다.

이와 같은 인터넷 미들미디어 정보의 폭발은 타깃팅된 사회적 네트워크를 동시에 생성한다.

돌이켜 보면 신문이나 TV광고는 인터넷이 보급된 이래로 '광고효과를 측정할 수가 없다'는 점과 '많은 사람들이 읽고 있다는 막연한 수치만 있을 뿐, 구체적으로 누가 읽고 있는지 실태가 불분명하다'는 비판에서 자유롭지 못했다. 그러나 이 정도로 사람들의 취향이나 성향, 직업의 분야가 세분화되고 전문성이 높아진 세상에서는 모두가 보아야 할 광고라는 것이 더 이상 존재하지 않는다. 좀더 언급하자면, 사실 그런 상황은 1980년대에 덴츠나 하쿠호도[博報堂]가 소중(小衆), 분중(分衆)이라는 용어를 사용했을 때부터 이미 시작되었다.

지금 요구되는 것은 그런 상황을 걱정하는 일이 아니다. 모든 국민이 읽어야 할 기사의 양은 상대적으로 감소한 반면에, 다양한 권역을 대상으로 하는 미들미디어적 기사콘텐츠의 니즈는 이전보다 더 고조된다는 사실을 인식하고, 어떠한 형태든 대중매체에서 미들미디어로 다가가는 것이다.

아마도 향후 대중미디어는 미들미디어권역에 잘 접목된 형태로 기사나 광고를 전송하는 모델을 재구축할 필요가 있을 것이다. 그런 재구축이 이루어진다면 미들미디어권역에 적합한 전문성 높은 정보와, 국민이 모두 동등하게 알아야 할 기사로 잘 구분하여 각각의 독자에게 적합한 형태로 전달할 수 있는 새로운 대중미디어의 틀도 구축될지 모른다.

그런 후에 매스미디어 광고는 디지털화되어 효과측정이 가능해지고 새로운 크리에이티브의 가능성에 대해 재차 논의되기 시작할 것이다.

광고업계에서는 최근 '테크놀로지인가, 아니면 크리에이티브인가'하는 논의가 활발히 이루어지고 있다. 인터넷광고 쪽에서는 테크놀로지를 구사해서 알고리즘으로 광고와 소비자를 연결하는 모델에 이끌리는 반면, 매스미디어 광고를 추진하는 쪽은 크리에이티브의 부흥을 주장한다.

주의를 요하는 것은 소비자와 상품정보를 연결하는 매칭의 완성도만을 추구하다 보면 거기에는 세렌디피티(우연히 행운과 마주치는 일)가 없다는 점이다. 매칭을 초월한 저 너머에서 매칭될 일이 없는 소비자와 상품정보가 전광석화처럼 연결되어야 하는데, 아마도 그곳이 크리에이티브를 필요로 하는 접합점이 되지 않을까 생각한다.

PROFILE

사사키 토시나오 / 와세다대학 정경학부 중퇴. 마이니치신문 기자, 월간아스키 편집부를 거쳐 독립. 저서로 《구글》(문예춘추), 《인포커먼즈》(고단샤) 등이 있다.

그림 6-1 : 웹2.0의 영향과 정고·공고

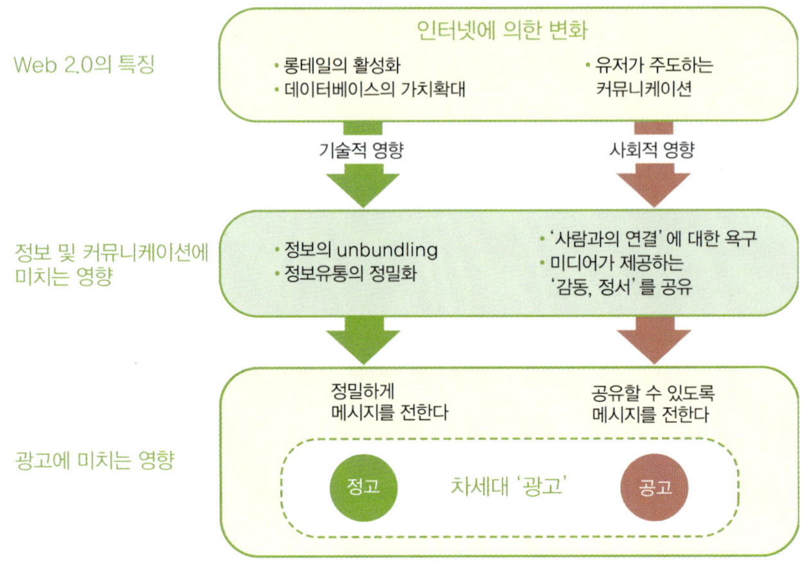

는 태어나지 못했을지도 모른다.

웹2.0으로 대표되는 인터넷이 가져다준 혁신의 본질은 정고나 공고 같은 다양한 방향성을 내포하면서 다가오는 신시대의 광고 및 마케팅의 모습을 만들어 갈 것이다.

6-3

향후의 인터넷 동향과 광고의 나아갈 길

인터넷은 앞으로 어떻게 진화할 것인가

아마존 전자서적용 단말기 킨들

이 장에서는 관점을 좀더 가까운 미래로 옮겨, 앞으로 몇 년 내에 본격화될 인터넷업계의 움직임을 검토하면서, 정고나 공고를 포함한 광고의 향후 동향에 대해 예측해보겠다. 향후 인터넷업계의 큰 움직임으로 예측되는 것은, ① 디바이스(정보단말기 등의 기기)의 다양화 및 확대와 융합, ② 데이터베이

스의 확대와 메시징 완성도의 진화, ③ 인터페이스의 진화, ④ 사람의 힘의 재부각 등으로 요약된다. 참고로 ①은 유비쿼터스에 상응하는 것이며, ②는 시멘틱웹*과 일부 중복되고, ④는 소셜웹*에 상응한다. 이들은 향후의 인터넷사회를 고찰할 때 중요한 키워드가 된다.

＊시멘틱웹
(symentic web)
시멘틱이란 '의미에 관련한다'는 뜻의 용어로 디지털데이터를 기계적으로 주고받는 것에서 한걸음 더 나아가 유저가 의도하는 의미성(검색어를 통해 정말 유저가 찾고자 하는 정보는 어떤 것인가를 파악하는 등)을 해석하여 기능할 수 있는 인터넷을 말한다.

＊소셜웹
(social web)
사람과 사람의 연결이나 커뮤니티 등에 강하게 초점을 맞춘 인터넷을 말한다. SNS 등이 대표적 사례.

디바이스의 다양화 및 확대와 융합

인터넷에 접속하는 단말기라 하면 원래 PC를 가리키며, 조금 뒤늦게 모바일 단말기가 등장한 이래, 여전히 이 두 가지가 주요 단말기이다. 그러나 그 이외의 정보단말기('아이팟'에서 '아이폰'으로 진화한 휴대용 음악플레이어, 미국의 '아마존'이 발표한 '킨들Kindle' 같은 전자서적 리더, 'Wii' 게임기 등)도 인터넷접속 단말기로서 그 비중을 늘리고 있다. 이뿐만 아니라, TV나 라디오도 인터넷에 연결될 것이며, 전자종이가 개발되면 신문이나 잡지 같은 미디어도 인터넷에 연결될 것이다. 디지털 사이니지로서 현재 주목받는 영역도 그 후보에 포함된다. 정보단말기뿐만 아니라, 가전제품이나 자동차 등 다양한 디바이스가 인터넷에 연결될 가능성도 있다.

이처럼 인터넷의 기술이나 세계는 점차 실생활 속에서 다양한 국면으로 확대될 것이다. 그 결과 단순히 인터넷에 연결된 기기가 늘어나는 것뿐만 아니라, 인터넷 원리나 방식이 실생활에 침투하게 될 것이다(이것이야말로 유비쿼터스의 핵심이다). 그 과정에서 디바이스간의 융합도 일어날 것이다(현재 모바일단말기는 카메라나 음악전송 등 다양한 기능을 소화해내고 있다).

이처럼 인터넷접속 단말기가 증가하는 현상을 광고적으로 보면 두 가지 영향이 있다.

❶ 광고를 전송하는 창구 및 인벤토리의 증대

첫째, 단순한 이야기지만 인터넷광고를 전송하는 디스플레이인 광고창구가 증대될 가능성이 있다. 정보디스플레이를 가진 다양한 디바이스가 인터넷에 접속하면 인터넷광고를 전송할 수 있게 된다. 만일 디스플레이가 없다 해도 음성으로 정보발신을 하는 등 여러 가지 형태를 생각할 수 있을 것이다. 이것을 인터넷광고업계의 시각에서 보면 잠재적 가능성으로서 광고창구 증대를 의미한다.

❷ 트래킹 가능한 접점의 증대

둘째, 소비자의 행동을 디지털적으로 트래킹(추적)할 수 있는 접점이 증대된다. 이렇게 되면 기존 인터넷광고의 행동타깃팅 광고적 기법이 다양한 미디어나 디바이스로 확대될 가능성도 있다. 예를 들면, 전자서적 리더를 통해 열람이력을 파악한 후, 흥미와 관심에 맞는 광고를 전송하는 일도 충분히 가능하다. 아니면 인터넷화된 냉장고가 유저의 행동이나 기호를 파악하여(그 유저가 어떤 식품을 어떻게 먹고 있는지를 식품에 첨부된 IC태그를 통해 인식), 거기에 적합한 광고정보를 전송하는 일도 가능할지 모른다. 여담이지만 사실 오래전부터 인터넷광고 관계자들 사이에서는 반 농담처럼 '미래의 가정에서는 냉장고가 TV의 뒤를 이어 제2의 미디어가 될 것' 이라는 말들이 오간다. 가족 전원이 빈번하게 접촉하는 가전제품이기도 하지만 무엇보다 사이클이 빠른 소비재를 저장하는 곳이기 때문이다.

다소 꿈같은 이야기처럼 들릴지 모르지만, 그 정도 수준까지는 아니더라도 이와 유사한 일이 일어날 가능성은 충분히 있다. 실제로 디지털 사이니지를 통해 그런 실험이 이미 이루어졌다. 디지털 사이니지에 설치된 카메라에 잡힌 화상을 이용하여 몇 명이 거기에 있는지, 몇 명이 화면 쪽을 보고 있는지, 어느 시간대에 어떤 성별 및 나이의 사람이 보고 있는지 하는 것을 측정하고 추정함으로써 보다 정확한 광고효과 측정이나 타깃팅전송에 반영한다는 내용이다.

데이터베이스의 확대와 메시징 완성도의 진화

앞에서 언급한 인터넷접속 디바이스의 다양화는 이미 인터넷 세계에서 일어나고 있는 데이터베이스의 확대를 더욱 가속시킬 것이다. 예를 들면, 모바일단말기와 연동한 위치정보, 전자화폐를 통한 매장에서의 구매이력, IC태그 등에 의한 상품 및 디바이스(그리고 그것과 연계된 사람)의 개별인증정보 등이 그러하다. 미래에는 더욱 다양한 방면으로 확대되어 인터넷에서 실생활까지 아우르는 거대한 라이프로그*가 출현할지도 모른다. 인터넷이 향후 다양한 형태로 실생활에 확산되는 것은 필연적 흐름이며(이 과정에서는 '구글' 의 '스토리뷰' *가 야기한 프라이버시 문제 같은 인터넷과 실생활 사이의 알력도 다양하게 발생한다), 최근 자주 화제에 오르는 증강현실(AR: *Augmented Reality*)*도 그 일환으로 생각할 수 있다. 그리고 결과적으로 데이터베이스

***라이프로그(lifelog)** 유저의 행동이나 생활을 디지털데이터로 기록한 것. 예를 들어 일기로 활용되는 블로그는 라이프로그의 원시적(primitive) 사례라고 할 수 있다.

***스토리뷰 (Storyview)** '구글' 이 제공하는 서비스로 인터넷지도 특정지점의 실제 풍경을 파노라마 사진처럼 볼 수 있다.

***증강현실 (AR: Augmented Reality)** 디지털이나 인터넷이 만들어 낸 버추얼정보와 실생활을 겹치게 하는 기술. 예를 들면, 안경형태의 디스플레이를 통해 보는 현실세계에 디지털 문자나 화상정보를 겹쳐 표시하는 것 등이 전형적 사례.

는 실생활까지도 커버하며 깊고 넓게 확대될 것이다. 이처럼 데이터베이스의 활용은 유저 입장에서도 매우 편리한 서비스를 누릴 수 있는 가능성을 내재한다(거듭 말하지만 프라이버시 보호도 충분히 배려할 필요가 있다).

그러나 이렇게 확대된 데이터베이스를 유효한 것으로 만들기 위해서는 서비스의 설계는 물론 메시징의 완성도 자체도 중요하다. 즉, 유저의 니즈에 부합한 고부가가치 정보를 얼마만큼 잘 제공할 수 있는지 여부가 관건이다. 검색엔진의 역사 자체는 결코 새로운 것이 아니지만, 그 중에서도 후발주자라고 할 수 있는 '구글'이 급속도로 성장할 수 있었던 것은 효과적인 알고리즘을 만들어냄으로써, 유저에게 고부가가치 정보를 검색결과로 제공할 수 있었기 때문이다.

메시징 완성도 향상이라는 차원에서 보면 기존의 인터넷서비스도 새로운 진화를 다양하게 모색하고 있다. 검색서비스 분야에서도 현재 사용되는 알고리즘을 더욱 개량하는 것뿐만 아니라, 더욱 전문성을 높인 버티컬 검색이나, 보다 의미성을 헤아리는 시멘틱 검색 등의 분야에서 다양한 개발이 진행중이다. 또한 동영상, 화상, 음악, 음성을 검색하는 기술(지금까지는 메타데이터*를 부여하는 방법이 주류였는데 직접 소재를 해독해서 검색하는 방법도 개발되었다)도 이미 여러 종류가 등장하였다. 이처럼 텍스트데이터에서 영상이나 음악으로 영역이 확대되는 흐름과 유저가 의도하는 의미와 감각에 맞춘 형태로 정보를 제공하는 흐름, 이 두 가지는 향후 검색엔진 영역의 큰 흐름을 형성할 것이다.

＊메타데이터 (meta data)
어떤 디지털데이터에 부여하는 또 다른 데이터. 예를 들면, 어떤 동영상 콘텐츠에 출연한 탤런트의 이름 같은 정보를 텍스트데이터로 부여하는 경우 등.

또한 레코멘데이션 영역에서도 현재 '아마존'이 채택한 협조(協調) 필터링뿐만 아니라, 다양한 기법이 등장하면서 메시징의 완성도를 높이기 위한 개발이 이루어지고 있다. 레코멘데이션이 진화하는 한편, 앞에서 말한 것처럼 검색기술도 더욱 의미성을 해석하는 방향으로 가고 있는데, 미래에는 이 두 영역이 크게 오버랩될 가능성 또한 크다.

이러한 움직임은 광고업계에 어떤 영향을 미칠 것인가?

❶ 인터넷광고 기법의 확대와 진화

디바이스의 다양화와 그에 따른 데이터베이스의 확대는 결과적으로 현재 인터넷광고에서 이루어지는 다양한 기법이 여러 디바이스나 실생활로 확산될 가능성이 높다는 것을 의미한다. 예를 들면, 인터넷에 연결된 디지털TV나 전자종이 신문을 통해 검색연동형 광고나 행동타깃팅 광고 같은 정고적 광고가 전개되는 것은 미래에 충분히 있을 수 있는 일이며, 그 완성도를 더욱 높이기 위한 기법도 여러 가지 개발될 것이다. 또한 모종의 트래킹기법에 의해 미디어나 디바이스를 가로지르는 정고적 광고기법이 확산될 가능성도 있다. 예를 들면, '야후! 재팬'은 'Yahoo! ID'를 활용하여 PC의 행동이력을 모바일에 접속했을 때도 지원하는 크로스미디어형 행동타깃팅 광고서비스를 개시한다고 발표했는데, 앞으로도 이러한 시도는 확대될 것이다.

❷ 광고메시지와 레코멘데이션 등의 접근

메시징 완성도의 진화는 광고표현이라는 관점에서 볼 때 흥미로운 현상을 도출할 가능성이 있다. 인터넷업계의 미래상의 하나로 검색과 레코멘데이션이 오버랩될 수 있음을 앞서 말했는데, 이런 오버랩은 광고영역에서도 일어날 수 있다. 레코멘데이션은 현재로는 각 사이트가 개별유저를 대상으로 각각 제공하는 메시지로 광고와는 구별된다. 그러나 정보유통이 더욱 정밀화될수록 광고메시지와 레코멘데이션은 겹친다. 방대한 데이터베이스를 바탕으로 마치 그 유저의 컨시어지concierge라도 된 듯 그 사람에게 정밀하게 맞춰진 메시지를 전해주기 때문이다. 레코멘데이션뿐만 아니라 PR과 뉴스 등도 광고와 겹치게 될 가능성도 있다. 유저에게 가장 중요한 것은 그런 카테고라이즈categorise가 아니라, 그 정보가 유저에게 유익한지 여부이기 때문이다. 표현을 달리 하자면, 메시징 완성도의 향상은 그것이 광고인지 아닌지 유저가 깨닫지 못하는 수준까지 광고를 진화시킬 가능성을 내재한다.

인터페이스의 진화

미래의 인터넷 세계에 영향을 미칠 수 있는 하나의 트렌드로 인터페이스의 진화를 들 수 있다. 사실 PC나 인터넷 세계에서 지금까지 인터페이스는 디바이스라는 관점에서 볼 때 놀라울 정도로 오랫동안 변화가 없었다. 즉, 마우스와 키보드의 조합이었다(물론 모바일단말기가 보급되면서 숫자 키라는 새로운 인터페이스가 등장했다고 볼 수도 있다). 그러나 이런 인터페이스에도 변화가 일어날 가능성이 있다. 이와 같은 진화는 디바이스 자체의 진화와 디스플레이 내의 진화로 대별할 수 있다.

디바이스 자체의 진화

'아이폰'이 상징적으로 선보인 터치패널 기술이 좋은 사례이다. 특히, '아이폰'은 멀티터치라는 새로운 기법으로 주목을 끌었다. 이처럼 키보드나 마우스, 혹은 접속기기 등을 쓰지 않는 디지털디바이스의 인터페이스는 다양한 형태로 개발이 진행되고 있다. '마이크로소프트'가 개발하고 있는 'Surface' 구상도 그 중 하나이다. 예를 들면, 디스플레이가 테이블에 장착되어 키보드나 마우스 없이도 화면을 손으로 만지는 것만으로 내장된 데이터의 조작을 할 수 있다. 또한 휴대용단말기에 저장된 사진 같은 데이터도 그 테이블 위에 놓기만 하면 자동으로 접속되어, 손을 대기만 하면 간단히 테이블단말기로 데이터를 이동시킬 수 있다. 단지 조작이 간편할 뿐만 아니라, 가족 등 여러 사람이 이와 같은 정보단말기를 동시에 조작할 수 있는 것도 큰 장점이다.

마이크로소프트 Surface

그 밖에 모바일지갑처럼 기기를 리더에 터치함으로써 정보를 수집하거나 어떤 상호작용을 일으키는 것도 디바이스 진화에 따른 인터페이스 진화에 포함시킬 수 있을 것이다.

디스플레이 내의 진화

인터넷을 플랫flat한 세계라고들 하는데 꼭 그렇지만은 않으며, 정보를 집약하는 입구 같은 곳이 실제 존재한다. 초기에는 포털사이트가 그랬고 어느 시점부터는 검색사이트도 대두되었다. 즉, 검색창에 단어를 입력함으로써 인터넷 세계가 시작되는 것이 많은 사람들에게 가장 보편적인 행위가 된 것이다. 그러나 이것이 향후에도 같은 위치를 유지할 것이라는 보장은 없다. 현재 주목받는 RSS, Atom 등의 피드feed관련기술(→p.117)이 새로운 입구를 형성할 가능성이 있으며, 그 기술과 연계된 SNS나 'iGoogle' 같은 퍼스널라이즈드 홈페이지* 등이 새로운 입구로 성장할 가능성도 있다. 메타버스metaverse 등의 3차원적 공간이 인터넷 세계의 입구가 될 수도 있을 것이다. 또한 그런 메타버스적인 것과 연계하여 에이전트*나 아바타 등의 캐릭터적인 존재가 입구가 될 가능성도 있다.

＊퍼스널라이즈드 홈페이지(personalizedhomepage) 'i구글'처럼 각 유저용으로 커스터마이즈 할 수 있는 인터넷 상의 스타트 페이지.

＊에이전트(agent) 유저를 대행하여 단말기 상에서 다양한 수속절차나 처리를 행하는 기능 및 존재. 유저의 취향에 맞춰 자동적으로 뉴스 등을 수집하기도 한다.

그러면 이와 같은 인터페이스의 진화는 광고에 어떤 변화를 가져다줄 수 있을까?

❶ 새로운 크로스미디어 기법의 창출

'마이크로소프트' 가 발표한 '비디오 하이퍼링크video hyperlink' 라는 것이 있다. 동영상과 어필리에이트광고를 조합한 것인데, PC로 전송되는 TV 프로그램 또는 TV CF에 등장하는 제품을 검출해 링크를 표시하여 그것을 클릭하면 그 제품정보나 구매방법 등이 기록된 사이트로 액세스할 수 있다. 이것은 TV콘텐츠와 전자상거래를 조합한 새로운 크로스미디어기법이라 할 수 있는데, 앞으로 만일 동영상사이트 등이 인터넷 세계의 입구가 된다면 이러한 기법도 성장 가능성이 있다.

❷ 새로운 메시지 표현의 창출

본질적 변혁으로 이어진다는 의미에서 주목받고 있는 것은 에이전트나 아바타 같은 캐릭터이다. 유저가 어떤 행동을 일으키기 전에 그 유저의 성향이나 생활양식을 이미 파악한 에이전트 캐릭터가 유저보다 한 발 앞서 다양한 서비스나 정보를 추천해주는 것이다. 그런 시도는 앞서 언급한 광고메시지와 레코멘데이션의 접근과도 관련이 있는데, 광고를 포함한 정보의 표현기법을 크게 바꾸어 놓을 가능성이 있다.

선도적 존재가 되기를 추구하는 'NTT도코모' 는 휴대폰을 통해 유저의 행동이력을 파악하여 거기에 맞춘 지역정보나 유익한 정보를 제공하는 일상적 생활지원 서비스인 '마이라이프 어시스트' 를 구상하고 그 구현을 추진중이다. 이 서비스의 재미있는 점은 단순히 정보를 매칭하는 것뿐만 아니라 캐릭터와 유저 간의 대화를 통해 잠재적 니즈를 추론하는 등의 구조까지 갖추었다는 점이다. 이렇게 다양한 모색이 이루어지다 보면 미래에는 광고메시지의 상당 비율이 이런 에이전트 캐릭터의 대사를 통해 전달될 가능성도 있다.

○ NTT도코모 마이라이프 어시스트

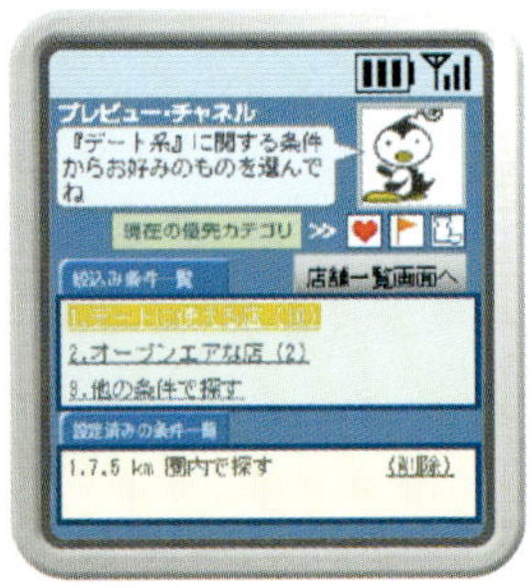

사람의 힘의 재부각

현재 인터넷 세계에서 큰 흐름을 형성하고 있는 것이 소셜 웹을 둘러싼 일련의 움직임인데, 구체적으로 말하면 인터넷 세계에서 사람의 힘이 재부각된 것이라 할 수 있다. 어떻게 하면 인터넷이나 디지털기술에 사람의 지혜나 감각을 접목시킬 수 있을지 모색하기 시작한 것이다.

그 배경에는 앞서 언급한 정보의 언번들링과 이에 따른 정보량의 급격한 증가가 있다. 이런 가운데 소비자들은 어떻게 정보를 취사선택하면 좋을지 당혹스러운 부분이 있다. 즉, 정보간의 상호서열도 분명하지 않은 상태에서 양적으로만 비약적으로 증가해버린 것이다. 그러나 결국 사람의 정보처리량은 한정되어 있기 때문에 어떤 형태로든 정보를 취사선택할 필요가 있다. 그 기법으로 여러 가지가 있을 수 있는데 검색엔진이 가진 알고리즘도 그 중 하나이다. 이런 가운데 지금 주목받는 것이 '사람의 힘' 이다.

사람이 정보를 필터링한다

첫째, 단순히 사람의 힘으로 정보를 필터링(취사선택)하는 것이다. 이때 수신자와 송신자 양쪽에서 가능성을 생각해볼 수 있다.

수신자 측에서 생각하면 'iGoogle' 의 퍼스널라이즈드 홈페이지 같은 것이 바로 여기에 해당된다. 물론 아무리 그렇다 해도 수신정보를 완전히 자신의 취향에 맞게 컨트롤할 수는 없겠지만, 어느 정도 필터링은 가능할 것이다. 그 밖에 최근 주목받는 RSS, Atom 형식의 피드리더feed reader 같은 기술도 여기에 해당된다. 관심 있는 기사나 블로그를 미리 등록해두면 갱신될 때마다 자동적으로 통보되는데, 이때 등록하는 절차는 필연적으로 정보의 필터링 기능을 수행하게 된다.

한편, 수신자 측과는 별도로 송신자 측에서도 정보를 필터링할 때 사람의 힘을 접목시키려는 시도가 있다. 전형적인 것으로서 인력검색엔진으로 유명한 'Mahalo', 'Cha Cha' 등이 있다. 크롤러*(검색로봇)와 알고리즘의 조합에 따라 거의 자동적으로 정보의 취사선택과 가치부여가 정해지는 '구글' 처럼 현재 주류를 이루는 검색엔진과는 구별된다. 전담 가이드가 인력으로 검색결과를 제공하는 이 서비스는 새로운 형태의 검색서비스로서 인터넷업계의 주목을 끌었다.

*** 크롤러(crawler)** 검색엔진의 데이터베이스 구축을 위해 인터넷의 여러 페이지를 돌아다니며 정보를 수집하는 프로그램.

사람과 정보의 가치를 공유한다

사람을 접목시키는 두 번째 방법으로 정보의 가치를 여러 사람이 공유하는 방법이 있다. 단순히 정보를 공유하는 것이 아니라, 정보의 가치를 공유하는 것이다. 즉, 그 정보를 어떻게 취사선택해서 가치부여를 하는가에 대한 시각을 공유하는 것이다. 이미 인터넷에 다양하게 등장한 적이 있는 비교사이트나 입소문 사이트에 유저가 남기는 리뷰 같은 것이 가장 전형적인 것이다. 이 밖에도 소셜 북마크 등은 이런 리뷰적인 발상을 조금 더 구조적으로 정리한 것이다.

이러한 가치의 공유는 SNS의 본질이라고 할 수도 있다. 많은 인터넷 유저가 흥미나 관심을 주축 삼아 완만한 연결을 형성해나가는 모습은 사람의 힘으로 정보의 가치를 확인하는 또 다른 일면이라 할 수 있다.

사람을 바탕으로 인터넷 세계의 정보구조를 바꿔놓는다

현재 이와 같은 SNS의 연계나 공개화가 인터넷 세계의 큰 흐름을 이루고 있다. 각각의 SNS가 개별적으로 폐쇄된 것이 아니라, 이들을 횡단적으로 활용할 수 있게 하려는 발상이다. 어떤 SNS에서 구축한 인간관계를 다른 SNS에도 연결시킬 수 있다면 유저에게는 큰 메리트다. 이처럼 공개된 SNS의 구축을 위해 현재 ID나 API*의 공개화 등이 다양한 형태로 추진되고 있다. 최근 인터넷 세계에서 주목을 끄는 것 가운데 소셜클럽*이 있다. 사람들의 인터넷 이용이 늘면 늘수록 인터넷을 통해 다양하게 연결되는 인간관계의 가치는 높아진다. 그리고 지금 소셜클럽처럼 인터넷에서 이루어지는 사람과의 연결을 인터넷 세계의 새로운 플랫폼으로 삼을 수 있지 않을까 하는 가능성에 대한 논의가 이루어지고 있다.

이처럼 사람의 힘이 부각되면 광고에 어떤 영향을 가져다줄 수 있을까?

❶ 인간관계를 활용한 광고기법의 등장

미국의 대형 SNS사이트 '페이스북'이 도입해서 화제가 되었던 소셜광고는 광고시스템 자체에 사람의 힘을 접목하고자 한 매우 흥미로운 시도였다. 이 광고기법은 유저가 사이트에서 취한 행동정보를 그 유저의 친구에게 제공하는 형태를 띤다. 광고 내에서 '당신 친구 아무개는 이런 것을 샀답니다!' 하고 알려주면 확실히 그 광고를 본 사람의 관심을 끌 것이다. '그래? 그 친구가 이런 걸 샀군. 재미있나? 나도 사볼까?' 하고 생각하는 사람이 적지 않게 있을 것이다. 또는 이 정도로 급진적이지는 않지만 현재 주목받는 BUZZ

*API (application programming interface)
프로그램 개발을 간략하게 하기 위한 모듈(구성단위). 이것이 공개적으로 개방되면 인터넷 유저는 대형 포털사이트가 제공하는 서비스를 자신의 사이트에 적용하여 손쉽게 이용하거나 활용할 수 있게 된다.

*소셜클럽 (social club)
인터넷에서 사람과 사람의 연결을 나타내는 관계도.

마케팅 등은 사람의 힘을 마케팅에 활용하려는 사례라고 할 수 있다.

❷ 인간관계를 활용한 광고콘텐츠의 등장

유저가 만든 TV CF가 주목을 끌고 있다. 기업이 공인한 것부터 승인받지 못한 것까지 여러 수준이 있겠지만, 이러한 기법도 사람을 광고활동에 활용한 사례라고 할 수 있다. 완성도는 프로가 만든 것에 못 미치지만 유저가 직접 만들었다는 데 의의가 있다. 이렇게 볼 때 광고효과는 결코 퀄리티만으로는 측정할 수 없는 것이 있다.

지금 말한 두 가지 움직임은 사람과의 연결이 중요한 의미를 갖는 광고적인 흐름과도 연동하면서 광고커뮤니케이션의 새로운 형태를 만들어 갈 것이다. 예를 들면, 미래에는 유명한 탤런트나 예술인에게서 친밀한 메시지 형태의 광고가 소비자에게 전달될 수도 있을 것이다. 또는 크리에이티브 커먼즈(→p.150)와 같이 애초부터 2차 창작을 전제로 광고콘텐츠가 제작될 수도 있다.

6-4 차세대 커뮤니케이션 구축법

성공과 실패의 역사

차세대 광고커뮤니케이션(광고미디어나 광고기법)의 개발은 어제 오늘 시작된 것은 아니다. 인터넷이 등장한 이래, 사실 이 주제는 몇 번이고 반복되었다. 그러기까지 수많은 실패사례나, 실패까지는 아니더라도 다소 기대에 못 미친 채 끝난 것도 있다. 물론 한편으로는 큰 성공을 거둔 예도 있다.

성공한 예를 들면, 모바일미디어라는 광고수단은 그 개발 사례의 선도적 위치에 있다. 일본에서 크게 꽃피운 모바일인터넷 서비스를 바탕으로 한 모바일광고는 일본에서 개발된 세계적으로 앞선 광고기법이라고 할 수 있다. PC인터넷을 참고하여 독자적으로 개발한 차세대 광고커뮤니케이션이

column ❷

마에다 쿠니히로 [前田邦宏]
관심공간(關心空間) 설립자

감동하는 인터랙티브로

유저가 광고를 그룹핑grouping한다

인터넷을 통한 광고활동이 더욱 인터랙티브하기 위해서는 단순한 흥미와 관심 환기뿐 아니라 유저에게 감동이나 미소를 주지 않으면 안 된다. 왜냐하면 인터랙티브는 유저에게 어떠한 행위를 요구하기 때문에 '별로 기대 안 해'라고 말하는 유저의 기대까지도 충족시켜야 한다. 이런 유저들은 클릭 한 번 하는 것 가지고도 쓸데없는 짓을 하게 만들었다고 투덜거리지만, 반대로 기대를 뛰어넘은 콘텐츠에는 칭찬을 아끼지 않는다.

그런 칭찬을 많이 받은 'UNIQLOCK'의 프로모션 콘텐츠는 단순함으로 브랜드 이미지의 장점을 강조하고 상품 라인업의 다양성을 댄스와 음악의 복합적 미니멀리즘으로 표현한 매우 뛰어난 영상작품이다. 많은 블로거에 의해 블로그파츠가 게재되었는데, 이 광고는 유저와 유저가 싱크로되고자 하는 동기를 실현시켰다. 기계적으로 째깍거리는 시계소리 위를 리드미컬하게 쫓는 피아노 소리와 모던한 아트퍼포먼스, 여학교를 연상케 하는 청초함과 아마추어의 신선함이 느껴지는 공간연출이 흐름을 쫓아가다가 겹쳐지면서 어느 순간 그룹감을 만들어낸다. 영상 속에는 아무 말도, 또한 특별히 연상시키는 것도 없지만 계속 보고 있어도 질리지 않는다. 유저들은 이런 일련의 흐름을 블로그 파츠로 이어줌으로써 어떤 힘에 의해, 하지만 어디까지나 자발적으로 그녀들을 전 세계에서 24시간 내내 춤추도록 하는 것이다.

단순히 컴퓨터 테크놀로지의 진화 속도만을 생각하면 'UNIQLOCK'처럼 스트리밍 영상을 기초로 한 작품은 넓은 의미의 인터랙티브이긴 해도 그다지 커뮤니케이티브communicative하다고 할 수는 없다. 그럼에도 불구하고 여전히 인터넷적인 것은 만일 이것이 TV CF로만 집행되었다면 유저간의 유대감을 느낄 수는 없었을 것이다. 즉, 유저들이 있는 공간과 바라보는 시선은 모두 다르지만 함께 연결되었다는 느낌이 인터넷적인 감각인 것이다. 비동기의 동기화와 그룹감, 다양성과 다면성, 허식을 배제한 순수함과 심플함, 이들은 아직도 개척될 여지가 많은 키워드이다. 여기에 커뮤니케이티브한 구조를 접목시킴으로써, 한층 더 인터랙티브적인 광고의 실현을 기대할 수 있을 것이다.

광고를 위해 집단지성을 디자인한다

"소비자를 대상으로 하는 인터랙티브 커뮤니케이션이란 무엇인가?" 하고 물어본다면 솔직히 기업 입장에서는 "그런 상황은 별로 상상하고 싶지 않다"는 것이 본심일 것이다. 주눅들 필요는 없다. 소비자도 굳이 기업과 직접 대화하고 싶은 것은 아니기 때문이다. 그보다는 공통관심사나 자신이 잘하는 부분에 대해서 그저 편안하게 이야기를 나누고 싶을 뿐이며, 긴장감 속에서 상대를 꼼짝 못하게 만들고 싶은 것은 아니다. 그보다는 어떤 대화의 공을 던져도 곧바로 주워 되던져 주는 수비범위의 넓고 깊음 즉, 서로의 아량을 원하는 것이다.

예를 들어 '관심공간'(關心空間)은 '전일본항공'의 마일리지 회원에게 '타비다치*공간(https://tabidachi.ana.co.jp)'이라는 플랫폼을 제공하였다. 공개된 지 1년을 맞은 이 사이트에는 3만 9천 명의 등록자와 3만 개에 달하는 지식 및 체험이 카드식으로 투고되었다. 흥미로운 것은 운영자의 눈높이이다. 공식사이트이면서 CGM이기도 한 이 사이트는 편집부의 콘텐츠와 유저의 투고가 인터페이스로 연결되어 있기 때문에, 작은 투고자 선물 같은 것도 기업 담당자의 구상에 따라 바로 실현될 수 있다. 즉, 기업의 입장보다는 개인의 의지와 취향이 유저의 시선과 잘 융화된다. 이때 에이전트에게 요구되는 것은 전체적인 설계와 방향이다. 다시 말해 광고를 위한 집단지성의 디자인이다.

집단지성의 디자인이란 기업과 유저 모두에게 이익이 되는 공유(共愉, *conviviality*)를 설계하는 작업이다. 이를테면, 커뮤니케이션에서 발생되는 약간의 어긋남, 의견차이에 착안하는 것이다. "이번 시즌 오키나와 여행의 매력 포인트는?" 라는 질문을 공식사이트 편집부와 유저 3만 명에게 물어볼 경우 그 의견은 꼭 일치하지만은 않는다. 이 매력적인 차이를 찾아내고, 메우고, 넓히고, 창조하는 것이 집단지성의 매력이며 새로운 마케팅 가치이다. 집단지성은 머지않아 여행과 식도락뿐만 아니라, 항공기나 항공서비스의 매력에 대해서도 대화가 가능해질 것이다. 전문지식으로 무장되었고 경영에 자신감 넘치는 기업에게 집단지성의 가능성은 무한하다.

확장되는 현실, 확장되는 미디어

증강현실augmented reality이라는 테크놀로지가 있다. 이 기술의 매력은 카메라영상을 통해 보이는 대상에게 메타데이터를 부여할 뿐만 아니라, 실제로 확장 및 강조된 리얼한 영상을 겹치게 하여 현실을 보거나 공유할 수 있는 점이다. 예를 들면, 어떤 QR코드에 디지털카메라의 초점을 맞추면 그 자리에서 3D CG에 의한 캐릭터가 디스플레이 화면에 실제 풍경과 겹쳐 표시되면서 네비게이션 역할을 하는 식이다. 유명한 일례를 들자면 NHK에서 방영된 〈전뇌(電腦)코일〉의 주인공들이 낀 안경도 증강현실을 지향한 디바이스이다. 아울러 이 디바이스가 확장 및 강조하는 것은 현실적 요소뿐 아니라, 판타지나 공상의 세계도 가능하다. 현실공간에 과거의 역사적 공간 정보를 조합하는 휴대용게임 '휴대 땅따먹기 전쟁' 등도 좋은 사례이다. 특히, 게임요소가 강한 이런 종류의 서비스는 ARG alternative reality gaming라고도 불린다. 또한 반대로 현실공간에 가상적으로 연출된 게임을 조합한 체험형 RPGrole playing game '매직퀘스트(http://www.mag-iquest.jp)' 등도 있다. 이 기술들은 현실공간의 특정 장소에 지역정보뿐만 아니라, 개별 유저의 이력을 심어놓음으로써 가상현실을 타인과 공유할 수 있도록 한 것이 큰 매력이다.

여기에 이러한 가상적 테크놀로지를 소개한 것은 어떤 유저가 보아도 같은 장소에 같은 광고가 표시되는 현재의 광고상식이 무너지려는 전조를 읽을 수 있는 사례이기 때문이다. 하드디스크 레코더로 인해 TV 광고만 쏙 빼고 보는 유저의 자연스런 행위는 TV뿐만 아니라, 현실 전반에서 일어날지도 모른다. 즉, 증강현실 디바이스를 통해 보고 싶지 않은 옥외광고를 다른 것으로 대체할 수도 있다. 바야흐로 광고는 그 본질적 가치와 매력에 대한 존재적 의의가 요구된다. 즉, 유저가 보고 싶어하지 않는 광고를 보게 하는 것은 의미가 없으며, 개별맞춤형 렐러번트광고를 보게 하는 것만으로도 부족하며, 유저들에게 기대 이상의 감동을 주지 않으면 안 된다.

인터랙티브가 단순한 기술적 트렌드가 아닌 보편적 차원에서 중요한 점은 유저가 즐거워하고 재미있어 하고 있는지를 항상 염두에 두어야 하기 때문이다. 즉, 유저들이 그 시대와 사회에 무엇을 발신하고 무엇을 수신하고 싶은지를 생각하는 것이 인터랙티브의 구조이다. 기업과 광고회사, 크리에이터 모두 자신이 구상한 인터랙티브 장치가 생각만 해도 즐겁고 두근거리는 것이라면 거기에 반드시 새롭고 매력적인 인터랙티브가 탄생할 것이다.

***타비다치:** 여행을 떠난다는 뜻.-역주

PROFILE
마에다 쿠니히로 / 도쿄대학 정보학환 강사. 보이지 않는 관계성의 가시화를 주제로 '관심공간' 외 소셜미디어를 입안. 주요 수상 실적으로 굿디자인상 신영역디자인부문 입상, 일본광고주협회 웹인상.

다. 또한 거기에 수반된 QR코드기법이 광범위하게 확대되고 정착된 것도 매우 흥미로운 성공사례이다. 매스미디어와 인터넷 세계를 연결하는 툴로서 그야말로 사실상 표준이 되었다.

한편, 다소 기대에 못 미친 광고기법도 있다. 한때 주목받은 포털사이트의 전면 플래시광고*와 자사사이트를 활용한 쇼트필름 등의 광고기법을 예로 들 수 있다. 인터넷광고의 리치rich화를 촉구하는 것으로 몇 년 전에 함께 주목을 끌었다. 그 후에도 사례에 따라서는 효과적인 경우도 있었지만, 전반적으로 볼 때 큰 주류를 이룬다고는 말할 수 없다.

* 전면플래시광고
포털사이트의 톱페이지 등에 기존의 사이트 화면과 겹쳐지도록 큰 동영상 광고가 전개되는 리치광고 표현기법. 플로팅광고 등도 그 중 하나이다.

광고미디어의 개발이라는 관점에서도 마찬가지다. 모바일광고가 시작된 시기를 전후하여 PDA나 자동차 네비게이션을 활용한 광고의 개발이 검토 및 시도되었는데 순조롭지 못하였다. 그 밖에 디바이스 자체를 보더라도 미국에서 '킨들'이 발매되기 몇 년 전부터 일본에서는 전자서적용 디바이스가 발매되었는데 이것도 큰 주목을 끌지는 못하였다. 이런 성공사례와 성공하지 못한 것의 차이는 어디서 비롯되었을까?

새로운 광고기법 정착을 위해 필요한 것

테크놀로지는 새로운 커뮤니케이션을 만들어낸다. 이는 사실이다. 원래 인터넷미디어라는 것 자체가 그렇다. 인터넷이라고 하는 새로운 기술이 새로운 미디어를 낳고 소비자의 커뮤니케이션 흐름을 바꿔놓았다. 덧붙이자면 인터넷미디어 세계에서도 다양한 새로운 개념이나 기술이 등장하면서 혁신을 가져다주었다. 초기의 하이퍼텍스트* 같은 개념을 비롯하여 검색엔진, 또는 최근의 블로그나 트랙백, SNS 등에 이르기까지 다양한 것들을 사례로 들 수 있다. 단순히 광고나 마케팅분야만 보더라도 플래시기술의 진화에 따른 리치한 표현은 인터넷광고의 가능성을 넓혔으며, 최근에도 위젯(가젯)이나 피드 등을 활용한 새로운 광고표현을 모색하고 있다. 또한 검색엔진이라는 기술이 등장하고 활성화됨에 따라 SEMsearch engine marketing, SEOsearch engine optimization 같은 새로운 광고마케팅기법도 크게 성장했다. 겉으로 잘 드러나지 않는 부분이긴 하지만, 트래킹 기술의 진화도 광고기법의 진화에 크게 공헌하였는데, 가령 어필리에이트 광고의 성장도 이런 배경 없이는 불가능했을 것이다.

* 하이퍼텍스트 (hypertext)
현재 인터넷은 어느 사이트에서 텍스트나 화상을 클릭하면 관련 사이트로 곧바로 이동할 수 있게 되어 있는데, 이렇게 여러 문서가 서로 연관된 것을 하이퍼텍스트라고 한다.

그러나 한편으로, 새로운 테크놀로지에 의한 미디어나 광고기법이 반드시 성공을 보장하는 것은 아니며, 착안점도 좋고 업계의 평가도 높았지만 성공하지 못한 사례도 있다. 여기에는 역시 몇 가지 함정이라 할 만한 관문이 있다. 여기서 그 포인트를 몇 가지 정리해 보고자 한다.

❶ 모수(母數)는 대중이라 불릴 만한 규모에 도달하였는가

광고미디어로 성립하기 위해서는 역시 그 미디어가 대중적이라고 할 만한 규모여야 한다. 아무리 훌륭한 착안점이나 테크놀로지에 기반을 둔 광고기법일지라도, 과연 그것을 몇십만 명 또는 몇백만 명의 유저가 일상적으로 정말 사용해줄 것인지 냉정하게 바라볼 필요가 있다.

이때 자주 생기는 오해 한 가지는, 디바이스의 보급수를 유저의 규모와 동일시하는 것이다. 어떤 테크놀로지를 사용할 수 있는 디바이스 자체는 보급되었어도 실제로는 극히 소수만이 사용하는 경우도 많다. 부연하자면, 새로운 테크놀로지가 나오면 이에 맞서 경쟁하는 다른 새로운 테크놀로지가 속속 등장하는 경우도 많고, 라이선스에 따른 구속이 보급을 저해하는 경우도 있으며, 이미 그것을 능가하는 새로운 대체기술이 뒤에서 대기중인 경우도 적지 않다. 그 결과, 대중적 지지를 얻지 못한 채 사라져버리는 아까운 테크놀로지와 기법들도 상당히 많다.

그리고 또 한 가지의 오해는 공고(共古)에서는 일정 규모의 모수(母數)가 필요한 것은 당연하나 정고(精古)적인 것은 대중적일 필요가 없다는 선입견이다. 그러나 정고라고 해도 대중적 확산은 필요하다. 무슨 말인가 하면, 대중적 모수가 있어야 비로소 그 속에서 최적의 매칭을 선별해내는 정밀함의 가치가 살아나기 때문이다. 처음부터 대중에 도달되지 않는 모수 속에서는 정고의 장점도 살아나지 않는다.

이처럼 테크놀로지의 보급이라는 관점에서 보면 휴대폰은 상당히 이상적인 조건을 갖춘 디바이스라고 할 수 있다. 원래 높았던 단말기 자체의 보급률, 빠른 재구매 사이클, 새로운 기술이 휴대폰이라는 디바이스에 집중되기 시작한 것 등을 생각하면 새로운 기술을 이용한 커뮤니케이션 실험의 장으로서 뛰어나다고 할 수 있으며, 실제로 휴대폰을 활용한 마케팅의 선도적 시도가 수없이 진행되고 있다.

② 유저에게 과도한 부담을 주고 있지 않은가

둘째, 유저가 사용하기에 편리한가? 하는 문제가 있다. 아무리 뛰어난 테크놀로지나 기법이라도 유저에게 과도한 번거로움이나 스트레스, 혹은 경제적 부담을 강요해서는 성공하기 힘들다. 반대로 말해 그다지 새롭거나 뛰어난 기술이 아니더라도 유저를 위한 서비스 설계가 뛰어나면 성공하는 경우도 있다(이를 테면 '유튜브' 등이 좋은 사례이다). 이것은 동기부여와 균형을 이루는데, 유저의 메리트가 확실하다면 이 문제는 어느 정도 해결되는 경우가 많다.

③ 새로움을 넘어선 특징을 가지고 있는가

새롭게 등장한 미디어나 기법은 그것만으로도 광고미디어로서의 가치를 지닌다. 왜냐하면 새롭기 때문이다. 새롭다는 것만으로 유저는 주목하고 업계에서도 주목받으며 거론되는 빈도도 높아진다. 새롭다는 것이 미디어 자체에 대한 주목도를 올리고 결과적으로 광고효과 제고로 이어지는 일이 종종 있다. 그러나 당연히 이런 새로움에 대한 열정은 점차 식어간다. 이때, 미디어나 기법은 다른 과제에 직면한다. 기존의 미디어와 비교해도 손색이 없을 만큼 새로움 이외의 가치가 있는지 그 진가가 평가될 것이다.

④ 비용효율은 적정한 범위인가

이것도 당연한 얘기지만 위에서 꼽은 세 가지 조건을 제대로 충족시켰어도 비용효율의 대목에서 걸려 넘어지는 경우도 의외로 많다. 특히, 테크놀로지를 사용한 기법이라면 그 개발이나 유지(서버의 유지관리 포함)에 비용이 든다. 새로운 광고미디어나 광고기법으로는 훌륭하지만, 비용적으로 너무 비싸서 결과적으로 기존의 아날로그 광고기법이 더 효율적이었다는 웃지못할 사례도 있다. 그렇지만 어느 정도 중장기적 시야를 가지고 선행투자를 한다는 각오로 개발의 의의를 생각하는 관점이 필요하다.

⑤ 프라이버시 혹은 유저의 감정을 존중하고 있는가

지금까지 틈만 나면 언급했듯이 역시 프라이버시 문제는 중요하다. 엄밀하게 법률적 의미의 프라이버시 보호에 대해서는 언급하지 않겠으나, 결과적으로 유저의 감정을 존중하지 않는 설계는 역시 성공하기 어렵다. 특히, 정고적인 것은 유저의 프라이버시와 배치되는 부분이 있는데, '나를 제대로 알고 있구나!' 하는 반가움과 편리함은 자칫 잘못하면 '왜 이렇게 나에 대해 많이 알고 있는 거지?' 하는 의문과 불쾌감으로 이어진다. 어느 시대든 친절과 오지랖은 종이 한 장 차이다. 이런 관점에서 가장 상징적인 것이 앞서 언급한 소셜광고(→p.244)를 둘러싼 논의이다. 이런 방법은 당연히 프라이버시의 우려 또는 적어도 유저의 감정을 해칠 가능성이 있다.

그러나 이런 서비스 개발은 원래 유저의 편익제고를 위한 것이다. 원점으로 돌아가면, 이런 새로운 기법의 개발도 만일 그것이 프라이버시나 유저의 감정과 상반된다면 처음 설계 시의 발상이 피상적이었기 때문에 도달할 수밖에 없는 당연한 귀결이다. 인터넷에 의해 커뮤니케이션 환경 자체가 다양하게 변질된 지금이야말로, 진정으로 유저를 위한 커뮤니케이션이란 무엇인가? 하는 물음에 진지하게 마주하고 대응해야 한다.

⑥ 광고주가 쉽게 이해할 만한 이점을 가지고 있는가

광고기법 자체는 좋은데 그 이점을 광고주에게 잘 설명하지 못하는 일이 종종 있다. 또는 그 서비스 자체는 좋은데 절차나 운영이 너무 번잡해서 정착되지 못하는 경우도 있다. 이들은 인터넷의 신기술을 이용한 광고를 개발할 때 자주 일어나는 일이다. 기술에 의해 고도화되고 복잡해짐으로써 광고미디어로서 결코 좋은 결과를 내지 못하는 경우도 많다.

지금까지 여섯 가지 포인트를 언급했는데, 이런 관점에서 앞서 언급한 사례를 생각해볼 수 있다. 왜 모바일광고가 성공했는가? 모바일단말기 자체의 침투가 급속도로 대중의 영역에 도달했기 때문이다. 왜 QR코드가 성공했을까? 인터넷의 세계로 액세스하는 수단으로서 사용자편의성이 좋았기 때문이다. 한편, 전면플래시나 쇼트필름에는 그런 관점에서 결여된 부분이 있었다. 전자는 사용자편의성이 그다지 좋지 못했고, 후자의 경우도 대중 규모의 시청자를 유도할 만한 콘텐츠를 만들기까지 나름대로의 고충이 따랐다. 또한 전자서적 디바이스가 성공하지 못한 것은 콘텐츠의 라인업이나 가격문제, 그리고 무엇보다 일본에서는 모바일이라는 강력한 라이벌이 출현함으로써, 잠재적인 전자서적 시장을 빼앗아 버렸다는 점도 있었을 것이다.

이를테면 이런 사례를 들 수 있다. 실생활에서 정고의 선도적 광고기법이라고 할 수 있는 '구 패스goopas' 라는 것이 있었다. 이것은 정기승차권 등을 통해 역의 개찰구를 통과한 타이밍을 인식해서 거기에 맞춰 유저의 휴대폰에 메일광고 등을 전송한다. 이것을 활용하면 역의 개찰구를 나온 순간 주변 음식점의 쿠폰정보를 제공할 수도 있다. 미래형 커뮤니케이션 기법으로 기대를 모았는데 안타깝게도 2008년에 서비스를 중단했다. 그 이유는 여러 가지 있겠지만 근본적으로는 역시 유저가 수만 명 규모로밖에 확대되지 못함으로써 대중영역에 도달하지 못한 것이 근본적 문제였을 것이다.

같은 관점에서 지금 주목을 끄는 차세대 커뮤니케이션을 생각할 수 있다. 디지털 사이니지 같은 경우 디바이스 설치대수의 확산과 그에 따른 비용대비 효과 등이 열쇠가 될 것이다. 이 밖에 메타버스와 관련해서는 현재 일부에서 논의되는 인터버스interverse화, 즉 복수의 메타버스가 연동된 형태로 성장하여 유저가 확대되는 것 등도 향후의 성공을 위한 하나의 관점이 될 것이다.

새로운 광고기법이 더욱 성장해나가기 위해 필요한 것

이상에서 언급한 포인트를 해결했다면 일단 인지 광고미디어의 일원이 될 소지는 갖추었다고 할 수 있다. 그러나 그 후에 광고미디어로서 더욱 성장하고 고도화하기 위해서는 새로운 과제가 기다리고 있다. 이 미디어를 어떻게 이용하면 좋은가하는 근본적 물음이다. 어떻게 이용하는가 하는 물음은 두 가지 측면을 내포한다.

첫째, 기존의 미디어, 즉 매스미디어와 어떻게 접목시키면 좋은가 하는 문제이다. 다시 말해, 다양한 미디어를 조합하여 실시하는 토털 광고캠페인에서 그 미디어에 어떤 역할을 맡기면 좋을지 하는 점이다. 당연하지만 그 미디어의 독자성이 명확하지 않으면 안 된다. 다른 미디어에는 없는 독자적 효과가 있거나, 아니면 독자적 타깃에 도달할 수 있다거나, 혹은 다른 미디어보다 저비용으로 도달할 수 있거나 또는 유저의 도선상에서 다른 미디어와 연계하여 어떤 효과를 발휘할 수 있는가 하는 것들이다.

둘째, 그 미디어의 효과를 어떻게 생각하고 어떻게 평가하면 좋은가 하는 문제이다. 기존의 매스미디어라면 이미 표준화되었기 때문에 그다지 부각되지 않는 문제들이지만, 새로운 광고미디어와 기법은 이런 문제에 직면하게 된다.

사실 검색연동형 광고가 등장했을 때도 비슷한 문제가 있었다. 기존의 광고 관계자들은 매스미디어와의 조합방법, 그리고 그 독자성이나 효과, 또

column❸

미와 아키라[美和晃]
덴츠종합연구소

2010년대 전망

태블릿 시대의 개막과 디지털 프린트 미디어의 가능성

2010년 4월 3일, 미국 '애플' 사가 태블릿형 단말기 '아이패드iPad'를 출시하여 전 세계의 이목을 집중시켰다.

단순히 하드웨어 성능이 뛰어난 평면판 컴퓨터를 제조하는 것이라면 다른 기업들에게도 기회가 되고 실제로 많은 기업들이 이미 참여했거나 혹은 참여를 표명했다. 그러나 '아이패드'를 실제로 이용해 보면 이는 단순히 인터넷에 접속 가능한 컴퓨터가 아니라는 것을 누구나 새삼 인식하게 된다. 엔터테인먼트성 뛰어난 애플리케이션군 유통 플랫폼이니만큼 전 세계가 이렇게 큰 찬사를 보내는 것이다.

'애플' 사의 과거 10년간의 행보를 되돌아보면 애초부터 '아이패드' 시판을 예정했음에도 '아이튠즈 스토어', '아이폰', '아이팟 터치iPod Touch'의 중간에 '아이패드'를 자리매김시킨 것처럼 느껴진다. 그만큼 애플의 제품군과 사업영역의 진화 및 확대 과정에는 필연성이 있다.

예를 들어 '아이폰'은 애플리케이션을 이용자 손안의 디스플레이에 터치하면 기동하는 아이콘으로 제시함으로써 동작성에 제약이 많은 모바일 단말기를 통한 인터넷 접속이란 점을 특별히 의식하지 않은 채 인터넷 정보를 십분 활용할 수 있는 혁신적인 콘셉트를 확립했다. '아이폰'은 탄생의 순간부터 모바일 인터넷 단말기라 불러서는 안 될 제품으로 세상에 태어났다고 하면 과장된 표현일까? '아이패드'에도 이러한 개념이 충분히 계승되었다. 그런 의미에서 제품의 진화 과정에는 필연성이 있다.

그런데 '아이패드'를 '아이폰'의 연장선상으로 사용하다 보면 점차 깨닫는 점이 있는데 바로 '아이패드'가 모바일 인터넷 단말기로서도 뛰어나다는 점이다. '아이패드'에 내장된 브라우저 '사파리Safari'에서 일반적인 웹사이트를 열람할 경우 우선 대부분의 웹사이트는 '아이폰'처럼 핀치 동작으로 확대하지 않아도 읽을 수 있다. 이는 화면 확대에 따른 효과다.

또 하나는 기존 PC에서 웹을 열람할 경우 클릭했던 아이콘과 탭을 당연히 '아이패드'에서는 터치를 해서 표시 페이지를 전환하게 된다. 이 근소한 동작법의 변화는 9.7인치 웹 화면을 통한 열람 경험에 무한한 자연스러움과 직감성을 제공한다. 실로 놀라울 뿐이다. 기존 넷북을 통해서도, '아이폰'처럼 터치패널탑재 휴대폰을 통해서도 체험할 수 없었던 점이다.

이러한 점에서 필자는 '아이패드'를 PC, 휴대폰에 이은 새로운 퍼스널 디지털 단말기인 태블릿을 카테고리로 소비자에게 인지시키고, 또 다른 한편에서 기타 메이커나 인터넷 매체에게는 오히려 개발을 위한 자극 재료를 제공했다고 본다.

이러한 진화의 전망을 전제로 하면 2010년대에는 기존의 신문과 출판사에게 큰 기회와 도전의 시대가 될 것이다. 왜냐하면 10인치에 약간 못 미치는 멀티터치로 동작 가능한 디스플레이는 기존의 프린트 미디어 경험에 가장 가까운 메타포 위에 성립되기 때문이다. 따라서 '애플'은 '아이패드' 출시에 맞춰 다소 무리를 해서라도 '아이북스토어iBookstore'라는 전자서적전문 스토어프런트를 구축했다.

단, 여기서 말한 것과 같이 신문 및 출판업계는 이미 태블릿이 웹 세계와 심리스하게 접속되어 수용되는 것을 두려워해서는 안 된다. 디지털 정보매체를 애플리케이션으로 제공하든, 웹을 커스터마이즈하든, '트위터'를 비롯한 소셜웹과 인터넷 커뮤니티와의 연결은 모든 기업에게 당연한 것이 되었다. 이와 동시에 1차정보와 사회를 바라보는 관점을 제공하는 입장으로서 책임 있는 프로페셔널리즘을 발휘하여 정보재(財)로서의 브랜드구축 가능여부가 시험대에 오르고 있다. 그런 10년이 이미 시작된 것이다.

PROFILE
미와 아키라 / 유비쿼터스 네트워크분야 관련 관공서 연구모임에 참여. 정보통신기술의 변화가 기업의 커뮤니케이션활동에 미치는 영향에 대해 연구조사를 진행.

한 그에 대한 평가를 어떻게 하면 좋을지 하는 당혹감을 감출 수 없었다(물론 현재는 TV광고를 통해 검색어를 안내하는 등 매스미디어와 조합하는 기법에 대해 몇 가지 정석이 생겼다).

다만, 여기서 언급한 두 가지 문제는 이율배반적 측면도 지녔다. 새롭게 등장하여 정착된 미디어 효과는 반드시 독자성을 지녔는데, 그것을 토털캠페인에 포함시키기 위해 다른 매스미디어와 동일한 광고효과지표로 측정하고자 하면 애초에 지녔던 독자성의 장점이 지표상에서 지워져 버리는 일도 있다. 같은 척도로 평가하려 하면 그 매력을 가려버리는 결과를 초래할 수도 있다는 뜻이다.

또한, 광고효과지표와 관련하여 인터넷을 활용한 새로운 미디어에는 독자적 문제도 있다. 주로 클릭이나 리스폰스의 형태로 광고효과를 측정하게 되는데, 이것은 어디까지나 광고효과의 한 측면에 지나지 않는데도 불구하고, 이 측면만을 지나치게 주목하게 되는 경우가 있다. 인터넷광고는 처음 선보였을 때부터 클릭이나 리스폰스의 형태로 광고효과를 알 수 있다는 메리트를 너무 강조한 탓에 그 후, 어느 시점까지는 발전이 다소 한쪽으로 치우친 느낌을 지울 수 없었다.

이런 몇 가지 과제에 대응하는 것이 새로운 광고기법을 더욱 성장시키기 위해 필요하다.

6-5 앞으로의 광고비즈니스

대중과 인터넷의 관계를 바라보는 두 가지 관점

지금까지 인터넷미디어 혹은 인터넷광고에 초점을 맞추면서 그 현상이나 미래의 가능성을 훑어보았다. 그리고 마지막 장에서는 이런 점들을 감안하여 매스미디어를 포함한 광고업계의 미래를 어떻게 생각하면 좋을지 몇 가지 지침을 제시하고자 한다.

인터넷과 기존 광고미디어의 관계는 두 가지 관점에서 생각해볼 필요가 있다.

❶ 미디어로서의 인터넷

첫 번째 관점은 인터넷을 미디어로서 바라보는 것이다. 거기에는 두 개의 레이어(계층)가 있는데, 하나의 레이어는 소비자의 전체 미디어접촉시간이나 전체 광고비 가운데 각 미디어가 어느 정도의 비율을 차지하는가 하는 관점에서 그 미디어의 영향력을 비교하는 레이어이다. 이해하기는 쉽지만 이 비교로는 아무래도 인터넷뿐만 아니라, 각 미디어가 서로 먹고 먹히는 관계가 되어버려, 한 부분만 지나치게 부각될 우려가 있다. 그러나 실제로는 인터넷과 매스미디어의 동시시청도 광범위하게 일어나고 있다.

또 하나의 레이어는 AISAS모델이나 크로스미디어 플래닝에서처럼 조금 더 질적으로 각 미디어간의 관계를 파악하려는 것이다. 소비자는 단일 미디어만 접촉하고 그것만을 신뢰하며 그것만을 이용하는 것이 아니라, 여러 미디어를 종합적으로 편리하게 이용한다. 확실히 소비자들 사이에서 인터넷미디어의 영향력이 점차 커지는 경향에 있긴 하나, 역시 인터넷미디어는 소비자의 커뮤니케이션 환경 가운데 하나의 선택사항에 지나지 않는다.

❷ 구조나 원리로서의 인터넷

두 번째 관점은 인터넷을 미디어나 디바이스(현재로는 PC와 휴대폰)로서가 아닌 구조나 기술 혹은 원리 차원에서 바라보는 관점이다. 이는 앞서 디바이스의 확대나 유비쿼터스화에서 언급했던 것과 밀접하게 연관된다. 그리고 인터넷이 등장한 이래 인터넷혁명이나 인터넷 위협론 등이 거듭 논의된 배경에는 이러한 관점이 있었기 때문이다. 이와 같은 혁명론이나 위협론에는 과장된 부분도 있다. 전형적인 것으로 인터넷 버블이라고 불렸던 시대에 인터넷이 모든 리얼한 것을 대체할 것이라고들 말했다. 기존의 미디어나 매장 등이 모두 인터넷상의 존재로 치환되거나 밀려날 것이라는 단세포적 낙관주의가 잘못된 것임은 곧바로 역사가 증명해 주었다. 유명한 eToys*의 사례를 굳이 들지 않아도 PC나 휴대폰이라는 틀에 갇힌 인터넷사이트나 서비스가 실생활의 모든 것을 대체하고 밀어내는 것은 불가능하다. 이런 단순한 오류가 지금도 여전히 거론되는데, 이에 대해서는 아니라고 의연하게 주장해야 한다.

***eToys**
'eToys.com'은 닷컴기업이 약진한 20세기 말에 인터넷을 통해 완구를 판매하는 최대의 사이트로 각광을 받았다. 그러나 1999년 말에 이르러 유저로부터 '크리스마스 선물이 도착하지 않는다'는 클레임이 쇄도하는 등 신흥 인터넷비즈니스의 취약점을 드러내면서 결국에는 주가가 폭락하며 파산하였다(이 브랜드와 URL은 다른 회사가 인수하였다).

다만, 현재와 가까운 미래에 일어날 일들은 약간 다른 측면이 있다. 이는 PC나 모바일이라는 인터넷미디어의 존재가 실생활을 대체하여 밀어내버리는 것이 아니라, 인터넷이라는 구조 및 원리가 PC나 모바일이라는 틀을 초월하여 실생활에 확대되고 침투해나가는 현상이다. 이것이 인터넷과 기존미디어의 관계에서의 제2의 관점이며, 앞으로 일어날 일들이다. 이런 움직임은 물론 앞서 언급한 것처럼 다양한 디바이스나 테크놀로지의 진화 및 보급에 기반을 둔다. 또한, 이런 것들이 광고나 마케팅의 미디어 및 기법으로 활용되기 위해서는 충분한 보급이나 편리함, 비용효율 등 몇 가지 조건이 충족되어야 한다는 것은 이미 설명했다. 이미 현재 여러 실험이 진행되고 있는데, 그 중에는 거품도 있을 것이고 언젠가 도태될 디바이스나 기술도 많을 것이다.

그러나 아무리 거품이라도 혹은 실험에 성공하지 못한다 하더라도 이러한 세계는 머지않아 올 것이다. 중장기적으로 보면 세상에 있는 다양한 정보가 계속해서 디지털화되고 또한, 온갖 디바이스가 인터넷과 연결되는 것은 거스를 수 없는 사실이다.

이때, 실생활의 다양한 존재가 디지털적인 정보가 되어 인터넷적인 원리나 구조 속으로 편입될 것이다. 그 결과 현재는 PC나 휴대폰이라는 틀 안에 갇힌 인터넷미디어의 정보의 언번들링화와 정보유통의 정밀화 등의 현상이 다른 미디어나 디바이스로 즉, 다양한 실생활의 세계로 퍼져나갈 것이다. 광고의 세계에서 말하자면, 아직은 인터넷미디어에서만 가능한 정고가 보다 넓게 실생활을 뒤덮을 가능성이 있다. 또한, 사람과의 연결에 대한 욕구를 바탕으로 하는 공고적 장치도 미디어나 디바이스를 초월하여 확산될 것이다.

물론 실생활의 광고가 모두 변질되는 것은 아니며, 현재의 인터넷미디어 세계가 그러하듯 그 일부가 새로운 모습으로 변해갈 것이다. 이런 사태가 어떤 속도로 어느 정도 진전될지는 인프라 구축과 사람들의 의식이나 생활의식의 변화가 어떤 형태로 어디까지 진행되는지 여부에 달려 있다. 어쩌면 작은 영향만을 끼칠 수도 있다. 아니면 영향을 미친다고 하더라도 몇십 년 후의 일이 될지도 모른다. 그러나 혁신 자체는 장기적으로 볼 때 틀림없이 진전될 것이다.

지금, 그리고 앞으로 해야 할 일

그렇다면 현재 그리고 가까운 미래에 우리는 무엇을 해야 할까? 거듭 말하지만 가까운 미래에 대해서는 인프라 구축과 기술의 개발 및 보급 등에 의존하는 변수가 많기 때문에 정확한 예측은 어렵다. 그러나 이러한 점을 감안하면서 광고비즈니스에 종사하는 한 사람으로 향후 필요한 점에 대해 간략히 정리하면서 이 책을 끝내고자 한다.

❶ 미디어로서 인터넷을 보는 관점에서

앞서 말한 미디어로서 바라본 인터넷(특히 PC와 모바일을 중심으로)과의 관계에 대해 말할 수 있는 것은 의외로 간단하다. 그것은 인터넷미디어를 특별하게 취급하지 말자는 한 마디로 요약된다. 인터넷이 등장한 이래로 모든 것이 가능한 마법의 지팡이처럼 여기거나 혹은 기존의 것을 모두 파괴하는 위협적 요소로 바라보는 시각이 있었는데, 기본적으로 이런 생각들은 오류에 지나지 않는다(물론 어느 정도 그런 잠재적 힘이 있음은 부정하지 않지만). 인터넷광고의 세계에서 정고처럼 기존의 광고와는 다소 이질적인 것이 등장한 것도 사실이지만, 커뮤니케이션 전체를 놓고 보면 이는 결코 기존의 광고와 단절된 것이 아니며 오히려 이들을 종합적으로 바라보는 관점이 중요하다.

이때 필요한 것은 매스미디어를 포함하여 정고, 공고 등을 아우르는 새로운 광고커뮤니케이션을 설계하는 관점과 조직 및 스태프를 육성하는 것이다. 한편으로는, 인터넷 자체의 진화 및 그것이 매스미디어에 미치는 변화의 본질을 파악해서 새로운 광고기법을 개발하는 것이다.

이때 필요한 인적자원에 대해서도 언급하고자 한다. 인터넷미디어를 활용한 종합적 광고캠페인을 플래닝할 때 인터넷에 관한 깊은 전문지식이 꼭 필요한 것은 아니다(물론 이를 실행하는 스태프들에게는 전문지식이 필요하지만). 결국 인터넷미디어도 미디어의 한 부분일 뿐이며, 중요한 것은 유저의 마음을 정확히 간파하고 미디어와 미디어를 어떻게 연결하여 광고목적에 맞게 유도할 것인가 하는 발상이기 때문이다.

❷ 구조나 원리로서 인터넷을 보는 관점에서

한편, 앞서 말한 두 번째 관점을 생각하면 사정은 약간 달라진다. 매스미디어를 포함하여 실생활적인 것이 계속해서 인터넷의 구조나 세계관에 빨려 들어가고 더구나 그 영향이 상당한 규모이고 조만간 닥치게 된다면 광고 및 미디어업계 관계자들은 인터넷이 두려운 존재라는 것을 명심해야 한다. PC나 모바일이 두렵다는 뜻이 아니다. 그 배후에서 확대되는 인터넷의 구조를 두려워해야 한다는 의미이다. 현재 인터넷광고의 일부가 정고에 의해 잠식당한 것처럼 미래에는 매스미디어 광고의 일부도 정고적인 것에 잠식당할 가능성이 있다. 이때 우리가 해야 할 일은 단 한 가지다. 인터넷광고의 원리가 매스미디어 광고에 침투하도록 선수를 치는 것이다.

여기서 중요한 점은 정고적 관점에서 단순하게 말하자면 데이터베이스와 알고리즘, 그리고 이를 관리하는 플랫폼이다. 메타데이터와 ID 부여에 따른 정보 및 콘텐츠의 정리도 여기에 포함된다. 그 밖에 트래킹 기술도 중요성을 갖는다. 현재 인터넷광고에서 정고를 받쳐 주는 트래킹기술이 실생활에 반영되면 어떤 일이 벌어질까? 바이오 메트릭스*나 RFID 등의 기술이 큰 역할을 할 것이다. 미래에나 있을 법한 SF영화 같은 인상을 줄지도 모르지만, 미래에는 충분히 있을 수 있는 일이다.

한편, 공고적 관점에서 보면 당연히 커뮤니티적인 것을 어떻게 구축할지가 중요하다. 다만, 커뮤니티라는 말을 통해 우리가 일반적으로 연상하는 것과는 다소 다른 부분도 있는데, 정보를 중심으로 한 느슨하고 다중적이며 다의적(多義的)인 사람간의 연결을 말한다. 이때 정보를 함께 공유하도록 하기 위한 아키텍처*를 얼마나 적절하게 설계할 것인지가 중요하다. 기존의 SNS나 동영상 공유사이트 같은 소셜웨어socialware를 어떻게 활용해서 더욱 진화시킬 것인지, 그리고 프라이버시 문제를 어떻게 해결할 것인지 등도 과제이다. 이때의 최종목표는 새로운 형태의 거실(공동으로 사용은 하되 장소 및 시간을 실시간으로는 공유하지 않는 '거실')을 어떻게 인터넷상에 창출하는가이다. 예를 들어 '니코니코 동영상'에서는 individual(個)을 추구해온 기존의 인터넷 진화에 일획을 긋고 집단의 일체감을 중시하는 자세를 표방하고 있는데, 인터넷의 미래상 가운데 하나로 시사점이 많다.

그리고 또 한 가지, 조직이나 인재의 문제도 있다. 인터넷 처리능력(*literacy*) 수준이 높은 인재가 적재적소에 필요한 것은 말할 것도 없지만, 단순히 지식을 이해하는 것뿐 아니라, 사실 인터넷의 본질을 이해하는 센스가 매우 중요하다. 이런 일종의 눈썰미 자질이 인터넷을 기점으로 한 미디어 개발이나 비즈니스 개발에 필요하다.

* 바이오매트릭스 (bio metrix) 몸의 일부를 사용한 인증시스템 즉 생체인증. 지문이나 손금 또는 안구의 홍채 등을 활용하여 본인인증을 한다.

* 아키텍처 (architecture) 원래는 '건축'이라는 의미인데 인터넷사이트나 그 서비스와 관련해서 말할 때는 사람 및 정보의 연결이나 질서를 만들어가는 설계 구조를 뜻한다.

또한 조직도 중요해질지 모른다. 인터넷업계에서 비클과 콘텐츠, 혹은 하드와 소프트의 분리가 강조된 지 오래지만, 지금 일본의 광고업계는 그런 비클과 콘텐츠의 부즉불리(不卽不離)를 전제로 비클별 즉, 매체카테고리나 매체회사에 대응하는 조직체제를 이루고 있다. 현재로서는 분명 이것이 가장 효율적인 조직이다. 그러나 만일 미래에 매스미디어가 인터넷적인 원리에 의해 재편성된다면 이런 조직형태 자체가 효율성을 잃게 될 가능성이 있다. 이를테면 기존의 TV섹션, 라디오섹션 등 미디어별로 구성한 조직에서 동영상섹션, 텍스트섹션, 음성섹션 등 콘텐츠 형태에 맞게 구성한 조직으로 개편하는 시도도 미래의 광고회사를 상상해 볼 때 선택 가능할 것이다.

마지막으로,
인터넷을 두려워마라.
인터넷을 두려워하라.

이 두 가지 모두 진실이다. 전자는 지금 인터넷미디어라 불리는 PC나 모바일을 말하며, 후자는 가까운 미래에 실생활에 침투하게 될 구조로서의 인터넷을 말한다. 이 두 가지가 애매한 정의 속에서 진행되고 있기 때문에 인터넷을 둘러싼 다양한 논의가 제기되고 비즈니스의 개발을 혼란하게 하는

그림 6-2 : 매스미디어와 인터넷을 바라보는 관점

인터넷에 대한 인식	매스미디어와의 연관성	광고비즈니스의 대응
미디어로서의 인터넷 (≒PC, 모바일) 	① 시장에서의 각각의 위상을 비교한다 ② 매스미디어를 포함한 토털마케팅의 관점에서 인터넷을 바라본다	• 인터넷을 특별시하지 않는다 • 토탈 및 중립적 관점에서 커뮤니케이션을 설계한다 • 거시적 안목을 가진 인재를 육성한다
구조나 원리로서의 인터넷 ↓ 언젠가 여러 미디어 및 오프라인 세계로 확대 (≒유비쿼터스화) 	미래의 매스미디어와 연결될 구조 및 원리로서 인터넷을 바라본다 [≒정고(精告), 공고(共告) 등의 인터넷 광고적 원리가 매스미디어 일부에 침투한다]	• 미래에 인터넷은 큰 변혁의 핵이 될 수 있음을 인식한다 • 인터넷적인 관점에서 매스미디어 및 오프라인 세계를 재인식하고 조직을 재편한다 • 인터넷의 본질을 이해한 '감각' 있는 인재를 육성한다

원인이 되는 듯하다.

한 가지는 확실하다.

어떤 변화나 새로운 것이 찾아오더라도 이를 가볍게 여기거나 특별히 취급하지 말고, 그 본질을 파악해서 이에 맞춰 변신에 성공한 자가 곧 승자가 되는 것이다. 진부한 표현이지만 이것이 진실이다.

제6부 참고문헌

《인포커먼즈》, 佐　木俊尚, 고단샤, 2008

《웹 진화론》, 梅田望夫, 치쿠마서방, 2006

《웹을 바꾸는 10가지 파괴적 트렌드》, 渡변弘美,소프트뱅크 크리에이티브, 2007

《유비쿼터스란 무엇인가》, 坂村健, 이와나미서점, 2007

《아키텍처의 생태계》, 濱野智史, NTT출판, 2008

《당신은 왜 '자신과 닮은 사람'을 찾는가》, 宮城美幸, 고단샤, 2008

《극단적으로 짧은 인터넷의 역사》, 浜野保樹, 쇼분샤, 1997

지은이 | 덴츠 광고신시대 프로젝트팀

우에무라 유지[植村祐嗣]
도쿄대학 졸업. 89년 덴츠에 입사해 TV국, BS-I 파견, 인터랙티브미디어국 모바일미디어부장을 거쳐 현재 디지털비즈니스국 인터넷미디어 부장을 맡고 있다.

오노 유조[小野裕三]
도쿄대학 졸업. 91년 덴츠에 입사해 마케팅국, 영업국, 신문국을 거쳐 2000년부터 인터넷광고 담당부서에서 근무하면서 모바일광고 시장개척 및 뉴미디어 개발, 전자화폐를 활용한 신비즈니스 개발도 진행하고 있다.

히다카 야스시[日高靖]
와세다대학 상학부 졸업. 하쿠호도를 거쳐 2005년 덴츠에 입사해 인터랙티브미디어국 마케팅부에서 근무했으며, 현재 퍼블릭 어카운트국 영업부 소속이다.

신타니 데츠야[新谷哲也]
99년부터 다수의 인터넷광고 관련사업에 관여한 인터랙티브미디어, 광고전송, 효과측정에 관한 전문가다. 2004년 덴츠에 입사해 인터랙티브커뮤니케이션국을 거쳐 현재 주식회사 DA서치&링크 이사/미디어본부장을 맡고 있다.

스기우라 도모히코[杉浦友彦]
게이오대학 경제학부 졸업. 98년 덴츠에 입사해 인터랙티브미디어국 수석컨설턴트를 거쳐 현재 디지털비즈니스국 마케팅부 소속이다. e마케팅지원, 미디어플래닝 최적화 시스템 개발 및 행동데이터를 중점적으로 다룬 마케팅효과, ROI검증 업무에 종사하고 있다.

이와타 마사키[岩田正樹]
게이오대학 대학원 정책미디어연구과 석사과정 수료. 99년 덴츠에 입사해 커뮤니케이션 디자인센터 디지털부를 거쳐 현재 커뮤니케이션 디자인센터 프로듀스실 소속이다. 기업사이트와 캠페인사이트 등의 제작 및 시스템 개발, 다이렉트 비즈니스 등 인터넷을 활용한 신규비즈니스 개발, 사업전략 입안 업무에도 종사하고 있다.

옮긴이 | 휘닉스커뮤니케이션즈

안승술(安昇述)
1983년 쌍용해운 기획조정실 입사. 이후 나라기획, 싸치앤드싸치, 동방기획 등에서 26년간 국내외 클라이언트를 대상으로 광고기획 업무를 담당해 왔다. 95년 애드아시아(Ad Asia) 크리에이티브 콘테스트 심사위원을 역임했으며, 숙명여대, 한국방송광고공사에서 광고기획과 국제광고론을 강의하기도 했다. 퍼블리시스 코리아 대표이사, 휘닉스커뮤니케이션즈 전무, 싸치앤드싸치피씨아이 대표이사를 거쳐 현재 휘닉스커뮤니케이션즈 대표이사를 맡고 있다.

마케팅플래닝본부
브랜드 진단, 전략 수립 및 크로스미디어 시나리오 도선(導線) 설계를 통해 클라이언트 브랜드와 소비자가 보다 친밀한 관계를 맺을 수 있도록 하고 있다. 현재 국내외의 다양한 클라이언트를 대상으로 브랜딩 전략 및 크로스미디어 전략 플래닝을 지원하고 있으며, 다양한 미디어를 활용한 커뮤니케이션 전략 R&D 활동 및 세미나 활동도 활발히 수행 중이다.

역자 | 김혜원

한국외국어대학교 통번역대학원 졸업, 1997년 아리랑 TV입사, 국제회의통역사로 활동하면서 SBS라디오 〈굿모닝 일본어〉, 한국교육미디어 〈SBS파워 일본어〉 등의 강의를 진행했다. 현재 한국외국어대학교 통번역대학원에 출강중이며, 주요 국제회의에서 동시통역사로 활동중이다. 역서로 《삼성 신경영》, 《뛰는 스포츠, 나는 마케팅》, 《크로스위치》 등이 있다.

Stanford Report
Stay Hungry,
Stay Foolish.
I have a dream
I have a dream
dream
DVD-R
당신의 무기는 무엇입니까?